全国高职高专

HUIZHAN

会展策划与管理
专业规划教材

教育部高等学校工商管理教学指导委员会旅游会展专业组 规划教材
全国会展业产学合作联盟 推荐教材

会展实训综合教程

主 编 陈 颖 副主编 卢羡青 谢娜纯 彭慧翔
主 审 刘松萍 彭志韬 陈 薇 叶丝敏

重庆大学出版社

内 容 提 要

《会展实训综合教程》的教学内容与专业理论教学内容有着紧密的联系，着眼于引导学生完成展览、会议、节事、体育赛事、庆典等各类会展活动中的主干实训项目及解决常见问题，培养学生将来从事会展工作所必需的会展服务、会展策划、会展设计、会展营销、会展管理等方面的核心知识和技能，培养高素质技能型会展专业人才。

本教材能满足三年制高职学生大部分会展类的实训实践需要，其使用价值贯穿大一的行业入门认知阶段、大二的专业核心技能固化阶段至大三毕业设计及职场接轨阶段。作为职业任务驱动模式下的教材编写思路，本书明确教学对象今后的就业岗位和相应的核心职业能力，设置大量高度仿真或完全真实的工作情境，改革实训项目体系，引导得出符合使用者实际的解决方案，并进行项目总结与技能提升。

图书在版编目(CIP)数据

会展实训综合教程/陈颖主编.—重庆：重庆大学出版社，2015.8(2022.7 重印)
全国高职高专会展策划与管理专业规划教材
ISBN 978-7-5624-9271-9

Ⅰ.①会… Ⅱ.①陈… Ⅲ.①展览会—高等职业教育—教材 Ⅳ.①G245

中国版本图书馆 CIP 数据核字(2015)第 155022 号

全国高职高专会展策划与管理专业规划教材
会展实训综合教程
主 编 陈 颖
副主编 卢羡青 谢娜纯 彭慧翔
彭志韬 陈 薇 叶丝敏
责任编辑：顾丽萍 版式设计：顾丽萍
责任校对：邹 忌 责任印制：张 策
*
重庆大学出版社出版发行
出版人：饶帮华
社址：重庆市沙坪坝区大学城西路 21 号
邮编：401331
电话：(023) 88617190 88617185(中小学)
传真：(023) 88617186 88617166
网址：http://www.cqup.com.cn
邮箱：fxk@cqup.com.cn (营销中心)
全国新华书店经销
POD：重庆新生代彩印技术有限公司
*
开本：787mm×1092mm 1/16 印张：26.5 字数：612千
2015 年 8 月第 1 版 2022 年 7 月第 3 次印刷
ISBN 978-7-5624-9271-9 定价：59.50 元

编委会

总 序

进入21世纪以来，随着中国社会经济的飞速发展，综合国力的不断增强，国际贸易发展的风驰电掣，会展经济随之迅速成为中国经济的新亮点，在中国经济舞台上扮演着越来越重要的角色，正逐渐步入产业升级的关键时期。这一时期，会展业持续快速发展的关键是需要大量的优秀专业人才作为支撑，而目前市场还存在很大的会展专业人才供给缺口。为了适应国内对会展人才需求日益增长的需要，我国各类高校纷纷开设了会展专业或专业方向。据不完全统计，截至2011年7月，在全国范围内（不含港澳台）开设会展专业的高校达96所，涵括专业方向的高校（包括本科、高职高专院校）则已超过百所，这在一定程度上缓解了我国会展人才紧缺的现状。但是由于我国会展教育起步较晚，在课程体系设计、教材建设和师资队伍建设等方面还有待完善，培养出来的学生在知识结构、职业素养和综合能力等方面往往与市场需求不对称。尤其是目前国内会展教材零散、低层次重复并且缺乏系统性的状况比较突出，这在很大程度上制约了我国会展教育和会展业的发展。因此，推出一套权威科学、系统完善、切合实用的全国高职高专会展策划与管理专业系列教材势在必行。

中国的会展教育发展刚刚超过10年时间，但我国的会展教育经过分化发展，已经形成了学科体系的基本雏形。如今，会展专业已经形成中等职业教育、高职高专、普通本科和研究生教育这样完整的教育层次体系，这展示了会展教育发展的历程和成果，同时也提出了学科建设中的一些迫切需要解决和面对的问题。其中最重要的一点，就是如何在不同教育层次和不同教育类型上对会展教育目标和教育模式进行准确定位。为此，重庆大学出版社策划组织了国内众多知名高等院校的著名会展专家、教授、学科带头人和一线骨干教师参与编写了这套全国高职高专会展策划与管理专业系列教材，以适应中国会展业人才培养的需要。本套教材的修订出版旨在进一步完善全国会展专业的高等教育体系，总结中国会展产业发展的理论成果和实践经验，推进中国会展专业的理论发展和学科建设，并希望有助于提高中国现代会展从业人员的专业素养和理论功底。

本套教材定位于会展产业发展人才需求数量最多和分布面最广的高

职高专教育层次，是在对会展职业教育的人才规格、培养目标、教育特色等方面的把握和对会展职业教育与普通本科教育的区别理解以及对发达国家会展职业教育的借鉴基础上编写而成的。另外，重庆大学出版社推出的这套全国高职高专会展策划与管理专业系列教材，其意义将不仅仅局限于高职高专教学过程本身，而且还会产生巨大的牵动和示范效应，将对高职高专会展策划与管理专业的健康发展产生积极的推动作用。

在重新修订出版这套教材的过程中，我们力求系统、完整、准确地介绍会展策划与管理专业的最新理论成果，围绕培养目标，通过理论与实际相结合，构建会展应用型高职高专系列教材特色。本套教材的内容，有知识新、结构完整、重应用等特点。教材内容的要求可以概括为："精""新""广""用" 。"精"是指在融会贯通教学内容的基础上，挑选出最基本的内容、方法及典型应用；"新"指尽可能地将当前国内外会展产业发展的前沿理论和热点、焦点问题收纳进来以适应会展业的发展需要；"广"是指在保持基本内容的基础上，处理好与相邻及交叉学科和专业的关系；"用"是指注重理论与实际融会贯通，突出职业教育实用型人才的培养定位。

本套教材的编写与出版是在教育部高等学校工商管理类学科专业教学指导委员会旅游与会展专业组的大力支持和具体指导下，由中国会展教育的开创者和著名学者、国内会展旅游教育界为数仅有的国家级教学成果奖获得者和国家级精品课程负责人，教育部高等学校工商管理类学科专业教学指导委员会旅游与会展专业组组长、中国会展经济研究会创会副会长马勇教授担任总主编。参与这套教材编写的作者主要来自于上海旅游高等专科学校、上海工程技术大学、上海新侨职业技术学院、湖北大学、武汉职业技术学院、湖北经济学院、湖北职业技术学院、浙江旅游职业学院、桂林旅游高等专科学校、广西国际商务职业技术学院、金华职业技术学院、昆明冶金高等专科学校、昆明学院、沈阳职业技术学院、广东交通职业技术学院、顺德职业技术学院、深圳职业技术学院等全国40多所知名高校。在教材的编写过程中，重庆大学出版社还邀请了全国会展教育界、政府管理界、企业界的知名教授、专家学者和企业高管进行了严格的审定，借此机会再次对支持和参与本套教材编审工作的专家、学者和业界朋友表示衷心的感谢。

本套教材的第一批选题已于2007年7月后陆续出版发行了21本，被全国众多高职院校以及会展企业选作学生教材和培训用书，得到广大师生和业界专家的广泛认可和积极使用。这套教材中一部分已被列选为国务院国资委职业技能鉴定和推广中心全国"会展管理师"培训与认证的唯一指定教材，以及全国会展策划与管理专业师资培训用书，等等。本套教材的作者队伍大多是国内会展学科领域的带头人和知名专家，涉及的专业领域十分广泛，包括了经济学、管理学、工程学等多方面；参与编写的会展业界人士，不仅长期工作在会展管理领域的第一线，而且许多还是会展业界精英。另外，作为国内高校第一套全国高职高专会展策划与管理专业系列教材，在选材内容和教材体系方面都是动态开放的。随着中国会展业的持续健康发展，为确保系列教材的前沿性和科学性，我们也会不断对该套教材进行再版修订，以及增补新的选题，欢迎各高校会展学科的学术带头人和骨干教师积极申报选题并参与编撰！

本套教材由于选题涉及面广，加之编写修订时间紧，因而不足和错漏之处在所难免，恳请广大读者和专家批评指正，以便我们不断完善。最后，我们期待这套新修订出版的全国高职高专会展策划与管理专业系列教材能够继续得到全国会展专业广大师生的欢迎和使用，能够在会展教育方面，特别是在高职高专教育层次的人才培养上起到积极的促进作用，共同为我国会展业的发展作出贡献。

全国高职高专会展策划与管理专业系列教材
编委会
2015年2月

前 言

会展实训课程是高职高专会展相关专业课程体系的核心组成部分，也是以实践性教学活动衔接学生在校教育及毕业后岗位工作之间的重要桥梁。它有助于培养和造就会展专业学生的实操性职业技能，在培养高素质综合型会展人才上扮演着其他课程无法替代的关键角色。

《会展实训综合教程》的教学内容与专业理论教学内容有着紧密的联系，着眼于引导学生完成展览、会议、节事、体育赛事、庆典等各类会展活动中的主干实训项目及解决常见问题，培养学生将来从事会展工作所必需的会展服务、会展策划、会展营销、会展管理等方面的核心知识和技能，培养高素质技能型会展专业人才。

作为职业任务驱动模式下的教材编写思路，《会展实训综合教程》首先明确该教材所面对的教学对象今后的就业岗位和相应的核心职业能力，然后设置大量高度仿真或完全真实的工作情境，改革实训项目体系，引导得出符合使用者实际的解决方案，并进行项目总结与技能提升。

现时，大多数会展院校已搭建校企合作平台，企业邀请参与项目合作深度各异。经调研，主流的校外实训实习活动类型主要为：会展项目的参观与体验，包括教师带队学生亲临展览、会议及各种大型活动现场观摩，进行现场教学；展览现场管理与辅助服务，包括门禁管理、注册办证、人流量管理、宣传物料发放、咨询指引、礼仪服务、摊位翻译、观众满意度调研等；企业顶岗实习，包括通过电话销售、网络推广等进行招商招展，客户数据库维护；小型项目承接，包括校园展览、开幕式策划执行、广告策划、网站维护等。

结合以上现状，《会展实训综合教程》着眼于用书单位现有的各种教学实践条件，将校企合作平台功能最大化，共分五大部分：

第一部分为“会展岗位职业能力分析”，总结企业真实工作环境中所需的岗位类型、工作内容流程及核心技能，介绍会展相关国家职业资格类型。

第二部分为“会展实训综合体系概述”，包括会展岗位职业能力分析及在此基础上设计的会展专业综合实训体系，包括融合会展企业的人才需求及参考高职会展院校的主流课程设置，科学配置会展实训体系的架构及进度安排，明确会展实训的目的、组织过程、实施配套条件等。

第三部分“会展认知类实训”，这一部分为用书单位如何高效利用所掌握的会展活动、场馆、企业的参观考察机会提供操作性指引。

第四部分“会展技能类实训”，包含会展策划、会展营销、会展现场管理、会展文案写作、会展礼仪公关五大专项技能实训。本部分属于专项能力模块训练——按照会展从业人员核心技能体系设计了系列化的能力模块训练，各能力模块都有一个或多个真实案例及其点评供学生学习，并设计了针对性的项目化任务由学生分组实操。

第五部分“会展综合项目实训”为综合性项目训练，实训内容涵盖展览、会议、大型活动三大会展典型项目类型，按照会展项目从开始到结束的工作流程进行实操。以学生分组合作完成项目，学生通过亲自调查分析、策划写作和动手操作乃至真正实施，能够对各类会展项目有一个完整的认识，切身体会到会展基本的运作过程。

本书的编写将围绕会展职业活动，突出岗位操作技能。以职业活动为教学的依据，虽然考虑到与教学实践活动的结合，但是更应该重视职业活动的真实性，鼓励用书单位注重发展会展实训课程体系的生产性效益功能，紧密与企业实际业务流程对接，避免造成“学校学一套”“工作干一套”的巨大差异。

本书力求创新与突破，内容体系新颖，框架结构清晰，信息量大，操作性强。与多地区会展产业组织、企业深度合作，涵盖行业一线鲜活的真实案例，部分实训将向有条件的学校提供真实项目直接嵌入的机会，共享校企合作资源库，将有力推进用书院校在生产性实践、现场教学等课程改革。促进高效利用校内实践条件，为校内实训基地的使用和建设提供参考。

此外，会展实训课程体系的架构需要与会展人才培养目标实现有效衔接。实训课程培养目标在强化会展专业学生的理论运用能力的同时，强调了对具体项目及业务流程动手能力的培养，凸显了手脑并用，体现了“技能型”和“综合性”两个特点。

本书能满足三年制高职学生大部分会展类的实训实践需要，其使用价值贯穿大一“行业入门认知”阶段、大二“专业核心技能固化”阶段至大三“毕业设计及职场接轨”阶段。为增强实训教学效果，本书建议注重对各会展实训项目的同期及前后衔接课程的部署，形成理论知识链和专业实践的一脉相承。总体衔接课程配套建议如下：

会展实训项目安排与衔接课程配套建议

实训类型	序号	实训项目	建议课程时期			建议配套/衔接课程		
			大一	大二	大三	专业基础课	专业核心课	其他相关课程
认知类	一	勘查展馆	√			会展实务、会展概论	会展场馆经营与管理	会展旅游
	二	参观展览	√	√	√		会展策划、会展营销、会展现场管理	3D 设计、展台设计与搭建
	三	参观会展企业		√			会展企业管理、会展组织	人力资源管理

续表

实训类型	序号	实训项目	建议课程时期			建议配套/衔接课程		
			大一	大二	大三	专业基础课	专业核心课	其他相关课程
专项技能类	四	会展策划		√		市场调查与分析、会展政策与法规	会展策划、活动策划、会展客户服务	广告创意
	五	会展营销		√		市场调查与分析	会展营销	会展心理、网络营销、广告策划、销售技巧、品牌策划
	六	会展现场管理		√		会展实务、会展英语	会展现场管理、会展服务管理	会展物流、会展信息化管理、沟通与谈判
	七	会展文案写作	√	√		会展文案写作	会展策划、会展营销、会展项目管理	广告文案、平面设计
	八	会展礼仪公关	√			会展客户服务	会展礼仪	公共关系、商务礼仪
综合项目	九	组织展览			√	前期课程	会展项目管理、会展策划、会展现场管理、参展商实务	毕业论文与设计、平面设计、影视设计
	十	组织会议			√		会展项目管理、会议运营、会展现场管理	
	十一	组织大型活动			√		会展项目管理、活动策划、会展现场管理	

本书有配套CD资料。

本书由教学经验丰富的教师精英和扎根于会展企业一线的能工巧匠组成编写团队，历时三年反复论证、呕心沥血、精耕细作而成。特别感谢本书主审刘松萍教授在百忙之中为编者充当指路明灯，亲自把关教材的准确性和严谨性。衷心感谢各位同行对会展人才培养和本书的高度关注及热忱帮助。由于时间、精力和能力所限，书中疏漏之处在所难免，恳请读者和专家不吝赐教（E-mail：106368617@qq.com）。

广东交通职业技术学院
陈　颖
2015年5月·广州

目 录 CONTENTS

第一部分
会展岗位职业能力分析

会展是会议、展览、节事活动等集体性活动的总称。其概念内涵是指在一定地域空间，许多人聚集在一起形成的，定期或不定期、制度或非制度地传递和交流信息的群众性社会活动。它的主要表现形式有各类会议、展览展销活动、体育赛事、各种节事活动等，如广交会、博鳌亚洲论坛、上海世博会、北京奥运会、青岛国际啤酒节等都属于会展的范围。

目前，国际会展经济呈现欧美主导、亚太新兴崛起的格局，会展经济重心有东移之势。在国际会展经济重心东移的会展业发展大趋势下，亚太地区各大会展城市迎来了发展的黄金时期，中国在世界会展业发展中的地位也越来越高。

当前，会展经济呈现“金字塔结构”发展格局。从城市展览数量、展览面积、平均办展面积、展馆情况和 UFI 认证的展会数等进行考量，全国会展城市可分为三个梯队[①]：

第一梯队由上海、广州、北京组成，呈现“一超两极”的发展格局，举办展览会数量多、规模大、国际化程度领先、展馆基础设施完善；第二梯队由深圳、杭州、南京、宁波、大连、东莞、青岛、西安、武汉、重庆、成都等城市组成，呈现深圳领跑的发展格局，举办展览会数量较多、面积较大，但存在可供展览总面积不足或国际化程度较低的问题；第三梯队由天津、长沙、义乌、厦门、福州、哈尔滨、沈阳、长春、佛山等城市组成，天津具领先优势，城市举办展览会数量和面积较前两梯队不足，

① 中国琶洲会展经济白皮书(2013)，琶洲会展经济促进会。

或因举办某些品牌展会或因城市本身竞争力和地位等因素仍处于会展业初级发展阶段。

会展市场的蓬勃发展、局域会展经济瓶颈亟待突破的基本情况促使会展相关人才的需求旺盛，全国会展专业人才缺口大。据调查，国内会展人才岗位主要集中在会展策划、会展物流、会展营销、会展设计及会展服务等方面。

一、关于职业能力的阐述

职业能力是指劳动者为适应劳动岗位需求所应具备的关键能力。一般来说，我们可以把劳动者具备的职业能力分为基本职业能力和综合职业能力。

(一)基本职业能力

基本职业能力是指劳动者从事某项工作应具备的能力，这种职业能力与工作的性质、内容、特点、方法、地点等密切相关，具体包括专业能力、方法能力和社会能力。

(二)综合职业能力

综合职业能力指具体的专业能力以外的能力，是一种超出职业技能和专业范畴的能力，与专业知识和专业技能并无直接联系。譬如一名国际化水平较高的会展销售人员，他除了应具备会展专业技能、销售技能以外，他还应具备英语、外贸、交际等其他方面的综合职业能力。

职业能力是衡量劳动者是否能胜任岗位工作、是否能顺利完成工作任务的基本标准。劳动者应依据劳动市场需求变化，不断提升和更新自身的职业能力，在变动的职业生涯中重新获得新的职业技能和新的职业资格。

二、会展业中的职业类型及任职要求

表 1.1 会展就业岗位构成和基于工作过程的技能要求

岗位群	典型岗位	基于工作过程的能力要求
会展管理类岗位群	会展项目经理 会务管理专员 …	1. 制订会展工作计划； 2. 实施项目流程管理； 3. 掌握和控制好人力及资源的使用； …
会展策划类岗位群	展会策划经理 活动策划专员 会议策划专员 …	1. 熟悉策划操作流程； 2. 熟悉某一行业产业发展情况； 3. 掌握展示设计基本技术； …
会展营销类岗位群	招展专员 招商专员 网络推广专员 客服员 …	1. 掌握电话销售技巧； 2. 熟悉网络推广技术； 3. 熟练掌握媒体策划流程； 4. 熟练掌握展会营销的各项政策。 …

续表

岗位群	典型岗位	基于工作过程的能力要求
现场服务类岗位群	观众登记 现场咨询 门禁 设备管理 危机管理 展台服务 …	1. 熟悉现场服务流程； 2. 熟练登记流程与沟通技巧； 3. 熟练掌握各类现场设备维护技术； 4. 熟练掌握门禁管理； 5. 熟练掌握现场危机处理方法； 6. 具有良好展位服务礼仪与技巧； …
会展物流类岗位群	会展物流员 物流策划员 …	1. 掌握展位物流流程与路径； 2. 掌握各类大型物品与展品的物流方式； 3. 熟悉展品国外参展流程； 4. 熟悉国际展品物流操作流程； …
会展设计类岗位群	平面设计员 3D 展台设计员 …	1. 熟练掌握各种用于会展设计的操作系统和设计软件，包括：AutoCAD，Photoshop，3ds Max，CorelDraw，Illustrator 等基本软件； 2. 了解会展设计所运用的材料，灵活组合运用材料，充分利用各种可能的要素； …

根据《中华人民共和国劳动法》（简称《劳动法》）第 69 条规定：“国家确定职业分类，对规定的职业实行职业资格证书制度”，会展从业人员持证上岗，不仅是贯彻《劳动法》的需要，也是从业人员开展工作的需要。

现阶段，与会展行业直接相关的国家职业类型有“会展策划师”及“会展设计师”。会展从业人员及高校师生在参加全国统一考试及鉴定合格后，颁发由国家人力资源和社会保障部统一印制的《中华人民共和国职业资格证书》，全国通用，可作为从业上岗、晋级晋升的重要依据。

【案例】中华人民共和国职业资格——会展策划师

会展策划师，从事的主要工作包括：会展（会议、展览、节事活动、场馆租赁、奖励旅游等）项目的市场调研；会展的立项、主题、招商、招展、预算和运营管理等方案的策划；会展项目的销售；会展的现场运营管理；展会活动的全程策划协调等。

本职业共设四个等级，分别为：四级会展策划师（国家职业资格四级）、三级会展策划师（国家职业资格三级）、二级会展策划师（国家职业资格二级）、一级会展策划师（国家职业资格一级）。

本书主要面向高职高专会展类院校的学生，“三级会展策划师”及“四级会展策划师”也可使用。建议会展相关院校学生毕业时应取得“会展策划师”等国家职业资格证书。会展专业实训课程也应按国家职业标准中的任职条件和能力要求来严格进行设置。下面以“三级会展策划师”进行分析。

三级会展策划师的申报条件(具备以下条件之一):

(1)连续从事本职业6年以上。

(2)具有以高级技能为培训目标的技工学校、技师学院和职业技术学院专业或相关专业毕业证书。

(3)取得四级会展策划师职业资格证书后,连续从事本职业工作3年以上,经三级会展策划师正规培训达规定标准学时数,并取得结业证书。

(4)取得四级会展策划师职业资格证书后,连续从事本职业3年以上,经三级会展策划师正规培训达规定标准学时数,并取得结业证书。

(5)具有本专业或相关专业大学专科及以上学历证书。

(6)具有其他专业大学专科及以上学历证书,连续从事本职业工作1年以上。

(7)具有其他专业大学专科及以上学历证书,经三级会展策划师正规培训达规定标准学时数,并取得结业证书,如表1.2所示。

表1.2 三级会展策划师的任职要求

职业功能	工作内容	能力要求	相关知识
一、调研	(一)调查资料收集	1. 能搜集行业资料并分析归类 2. 能设计市场调查问卷 3. 能组织小规模市场调查活动	1. 相关行业知识 2. 市场调查方法与应用的有关知识
	(二)调查资料分析	1. 能进行会展参展、观众或参会人员软件编绘数据分析 2. 能运用电脑软件编绘数据分析图表 3. 能撰写市场调查报告	1. 会展常用数据分析方法及相关软件应用 2. 市场调查报告撰写的格式与要素
二、策划	(一)实施方案策划	1. 能识别展馆建筑平面图,绘制展馆平面图 2. 能提出开幕式、宴会实施方案 3. 能策划新闻发布会实施方案 4. 能策划会展相关活动	1. 土建工程制图基础知识 2. 平面图绘制方法及相关软件的基础操作 3. 高效的会议管理技巧 4. 商务活动礼仪 5. 新闻传播的策划与组织的有关知识 6. 公关活动策划的有关知识
	(二)相关文案写作	1. 能策划并撰写会务计划书 2. 能进行新闻稿写作	1. 商业计划书写作要点 2. 实施新闻写作的有关知识
三、营运	(一)营销资料准备	1. 能设计招展书及相关宣传品 2. 能撰写邀请函	1. 招展书宣传要点及格式的有关知识 2. 广告学基础
	(二)客户联系	1. 能运用电话沟通技巧向客户销售会展产品 2. 能制定电话销售策略 3. 能提出会展网站建设的内容和要求	1. 目标客户选择的有关知识 2. 通过电话发现新客户和维持已有客户的关键和技巧 3. 客户拜访技巧

续表

职业功能	工作内容	能力要求	相关知识
三、营运	（三）网络营销	1. 能提出会展网站建设的内容和要求 2. 能运用网络销售的方法及技巧	1. 电子商务网站建设的要求和技术规范 2. 网络营销的方法与技巧
四、营运管理	（一）现场服务	1. 能制订客户咨询工作预案 2. 能处理会展现场一般纠纷和突发事件	公共关系实务
	（二）现场实务管理	1. 能对搭建商的展位搭建进行管理与协调 2. 能进行现场运输协调与管理 3. 能进行会展现场关注管理 4. 能进行临时员工培训与管理	1. 会议和展览场馆的消防与安全知识 2. 展位设计与搭建规范 3. 会展物流管理的有关知识 4. 公共场所的安全疏散预案设计与实践的有关知识 5. 简明培训教材设计和讲授的基本方法
	（三）宣传媒介管理	1. 能编制会展简报和展商服务资料 2. 能编制会展宣传资料的现场发放方案	广告经营与管理的有关知识

第二部分
会展实训综合体系概述

会展专业是一门应用性很强的专业，学生的学习要经历“从理论到实践，再从实践到理论”的过程。如今许多非“科班”出身的会展项目经理也是在日常的经营管理中成长起来的，所谓“实践出真知”，会展实训是会展职业教育中最重要的一环。

一、会展专业实训体系的教学目的

会展专业开设实训的教学目的，是在校内会展实训室、生产性实践基地、会展企业或会展现场——在高仿真或全真实的工作情境中帮助学生学习整合运用会展专业的价值、原则、理论与方法，培养具备会展工作人员应有的价值与态度，为其毕业后独立从事会展项目策划与运营做好充分的心理准备和知识、技能准备。

二、会展专业实训体系的构成

会展活动是一个连续性的项目管理活动，各环节环环相扣，需要系统管理和整体控制。会展专业学生在理论学习中，已基本掌握了与会展项目实操相关的基础知识，如会展业概论、市场营销、客户服务等。会展专业实训课程的设置及体系的构建，有助于衔接核心课程的理论教学。

校内模拟实训：将课堂与校内展会活动有机结合，实现学生知识向一般操作能力的跨越。教师通过引入各类校园活动作为项目教学与实践，根据会展项目的运作流程及难易程度衔接实训课程，指导学生进行分工，以模拟公司的方式参与到校内的各项展会与活动环节中去，充分体现实践性和学以致用。

校外顶岗实训：将实训课堂搬进真实性的会展项目现场，实现学生一般操作能力向综合素质跨越。鼓励学校及实训教师利用所在城市的会展优势资源，积极与本地企业共建校外实训基地及项目。校内专职教师与企业兼职老师共同组成导师组，组织学生在校外展会中"边学边做，边做边学"，使实践教学更加贴近企业岗位需求，强化学生动手能力的培养和职业经验的获取，提高学生适应企业工作的能力，实现学生实训、就业与企业零距离对接。

本书的会展专业实训体系课程主要分为三个层次：

（一）会展认知类实训

会展认知类实训主要为学生参观各种会展活动、场馆、会展企业提供操作性强的指引。在参观和认知展会的过程中，实训指导教师按教学计划安排参观任务及练习，指导学生所要观察的诸多细节，例如会展场馆结构与功能、展会现场的清洁保卫工作、专业观众与非专业观众的比例、现场有哪些媒体在进行报道、主办方安排的相关会议等活动的重要结果等。包括：

1. 勘察场馆

场馆调查时，学生要了解场馆的地理位置、建筑面积、馆区布局、场馆设施、周边情况、场馆历史、主要功能和展览档期等。场馆内设备参数和使用规则均要求细致洞察，如地面承重或电梯大小，特别是消防设施的情况，在危险发生时组织疏散逃脱的安全通道等。

2. 参观展览

这一环节是由指导教师指定会展活动，带领学生前往会展场馆实地调研。活动之后，要求学生通过现场收集到的资料和自身观察撰写实习报告，并进行交流。其目的是使学生学会观察细节，对实际会议、展览或大型活动培养感性认识和基本的沟通能力。"眼看、耳闻、口问、手动、脑思"是这一环节的学习要领。

学生除了要了解展会的基本情况（主题、展品范围、主办者、承办者、参展商名录）外，还要大胆去和参展商沟通，了解他们对于展会服务、展品专业化程度、专业观众的质量、成交数额的要求等间接信息。透过言语的交流，思考该次展览的成功与否，提出自己的改进想法。但是，在现场参观中，中国学生本身就不善于与陌生人沟通，要克服各种心理障碍，锻炼职场胆量、信息收集和社会公关技能。

3. 参观会展企业

有计划地组织学生参观企业，聘请会展公司工作人员讲解所参观企业的内部管理架构、职能部门分工、相应岗位分类及项目管理流程等。该实训项目有助于学生理解市场对会展工作的需求和具体岗位的职责，激发或坚定其加入会展行业的信心；有助于学生理解会展分工的复杂性，激起其认真学习专业知识的热情。

(二)会展技能类实训

会展技能类实训属于能力模块训练——按照会展从业人员核心技能体系设计了系列化的能力模块训练,各能力模块都有一个或多个真实案例及其点评供学生学习,并设计了针对性的项目化任务由学生分组完成。包含会展策划、会展营销、会展现场服务、会展文案写作、会展礼仪公关等五大分技能实训。

例如,"实训项目六　会展现场管理",这一项目较接近学生将来的就业。学生在老师的推荐和单位的组织下被安排到现场,担任主办方或承办方的服务者,提供会展现场的登记、租赁、咨询、广告、礼仪、餐饮等服务,抑或代表参展商协助展台的搭建、展品的布置、产品销售和观众接待等工作。其目的在于训练学生解决实际问题的能力,随合作企业从头到尾地经历一次展会,记忆更深刻。琐碎而复杂的展会现场服务与管理,要求学生拥有丰富的专业知识及过硬的服务者从业素质。在此环节,学生要细心观察,不怕苦、不怕累,综合会展专业的知识和外语等技能,做好本职工作。

(三)会展综合项目实训

属于综合项目训练,实训内容涵盖组织展览、组织会议和组织大型活动三大板块,按照会展项目从开始到结束的工作流程进行实操。以学生分组合作完成项目,学生通过亲自调查分析、策划写作和动手操作乃至真正实施,能够对各类会展项目有一个完整的认识,切身体会并亲自参与会展基本的运作过程。以上三个层次的实训项目相辅相成,构成一个完整的会展专业实训体系。

第一层次"会展认知类实训",让学生能通过展馆、展会及企业的现场勘查,对比各种行业标准,逐渐形成判断各类会展活动好坏的价值标尺,深化对会展人才职业综合素质的认识。

第二层次"会展专项技能类训练",是建立在第一层次的基础上进行的专业性训练,主要突出对会展职业核心技能中的单一专业方面的能力训练,多个技能实训项目结合,针对性较强。满足了与会展行业实际生产和服务场所尽可能一致的实训岗位要求,以组合拳形式夯实学生各方面的会展职业技能,最终达到提升综合素质的目的。

第三层次"会展综合项目实训"主要是综合性的设计实验,组织学生独立动手策划、组织和管理一个展览、会议或活动的全过程,锻炼学生统筹分析、解决问题和独立思考的能力;同时,通过综合项目实训,发挥第一层"会展认知类实训"建立起来的感性认识和专业兴趣,将第二层"会展技能类实训"所训练的技能综合地运用到实训的各个方面,打造学生优良的会展专业综合素养,如表2.1所示。

表 2.1　基于会展岗位要求的任职能力设置课程体系

任职能力	专项能力	单项能力	实训项目设置
语言沟通能力	现代汉语运用能力	1. 会展文案撰写 2. 商务应用文写作	实训项目七　会展文案写作
	英语听说读写能力	1. 听懂正常语速的口语会话 2. 一般中英商务会话 3. 普通英文阅读、写作能力 4. 专业英语会话能力	实训项目六　会展现场管理
	演讲表达能力	1. 项目汇报演讲 2. 进行头脑风暴和意见表达 3. 利益相关方的协调与沟通	所有实训
商务社交能力	市场调查与预测能力	1. 开发、提供市场经营信息 2. 调查与预测的方法与分析	实训项目五　会展营销
	商务接待能力	1. 客户服务与管理能力 2. 商务交往与沟通规则	实训项目六　会展现场管理 实训项目八　会展礼仪公关
	谈判、推销能力	1. 谈判基础理论 2. 掌握推销技巧	实训项目五　会展营销
会展专业知识运用能力	会展实务能力 项目管理能力	1. 市场分析报告文案的撰写 2. 会展谈判、合同的签订 3. 会展相关活动策划、会议的策划 4. 国际贸易实务 5. 会展服务与现场管理 6. 展览会现场信息化管理 7. 会展商务沟通	实训项目九　组织展览 实训项目十　组织会议 实训项目十一　组织大型活动
	市场营销能力	1. 市场分析与战略分析 2. 营销策划与实务操作能力 3. 网络营销能力 4. 制订总体销售方案 5. 招商策划和展会宣传推广 6. 会展销售	实训项目五　会展营销
	策划管理能力	1. 熟悉策划基本知识 2. 培养全局思考能力 3. 会展整体策划能力	实训项目四　会展策划

续表

任职能力	专项能力	单项能力	实训项目设置
会展专业知识运用能力	职业认知能力	1. 熟悉展馆建筑、设施及展览器材 2. 掌握鉴赏特装及活动创意，进行会展活动的评估总结 3. 了解企业结构、岗位种类及业务要求	实训项目一　勘查展馆 实训项目二　参观展览 实训项目三　参观会展企业
基础素质能力	计算机运用能力	1. 计算机操作、文档处理 2. 利用电脑进行统计分析能力	所有实训
	人文素质能力	1. 正确的审美与鉴赏能力 2. 时尚分析能力与高雅品位 3. 职业道德精神	所有实训

三、会展实训的组织及实施

(一)“展”“课”融合，真实项目教学法

利用校内仿真实训与校外顶岗实训将会展项目纳入课程教学。实训选择的项目，一是来自校外行业、企业真实的工作任务；二是校内展会的真实工作任务。“展”“课”融合，真实项目教学法的具体做法是：

1. 展课时间对应

在课程的时间安排上，校内仿真实训与校外顶岗实训分别结合本地主要展会的淡季和旺季，进行交错安排。在会展业旺季，以进行校外顶岗实训教学为主；在会展业淡季，以开展校内仿真实训教学为主。在授课时间上灵活安排，实现展课时间对应。

2. 展课项目对接

教师与合作企业联系，签订项目合作合同；然后将学生分为若干小组分别从事各项具体工作，同时明确每个人在小组中的角色和作用；学生在学习专业课程内容的同时，收集相关资料并进行市场调查，制订项目计划并与企业合作实际操作项目；企业负责打分和方案的应用，并提出运用中出现的新问题；教师总结项目执行情况，实现展课项目在部分环节上的深度对接。

3. 教学情境与真实工作现场融合

真实项目教学法让学生从教室走入企业，走入展会第一线，实现了教学情境与工作环境一体，使学生接受全方位的学习，形成系统性的岗位认知，最大限度地挖掘学生的潜能，如图 2.1 所示。

图 2.1　"会展现场管理实训"中在展览现场进行现场教学

（二）小组协作，"以学生为中心"教学法

学生在自由组合的基础上经老师调配，通过团队协作，共同完成项目任务，从而有效地培养团队协作能力和解决实际问题的能力，充分以学生为中心，发挥学生的主观能动性。

例如，在"会展营销实训"中，教师将学生分组，每组在实训过程中要按照会展市场营销的工作任务流程，通过前期调研与策划，完成会展活动的招商招展策划，通过运用电话销售、面对面销售、网络营销及公关营销等多方面的销售技巧，完成一个会展产品的最终销售。整个工作流程与企业真实的工作流程相吻合，以任务驱动调动学习积极性，如图 2.2 所示。

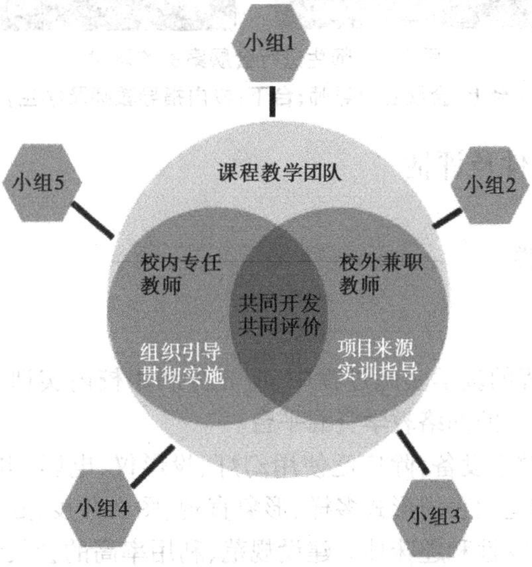
小组1
课程教学团队
小组5
小组2
校内专任
教师
校外兼职
教师
共同开发
共同评价
组织引导
贯彻实施
项目来源
实训指导
小组4
小组3

图 2.2　"以学生为中心"教学法

（三）情景模拟，角色扮演教学法

教师根据教学内容为学生设计模拟场景，让学生通过成立模拟公司等形式在模拟企业场景中扮演相应的角色，使其更清晰地认知企业设定的岗位职责、任务和工作程序，并就工作中遇到的实际问题提出自己的观点和方案，或对实际操作进行改良。

例如在"会展现场管理实训"中，教师安排学生分别扮演展会现场工作人员、观众及媒体记者等，模拟处理会展活动过程中的各种突发事件及危机，如图 2.3 所示。

图 2.3　学生通过情景模拟、角色扮演进行展会现场服务训练

(四)案例研讨教学法(企业专家指导)

会展专业实训可安排专题课时,邀请各行业名家走进实训课堂,为学生开展企业导师课堂,进行深度的案例研讨,让学生有机会接触会展行业新近发展资讯及吸取一线专家经验,如图 2.4 所示。

图 2.4　师生进行会展案例的研讨
(台上:会展企业导师;台下:校内指导教师及学生)

四、会展实训条件及评估

(一)会展实训条件

1. 校内实训条件

会展专业实训课程的教学实施过程中,应充分利用校内实训室,引进虚拟仿真实训设备及软件,建设共享性的网络教学资源平台。

充分应用现代化教学设备,除广泛使用幻灯、投影仪、电影、电视录像等现代化教学手段外,电子幻灯片的运用表现形式多样、形象直观、图文并茂,延伸课堂教学的信息量,增加知识的科学性、直观性和趣味性。建设规范、利用率高的会展专业校内实训室,覆盖了会展策划、会展综合项目、会展现场服务等多门实训课程。

运用会展实训管理系统,建立虚拟展会、虚拟企业、虚拟项目等仿真教学环境,优化教学过程,提高教学质量和效率。以"会展现场管理实训"为例:

"虚拟展会"完全模拟展会的基本流程,由学生模拟扮演的观众在入场时需接受展会门禁系统的扫描,然后可以在装有会展信息系统的电脑上录入、打印观众信息,制作观众身份牌,通过会展信息系统,可以存储观众信息、企业信息,分析各类观众比例,记录观众参会时间、展会高峰时段等,与现代企业真实展会所使用的信息管理系统操作方法完全一致,实现虚拟技术辅助教学。具体流程如图 2.5 所示。

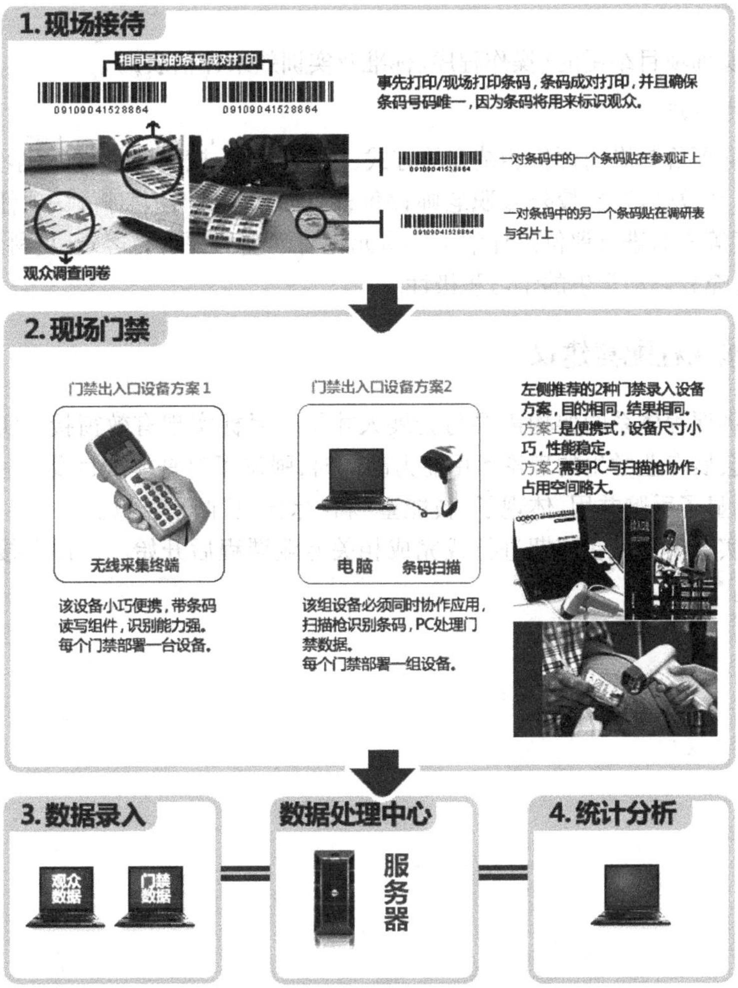
1. 现场接待
相同号码的条码成对打印
事先打印/现场打印条码，条码成对打印，并且确保条码号码唯一，因为条码将用来标识观众。
一对条码中的一个条码贴在参观证上
一对条码中的另一个条码贴在调研表与名片上
观众调查问卷
2. 现场门禁
门禁出入口设备方案1
门禁出入口设备方案2
左侧推荐的2种门禁录入设备方案，目的相同，结果相同。
方案1是便携式，设备尺寸小巧，性能稳定。
方案2需要PC与扫描枪协作，占用空间略大。
无线采集终端
电脑
条码扫描
该设备小巧便携，带条码读写组件，识别能力强。
每个门禁部署一台设备。
该组设备必须同时协作应用，扫描枪识别条码，PC处理门禁数据。
每个门禁部署一组设备。
3. 数据录入
观众数据
门禁数据
数据处理中心
服务器
4. 统计分析

图 2.5　某会展实训管理系统操作流程图

2. 校外实训条件

建立数量充足、长效稳定的校外实训基地，能满足学生校外顶岗实训实习的需要。校外实习实践是会展专业实训教学的主要组成部分。会展院校及专业教师要持续维护和拓展校外实训基地及校外实训项目，促进学生的职业能力培养上有更多践行，从而缩短学生走入企业的适应期，提高其职场敏锐度。

（二）实训评估办法

为适应灵活的教学安排和项目教学法的应用，会展专业实训课程的考核方式上需要做到校企一体，推行“分阶段过程考核法”和“多主体多元考核法”。

1. 分阶段过程考核法

打破以往期末考试“一卷定论”的弊端，将以往考核理论知识为主变为考核实践能力为主，结合每门实训课程不同的教学情境安排，由各任课老师设计出以“过程考核”为目的的科学考核方法，每一个情境任务结束后及时进行考核，对学生学习起到更好的督促作用。

详见各实训项目结尾的《操作程序、标准及实训效果评估表》)。

2. 多元考核法

采用横向评价与纵向评价相结合的方式,设置权重。横向评价,包括学生自评、小组互评,校内专任教师评价、校外兼职老师评价;纵向评价,从学生对每一项任务的完成情况、好坏程度等方面进行评价。评估主体多元化对学生的评价更客观、更科学,强化学生的主体作用,充分调动学生的学习积极性。

五、衔接课程配套建议

会展实训课程体系的架构需要与会展人才培养目标实现有效衔接。实训课程培养目标在强化会展专业学生的理论运用能力的同时,强调了对具体项目及业务流程动手能力的培养,凸显了手脑并用,体现了“技能型”和“综合性”两个特点。

会展各实训项目需在同期进行或完成相关专业课程后开始。总体衔接课程配套如表2.2所示。

表 2.2　会展实训项目安排与衔接课程配套建议

实训类型	序号	实训项目	建议课程时期			建议配套/衔接课程		
			大一	大二	大三	专业基础课	专业核心课	其他相关课程
认知类	一	勘查展馆	√			会展实务、会展概论	会展场馆经营与管理	会展旅游
	二	参观展览	√	√	√		会展策划、会展营销、会展现场管理	3D 设计、展台设计与搭建
	三	参观会展企业		√			会展企业管理、会展组织	人力资源管理
专项技能类	四	会展策划		√		市场调查与分析、会展政策与法规	会展策划、活动策划、会展客户服务	广告创意
	五	会展营销		√		市场调查与分析	会展营销	会展心理、网络营销、广告策划、销售技巧、品牌策划
	六	会展现场管理		√		会展实务、会展英语	会展现场管理、会展服务管理	会展物流、会展信息化管理、沟通与谈判
	七	会展文案写作	√	√		会展文案写作	会展策划、会展营销、会展项目管理	广告文案、平面设计
	八	会展礼仪公关	√			会展客户服务	会展礼仪	公共关系、商务礼仪
综合项目	九	组织展览			√	前期课程	会展项目管理、会展策划、会展现场管理、会展商实务	毕业论文与设计、平面设计、影视设计
	十	组织会议			√		会展项目管理、会议运营、会展现场管理	
	十一	组织大型活动			√		会展项目管理、活动策划、会展现场管理	

第三部分
会展认知类实训

实训项目一　勘查展馆

教学目标

✪掌握国内外知名本地展馆概况、展馆设施设备、展馆建筑、展览器材等基本知识。

✪灵活运用实地调研、电话咨询、网络查询等信息搜索方法，归纳整理相关信息。

✪熟练运用各种观察和沟通技巧，独立完成各种勘查任务。

内容导读

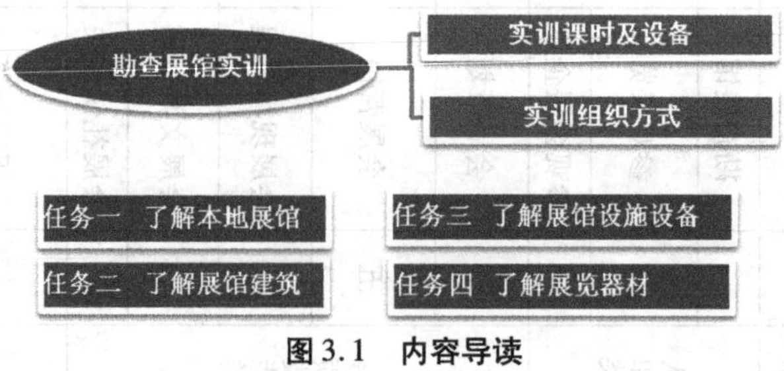
勘查展馆实训
实训课时及设备
实训组织方式
任务一　了解本地展馆
任务二　了解展馆建筑
任务三　了解展馆设施设备
任务四　了解展览器材

图3.1　内容导读

勘查展馆实训

一、实训课时

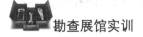

本实训合计32课时,包括课内授课8课时及课外现场实践24课时。具体安排如表3.1所示。

表3.1　实训课时

序　号	工作任务名称	总课时	课　内	课　外
一	了解本地展馆	8	2	6
二	了解展馆建筑	8	2	6
三	了解展馆设施设备	8	2	6
四	了解展览器材	8	2	6
	合计	32	8	24

为保证顺利完成,各实训小组需准备好相机、DV或带有高清拍摄功能的手机设备,供现场拍照及视频拍摄;纸笔、记录板、展馆地图、展览观众指南等;可连接互联网的电脑设备,用作信息调研、报告制作。

二、实训组织方式

本实训项目按学生人数组织分组。以班级40名学生为例,实训组织方式可参考图3.2的组织结构进行。

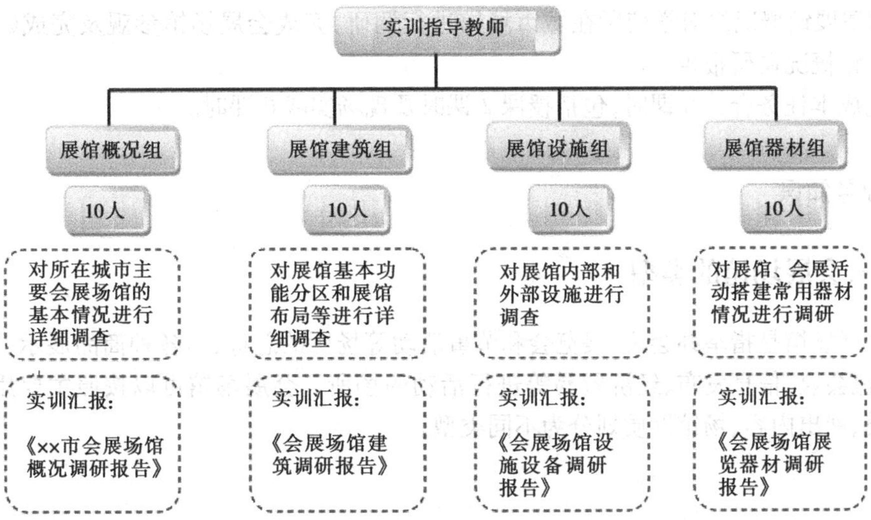
实训指导教师
展馆概况组
展馆建筑组
展馆设施组
展馆器材组
10人
10人
10人
10人
对所在城市主要会展场馆的基本情况进行详细调查
对展馆基本功能分区和展馆布局等进行详细调查
对展馆内部和外部设施进行调查
对展馆、会展活动搭建常用器材情况进行调研
实训汇报:《××市会展场馆概况调研报告》
实训汇报:《会展场馆建筑调研报告》
实训汇报:《会展场馆设施设备调研报告》
实训汇报:《会展场馆展览器材调研报告》

图3.2　实训组织方式

另外,若要求全体学生均参与到四大任务中,每个学生都需亲自实操调研本地展馆概况、展馆建筑、展馆设备设施及展览器材,则本实训可分配到4个学期完成。各实训任

务由全班分组、各自实操，小组独立完成调研准备、实施调研、分析资料、制作报告，最后进行口头汇报。各实训任务的实操流程如图3.3所示。

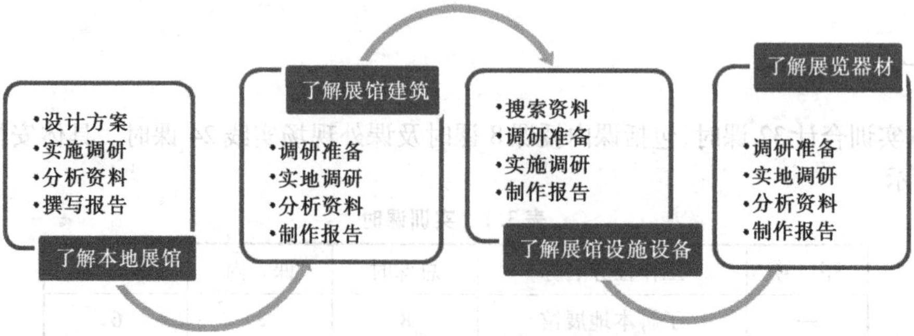
·设计方案
·实施调研
·分析资料
·撰写报告
了解本地展馆
了解展馆建筑
·调研准备
·实地调研
·分析资料
·制作报告
·搜索资料
·调研准备
·实施调研
·制作报告
了解展馆设施设备
了解展览器材
·调研准备
·实地调研
·分析资料
·制作报告

图3.3 勘查展馆实训流程图

任务一 了解本地展馆

业务情景

会展活动的蓬勃发展拉动了城市经济的发展，越来越受到各级政府重视，国内主要城市为配合会展业每年平均20%的增长速度发展需要，大刀阔斧地开展会展场馆新建、扩建工程，一批规模更大、配套设施更加齐全的会展场馆拔地而起，但在拥有展馆数量较多的省份和城市，展馆使用率较低、展馆间竞争激烈等问题日益明显。

为了更好地了解目前我国会展场馆发展的基本情况，深入了解不同类型、规模会展场馆的经营现状，展馆概况组需要开展一次会展场馆实地考察活动。

✪请展馆概况组对学校所在城市场馆进行调研，完成会展场馆参观及完成《××市会展场馆概况调研报告》。

完成本任务合计8课时，包括授课2课时及现场实践6课时。

业务知识

一、会展场馆的类型

会展场馆是指举办会议、展览会和节事活动等场所的总称，为各种商品展示、行业活动、交流会议、信息发布、经济贸易等进行活动的场所。会展场馆可以按照主要用途、展馆规模、展出内容、场馆性质划分为不同类型。

(一)按主要用途划分

表 3.2 按主要用途划分会展场馆

序 号	场馆类型	主要用途
1-1	展览中心	有固定场馆来展示、陈列和举办展览会、博览会的场所
1-2	会议中心	为各种会议活动提供专门场地、设施设备和服务的场所。一般以承办接待国内外会议及展览等大型活动为主要经营项目
1-3	博物馆	对有关历史、自然、文化、艺术等的实物、资料、图片、标本进行收集、保管、研究并陈列一部分供人们参观、学习的专用建筑场馆
1-4	美术馆	以陈列展出美术工艺品为主,主要收集有关工艺、美术藏品,进行陈列和工艺美术陈列的建筑场馆
1-5	纪念馆	为纪念具有历史意义的事件或人物而建造的场馆
1-6	陈列馆	为单纯的陈列展出、实物等形式以供人们参观学习的独立建筑物或一角
1-7	体育场馆	为开展群体性体育活动而设置的体育活动教学、训练和竞赛的公共体育场所
1-8	文化场馆	进行宣传教育、组织辅导群众艺术等活动的综合型文化活动场所
1-9	影剧院	用于放映电影或供文艺演出、艺术表演的场所

国家会议中心

中国进出口商品交易会展馆

陕西省美术博物馆

嘉兴南湖革命纪念馆

海岸门回归贺礼陈列馆

中国国家体育馆

图 3.4 按主要用途划分会展场馆

(二)按展馆规模大小划分

表 3.3 按展馆规模大小划分会展场馆

序 号	规模类型	占地面积/万 m^2	所在城市等级	业务范围
2-1	大型会展场馆	50	重要大城市	举办大型国际会议和综合性展览活动
2-2	中型会展场馆	30	区域中心城市	国内和区域性会展业务

续表

序　号	规模类型	占地面积/万 m^2	所在城市等级	业务范围
2-3	小型会展场馆	30 以下	地方中小城市	地区性会议、展览和专业性贸易展览活动

(三)按会展内容不同划分

表 3.4　按会展内容不同划分会展场馆

序　号	会展场馆类型	主要用途
3-1	综合性会展场馆	可同时或分别举办会议和展览活动的场所
3-2	展览型会展场馆	一般只举办展览活动而不举办会议的场馆
3-3	博览型会展场馆	举办画展、花卉展、艺术品展、文物等博览性活动的场所
3-4	会议型会展场馆	主要举办大型会议的场所

(四)按照会展场馆性质划分

表 3.5　按会展场馆性质划分会展场馆

序　号	会展场馆类型	主要用途
4-1	项目型会展场馆	不是专门用于会展活动,而只是偶尔举办会展活动的场所
4-2	单纯型会展场馆	专门用于展览某种产品、展示某个行业或举行某种会议的活动场所
4-3	综合型会展场馆	可以举办各种展览和会议的活动场所

本项目4个实训任务将选取国内各地具有代表性的会展场馆为主要讨论对象。实训指导教师可以在以上业务知识的基础上,选择学校所在城市或指定城市其他类型的会展场馆作为实训练习的具体内容。

【实训练习1】

统计学校所在城市的主要会展场馆,分别使用以上4种分类方法对所搜集的会展场馆信息进行分析,并结合实际完成表3.6。

表 3.6　××城市会展场馆信息统计表

划分标准	场馆名称	场馆类型	场馆地址	场馆面积	场馆官网

二、会展场馆一般特点

会展活动会在短时间内积聚大量人员、货物、资金等，因而完善、齐全的会展场馆及周边设施是会展活动顺利举办的良好保证。随着会展活动内容和形式日益丰富，会展场馆的功能也得到深化，并且成为会展活动组织者和活动参与者选择场馆的重要考虑因素。

（一）会展场馆的主要功能

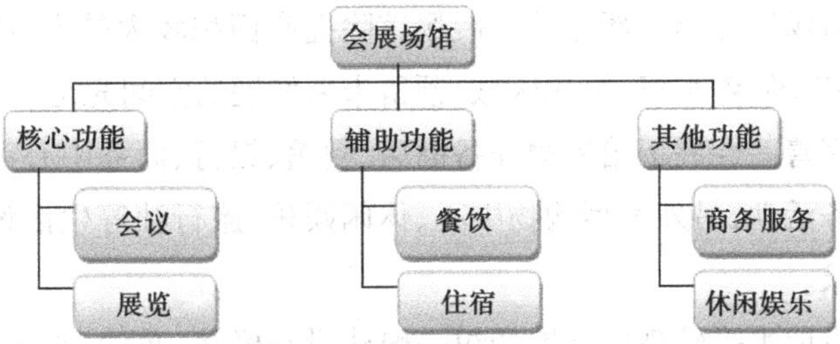
会展场馆
核心功能
会议
展览
辅助功能
餐饮
住宿
其他功能
商务服务
休闲娱乐

图 3.5　会展场馆的主要功能

近几年国内新建场馆已不局限于建设单一型场馆，会议展览综合体已成为未来发展趋势，传统的核心功能和辅助功能联系更加紧密，商务服务、休闲娱乐、文化和艺术等其他功能则更好地提高了会展场馆的竞争力。

（二）不同类型会展场馆的设施特点

表 3.7　不同类型会展场馆的设施特点

场馆类型	主要功能	主要优势	举　例
展览中心	展览	1. 室内外展览面积大 2. 展览场馆专业化程度高 3. 配套设施（小型会议室、餐饮、停车场等）完善	深圳会展中心 沈阳国际展览中心
会议中心	会议 餐饮及宴会	1. 会议室类型丰富 2. 会议设备高标准 3. 餐饮和住宿功能突出	广州白云国际会议中心 大连国际会议中心
商贸一体化会展中心	展览 会议	1. 展览和会议室面积较大，空间灵活多变 2. 大型活动接待能力、管理能力较高	宁海国际会展中心 成都世纪城新国际会展中心

(三)会展场馆的一般特点

1. 会展场馆地理位置

会展场馆主要选择在商务活动发达的城市建设,这是为适应会展活动的特点,如会展活动类型丰富,活动规模大,与会人员数量巨大,信息交流量大,物流强度高等。因此会展场馆地理位置一般具有以下特点:

①城市交通发达。为方便人员疏散和物流运输,会展场馆与城市主要交通枢纽(如机场、火车站、高铁站、港口码头等)距离适宜,场馆周边拥有高速公路、国道、地铁、轻轨、公交站等进行接驳。

②场馆及周边场地开阔。新建的会展场馆除拥有面积较大的室内建筑,场馆室外空间宽阔,拥有室外广场、停车场、绿化区域,预留未来发展的空间充足。

③配套设施完善。会展场馆周边配备酒店、餐馆、银行、商务中心等服务设施以满足活动参与者的商务活动,另外大型购物中心、休闲娱乐、旅行社等生活设施也能满足活动参与者的生活需求。

④城市经济发展水平较高。会展场馆一般建设在经济、政治、文化功能突出的城市,城市的整体基础设施水平也较高。

【案例1】成熟的会展场馆概况

天津滨海国际会展中心和会议中心坐落于天津市滨海新区核心区,会议中心毗邻会展中心,由天津滨海会展有限公司统一管理。滨海国际会展中心和会议中心使得滨海新区成为天津市会展经济的核心区域,先后成功承办了2008世界经济论坛新领军者年会暨夏季达沃斯论坛、首届中国企业国际融资洽谈会、中国生物经济大会等百余个国内外大型展会活动,也成功主办了天津国际手机展览会、天津国际投资理财洽谈会等品牌展会,累计接待国内外观众人数达120万人次。

滨海国际会展中心和会议中心所在的滨海新区,拥有丰富的公共交通资源,连接天津和北京主要交通枢纽,酒店、购物中心等配套设施完善,为各类会展活动提供了良好的设施设备保证。表3.8将简单介绍该会展中心和会议中心的周边配套设施情况。

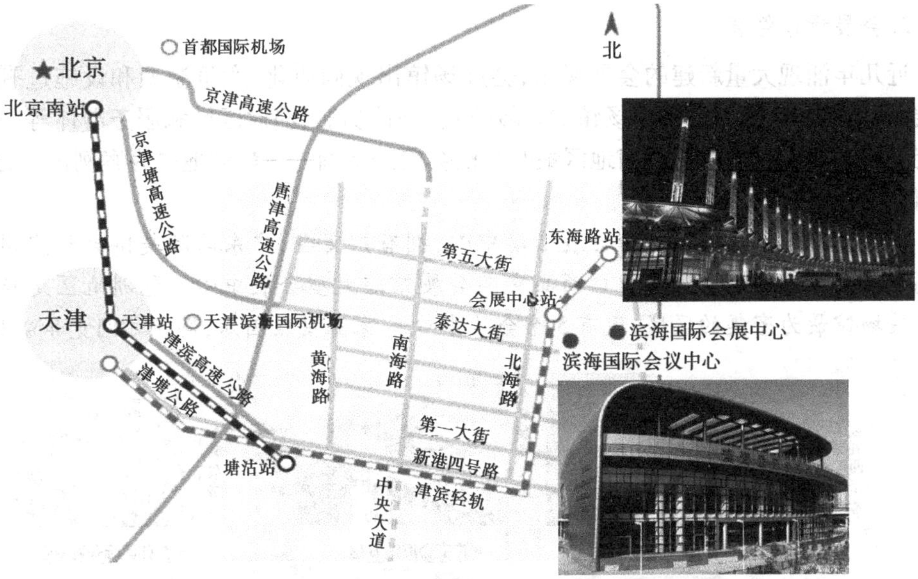
首都国际机场
★北京
北京南站
京津高速公路
京津塘高速公路
唐津高速公路
北
东海路站
第五大街
会展中心站
泰达大街
天津
天津站
天津滨海国际机场
滨海国际会展中心
滨海国际会议中心
津滨高速公路
津塘公路
黄海路
南海路
北海路
第一大街
新港四号路
塘沽站
中央大道
津滨轻轨

图 3.6　天津滨海国际会展中心和会议中心地理示意图

表 3.8　天津滨海国际会展中心和会议中心周边配套设施

配套设施	类　型	具体内容
交通设施	交通枢纽	1. 机场：天津滨海国际机场（相距 40 km） 2. 火车站：天津火车站（55 km）、京津城际铁路
	高速公路	京津塘、津滨、津蓟、唐津、京沪、京沈、京津二线高速公路
	市内交通	1. 轻轨：会展中心站 2. 公交车站：塘沽站、洞庭路（泰达站）、市民广场站、东海路站 3. 出租车：8 元起步（3 km 内），超过 3 km 按每公里 1.7 元计算
酒店住宿	酒店住宿	假日快捷酒店、天保国际酒店、天津滨海圣光皇冠假日酒店等
餐饮娱乐	餐饮	1. 海鲜：周记北塘渔村海鲜城、滨海名都大酒店、上海道渔村周记等 2. 川菜：红房子餐厅 3. 津菜：天津狗不理（开发区店） 4. 粤菜：华粤轩中餐厅
	旅游	1. 滨海新区景点：天津港博物馆、天津滨海航母主题公园、塘沽大剧院等 2. 市区旅游景点：天后宫、古文化街、天津自然博物馆、南市食品街等
	购物	滨海新区购物中心、劝业场、天津百货大楼、友谊商场等
	娱乐	东方之珠 KTV、芭比酒吧、苏荷酒吧

【实训练习 2】

借鉴上述案例报告，选择学校所在城市的 1 ~ 2 个会展场馆，对会展场馆地理位置、周边交通和配套设施进行分析。

2. 会展场馆经营

近几年涌现大量新建的会展场馆，会展场馆出现同质化、竞争激烈和设施过剩等现象，会展场馆在经营时应根据场馆的区域位置、场馆功能、辐射区域和服务群体等因素来制定经营策略。下面选取华南地区最知名的会展经济圈——琶洲地区为案例进行分析。

【案例2】琶洲会展经济圈

广州作为华南地区重要的会展活动中心，拥有广交会、广东国际美博会和广州国际照明展等大型展览会以及进出口商品交易会展馆超大型会展中心。琶洲地区是华南地区会展场馆最为密集的区域，现有5个会展中心、3家五星级酒店，场馆之间竞争激烈。

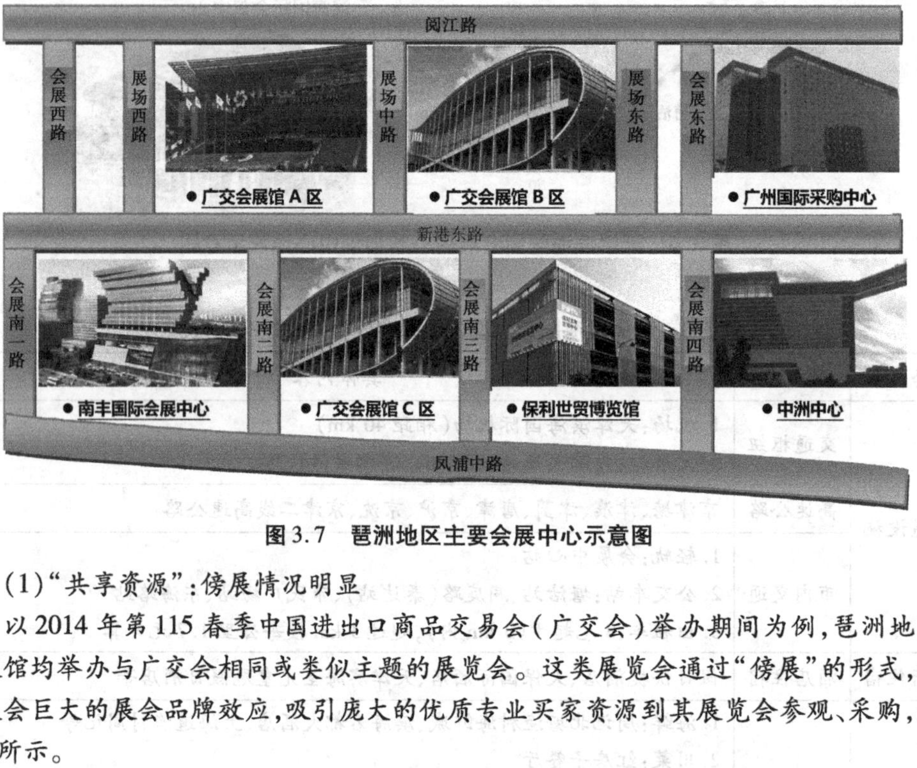
阅江路
会展西路
展场西路
展场中路
展场东路
会展东路
广交会展馆A区
广交会展馆B区
广州国际采购中心
新港东路
会展南一路
会展南二路
会展南三路
会展南四路
南丰国际会展中心
广交会展馆C区
保利世贸博览馆
中洲中心
凤浦中路

图3.7 琶洲地区主要会展中心示意图

(1)“共享资源”：傍展情况明显

以2014年第115春季中国进出口商品交易会(广交会)举办期间为例，琶洲地区其他展馆均举办与广交会相同或类似主题的展览会。这类展览会通过“傍展”的形式，利用广交会巨大的展会品牌效应，吸引庞大的优质专业买家资源到其展览会参观、采购，如表3.9所示。

表3.9 第115届中国进出口商品交易会期间琶洲地区其他展馆展览情况

展馆名称	每年4月15—19日	每年4月23—27日	每年5月1—5日
广州进出口商品交易会展馆	中国进出口商品交易会 第一期	中国进出口商品交易会 第二期	中国进出口商品交易会 第三期
广州保利世贸博览馆	亚洲照明及消费电子产品展 (4月14—17日)	广州(锦汉)家居用品及礼品展览会 (4月21—27日)	广州国际鞋展·鞋材展·鞋机展 (5月1—3日)
中洲中心		CACFair广州编织品展 (4月21—28日)	

续表

展馆名称	每年4月15—19日	每年4月23—27日	每年5月1—5日
南丰国际会展中心	广州精品卫浴展(4月14—18日);第二届广州(春季)家用电器及电子消费品进出口展览会(4月15—18日)	广州陶艺家居展(春季)(4月21—27日)	
广州国际采购中心		广州国际采购博览会(4月21—27日)	

(2)各个场馆经营特点

其他4个展馆意识到依赖广交会资源进行经营将无法得到持续发展,因此琶洲地区5个会展中心在经营上拥有不同的侧重点,差异化经营逐渐产生,如表3.10所示。

表3.10 琶洲地区5个会展场馆经营基本信息

展馆名称	主要功能		辅助功能		其他功能		类型
	展览	会议	餐饮	住宿	写字楼	展贸中心	
广交会展馆	√	√	√	√广交会威斯汀酒店	√		展、住
保利世贸博览馆	√	√	√	√保利世贸中心公寓	√	√(吉盛伟邦家具城)	商、展、住
中洲中心	√	√	√	√广州益武凯陌酒店	√		商、展、住
南丰国际会展中心	√	√	√	√广州南丰朗豪酒店	√	√(时尚首饰及配饰展贸中心)	商、展、住
广州国际采购中心	√		√		√	√(全球商品展贸城/国际服装采购中心)	商、展

【实训练习3】

借鉴上述案例报告,针对【实训练习2】已完成分析的会展场馆,进一步对其功能和经营特点等内容进行剖析,并完成一份简要报告。

(四)会展场馆其他概况

会展场馆一般都建有官方网站,通过官方网站可以了解会展场馆的基本概况、场馆过往和即将举办展览会和会议的概况。组展商、参展商、采购商和场馆搭建商均可以通过官方网站不同的板块找到所需的信息。总的说来,会展场馆官方网站是会展活动成功举办的良好平台。

【案例3】成熟展览会的官方网站

中国国际展览中心由中国国际展览中心集团公司管理，建立于1985年，经过20多年的发展历程，现已成为集展馆经营、国内组展、海外出展、展览工程于一身，业务范围涵盖会展产业链各个环节的集团企业。中国国际展览中心官方网站为 www. ciec-expo. com. cn，网站各个板块围绕不同群体提供展览会前期筹备阶段的服务内容。

1.服务对象
所有网站访问者
2.主要作用
提供2014—2016年度中展本馆/新馆展览计划、中展主/承办展览计划、海外出国展览计划查询
1.服务对象
展会主办单位、施工单位
2.主要作用
提供展馆平面图、停车场概况和展馆参数信息查询
1.服务对象
参展商、采购商
2.主要作用
了解国内会展活动发展动态、场馆周边配套设施
中国国际展览中心 集团公司
CHINA INTERNATIONAL EXHIBITION CENTER GROUP CORPORATION
首页
关于我们
中展服务
展会计划
展馆参数
会展快讯
商旅便利
We Energize Your Business Plan
我们加速实现您的商业梦想
IN 1985
IN 2008
观众登录
展商登录
施工申办
展会公安、消防申报手续资料下载
1.服务对象
采购商
2.主要作用
链接在该展馆举办的展览会网上预登记页面，实现“观众网上登记”，减少观众现场排队时间
1.服务对象
参展商、展览会主办单位
2.主要作用
中国国际展览中心集团公司自办展参展商管理平台，实现网络签订参展合同、提交信息、申请参展证、申请客户票等功能
1.服务对象
（主场）承建商
2.主要作用
对已通过中展施工资质认证的施工单位开通，提供展馆施工服务申请登记、管理规定及表格下载功能
1.服务对象
展览会主办单位
2.主要作用
提供展览会消防、公安部门申报展会许可所需资料说明下载

图3.8 中国国际展览中心官网

【实训练习4】

请通过网络搜索6~10间国内主要会展场馆的官方网站，归纳各个会展场馆官方网站有哪些板块，各个板块的主要内容有哪些；从组展商、参展商、采购商等不同的角度分析网站有哪些优缺点，进行分组讨论及口头汇报。

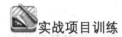

实战项目训练

1. 根据所学业务知识，完成实训练习1-4。

2. 根据你所整理的会展场馆信息，分析不同类型、地区和规模的会展场馆经营定位，并讨论这些会展场馆如何持续发展。

3. 利用网络查找会展展馆的信息，归纳各场馆每年固定举办的知名品牌活动。

任务二　了解展馆建筑

业务情景

近几年,国内众多城市新建了众多会展场馆,这些会展场馆多数被建成当地城市的地标建筑,新建场馆功能齐全且设施一流,能够满足不同层次的会议、展览、商务餐饮、娱乐演出和旅游观光等商务活动的需求,各大城市以豪华的大型现代化会展场馆作为提高城市会展活动竞争力的主要手段之一。

但不少会展场馆存在实用性较差、整体布局不合理的问题,从而造成会展活动展示效果差、人员流动分布不均匀、物流运输不畅通等各种问题。为了更好地了解各类会展场馆的建筑概况和特点,展馆建筑组需要开展一次了解会展场馆建筑的实地调研活动。

✪请展馆建筑组挑选学校所在城市其中一个会展场馆进行实地考察,完成《××会展场馆建筑调研报告》。

完成本任务合计8课时,包括授课2课时及现场实践6课时。

业务知识

会展场馆是综合功能非常高的建筑物,能够满足短时间内高度聚集的人流和物流所产生的疏散、展示、餐饮等各种不同需求。现代会展场馆建筑一般都拥有较为宽阔的室外广场,数量众多的人员和货物进出通道,而展厅、会议室和多功能厅是会展场馆的重要区域。另外,餐饮区、停车场和休闲区域也是会展场馆必不可少的重要建筑区域。但由于会展场馆的功能、接待目标群体、区位和投入资金等的差异,不同类型的会展场馆的建筑会有所区别。

一、会展场馆主要建筑区域

(一)室内展览区域

会展场馆室内展览区域一般分为展览厅(图3.9)和展示厅(部分场馆没有明确划分)两类。展览厅需要根据展览中心的市场定位、所举办的展览类型和具体规模设置标准摊位,要按能适合举办各种室内大型展览进行设置,建筑装修及装备要注重实效。展示厅内按需设置展示橱窗,用作展品常年展示。

室内展览区域建筑设计特点一般需符合以下几个要求:

①平面和空间结构上,要求少柱、大跨度和大面积,能按展览规模的需要分割组合。

②设立人员与货物分别独立进出的大门,实行人、货分流。

③地面应有较强承重能力,特别是一楼展览厅应按可以举办重型机械设备展览的标准设计,而天花板网架应可悬挂宣传装饰物(图3.10)。

④展品可用货柜车直接开入各展厅,并在各展厅设置装卸平台(图3.11);同时在楼

层间设置部分专用货梯，用于小批量货物的运输。

图 3.9　上海新国际博览中心展览厅

图 3.10　广西南宁国际会展中心天花板网架

图 3.11　琶洲展馆货车专用卸货区

(二)会议室区域

会议室区域主要包括多功能大厅、中型会议厅、小型会议室和贵宾室等四种不同类型的建筑区域。一般情况下，会议中心的会议室区域比会展中心配套会议室的规格、设施设备和功能区域划分更丰富和齐全，能满足不同类型会议的活动需求，如图 3.12 所示。

中型会议厅大跨度结构为符合会议功能的通视性要求，设置声光图像放映、卫星通信、电视会议、有线同声翻译和电子投票系统等设备，音响效果符合会议建筑规范要求。设置固定座位，兼作电影和专题会议之用。小型会议室可灵活组合，适合不同类型和规模的会议，也可兼供临时办公、谈判、签字仪式、新品介绍等之用。贵宾室是专供与会贵宾休息的地方。

(三)多功能厅

多功能大厅应能容纳一定人数的活动，一般都配有先进的影、声、像系统，能举办大型会议、文艺演出和千人以上的大型庆典宴会。而且可用隔音墙分割成 2 ~ 3 间，可作会议、宴会、时装表演、小型专题会议或小型专题展览之用，如图 3.13 所示。

(四)室外展场

室外展场主要表现为露天广场，可以作为室外展厅、开幕式、大型活动和临时停车场等，如图 3.14 所示。

图 3.12　滨海国际会展中心会议厅

图 3.13　昆明国际会展中心多功能厅

图 3.14　琶洲展馆室外展场

二、会展场馆辅助建筑区域

(一)展厅主入口大厅

展览辅助场地主要有展厅主入口、主大厅，这里能举行室内开幕式，兼作登记、咨询、商务、餐饮、金融服务处，如图3.15所示。

(二)独立展厅门厅或过厅

各独立展厅的门厅(图3.16)或过厅，能举办小型开幕式，兼作登记、咨询、休息、饮水、导引等场所。其他有餐厅、厨房、工程制作、器材和展品仓库、设备用房、商场用房、商务用房、行政用房、医疗用房等。会议辅助场地包括会前接待活动场地(图3.17)、商务、餐厅(有时可与展览辅助设施中的餐厅结合使用)、门厅、过道、工作间、仓库等，有条件的话还可增设贵宾通道和残疾人无障碍通道。

图3.15　常州国际会展中心入口大厅

图3.16　琶洲会展中心独立门厅

图3.17　琶洲会展中心亲水公园

(三)餐饮区

会展场馆餐饮区一般设置在室内负一层、夹层、门厅或过厅等区域，主要提供快餐、咖啡厅、小食品、饮用水、大型宴会等餐饮服务。

(四)停车场

会展活动期间停放车辆数量巨大，会展场馆在室内、露天广场等展馆室内外配备停车场，满足活动参与者停车需要。大型活动除使用场馆配套的固定停车场，还与交通部门协商在场馆周边划定设置临时停车场。

【案例1】深圳会展中心的楼层图

深圳会展中心集展览、会议、商务、餐饮、娱乐等多功能于一体，地处城市中心区，是深圳市最大的单体建筑，占地22万m^2，总建筑面积28万m^2，东西长540 m，南北宽282 m，地面以上最高处达60 m，地上6层，地下2层，钢结构、玻璃穹顶和幕墙完美结合，夜间在灯光的点缀下，玲珑剔透，有“水晶宫”之美誉。

展览、会议和服务功能分层布局，既相对独立又密切配合。一层9大展厅铺设成“U”形，室内展览面积达105 000 m^2，可容纳5 000国际标准展位大型展览。会议中心悬浮在展馆之上，拥有会议室共35间，功能卓越，大小不一，同时可用作中高档餐饮场地。二层服务区域主通道长达480 m，贯穿东西，上通下达，集中提供各种展会配套服务。

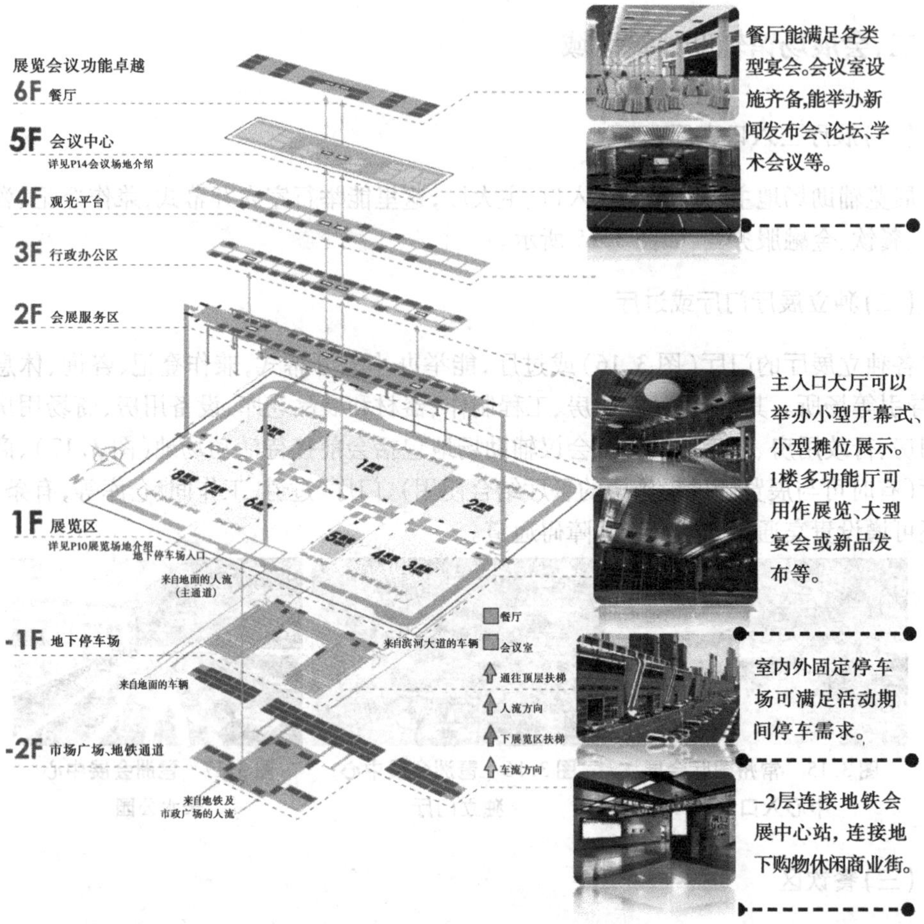
展览会议功能卓越
6F 餐厅
5F 会议中心
详见P14会议场地介绍
4F 观光平台
3F 行政办公区
2F 会展服务区
1F 展览区
详见P10展览场地介绍
地下停车场入口
来自地面的人流（主通道）
-1F 地下停车场
来自地面的车辆
来自滨河大道的车辆
-2F 市场广场、地铁通道
来自地铁及市政广场的人流
餐厅
会议室
通往顶层扶梯
人流方向
下展览区扶梯
车流方向
餐厅能满足各类型宴会。会议室设施齐备，能举办新闻发布会、论坛、学术会议等。
主入口大厅可以举办小型开幕式、小型摊位展示。1楼多功能厅可用作展览、大型宴会或新品发布等。
室内外固定停车场可满足活动期间停车需求。
-2层连接地铁会展中心站，连接地下购物休闲商业街。

图 3.18 深圳会展中心楼层平面图

【案例 2】上海国际展览中心展馆参数

上海国际展览中心共两层楼积共 12 000 m^2，配备有完善的统一的标识体系、各类大小会议室、多功能会议厅和 VIP 接待室，以及先进的宽带网络、投影装置、广播音响设施、数字化监控设备，商务中心、中西餐厅、便利店等多种展览配套服务设施。上海国际展览中心是全国首家获得 ISO 9001 认证的国际性展览馆。

1. 从哪里可以找到展馆参数

通过场馆的官网可直接搜索到展馆参数、各个展厅（会议室）的平面图等数据，部分展馆官方网站提供《展馆手册》（图 3.19）下载。展馆参数（参考表 3.11）内容涉及场馆建筑基本参数、主要设施设备类型和使用限制等。

2. 展馆参数的作用和意义

展馆技术参数主要为展览会主办单位划分展品展区和搭建商搭建展台时提供数据支持。

上海国际展览中心
展馆手册
INTEX SHANGHAI EXHIBITION HALL MANUAL

图 3.19 展馆手册

表 3.11　上海国际展览中心展馆参数

设　施	一层展厅	二层展厅
进入(展品入展厅)	通过四扇卷帘门 北门两扇(4.8 m 宽×4.0 m 高) 南门两扇(4.8 m 宽×3.8 m 高)	通过二台货梯 通过载货平台(7.9 m 宽×14.7 m 长) 及一扇卷帘门(4.8 m 宽×4.0 m 高)
电梯	客梯 1 台、货梯 2 台 1#——载重:3 000 kg 轿厢容积: 3.5 m 长×3.4 m 宽×2.3 m 高 门尺寸:2.3 m 高×2.5 m 宽 2#——载重 1 000 kg 轿厢容积: 2.2 m 长×1.9 m 宽×2.2 m 高 门尺寸:2.1 m 高×1.5 m 宽	同左
展品入展台	汽车、铲车、塔吊等	液压车
展厅地坪	水泥地面	水泥地面
楼面承重	2 000 kg/m^2	1 000 kg/m^2
层高	7.9 m	4.2 m
搭建限高	7 m(详见平面图)	3.5 m(详见平面图)
自动扶梯	一层及二层共 2 部	一层及二层共 2 部
供电	三相 4 线 380 V 和单相 220 V 50 Hz 2 000 kVA	同左
压缩空气(压力)	6～8 kg	同左
展厅亮度	200 lx(平均)	同左
给水	41 个给水口,15 mm 口径 其中 1 个给水口为 25 mm 口径	7 个给水口,15 mm 口径
排水	41 个地漏,100 mm 口径	9 个地漏,100 mm 口径
消防	自动喷淋系统,烟感报警系统 消防栓,手提灭火器	同左
空调	夏天<27 ℃,冬天>18 ℃	同左
新风	7 200 m^3/小时	翻窗
电话	国际国内电话,200 门分机,IC 卡	国际国内电话,200 门分机
网络	FTTB + LAN 有线宽带	同左
保安	24 h 安保服务	同左
广播系统	展厅及主办单位办公室	同左

续表

设　施	一层展厅	二层展厅
应急照明	展厅及主办单位办公室、公共部位、安全通道	同左
办公室	位于二楼	两间主办机构办公室、三间会议室、一间海关办公室
男、女卫生间	三处	三处

数据来源：上海国际展览中心官网

实战项目训练

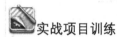

1. 由实训指导老师指定或学生自选1个会展场馆，通过官方网站搜索和实地调研了解会展场馆建筑的基本情况，分组讨论如下问题：

(1)不同楼层的建筑特点(载重、设施设备等)；

(2)各个楼层主要的配套设施；

(3)选择1个在该场馆举办过的会展活动，分析该活动区域划分与场馆建筑之间的联系(可以从展区、现场活动区域设置等方面考虑，分析角度不限)。

2. 参考本任务案例，撰写《××会展场馆建筑调研报告》。要求：需包含实地调研拍摄的图片、场馆资料及网络素材，图文并茂，内容丰富，结构合理。

任务三　了解展馆设施设备

业务情景

会展场馆是举办各类展览、会议和大型活动的重要载体，完善的设施和完备的功能是成功举办会展活动的重要保证。目前国内新建的会展场馆设施设备日渐完善，高科技和智能化科技设备使用日益增多，能够满足不同类型会展活动的需求。

但部分会展场馆存在设施设备华而不实、缺乏人性化设置、人员和物流进出口指引不足等问题，因此在了解会展场馆建筑的基础上需要对场馆设施设备进行进一步的调研。

✪请展馆设施组完成会展场馆参观，并完成《××会展场馆设施设备调研报告》。

完成本任务合计8课时，包括授课2课时及现场实践6课时。

业务知识

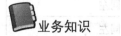

会展设施是指在会展活动举办过程中会展场馆的基本设施和一切涉及会展项目的物质要素。会展场馆的供电系统、给水排水系统、电梯、照明、空调、网络信息、通信设备

以及公共广播等场馆建筑基本设施。活动期间还配以商务中心、旅游票务、邮政运输、海关检疫、餐饮娱乐和停车等服务设施，各类会展设施设备为会展活动搭建了完善的后勤保障系统。

本实训项目将从内部设施和外部设施两部分介绍会展场馆的设施设备。

表 3.12　会展场馆常见设施设备

类　型	具体设施设备		
内部设施	展厅设备	出入口设备	流通设备
	装卸设备	应急设备	洽谈设备
	会议设施	商务中心	后勤设施
	配套设施	其他设施	
外部设施	交通设施	宣传设施	指示设施
	分馆间通道	运输设施	泊车设施

一、场馆出入口进出设备

会展场馆出入口是场馆与外界联系的关键口，连接主要道路、公共交通站点、停车场和出租车上客点等。主入口常见于场馆各个端头或四周，便于人员和物流快速通行和疏散，也便于场馆内同时举办的会展活动互不干扰。场馆出入口要充分考虑人车分流，人流和车流完全隔开，可以修建人行天桥、过街隧道和车辆通行专属通道。

（一）人员出入通道

进入会展场馆后，人行通道与汽车通道应分为两个独立的路网，人形通道应贯穿会展场馆各展厅区域，并与公共服务设施区域、绿化区域和交通枢纽区域串联起来。

人员出入通道的入口高度不低于 2 m，宽为 5 ~ 7 m，能满足大量人员同时进出场馆（图 3.20）。主要通道应根据人员的主要流动方向和人流量，在连接入口大厅、独立展厅、主要通道等修建多级楼梯、扶手电梯（图 3.21）、升降电梯、自动人行道（图 3.22）。

主展馆
北3号

图 3.20　滨湖国际会展中心展厅入口

图 3.21　香港会展中心手扶电梯

图 3.22　琶洲会展中心自动人行道

【案例 1】北京国家会议中心观众入口及公交线路

北京国家会议中心坐落在北京奥林匹克公园中心区内，紧邻鸟巢和水立方，总占地面积 12 hm^2，总建筑面积 53 万 m^2，总投资 50 亿元，建筑南北长 400 m，东西宽 150 m，檐高 40 m。其中会议、展览面积 27 万 m^2，配套项目建筑面积 26 万 m^2（包括两家酒店、两栋写字楼)，是目前亚洲最大的会议中心。

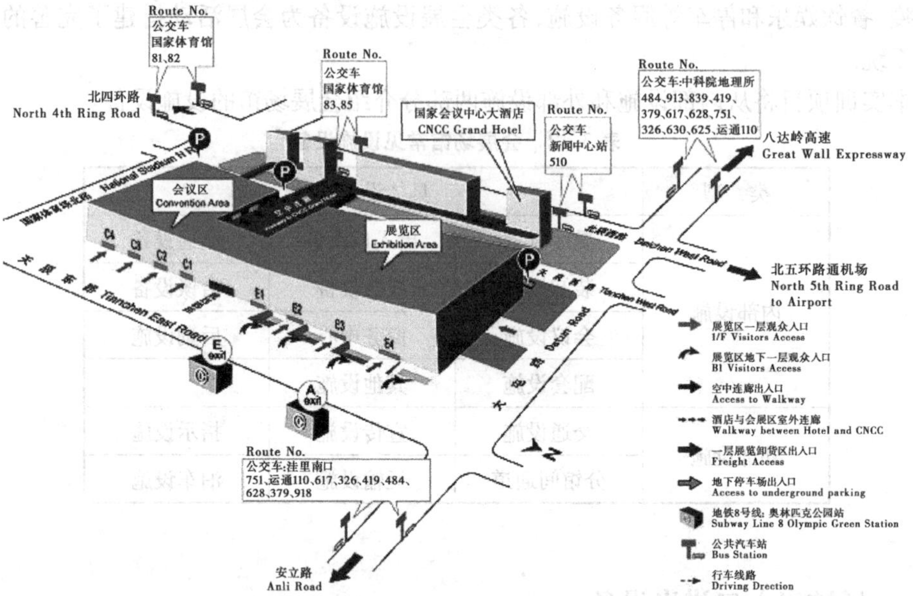
Route No.
公交车
国家体育馆
81、82
Route No.
公交车
国家体育馆
83、85
国家会议中心大酒店
CNCC Grand Hotel
Route No.
公交车
新闻中心站
510
Route No.
公交车:中科院地理所
484、913、839、419、
379、617、628、751、
326、630、625、运通110
八达岭高速
Great Wall Expressway
北四环路
North 4th Ring Road
会议区
Convention Area
展览区
Exhibition Area
C4
C3
C2
C1
E1
E2
E3
E4
北五环路通机场
North 5th Ring Road
to Airport
展览区一层观众入口
1/F Visitors Access
展览区地下一层观众入口
B1 Visitors Access
空中连廊出入口
Access to Walkway
酒店与会展区室外连廊
Walkway between Hotel and CNCC
一层展览卸货区出入口
Freight Access
地下停车场出入口
Access to underground parking
地铁8号线：奥林匹克公园站
Subway Line 8 Olympic Green Station
公共汽车站
Bus Station
行车线路
Driving Drection
Route No.
公交车:洼里南口
751、运通110、617、326、419、484、
628、379、918
安立路
Anli Road

图 3.23　北京国家会议中心观众入口及公交线路图

①会议区入口主要分布在 C1—C4，为方便入住国家会议中心大酒店的宾客进出，酒店与国家会议中心通过空中连廊相连，方便其进出会议区。

②展览区分为地上展厅和地下展厅，独立的观众入口主要分布在展馆东侧 E1—E4，并能够直接通往地下一层展厅，方便观众进出展厅。

③国家会议中心通达性非常好，除地铁 8 号线外还拥有多个公交站点(国家体育馆站、新闻中心站、中科院地理所站)，另外连接八达岭高速、北五环路等主干道。

(二)物流出入通道

筹撤展期间，大量展台搭建材料、参展样品和运输车辆通过物流通道进入展厅，同时参展企业展销产品需要集中储存和管理，因此会展场馆应配备合理大小的停车场、仓储配送中心、临时仓库和货物运输通道。展品入口高度一般不低于 4 m，宽度不少于 8 m。

【案例 2】北京国家会议中心货车入口及行车线路

①货车主要通过北辰西路进入展览区，4 个卸货入口分布在展馆西侧，货车能直接从西侧高 4.8 m、宽 4.5 m 的大货门直接进出。大货门旁有 2 台通过 B1 层展区的升降货梯，方便货物运输。

②在展馆西侧和会议中心酒店之间有 3 个地下停车场入口，既能有效进行停车管理，也避免了人车混合，使得进出场馆更加方便和人性化。

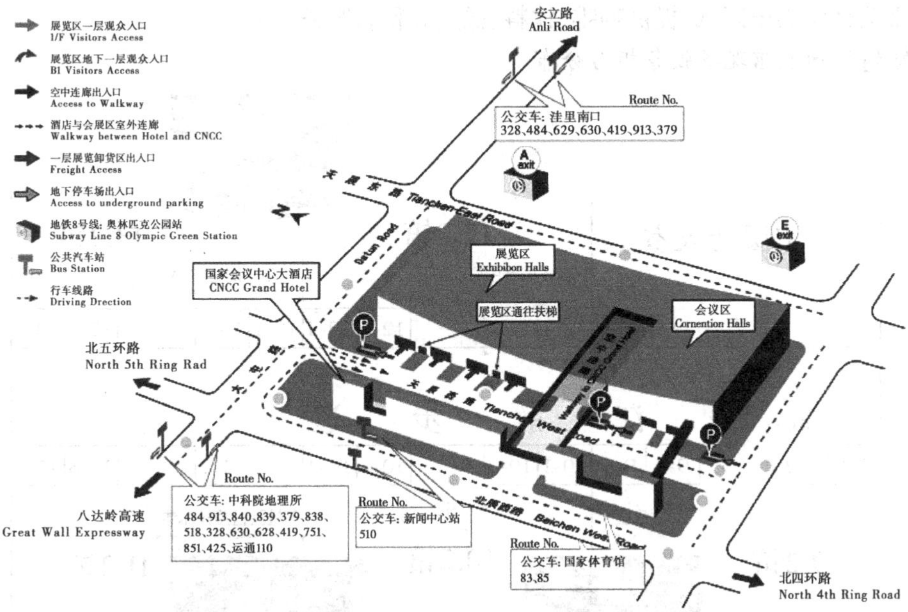

展览区一层观众入口
1/F Visitors Access
展览区地下一层观众入口
B1 Visitors Access
空中连廊出入口
Access to Walkway
酒店与会展区室外连廊
Walkway between Hotel and CNCC
一层展览卸货区出入口
Freight Access
地下停车场出入口
Access to underground parking
地铁8号线：奥林匹克公园站
Subway Line 8 Olympic Green Station
公共汽车站
Bus Station
行车线路
Driving Drection
安立路
Anli Road
Route No.
公交车：洼里南口
328、484、629、630、419、913、379
国家会议中心大酒店
CNCC Grand Hotel
展览区
Exhibibon Halls
展览区通往扶梯
会议区
Cornention Halls
北五环路
North 5th Ring Rad
八达岭高速
Great Wall Expressway
Route No.
公交车：中科院地理所
484、913、840、839、379、838、518、328、630、628、419、751、851、425、运通110
Route No.
公交车：新闻中心站
510
Route No.
公交车：国家体育馆
83,85
北四环路
North 4th Ring Road

图 3.24 北京国家会议中心火车入口及行车线路图

二、展馆现场服务设施

(一)主办单位办公室

主办单位办公室作为活动期间后勤保障的指挥中心，可作为活动主办单位人员工作和休息场所，也可用作提供咨询服务、处理客户投诉和进行业务洽谈等事务的场所。

(二)海关及物流运输服务中心

海关和物流运输服务中心是协助采购商进行订单操作和管理，同时也为生产商提供进出口报关、退税、支付、物流等全程外贸服务的场所。

(三)商务中心

商务中心能提供上网、打印(黑白、彩色)、传真、扫描、刻录光盘等展会配套电子商务服务。电子商务中心则可提供展馆信息查询、企业及产品信息查询和贸易匹配等多项电子商务增值服务。商务中心服务区内还应提供读卡器、U 盘和电源插口以满足各类商务活动需求。

(四)多媒体信息发布系统

多媒体信息发布系统能实现信息显示、查询和导航等功能，一般分布在场馆的升降电梯口、主要通道、休息区和餐饮区等人流密集的区域。

(五)餐饮服务

场馆除快餐区提供中西式快餐、面食和清真餐饮等服务外，场馆各独立展厅主入口可开辟为休闲娱乐区域，提供咖啡、饮料、糕点等餐饮服务。

【案例3】琶洲展馆现场服务柜台分布

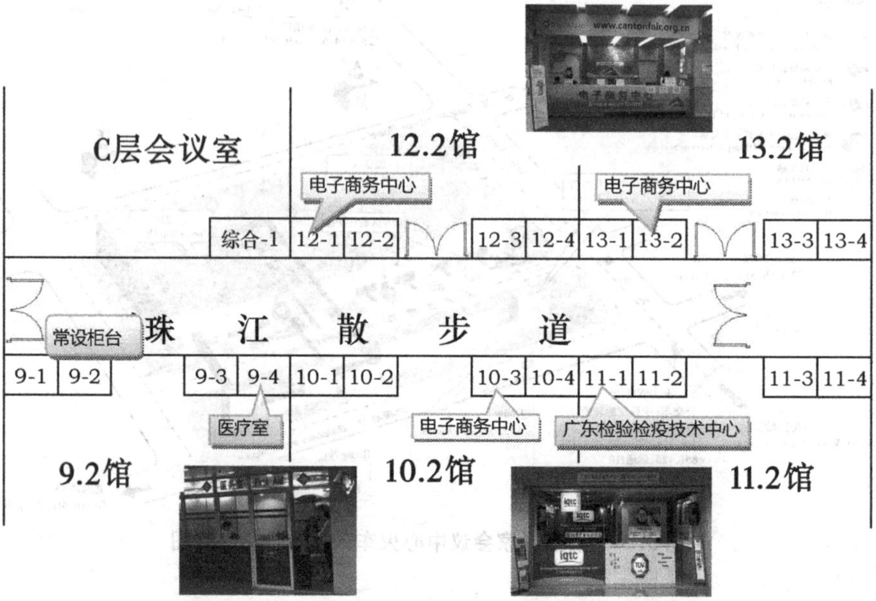
C层会议室
12.2馆
13.2馆
电子商务中心
电子商务中心
综合-1
12-1
12-2
12-3
12-4
13-1
13-2
13-3
13-4
常设柜台
珠 江 散 步 道
9-1
9-2
9-3
9-4
10-1
10-2
10-3
10-4
11-1
11-2
11-3
11-4
医疗室
电子商务中心
广东检验检疫技术中心
9.2馆
10.2馆
11.2馆

图3.25 广交会琶洲展馆B区现场服务柜台分布图

①除医疗室为固定常设柜台，其他柜台可根据不同的服务商和服务内容进行自由变换。常见的服务类型有医疗、(电子)商务中心、物流运输、主办单位办公室、咨询、办证、取水等。

②在9.2展馆门外另设有柜台，可用作咨询、会刊派发和临时安保点等。

③服务柜台分布在人流密集的珠江散步道和各展厅门口两侧，能够满足出入展馆的参展商和采购商各类现场服务需求。

【实训练习1】

根据所调研的会展场馆，结合业务知识，归纳场馆有哪些现场服务设施设备，并分析：①设施设备的服务群体有哪些；②设施设备主要分布区域和特点。

三、导视系统

会展场馆作为面积庞大的公共场所，活动期间具有人员高度密集、高峰时段流量大和人员行走线路复杂等特点，场馆导视系统为场馆内所有人员提供清晰的路线指引，达到引导、说明、指示等作用。场馆的导视系统种类非常多，优秀的导视系统能为人员和车辆提供全方位指引，导视系统设计需要实现实用性、科学性和美观性，特别需要和场馆VI系统形象和色调相呼应，使场馆整体标识达到一致性。

优秀的导视系统不仅是人员和车辆的引导标识，而且也是评估场馆管理水平的重要指标。

表 3.13　会展场馆常见导视系统类型

外部环境导视系统	建筑立面	主(次)入口标识、楼号导视
	建筑外围	会展中心指示牌、欢迎牌、车辆导向标识、区域导视
内部环境导视系统	会展中心导视	整体平面布局效果图、楼层信息立(墙)牌、问询处、场馆区域导视、洗手间指示牌等、货物装卸指引
	会展建筑导视	室内标志点位示意、吊挂导向标识导视
	停车场导视	出入口标识、导向标识、分区标识、停车场规则牌等

(一)外部环境导视系统

外部环境导视系统主要起引导作用,特别在人员和车辆进入场馆前发挥其作用。特点为标识字体较大、颜色醒目,能吸引目标群体注意从而发挥其引导作用。常见的外部环境导视系统有主(次)入口标识、楼号标识、场馆综合信息指引、车辆导向标识和场馆楼层图等,如图 3.26 所示。

P
地下停车场

(a)主(次)入口
显示场馆（楼）号，方便出入场馆人员确定位置；人员和物流拥有独立入口

(b)交通导向标志
设置在进入场馆外围主要道路入口和馆内停车场入口，使车辆按规定路线进出场馆

(c)场馆区导视图
设置在主（次）入口附近，人员根据导视图选择需到达的区域。导视图常见为文字式和平面图式

图 3.26　会展场馆主要外部环境导视系统

(二)内部环境导视系统

人员进入会展场馆后大部分时间将逗留在场馆内部,内部环境导视系统分布在人流主要走向路线和密集处,提供场馆建筑基本信息和各类现场服务指引,如图 3.27 所示。

【实训练习 2】

参考表 3.13 内容对所调研的会展场馆进行分析,归纳所调研场馆有哪些导视系统,并拍照进行简单说明。

8 展馆
北1号

（a）出入口标识、洗手间标识

馆内出入口标识设置在各展厅出入口和连廊处，为突出引导作用，还可附上楼层信息墙牌、洗手间等功能区域标识

（b）触膜展示屏

兼具平面布局图、楼层信息、电子商务等多项功能，属于可触摸综合导视系统，一般放置在展馆主入口或人流密集处

（c）整体平面布局效果图

包含整个场馆各楼层基本信息，使得与会者对场馆情况一目了然，一般设置为立牌式或立墙式

03 展厅
Exhibition Hall
入口大厅
Entrance Hall

（d）综合标识

在人流主要走动方向处应设置含有综合展厅、楼层、公共服务区域指示标志，并根据服务群体的特点匹配对应语言文字

N5 Loading Area
N5 卸货区
N1 Loading Area
N1 卸货区

（d）货车卸货标识

停车场应根据停放车辆得性质（运输车辆、普通车辆和其他车辆）设置导向标识，使得车辆按规则行走和停放

（f）室内吊挂

为配合各类宣传物（横幅、喷画、灯箱广告等）的悬挂，场馆顶部支架、墙面、柱体等应设置吊挂导向标志

图 3.27　会展场馆主要内部环境导视系统

实战项目训练

1. 完成实训练习 1 及 2。

2. 参观 1 个会展场馆，并完成《× ×会展场馆设施设备调研报告》。

3. 根据业务知识内容和参考案例，下载所调研场馆的平面图，完成以下任务。

（1）标示出场馆主要设施设备。

（2）分析这些设施设备能否满足目标使用者的需求。若能，请说明原因；若不能，请说明原因并提出建议措施。

4. 结合智能化技术的应用，谈谈智能化科技应用在场馆设施设备时可能发生的变化。

任务四　了解展览器材

业务情景

展览展示器材广泛应用于产品展示和宣传，展览器材常见于标准展位和特装展位，以及现场活动和展示区域的搭建，合理使用展览器材使得展览活动的开展得到保证。现代展览会追求环保、高科技的展览器材以实现更佳的展示效果。

为更好地了解目前展览器材在展览会的使用情况和效果，需对不同类型的展览器材进行调研。

✪请展览器材组进行会展场馆参观及展览器材调研，完成《会展场馆展览器材调研报告》。

完成本任务合计 8 课时，包括授课 2 课时及现场实践 6 课时。

业务知识

无论是展览、会议还是大型活动，组织者都需要通过搭建展示区域如展台、舞台、背景板等进行展示。大型活动组织者为参加活动的单位和个人搭建好基本的活动展示区域（展览会的标准展位、会议的会议室、开幕式舞台等），而活动参与者为了更好地契合活动主题、企业特色和宣传目的，会使用更具宣传效果的器材进行展示。不同种类的展览器材为会展活动营造了丰富、全面的宣传环境。

一、展示器材

展示器材的种类繁多。根据器材功能，常见的展览器材分类如表 3.14 所示。

表 3.14　展览器材的常见类型

器材类型	器材名称			
展示器材	展台	前台柜	洽谈用品桌椅	展示架
	展柜	展览桁架	展板	灯光音响
	促销台	资料架	折叠屏风	灯架音响架
	塑料/铝合金挂轴	易拉宝	海报架	展拖板
	八棱柱	LED 屏幕及配件	注水旗杆	标牌
广告器材	喷绘材料		名片、横幅、旗帜等图文材料	
	喷绘机、写真机等广告机器		灯箱、媒体广告	
	Kt 板、即时贴、胶片、灯布等广告材料			
办公器材	办公文具	办公纸品	办公设备等办公用品	
配套器材	鲜花植物	帐篷、太阳伞	饮水机	垃圾桶

1. 展示器材

展示器材是各类器材中使用最为广泛也是最重要的一类器材，具有易于组装、便于拆卸和重复使用的特点，主要用于：

①展台搭建：标准和异性展位主体框架（八棱柱、大立柱）和特装展位部分框架。

②可拆家具：八棱柱搭建的展柜、展架、地柜等。

③宣传物放置：放置宣传物的辅助性器材。

2. 广告器材

放置在人员密集区域，主要为各类宣传物料和引导物料。

3. 办公器材及配套器材

实现活动期间办公和美化空间的作用。

(a)八棱柱玻璃展柜 (b)八棱柱展柜 (c)咨询桌 (d)有锁地柜
(e)铝合金洽谈桌 (f)折叠洽谈椅 (g)资料架 (h)折叠屏风
(i)长臂射灯 (j)卤光灯 (k)日光灯 (l)短壁射灯
(m)八棱柱 (n)1 m白色展板 (o)展览桁架 (p)铝合金灯架
(q)易拉宝 (r)注水旗杆底座 (s)活动帐篷 (t)充气拱门

图3.28 常见展览器材实物

二、标准展位器材配置

标准展位是指使用统一材料，按规定的标准模式统一搭建的展位。目前国际上通用的标准展位面积为9 m^2，规格是3 m×3 m。普通的标准展位器材配置由一系列基本配置组成，主要器材为八棱柱及其组件（八棱柱锁件、底座等）、1 m双面白板、射灯、洽谈桌椅、插座、垃圾篓等。标准展位的特点是拆卸便捷、可重复使用。

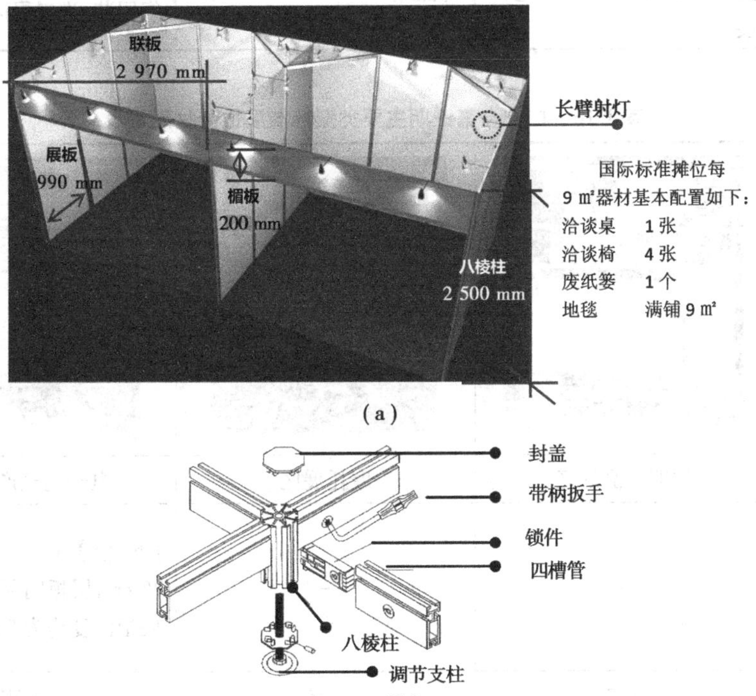
联板
2 970 mm
长臂射灯
展板
990 mm
楣板
200 mm
八棱柱
2 500 mm
国际标准摊位每
9 ㎡器材基本配置如下：
洽谈桌　1张
洽谈椅　4张
废纸篓　1个
地毯　满铺9 ㎡
(a)
封盖
带柄扳手
锁件
四槽管
八棱柱
调节支柱

(b)

图3.29　标准展位器材配置

八棱柱组件广泛应用于展览会器材中，如图3.29的展柜、展架等展览器材。八棱柱组件组合方便、拆卸方便、可重复利用、费用较低。

展览会主办单位提供的标准展位基本框架（八棱柱及其组件）设计基本相同，但针对不同行业参展商的产品性质，满足不同的展示需求，标准展位的器材配置有所区别。下文将以广交会第1—3期展会标准展位设备为例。

【案例】广交会标准展位的器材配置

广交会1—3期展区根据展品进行划分，目前已基本形成以下固定展区，如表3.15所示。

表 3.15 广交会第 1—3 期展区

展览日期	第一期 4 月/10 月 15—19 日	第二期 4 月/10 月 23—27 日	第三期 4 月 31 日—5 月 4 日/ 10 月 31 日—11 月 4 日
展区	电子及家电、照明、车辆及配件、化工产品、五金及工具、机械、建材、能源、进口展区	日用消费品、礼品、家居装饰品	办公、箱包及休闲用品、食品、医药及医疗保健、鞋、纺织服装、进口展区

表 3.16 广交会第一期主要类型标准展位器材配置表

图例	Lighting Equipments	Bicycles	
展区	照明产品展区	摩托展区	电子电气产品展区
展柜(架)	—	—	【展柜】3 个(地柜高度 75 cm,层板间隔高度 40 cm,展柜深度均为 50 cm)
射灯	4 支	4 支	4 支
日光灯	1 支	1 支	1 支
插座	2 个	500 W 插座 1 个	1 个
其他	—	【冲孔板】3 面 【灯箱楣板】1 个	—

表 3.17　广交会第二期主要类型标准展位器材配置表

图例			
展区	餐厨用具展区	节日用品展区	玩具展区
展柜(架)	【展架】7 个(下层展架高度 70 cm,2～4 层展架间隔高度 40 cm)	【展柜】3 个(地柜高度 75 cm,层板间隔高度 40 cm)	【地柜】3 个(地柜高度 75 cm,深度 50 cm)
射灯	6 支	4 支	4 支
日光灯	1 支	1 支	—
金卤灯	—	—	1 盏
网片	—	4 块(1.5 m 高×1 m 宽)	—

表 3.18　广交会第三期主要类型标准展位器材配置表

图例			Native Produce
展区	鞋类展区	服装饰物与配件展区	土特产品展区
展柜(架)	—	【挂架】3 个(挂架间隔高度 1 m)	【展柜】3 个(地柜高度 75 cm,层板间隔高度 40 cm,展柜深度均为 50 cm)
射灯	6 支	4 支	4 支
日光灯	1 支	1 支	1 支
网片	9 块(1.5 m 高×1 m 宽)	4 块(1.5 m 高×1 m 宽)	—

三、特装展位器材配置

特装展位是指参展企业根据企业自身的形象及产品展示需要在展馆光地上进行的特殊设计及装修施工的展位。展览会主办单位仅供标准展位所列之物品，如每9 m^2 配备洽谈桌1张和椅子4把。参展企业根据参展目的、主题、参展产品特点、成本预算等因素，对特装展位进行设计及搭建。

表3.19　特装展位常用器材

名　称	材料说明	材料功能	示意图
龙骨	在展览展示空间中，用来承受墙面、柱面、地面、顶棚等基层材料的受力架。一般有轻钢龙骨、铝合金龙骨材料和木骨架基层材料	主要起固定、支撑和承受的作用	
矿棉板	矿棉板是以矿渣棉为主要原料，加适量的添加剂，经配料、成型、干燥、切割、压花、饰面等工序加工而成的	具有吸声、不燃、隔热、装饰等优越性能，是集众吊顶材料之优势于一身的室内天棚装饰材料	
石膏板	以石膏为主要材料，加入纤维、黏结剂、改性剂，经混炼压制、干燥而成。具有防火、隔音、隔热、轻质、高强、收缩率小等特点，且稳定性好、不老化、防虫蛀，可用钉、锯、刨、粘等方法施工	广泛用于吊顶、隔墙、内墙、贴面板	
格栅顶棚	格栅吊顶由铝格栅元件及U形龙骨共同组成，轻盈简洁、大方美观、安装极为简便，最大限度满足灵活配合的设计需求	适合大面积顶面空间使用	
帆布（各种防雨布）	具有一种亲和力，它柔软、温暖、亲和、友好、随意、可塑，给人的心理感受是深刻和无限的	达到另一种视觉效果	
组合式吊顶	金属框架和有机玻璃组成的顶部；长条形金属方管材料和长条形木质材料组合在一起的顶面金属框架与灯具的结合；金属架与展示布的组合顶面	使展位顶部空间更加丰富	

实战项目训练

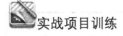

1. 进行会展场馆参观及展览器材调研,完成《××会展场馆展览器材调研报告》。

2. 根据所学业务知识,对案例进行如下讨论:①不同类型标准展位的器材配置是否能真正满足企业需求;②若不能,请讨论应如何改善(可以从器材配置、位置摆放、展示效果等多角度分析)。

3. 现在提倡"绿色会展"概念,如何利用展览器材以减少展览会结束后的建材污染?

操作程序、标准及实训效果评估

实训项目一《勘查展馆》的操作程序、标准及实训效果评估见表3.20。

表3.20 实训项目一《勘查展馆》的操作程序、标准及实训效果评估表

业务操作步骤		标准与要求	实训效果评估		
			满分	得分	评语
本地展馆概况	1. 设计方案	1)网上搜索本地会展场馆官方网站 2)选取调研目标,根据调研目的,选择指定地区中在规模、知名度、建筑特点等具有代表性和影响力的会展场馆 3)制订调研计划,编写调研方案(明确调研内容、对象、时间和预算等)	4		
	2. 实施调研	1)物料准备整理,包括调研的会展场馆名录和有针对性的宣传资料 2)实地调研,选择具有代表性的会展场馆,所搜集的信息均能反映会展场馆的特点 3)网上调研	7		
	3. 分析现状	1)统计数据,对收集的信息进行汇总和分类,以便进一步分析研究 2)分析现状,对所搜集的信息、数据及事实进行针对性解释、分析	5		
	4. 制作报告	1)撰写报告 2)编排印刷 3)口头汇报	9		

续表

业务操作步骤		标准与要求	实训效果评估		
			满分	得分	评语
了解展馆建筑	1. 调研准备	1)搜索信息,通过会展场馆官方网站、杂志、新闻等途径搜索能反映场馆真实状况的信息 2)制订调研计划,编制调研方案,确定调研实施步骤(时间、调研场馆、调研内容、形式、资金预算等) 3)准备调研用品	4		
	2. 实地调研	1)网上调研 2)实地调研 3)辅助调研,可通过网上派发问卷、参观期间对场馆工作人员、与会者进行调研	7		
	3. 分析资料	1)整理资料 2)统计数据,对收集的信息进行复核审核,然后进行数据处理,以便进一步分析研究	5		
	4. 制作报告	1)撰写报告 2)编排印刷	9		
了解展馆设施设备	1. 搜索资料	1)文献搜索,通过专著、教材、专业杂志、文章、场馆宣传物料等文献资料,掌握会展场馆设施设备相关基本知识 2)网络搜索 3)其他相关信息,了解曾到访人员对场馆设施设备的印象和评价	4		
	2. 调研准备	1)制订调研方案 2)物料准备	7		
	3. 实施调研	1)实地调研,借助场馆平面图记录所调研设施设备的位置和设施情况,调研的设施设备尽可能包括人员和车辆通行的区域 2)网络调研 3)辅助调研 4)数据分析及整理,整理所搜集的文档、照片、访谈记录,对资料根据种类、重要性、用途等进行归类	5		
	4. 制作报告	1)撰写报告 2)编排印刷 3)口头汇报	9		

续表

<table>
<tr><th colspan="2" rowspan="2">业务操作步骤</th><th rowspan="2">标准与要求</th><th colspan="3">实训效果评估</th></tr>
<tr><th>满分</th><th>得分</th><th>评语</th></tr>
<tr><td rowspan="4">了解展览器材</td><td>1. 调研准备</td><td>1)搜索信息,通过展览会《参展商手册》、官方网站等渠道,了解展览会标准展位基本框架结构和器材基本特点
2)制订调研计划
3)准备调研用具</td><td>4</td><td></td><td></td></tr>
<tr><td>2. 实施调研</td><td>1)网上调研,浏览展览会官网、新闻报道、博客等,搜集调研展览会现场标准展位和特装展位的图片和文字报道
2)实地调研</td><td>7</td><td></td><td></td></tr>
<tr><td>3. 分析资料</td><td>1)整理资料
2)讨论并分析,对具有代表性的文档、图片进行初步讨论,以便进一步分析研究</td><td>5</td><td></td><td></td></tr>
<tr><td>4. 制作报告</td><td>1)撰写报告
2)编排印刷
3)口头汇报</td><td>9</td><td></td><td></td></tr>
<tr><td>说明</td><td colspan="2">以上业务操作满分共 100 分,得分在 90 分以上为优秀,80 ~ 89 分为良好,70 ~ 79 分为中等,60 ~ 69 分为合格,60 分以下为不合格</td><td>100 分</td><td></td><td></td></tr>
<tr><td>反馈</td><td colspan="2">总分:
评语:</td><td colspan="2">考评员签名</td><td></td></tr>
</table>

实训项目二　参观展览

教学目标

- 能够掌握展览现场常见的特装展位和现场活动的类型,并进行赏析。
- 能够操作参展商、买家的满意度调查,归纳和整理相关信息。
- 能够掌握现场管理岗位的一般类型,对岗位设置进行合理评估。
- 能够评估和总结会展活动的举办情况,独立编写观展评价书。

内容导读

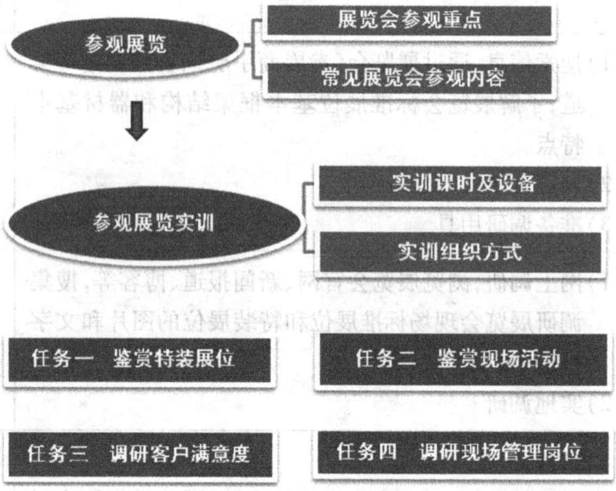
参观展览
展览会参观重点
常见展览会参观内容
参观展览实训
实训课时及设备
实训组织方式
任务一 鉴赏特装展位
任务二 鉴赏现场活动
任务三 调研客户满意度
任务四 调研现场管理岗位

图 3.30 内容导读

参观展览实训

一、实训课时

本实训合计 32 课时，包括课内授课 8 课时及课外现场实践 24 课时。具体安排如表 3.21 所示。

表 3.21 实训课时

序号	工作任务名称	总课时	课内	课外
一	鉴赏特装展位	8	2	6
二	鉴赏现场活动	8	2	6
三	调研客户满意度	8	2	6
四	调研现场管理岗位	8	2	6
	合计	32	8	24

本实训的四大工作任务要求学生亲临展览现场，对大型展位和特色展位进行拍摄记录；通过现场参与、观察和借助参观指南对现场活动的形式、创意进行记录和评估；在现场对主要参展商、买家进行有目标或即时调查和访谈；借助参观指南和实地调研，对现场服务岗位进行拍摄记录；对展览会现场情况进行全面考察和评估。

为保证顺利完成，各实训小组需准备好相机、DV 或带有高清拍摄功能的手机设备，纸笔记录板、展馆地图、展览观众指南等，可连接互联网的电脑设备。

二、实训组织方式

本实训项目实行模拟公司教学。教师组织实训班级模拟成立“某会展公司”，按学生人数组织分组。各小组分别组成该公司的某个独立部门。实训组织方式可参考图3.31的组织结构进行。

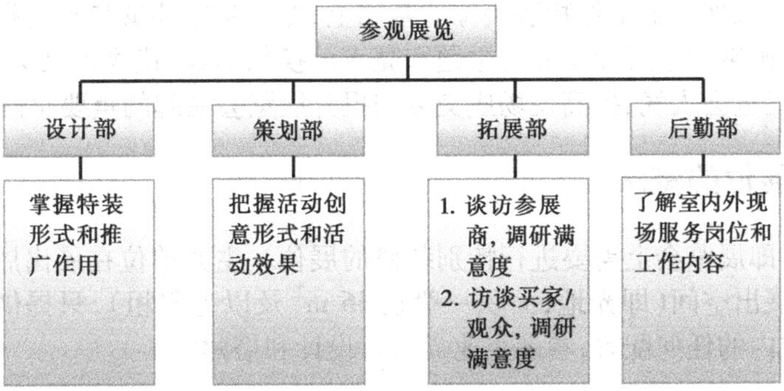
参观展览
设计部
策划部
拓展部
后勤部
掌握特装形式和推广作用
把握活动创意形式和活动效果
1. 谈访参展商，调研满意度
2. 访谈买家/观众，调研满意度
了解室内外现场服务岗位和工作内容

图3.31 组织结构

另外，若要求全体学生均参与到四大任务中，则本实训可分配到4个学期完成。各实训任务由全班分组实操，小组独立完成调研准备、实施调研、分析资料、制作报告，最后进行口头汇报。各实训任务的实操流程如图3.32所示。

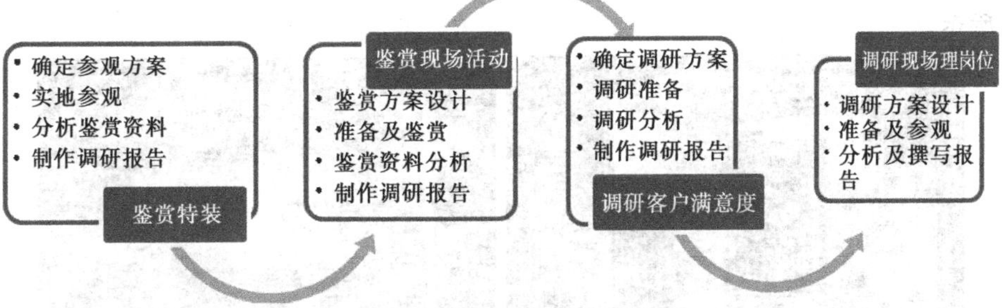
· 确定参观方案
· 实地参观
· 分析鉴赏资料
· 制作调研报告
鉴赏特装
鉴赏现场活动
· 鉴赏方案设计
· 准备及鉴赏
· 鉴赏资料分析
· 制作调研报告
· 确定调研方案
· 调研准备
· 调研分析
· 制作调研报告
调研客户满意度
调研现场理岗位
· 调研方案设计
· 准备及参观
· 分析及撰写报告

图3.32 参观展览实训流程图

任务一 鉴赏特装展位

业务情景

展览会特装展位是体现展览会主题的主要窗口之一，参展商和观众通过现场鉴赏特装展位，能够清晰、快速地掌握展览会的层次和主题。为了更好地了解当今特装展位的设计趋势，深入了解参展企业展示的重点，某会展公司设计部派出新员工参观若干大型展览，搜集现场优秀特装展位，并进行鉴赏及分析。

✪请分成若干个参观小组，分别进行展览会参观及完成《××展览会特装展位鉴赏报告》。

完成本任务合计8课时，包括授课2课时及现场实践6课时。

业务知识

特装展位是展览会的重要组成元素，展览会主办单位和参展商通过形式各异的特装展位实现树立企业形象和提升展览会品牌的目标。参展商展位不仅是展览会对外展示的重要窗口，也是衡量一个展览会层次和影响力的重要途径。

在仔细和深入地了解常见特装展位的基础上，专业买家能够快速把握参展企业的特点，同时也能准确掌握参展商参展的主题和亮点。换句话说，优秀的展会展台，是展览会主办单位带动展览会人气、提高现场成交额和提升展览会品牌的重要手段。

一、特装展位的概念

特装展位，即展览会上需要进行特别装修的展位。主办单位在展出展馆的室内或室外空地上划出展出空间（即光地，面积一般在 36 m^2 及以上起租），只提供正常的大厅照明，不提供展位内的任何配置，参展企业需自行设计和搭建。

二、特装展位的常见类型

展览会上常见的特装展位类型主要有完全敞开式、半敞开式和完全封闭式三种。具体的类型和参展企业的品牌、产品和宣传手段等相匹配。

√完全敞开式：展位的四面与过道相连接，四面无墙面设计，没有毗邻的展位，如图 3.33 所示。

过道
过道
过道

图 3.33　完全敞开式特装展位（左图）效果图和（右图）实景图

√半敞开式：展位三面或两面与过道相接，保留一到两面完全封闭的墙面，展示与参展产品相关的物料，如图 3.34 所示。

封闭
墙面
封闭
墙面
过道
封闭
墙面
过道
过道

图 3.34　半敞开式特装展位效果图

√完全封闭式：展位只有一面与过道相接，保留三面完全封闭的墙面，如图 3.35 所示。

过道
过道

图 3.35　完全封闭式特装展位效果图(左图)和实景图(右图)

√国际标准展位:一般指面积为 3 m×3 m 的普通展台。其中单面开口展位是指只有一面没有围板,其余三面全是围板,剩下的一面朝向通道,观众只能通过这一面进入;而另一种双面(或三面)开口展位,位置比较特殊、展位数量也比较少,主要位于每行展位的两个顶端,两个相邻的围板方向都面对观众行走的通道,这样能更多地接触到专业买家,如图 3.36 所示。

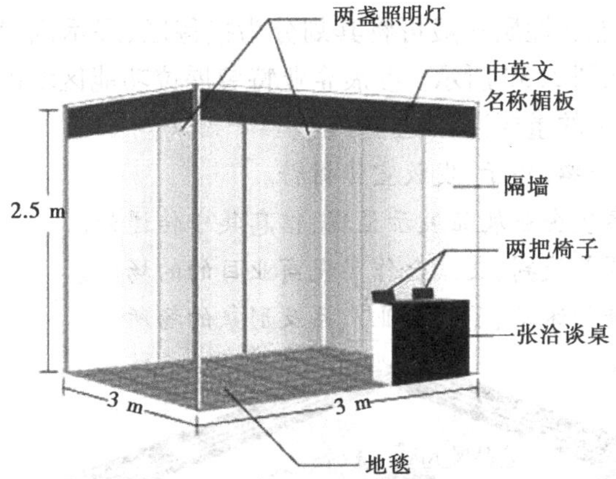
两盏照明灯
中英文
名称楣板
隔墙
2.5 m
两把椅子
张洽谈桌
3 m
3 m
地毯

图 3.36　国际标准展位

随着会展业的高速发展和展览市场的日趋成熟,使得参展商和专业买家对特装展位的设计提出更高的要求。在进行特装展位的鉴赏时,还需要掌握当前展位设计的新趋势“标准展位特装化”和“特装展位标准化”。

√标准展位特装化:即是将标准展位(国际标准为 3 m×3 m)进行部分特装改造处理,使标准展位进行外形变异,能够摆脱传统标准展位的规则、死板、外观冲击力小的弊端,从而满足小型参展企业的个性化需求,如图 3.37 所示。

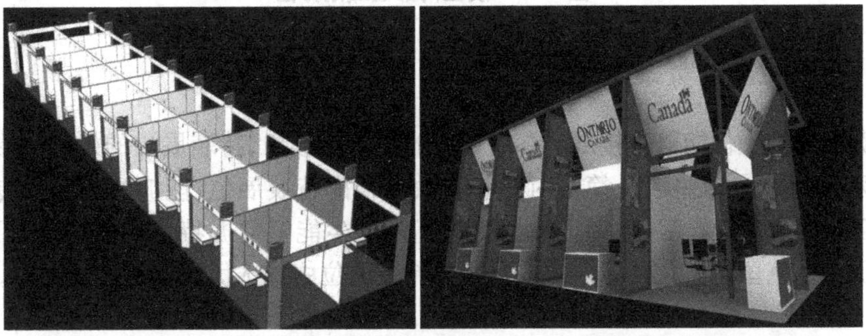
Canada

图 3.37　国际标准展位效果图单面开口展位(左图)和双面开口展位(右图)

图 3.38 异形展位效果图

√异形展位：是指通过艺术变化的标准展位，多被采用于大型展览会，常见于抱团参展、以省市为单位划分的展区。异形展位主要对展台的楣板、棱柱进行加工、变化，从而提高展台的艺术性。异形展位成本较标准展位高，但已经成为标准展台的未来发展方向，如图3.38所示。

√特装展位标准化：即是利用可重复拆卸、搭建的铝合金材料构件进行特装展位的搭建。使用完全适用国际标准尺寸的展览材料对搭建的材料构件进行标准化、模块化处理，从而提高材料的重复利用率和增加材料的经济价值。

三、特装展位常见内部区域划分

特装展位根据功能和性质一般可将其划分为接待区、展示区、洽谈区、休息区、储藏区等几个功能区域，如图 3.39 所示。参展企业特装展位功能区域的合理划分和利用，也是评价展览会整体水平的重要途径。

①接待区：接待、介绍、指示、发放宣传材料。

②产品展示区：参展企业展品展示呈现、信息集中传递处。

③洽谈区：进行贸易谈判、交流合作实现商业目的的场所。

④休息区：买家进行休息、了解企业产品及形象的场所。

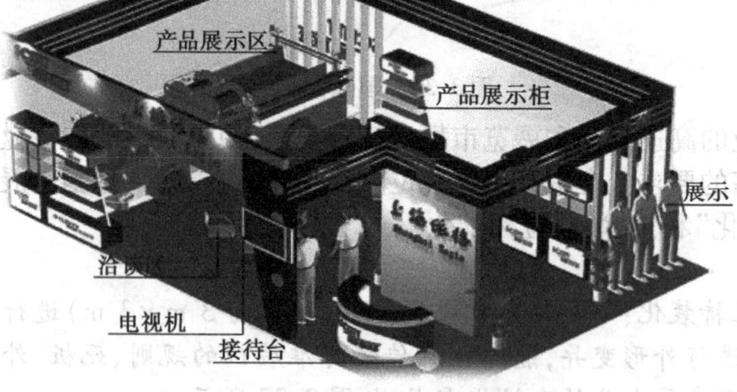
产品展示区
产品展示柜
展示
洽谈区
电视机
接待台

图 3.39 展位内部区域划分图

四、特装展位鉴赏案例

展览会特装展位能够直接展示参展企业的实力和形象，特装展位的好坏也影响专业买家的采购选择。主题突出、简洁时尚和精致高档的特装展位，能够达到吸引专业买家眼球、汇聚人气和创造经济效益的效果。为了使学生能够掌握特装展位的鉴赏要领，本任务在历届北京国际文化创意产业博览会的特装展位中挑选优秀案例进行分析。

【案例 1】“北京市东城区创意展区”展台鉴赏

参展企业简介：北京市东城区拥有孔庙、国子监、钟鼓楼、普度寺、前门大街、南锣鼓巷、玉河、南池子等文物，形成了王府井现代化商业中心区、东二环交通商务区、中关村科技园区雍和园、前门历史文化展示区等重点功能区，并成功举办了“王府井国际品牌节”，国际影响力进一步提升。

2.造型：展位以红色为主调，引入北京清代典型建筑造型，增添清代元素。
1.特装展位类型：完全封闭型，只有一面与过道相接。
北京·东城
3.布局：入口为东城区区域图，入口正对背景设 1 块大屏幕，屏幕两侧设多个灯箱(用于展示该区多年的成果)。内部设等离子电视(循环播放该区创意产业成果)，该区域为洽谈区，可以接待意向客户。

图 3.40　北京市东城区创意展区特装展位

√展位点评：这是典型的情景引入型的特装展位。通过突出东城区主要文物的形象进行展台设计，对目标投资者能够达到明了、简洁的宣传效果，外观造型巧用心思。

√但内部区域布置仍有欠缺：只简单地通过屏幕和灯箱进行宣传，较为呆板，也缺乏买家和展台的互动性，若改为接触式屏幕效果更佳；洽谈区安排在站台内部，能阻隔开一般买家，配备的电视(可循环播放宣传片)也能较好地展示东城区创意产业的成果，但此区域明显缺乏私密性，因此不是最佳的洽谈环境。

【案例 2】“天宫一号”创意体验区特装展位鉴赏

参展企业简介：天宫一号是我国研发的一个目标飞行器，也是我国首个空间实验室。已成功与神舟八号、神舟九号和神舟十号飞船完成空间交会对接。与以前中国发射的航天器相比，天宫一号是中国最大、最重的轨道飞行航天器。

1.格调：以蓝色为主色调，宣传口号简洁明了。
2.创意：将天宫一号按照 1:1 比例打造模型体验馆，实现众多参观者的航天梦。
寻梦天宫 探秘对接
天宫一号
3.特色：把空间科技数字化处理，让观众实操对接全过程，体验宇航员太空任务。体验者通过两个手柄、六个维度操控神舟九号飞船与天宫一号对接，完成整个交会对接过程。

图 3.41　天宫一号创意体验区特装展位

√展位点评：成功将远离群众日常生活的天宫一号“搬到”展会现场，整体围绕天宫一号进行布置，没有多余的摆设，现场营造出科学、时尚的氛围，瞄准目标客户群。在整个体验过程中，观众自觉排队进行体验，且体验感觉普遍较好，能达到参展商对普通大众科普航空知识和培养爱国情怀的目的。

【案例3】华体集团特装展位鉴赏

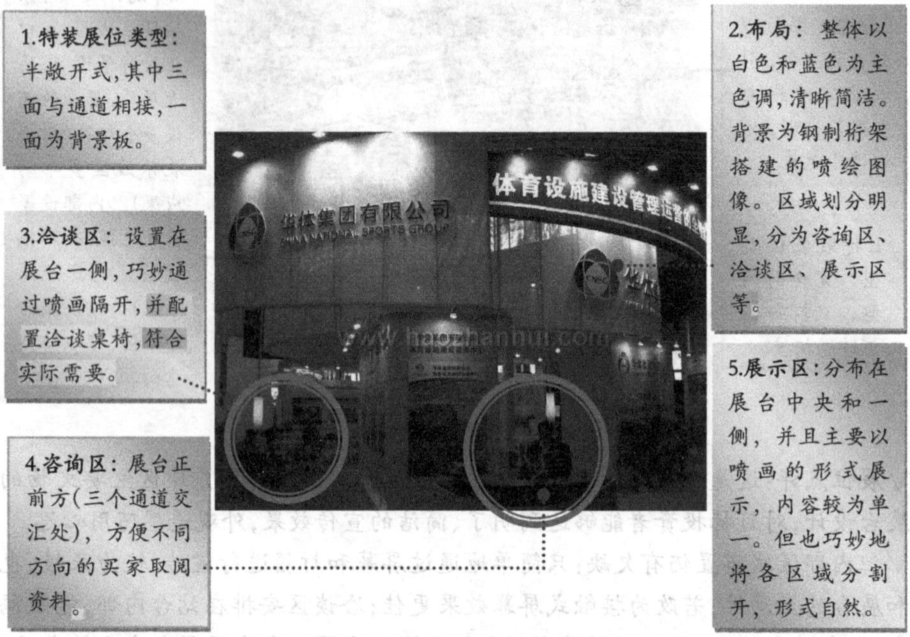
1.特装展位类型：半敞开式，其中三面与通道相接，一面为背景板。
2.布局：整体以白色和蓝色为主色调，清晰简洁。背景为钢制桁架搭建的喷绘图像。区域划分明显，分为咨询区、洽谈区、展示区等。
3.洽谈区：设置在展台一侧，巧妙通过喷画隔开，并配置洽谈桌椅，符合实际需要。
4.咨询区：展台正前方（三个通道交汇处），方便不同方向的买家取阅资料。
5.展示区：分布在展台中央和一侧，并且主要以喷画的形式展示，内容较为单一。但也巧妙地将各区域分割开，形式自然。
华体集团有限公司

图 3.42　华体集团特装展位

参展企业简介：华体集团是中国奥委会控股的体育产业企业集团，是以体育设施建设为特色，以咨询、施工、运营为主业，涵盖体育产业开发和投资管理等一体化的专业企业集团。

√展位点评：属于较为常见的大型企业特装展台类型：半敞开式特装、LOGO色调简洁明朗、参展内容以展示企业成果和形象为主，现场交易洽谈为辅。此类特装有明显的不足：宣传内容较为呆板，形式也主要以静态喷画展示，不容易吸引买家目光，也没有设置与买家互动的屏幕或音乐，展示效果性不明显。

实战项目训练

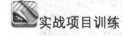

根据案例分析部分，鉴赏小组需掌握展览会常见特装展位的类型和表现风格，对所鉴赏的展台进行图片记录，对照《展览会展台鉴赏活动的操作程序、标准及实训效果评估表》，书面编写《××展览会展台鉴赏报告》，并作口头汇报。要求：

（1）参考图3.33至图3.39的内容，报告需以图片形式罗列所遇见的不同类型的特装展台；

（2）挑选2～3个具有代表性的特装展台进行剖析，具体可参考图3.40至图3.42。

（3）借鉴案例，把握特装展位的外观造型、内部区域划分等整体情况。制作展览会特装展位鉴赏汇总表（表3.22）。

表 3.22　特装展位鉴赏汇总表

摊位号	参展商名称	企业所在地区	参展展品种类	展位面积/m^2	展位类型	展位风格	图片

任务二　鉴赏现场活动

业务情景

展览会在现场举办论坛、作品评选比赛和文艺演出等形式的现场活动,既能突出展览会主题,又能为展览会聚集人气和提高媒体曝光率。随着展览会的蓬勃发展,参展商和观众对现场活动的要求越来越高,现场活动的组织形式也越来越丰富。

为了更好地借鉴各种展览现场的活动创意,熟悉现场活动的种类、组织形式,增强与观众互动性,开拓会展策划人员的创意视野,某会展公司决定组织策划部及其他相关员工参观优秀大型展览,要求员工从多个方面对现场活动进行赏析及借鉴。

✪请组织参观小组,考察某大型展览的现场活动,完成《××展览会相关活动鉴赏报告》。

完成本任务合计 8 课时,包括授课 2 课时及现场实践 6 课时。

业务知识

现场活动是现代展览会举办的重要组成部分,是参展商(exhibitor)和买家(buyer)评价展览会优劣的因素之一。成熟的大型展览会在招展函、招商函和邀请信等宣传物料中都将现场活动重点突出并对外推广。现场活动是除参展商质量和数量外现代展览会核心竞争力的重要表现,并逐渐呈现形式多样化、主题专业化、宣传多层化、参与全面化等特点。因此,鉴赏展览会现场活动是鉴赏现代展览会必不可少的内容之一。

一、展览会现场活动的概念

展览会现场活动,是主办单位或参展企业为实现特定的组织目标,围绕某一特定主题所开展的专题性传播活动。

二、展览会现场活动常见形式

展览会现场活动形式多样,综合国内大型展览会的现场活动,本任务选取了展览会常见的现场活动形式,如会议、发布会、娱乐庆典活动、竞技活动和公关接待活动等形式内容。

表 3.23 展览会现场活动常见形式

	类型	特 点	主要表现形式
1	会议	根据会议目标对象可分为开放式和封闭式会议;内容具有针对性和普遍关注性	专题会议、研讨会、行业峰会、讲座、论坛
2	发布会	围绕某一产品、话题和人物进行的现场展示,一般场面较大、邀请人员和媒体数量较多	产品发布会、新闻发布会、见面会
3	娱乐庆典活动	增强展览会形象和现场气氛,参加活动的一般为政府官员、企业高层和文艺影星	开闭幕式、晚会、酒会、文艺演出
4	竞技活动	活动贯穿整个展览会,吸引所在行业的精英参加,具有行业知名度和认可度	设计比赛、体育竞技活动
5	公关接待活动	接待对象一般为 VIP 客户,接待活动包括礼仪接待和现场游览讲解	会议茶歇、现场参观

【案例】

本任务以第七届北京国际文化创意产业博览会现场活动为例,对现场活动鉴赏线路进行模拟设计。具体现场活动情况如表 3.24。

1. 现场活动一览表

第七届北京国际创意文化产业博览会(下简称“文博会”),于 2012 年 12 月 20—23 日在北京国际展览中心成功举办。现场举办了综合活动、展览展示、论坛峰会、推介交易、创意活动和分会场活动六大系列百余场活动。现场活动形式丰富,现将第七届文博会现场活动进行罗列:

表 3.24 第七届文博会现场活动一览表

活动名称	活动时间(日)													活动类型
	19	20			21			22			23			
	晚	早	午	晚	早	午	晚	早	午	晚	早	午	晚	
开幕式文艺演出	■													综合活动
两岸文化创意产业商机洽谈会			■											推介贸易
2012 北京拍卖季行业发展论坛		■	■											论坛峰会
动漫游戏产业项目洽商会			■											推介活动
民俗文化产业项目系列推介会		■	■	■	■	■								推介活动
2012 中国艺术品交易商机洽谈会		■												推介活动
2012 首都文化产业发展论坛					■	■								论坛峰会
“华礼奖”礼仪休闲用品设计大赛		■	■	■	■	■	■	■	■	■	■	■	■	竞技活动
北京青少年文化创意节		■	■	■	■	■	■	■	■	■	■	■	■	综合活动

续表

活动名称	活动时间(日)													活动类型
	19	20			21			22			23			
	晚	早	午	晚	早	午	晚	早	午	晚	早	午	晚	
广播电影电视产业发展论坛														论坛峰会
文化创意产业与品牌城市论坛														论坛峰会
工业旅游——走进北京制造业														综合活动
中国文化创意产业发展国际论坛														论坛峰会
北京动漫游戏嘉年华														综合活动
中国3D技术与创意文化节														综合活动
艺术中国——全国画展														综合活动
第2届全球大学生创意博览会														综合活动
台湖国际图书分会场														推介活动
闭幕式文艺晚会														综合活动

（资料来源:北京国际创意文化产业博览会官方网站,内容有节选）

√活动点评:第七届文博会现场活动与展览融为一体、相得益彰,很好地突出本届展览会主题“文化融合科技,创新引领转型”,能够和企业紧密合作并探讨行业发展趋势,现场活动涉及范围之广、形式之丰富、内容之新颖值得推崇。

√形式丰富:基本上涵盖了现代展览会现场活动的类型,论坛、娱乐庆典活动、竞技比赛等形式,且各种形式的现场活动互相穿插,能满足不同层次、类型买家的需求。

√时间安排:从上表可归纳出,现场活动(特别是重点推介活动)一般较为密集地安排在展览开始第1~2日,主要考虑到展览会前两日到会客商人流密集,聚集人气,宣传效果最佳;安排活动时也具有“点—线”结合的特点,“点”为一天内某特定时间举办活动,具有专业性强、与会人员针对性强、参与人数相对较少、持续时间短等特点。“线”为多天内(≥2天)全天举办活动,具有参与人员广泛、持续时间长、互动性强等特点。

√位置安排:对于中小型展览会,现场活动一般安排在展览馆的会议室、展览馆广场和展览场馆内,便于客商参与;对于大型展览会(如北京文博会)而言,由于活动数量较多,展览馆内无法完全满足场地需求,现场活动一般在展馆内开辟空间作为临时场所或租用场馆周边酒店、展示厅等。

√互动性:北京文博会非常注重与行业协会和企业的合作,举办了如“台湖国际图书分会场”等活动;另外在紧贴展会主题的前提下,开展了如“首都大学生创意节”等大众型活动。这些活动旨在提高活动主办方、参展商、买家和普通大众的互动性。

2. 文博会鉴赏现场活动线路设计分析

考虑到北京国际文化创意产业博览会分为主展场和分展场两个展场同时进行,根据专业观众的一般参观特点和最佳的参观时间，本任务将鉴赏活动路线设计分为1天线路和2天线路，具体线路设计如表3.25和表3.26所示。

(1)文博会鉴赏现场活动1天线路

表3.25 文博会鉴赏现场活动1天线路

	活动时间	活动名称	活动类型	活动特点	针对群体
1	早上	北京青少年文化创意节	综合活动	开放式，参观方便	在场人士
2	早上	中国3D技术与创意文化节	综合活动		在场人士
3	下午	两岸文化创意产业商机洽谈会	推介贸易	半封闭式，专业性较强	特定人群

• 思路分析：一天线路安排在12月20日(展览举办第一日)，主要从以下内容考虑：

①展会第一天人流较多，大型公关接待活动较多。

②由于参观时间较为紧凑，鉴赏活动的对象安排为在主展场北京国际展览中心(旧馆)举办的现场活动。主展场活动具有客商针对性较强和行(企)业活动互动性强的特点，能够收集最新的行业动态和发展趋势。

③早上时间较为充裕，选择两个开放式活动进行参观。两个活动均以创意文化为主题，能够让参观者直观了解展览会主题。下午的洽谈会主要针对行业专业人士，让参观者更好地了解两岸文化创意产业最近发展趋势。

(2)文博会鉴赏现场活动2天线路

表3.26 文博会鉴赏现场活动2天线路

	活动时间	活动名称	活动类型	活动特点	针对群体
20日	早上	中国3D技术与创意文化节	综合活动	开放性，对所有在场人士开放	在场人士
	早上	华礼奖礼仪休闲用品设计大赛	竞技活动		在场人士
	下午	民俗文化产业项目系列推介会	推介活动	项目投资推介会，针对特殊人群进行	特定人士
21日	早上	2012首都文化产业发展论坛	高峰论坛	汇聚行业专家，话题丰富，时代感强	特定人士
	下午	工业旅游——走进北京制造业	推介活动	考察北京地区制造业龙头企业情况	特定人士

• 思路分析：两天线路安排在20、21日(展览举办第一、二日)，主要基于以下内容考虑：

①展览会前两日活动的行业代表性较强，汇聚业内专家和嘉宾。

②由于参观时间较为宽裕，鉴赏线路第一天安排针对在主展场北京国际展览中心(旧馆)举办的活动。第一天参加在主展场内开放式的活动，快速了解展览会主题。第二

天参观在分展场举办具有行业号召性的高峰论坛，了解当前首都文化产业和投资情况。最后参观北京具有代表性的制造业龙头企业，进一步了解企业实际情况。

③同时参观主会场和分会场的活动，能够更全面地了解本届文博会情况。

3.特色现场活动分析

(1)第五届文博会开幕式文艺演出

中国北京国际文化创意产业

(a) (b)

图3.43 主会场人民大会堂(左图)和领导致开幕辞(右图)

√活动概况:2010年第五届北京文博会开幕式文艺演出，地点为主会场人民大会堂。

√活动布置:活动选择人民大会堂作为主会场，舞台设计壮观、现代，开幕式涵盖了领导致辞和文艺演出等内容，节目紧凑且观赏性高。观众区域严格按照邀请嘉宾的重要性进行安排，整齐有序，整个接待区域进出安检工作参考了机场安检流程，保证了开幕式文艺晚会的安全性。

√活动效果:出席嘉宾包括政府官员、企业领导和专业买家。开幕式邀请了时任北京市的主要领导致开幕辞及主持开幕式。表演嘉宾汇聚了国内外优秀演唱家、流行歌手和艺术团体。整个晚会由北京电视台(BTV)进行录制及直播。

√活动总结:晚会气势磅礴，符合北京文博会国际级综合活动的级别，从场地选择(人民大会堂)、现场舞台布置、节目内容编排、邀请嘉宾坐席和进出场接待工作，整个活动安排全面而细致。在活动策划方面，主办单位善于利用举办地主流媒体(BTV)进行活动直播，提高了活动的知名度和群众参与度。

(2)2007年文博会中国创新设计红星奖获奖作品展

红星奖

(a) (b) (c)

图3.44 中国创新设计红星奖获奖作品展

√活动概况:2007年北京文博会北京创新设计红星奖获奖作品展，地点为主展场北京国际展览中心(旧馆)。

√活动布置：第二届红星奖选择在展览会主展场举办，由颁奖典礼和作品展示两部分活动组成。从颁奖典礼到作品展示区，都以红色为主色调。作品展示区为半敞开式特装展位，出入口为红星造型，活动区域显眼位置（背板、展示台等）张贴活动 LOGO 和主题口号（Innovation：创新），现场布置非常紧贴主题，能够极大地聚集人气。

√活动效果：颁奖典礼席邀请了国内外顶尖设计专家为出席嘉宾，作品征集范围更广，采用了更贴近生活的环保题材。而获奖作品展示区分为体验互动区和展示区，使参观者能够在现场亲自体验各类获奖作品。

√活动总结：红星奖属于典型的竞技型现场活动，作品征集、颁奖典礼和作品展示各环节紧密联系。在 VI 设计上围绕主题“红”“星型”“Innovation”进行设计，形象鲜明统一。作品展示区的体验活动大大提高了客商的参与性。在宣传上不仅借助政府和媒体的力量在国内外积极扩大宣传影响力，而且积极组织红星奖获奖企业赴海外交流参展。

实战项目训练

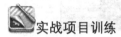

根据案例分析部分，参观小组需掌握现场活动相关基础知识，并对所参观的展览会现场活动进行线路设计（1~2 天），对照《展览会现场活动操作程序、标准及实训效果评估表》，书面编写《××展览会现场活动参观报告》，并作口头汇报。具体要求如下：

（1）按照一般商务型参观报告结构进行编写。

（2）需要设计完整的参观线路计划，选择的活动类型应多样、丰富。

（3）报告应有不少于 1 个图片说明分析，具体可参考表 3.25 和表 3.26。

（4）根据实地参观流程，填写现场活动鉴赏汇总表进行记录。

表 3.27 ××展览会现场活动参观报告

参观时间	活动名称	活动地点	主题	活动规模	出席嘉宾	图片

任务三 调研客户满意度

业务情景

任何一个专业展览会所涉及的利益主体包括主办方、参展商和专业观众。三者不仅构成了专业展会的核心角色，其相互作用也直接决定着展会组织的运营和核心价值的最终实现。展会主办方应尽力促进参展商、观众和其他相关服务部门的有效沟通，确保三者之间高质量的价值传递和价值获得的实现。展会举办的成功与否，应由参展商、专业观众共同评价得出。展会客户满意度是主办单位作为主题创新、提高现场服务质量的重要参考指标之一。

为了解本次展会的办展效果，深入调研目标客户对展会的需求与评价，某会展公司组织招展部和招商部成员走访某展会现场，对参展商与观众进行一次满意度调查。

✪请分组调研，完成《××展览会参展商/买家满意度调研报告》。

完成本任务合计8课时，包括授课2课时及现场实践6课时。

业务知识

我国会展业近几年发展迅猛，但也出现展会同质化、主题落后和服务水平参差不齐等问题。为了能在众多展会中突围而出，成为某一区域、行业和主题中具有标榜作用的特色展会，主办单位除了关注主题策划、招展和招商等主要工作外，也日益重视参展商和专业买家的满意度调查工作。

一、展览会客户满意度调查的意义

（一）提高参展商和买家对展览会的忠诚度

客户满意度的高低能直接反映展览会在主题策划、前期准备和现场服务等工作的完成程度，而且客户的满意度能够转化为对展览会的忠诚度。客户满意度越高，则对展览会的忠诚度越高，反之，则越低。因此，展览会主办单位在培养参展商和买家的忠诚度时，不能只重视主题策划。

（二）为主办单位改进展览会组织工作提供重要依据

一场展览会能够成功举办是由每个优秀的服务环节紧密相连，参展商和买家对展览会的满意度也是从每个能够产生服务的"点"慢慢连接成的，任何一个环节的不足都会影响客户对展览会的满意度。因此，主办单位的满意度调查可作为下届展会工作改善的主要参考来源。

（三）为客户和展览会组织者搭建良好的沟通渠道

客户满意度调查能够增加展览会组织者在展览期间和展览结束后和买家的沟通机会，快速掌握参展商和买家对展览会的直观印象。面对面的调研方式，能够尽早就客户对展会产生的误解进行解释和沟通，减少或消除客户的不良感觉，从而提高客户的满意度。

二、参展商和买家展会满意度的影响因素

由于参展商和买家参加参展目的既有相似，也有不同的地方，因此主办单位在进行满意度调查时，必须清楚掌握影响参展商和买家满意度的主要因素和一般因素，这样在准备满意度调查及调查结束后归纳及整理信息时才能有的放矢。

表 3.28　影响参展商及买家满意度的一般因素

影响因素	具体表现
展会组织	展会的宣传、展区的划分、展会安保工作、展会清洁卫生、现场秩序、票证服务
贸易氛围	采购商的数量、采购商的质量、交易机会、成交的数量
人员服务	工作人员的专业知识、服务态度、服务规范、服务效率
展馆条件	标识系统、通风照明、公用设施、设备配置
配套服务	交通、住宿、餐饮、娱乐

1. 参展商满意度的影响因素

参展商参展的主要目的是宣传企业及品牌形象、寻找新客户、寻找加盟代理商、增强与老客户的关系和接订单。围绕这些参展目的，影响参展商满意度的主要因素如表 3.29 所示。

表 3.29　影响参展商满意度的主要因素

一级因素	二级因素	一级因素	二级因素
品牌形象	展会影响力、展会品牌知名度	满意度	总体满意程度
	展览会组织者的知名度、信赖程度		展商对现场成交额满意度
营销	展会规模	忠诚度	是否愿意再次参加展会
	参展商质量、比重		是否推荐其他企业参加
	专业观众质量、比重	硬件设施	展馆内外交通满意度
感知价值	展位或空地租赁价值		展馆设施满意程度
	展位价值与服务水平的对等性		住宿设施满意程度

2. 买家满意度的影响因素

买家观展的主要目的是获得行业信息及获取流行趋势、建立新的客户关系、增强与老客户的联系、下订单和寻找投资。影响买家满意度的主要因素如表 3.30 所示。

表 3.30　影响买家满意度的主要因素

一级因素	二级因素	一级因素	二级因素
品牌形象	展会影响力、展会品牌知名度	现场管理	现场有需引导和必要帮助
	展览会组织者的知名度、信赖程度		展台设计能力
营销	展会规模		现场安全程度
	参展商质量、比重	硬件设施	展馆内外交通满意度
接待	接待人员第一印象		展馆设施满意程度
	接待人员主动沟通问候	忠诚度	是否愿意再次参加展会
	接待及时性		是否推荐其他买家参加

三、展会满意度调查问卷的设计

1. 调查主体的选择

目前展览会组织单位在进行满意度调查时，常见的调查主体一般可以分为主办单位自行调研、与高校合作调研和第三方调研机构调研三类，各自特点区别如表 3.31 所示。

表 3.31 常见的调查主体

序号	调查主体	调查特点
1	主办单位自行调研	问卷内容与组织工作内容匹配，进行调研时能降低客户的排斥感。但问卷回收效果一般、报告总结采用的科学分析方法较为单一，调研费用较低。
2	和高校合作调研	问卷内容比主办单位自行调研更加丰富，报告结果能结合科学方法进行分析，调研费用一般。
3	第三方调查机构	问卷内容更有针对性，报告结果采用多种科学分析方法，信度较高，但调研费用较高。

2. 调查类型的选择

根据调研对象和群体的不同，在设计展览会满意度调查问卷时，一般分为以下两大类：

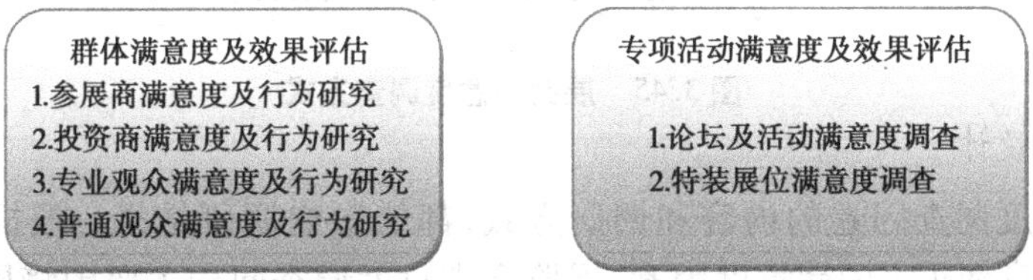
群体满意度及效果评估
1.参展商满意度及行为研究
2.投资商满意度及行为研究
3.专业观众满意度及行为研究
4.普通观众满意度及行为研究
专项活动满意度及效果评估
1.论坛及活动满意度调查
2.特装展位满意度调查

根据以上的调研范围，常见的展会满意度调查可以分为三种：

√参展商满意度调查问卷

√观众及投资商满意度调查问卷

√论坛及活动满意度调查问卷

3. 调查方式的选择

在过往的展览会满意度调查中，主要采用组织调研人员在现场进行特定群体随机派发纸质问卷的方式。这种调研方式能够与调研对象进行面对面的交流从而获取更加真实、丰富的信息，但是由于调研人员数量和调研时间有限，收集的样本数量较少。近几年，随着智能通信工具的普及，展览会主办单位开始在现场调研的基础上，尝试增加网上或手机客户端调研方式。

目前展会满意度调查采用的方式主要有 3 种，分别是现场定向派发纸质问卷、现场随机派发纸质问卷和展后网络问卷。

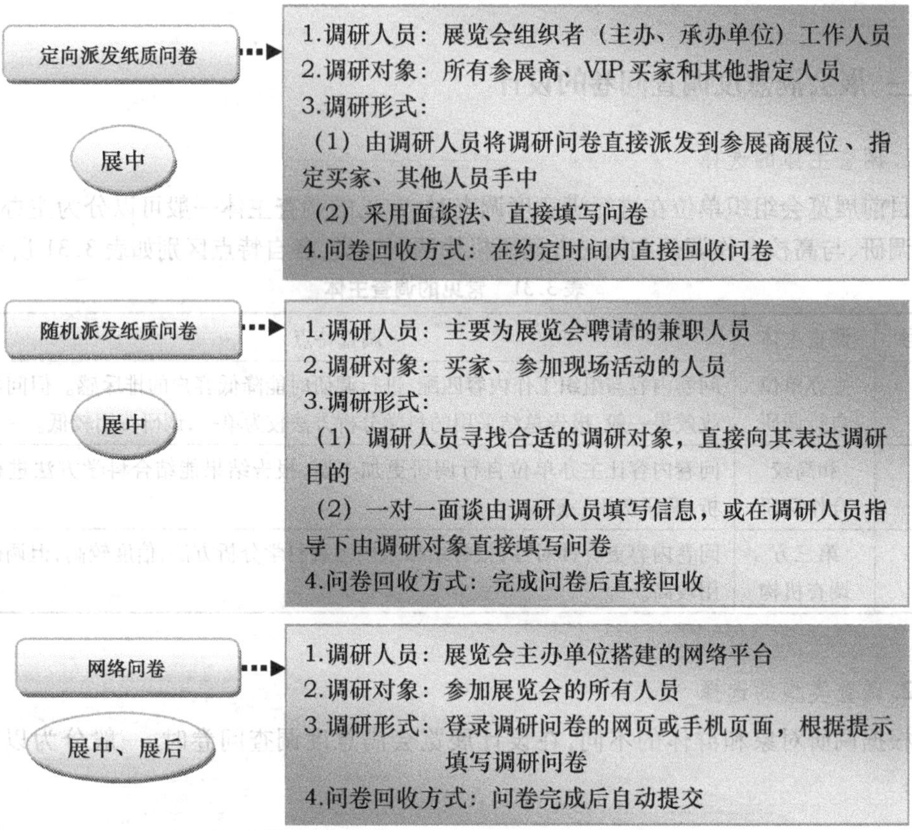
定向派发纸质问卷
展中
1.调研人员：展览会组织者（主办、承办单位）工作人员
2.调研对象：所有参展商、VIP买家和其他指定人员
3.调研形式：
（1）由调研人员将调研问卷直接派发到参展商展位、指定买家、其他人员手中
（2）采用面谈法、直接填写问卷
4.问卷回收方式：在约定时间内直接回收问卷
随机派发纸质问卷
展中
1.调研人员：主要为展览会聘请的兼职人员
2.调研对象：买家、参加现场活动的人员
3.调研形式：
（1）调研人员寻找合适的调研对象，直接向其表达调研目的
（2）一对一面谈由调研人员填写信息，或在调研人员指导下由调研对象直接填写问卷
4.问卷回收方式：完成问卷后直接回收
网络问卷
展中、展后
1.调研人员：展览会主办单位搭建的网络平台
2.调研对象：参加展览会的所有人员
3.调研形式：登录调研问卷的网页或手机页面，根据提示填写调研问卷
4.问卷回收方式：问卷完成后自动提交

图 3.45　展会满意度调查方式

4.问卷的设计

展会满意度调查问卷的内容和调研方式，都能影响调研结果。根据表 3.30 和表 3.31影响参展商和买家的满意度因素，展览会满意度调查问卷主要围绕展会组织、贸易气氛、人员服务、展馆条件和配套服务等方面进行调研。

由于满意度调查的问题更多地是了解和掌握参展商和买家对展览会的主观认识，因此问卷的问题和答案格式一般选用选择式、排列式或量表式。

【案例】国际名家具(东莞)展览会参展商满意度调查问卷

展会简介：国际名家具(东莞)展览会每年春秋各举办一届，目前拥有 13 座展馆，总面积共计 27 万 m^2。同期举办的有名家具展、名家具机械材料展、名家具家居饰品展三个展会，每年秋季展上还会举办名家具设计展，四展同期，是组委会全力打造完善产业链的有力措施。每届展会有超过 1 000 家企业参展，涵盖中国内地及港台七成以上的品牌企业，吸引来自全球 150 多个国家约 10 万专业观众参观，其中海外观众有 1 万人左右。名家具展于 2005 年 6 月通过了全球展览业协会(UFI)的国际化认证，进入国际高品质展会行列。

表 3.32　第 31 届国际名家具(东莞)展览会参展商满意度调查

第 31 届国际名家具(东莞)展览会参展商满意度调查

尊敬的参展商:

您好！感谢您参加第 31 届国际名家具(东莞)展览会,为了进一步提升展览会服务质量,提高您的满意度,现诚邀您参与此次调查,调查数据只作研究使用,不作其他用途。(说明:请在意向选项上打"√")

1. 贵公司的全称是__________(注明城市)。

2. 贵公司此次展位的面积是______。

3. 您在公司的职务是(　　)。

A. 高层管理者　　B. 中层管理者

C. 基层管理者普通职员　　D. 其他

4. 您在公司参展决策过程中的作用(　　)。

A. 决定权　　B. 参与权

C. 不参与　　D. 建议权

5. 贵公司参加该展会的次数(　　)。

A. 1 次　B. 2 次　C. 3 次　D. 4 次　E. 5 次　F. 其他(请注明　　　)

6. 您对以下展会的各项服务的满意度评价为(　　)。

服务项目	非常满意	满意	一般	不满意	非常不满意
展馆硬件设施					
展会现场服务					
展会配套服务					
展会宣传推广					
展会的专业性					
展会论坛/会议					
专业观众的质量					
展会参展效果					

7. 贵公司是否继续参加下届展会(　　)。

A. 不管怎样都参加　　B. 没有特殊情况就参加

C. 应该不会再参加　　D. 不确定

8. 影响贵公司决定是否参加下届展会的因素是(可多选)(　　)。

A. 参展费用　　B. 展会的知名度

C. 上届展会的效果　　D. 主办方的声誉　　E. 展馆位置

F. 企业的销售市场分布　　G. 展会的专业化程度　　H. 展会定位形象维护

9. 您是否有意向进驻名家居世博园?(　　)

A. 非常有意向　　B. 有意向

C. 了解但没有意向视情况决定　　D. 不知道这个项目

10. 您在名家具展是否有过不愉快的参展经历?(　　)

A. 有　B. 没有　C. 不清楚　D. 德龙江家具展　E. 其他　F. 无

一、问卷标题

包括会展项目全称 + "调查问卷"或"问卷调查表"等字样,可加上项目 logo、英文译名及时间等。

二、被访者背景信息

有关被调查企业的调查中,企业名称、地址、所有制性质、主管部门、职工人数、商品销售额(或产品销售量)等情况。

续表

11. 如果您对展会服务或者相关组织工作不满意时您会（　　）。

A. 参加其他展览会

B. 跟主办方积极沟通协调，但不会影响自己下次参展

C. 对该展会的印象大打折扣，以后可能会参展

D. 对该展会的印象打折，以后都不会参展，并劝说其他朋友不要参展

E. 其他

12. 您是否会主动向其他朋友介绍名家具展，并让他参展？（　　）

A. 很有可能　B. 比较有可能　C. 可能　D. 不太可能

E. 完全没有可能

13. 贵公司在参加名家具展时同期参加（　　）。

A. 广州家具展　B. 上海国际家具展

C. 深圳家具展　D. 顺德家具展

14. 影响贵公司参加其他展会的因素是（可多选）（　　）。

A. 参展费用　B. 展会的知名度　C. 上届展会的效果

D. 主办方的声誉　E. 展馆位置　F. 企业的销售市场分布

G. 展会的专业化程度　H. 展会定位

15. 在您看来，主办方要培育忠诚的参展商，以下各项因素的重要程度为（5为最重要，1表示最不重要）：

影响因素	5	4	3	2	1
展会满意度					
展会历届观众数量和质量					
展会历届参展商数量和质量					
展会举办地的交通					
展会服务质量					
展会的竞争力水平					
吸纳参展商为展会的会员					
为展商创造愉快的参展经历					
参展效果					
明确的展会主题和定位					
展位价格					
展会的专业性					
展会规模					

三、问卷主体

1. 调查问卷的核心部分，内容主要围绕展览会满意度为主要调查内容。

2. 满意度调查在设计问题和答案时较多采用主观性问题，来获取调研对象对展览会的直观感觉、印象、直接接触的感受。

3. 目前常见的问卷答案主要采用满意度三等级或五等级。

4. 问题及答案表述简洁、清晰，令调查对象能快速了解调研内容。

四、调研流程及表达用语

为了使现场的参展商和买家接受调研人员的调研工作，调研人员需要了解一般的调研流程以及常用表达用语。

满意度调研人员工作职责主要有：

√与参展商和买家进行现场交流，指导参展商和买家填写或口头回答问卷。

√给接受调研的参展商和买家派发小礼物。

√做好每天的问卷统计及意见汇总工作。

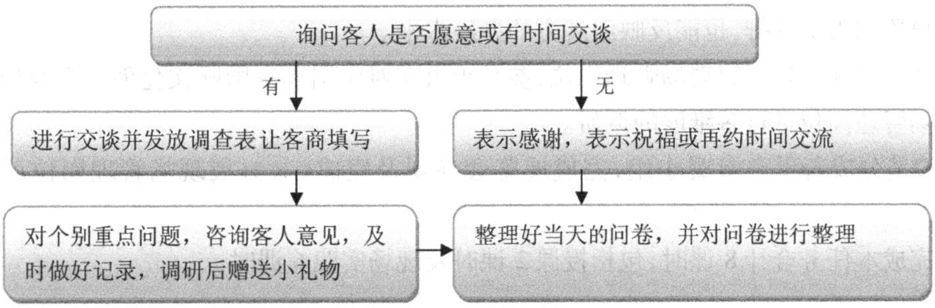
询问客人是否愿意或有时间交谈
有
无
进行交谈并发放调查表让客商填写
表示感谢，表示祝福或再约时间交流
对个别重点问题，咨询客人意见，及时做好记录，调研后赠送小礼物
整理好当天的问卷，并对问卷进行整理

图 3.46　满意度现场调研的工作流程

在进行现场满意度调查时，调研人员需要掌握常用的岗位用语。适当的用语能够使得参展商和买家更好地参与到调研工作中。

(1)开场白

Good morning/afternoon/evening, sir/madam.

Excuse me. Sorry to bother you for a few minutes.

Could you help me to fill a questionnaire to improve our work?

(2)当客人对展会服务表示满意时

Thanks so much! And we will try our best to do better and better.

(3)当客人表达不清晰时

Pardon Please. Sorry, I did not catch you . Would you please say it again?

(4)结束对话

Thank you for your time.

Thank you for your kind suggestion.

实战项目训练

请你的会展公司组成若干个调研小组，根据影响参展商、买家满意度因素内容，对照《展览会客户满意度调查的操作程序、标准及实训效果评估表》，并完成以下任务：

1. 选择该地区知名度较高的展览会，分别设计展览会参展商/买家满意度调研问卷。

2. 设计现场调查流程和岗位用语。

3. 对收集的问卷进行数据汇总及分析，并制作《××展览会参展商/买家满意度调研报告》，小组作口头报告。

任务四　调研现场管理岗位

业务情景

为了提供更好的现场服务，组展单位组织众多志愿者为展客商提供现场办证、引导、咨询投诉、餐饮等服务，务求令展客商顺利参与到会展活动中来。会展活动现场管理岗位的设置和人员安排，也能反映组展方的办展水平。

为了更深入地了解现场管理岗位，参观小组需对中国北京国际文化创意产业博览会的现场管理岗位进行多维度的调研。

✪请分成若干个参观小组，完成展览会参观及完成《××展现场管理岗位调研报告》。

完成本任务合计 8 课时，包括授课 2 课时及现场实践 6 课时。

业务知识

会展活动现场服务管理水平能直接反映主办单位办展水平和展览会专业性，现场服务管理岗位是客商现场接触展览会的第一个形象窗口。现场管理岗位需要处理、协调的工作十分细致、复杂，若稍有不甚，容易造成客商投诉。因而，调研现场管理岗位是对展览会主办单位办展能力的侧面评价。

一、展览会现场管理岗位的基本概念

展览会现场岗位具有服务时间长（涉及布展、展中和撤展阶段）、服务对象广泛（不仅包括参展商、买家，也包括服务供应商、搭建商、物流运输商等）的特点。现场管理岗位设置的数量、位置和服务质量，都影响参展商和专业观众对展览会的满意程度。

现场管理岗位的数量和工作职责主要根据展览会规模的大小决定，小型展览会的现场管理岗位较为基本且数量较少，而大中型展览会为了更好地体现展览会品牌价值和服务质量，设置的现场管理岗位数量较为丰富，并出现岗位细致化的特点。现代展览会常见服务岗位参考图 3.47。

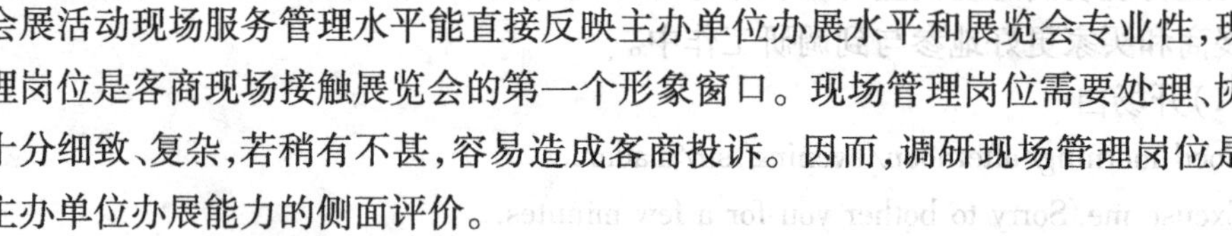
现场管理岗位
办证处
验证处
咨询处
投诉处
主办单位办公室
主场承建商办公室

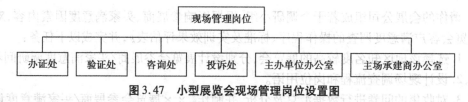

图 3.47　小型展览会现场管理岗位设置图

√分析点评：小型展览会在设置现场管理岗位时数量较少，岗位服务注重于办证、投诉咨询、餐饮等常规性岗位。这类岗位属于展览会现场管理必不可少的部分。

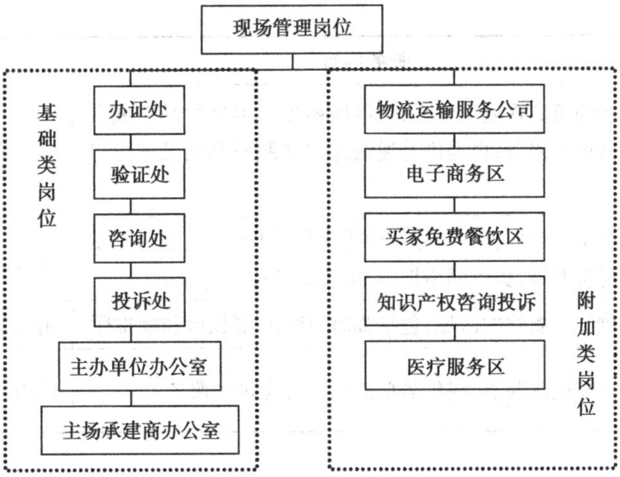
现场管理岗位
基础类岗位
办证处
验证处
咨询处
投诉处
主办单位办公室
主场承建商办公室
物流运输服务公司
电子商务区
买家免费餐饮区
知识产权咨询投诉
医疗服务区
附加类岗位

图 3.48　大中型展览会现场管理岗位设置图

√分析点评：大中型展览会在设置的现场管理岗位数量较多，而且出现岗位日益细分的趋势。主办单位在设置现场管理岗位时已不局限于为展客商提供常规服务，也注重各类服务的科技性、便捷性和人性化。

除此之外，不断增加和优化附加类管理岗位，成为展览会与其他同类型展览会差异化的具体表现之一。提供优质的现场服务能在客商群中树立良好口碑，从而培养一批忠诚度高的客户。

二、展览会现场管理岗位的工作职责

展览会现场岗位主要服务时间为展览期间，承担展览会来自世界各国的众多客商。为了满足客商在展览期间参展参观、餐饮、商贸交易、宗教信仰等各方面的需要，展览会主办单位在进行现场管理岗位设计时，一般可分为基础类岗位和附加类岗位两种，各种岗位相辅相成。各个岗位主要内容如表 3.33 所示。

表 3.33　展览会现场岗位工作职责

	岗位名称	服务内容	服务对象
基础类岗位	办证处	负责进馆人员的证件办理工作，兼具展览会资料派发工作	参展商、买家、贵宾、媒体
	验证处	对进出场馆人员的证件进行查验和维持人员进出秩序	馆内所有人员
	咨询处	提供关于展览会信息、参展商名录查询、基本服务（餐饮、洗手间、现场活动等）的指引和宣传	馆内所有人员
	投诉处	负责对展览会服务、参展商行为不当（产品侵权、宣传声音过大等）进行记录、调停、和解等工作	参展商、买家
	主办单位办公室	主办单位现场工作点，一般作为工作人员办公点，也可作为下届展位预订洽谈处	参展商
	主场承建办公室	主场承建商现场工作点，为参展商提供现场展台拆改、租借展具、撤展工作等各类服务	参展商

续表

	岗位名称	服务内容	服务对象
附加类岗位	物流运输服务处	主场物流商现场工作点,为参展商提供参展样品布展和撤展运输服务,也提供普通物件快递服务和展品进出口报关	参展商、买家
	电子商务区	主办单位或展览会合作企业提供网络服务点,分为免费或付费两种,提供网络搜索、电子商务配对等服务	参展商、买家
	餐饮区	提供日常餐饮的区域,包括临时(固定)餐饮区和咖啡厅	馆内所有人员
	医疗服务处	由合作医院驻点,提供简单疾病的日常护理服务	馆内所有人员

1. 办证处现场管理岗位

现场办证处的任务主要是为到访展会客商办理入馆证件,以及维护展馆出入口的治安秩序,保证每位到访展会的客商都能畅通进入展馆,如图 3.49 所示。

√客户分类:主办单位一般将到访买家分为现场登记(on-site)和预登记(pre-registration)两大类。预登记买家通过网上登记的方式在展前已获得主办单位邮寄的买家证(buyer card),而现场登记买家则需要在现场登记台填写买家信息登记表,然后到办证处办证。办证处设置要大气、显眼和合理,便于买家寻找并迅速进入,还有利于主办单位及时收集及录入买家数据。

咨询台INFO
CHINA BUILDING 2007
观 众 登 记 处 VISITORS REGISTRATION

图 3.49 展览会现场观众办证处

√布局设计:现场排队一般分为直线型和曲线型两类(图 3.50)。直线型设计适用于观众登记处人数较少时,而曲线型设计由于队伍容纳买家人数较多,适合买家人数较多时,同时有效降低买家由于排队造成的烦躁感,但对办证录入员的录入速度有较高的要求。

VISITOR REGISTRATION
Exit

图 3.50 观众办证处直线型(左图)和曲线型(右图)设计

√办证机器：随着办证系统的优化和新型办证机器的普及，展览会主办单位能够在展前就收集买家信息，现场也大大缩短买家办证等候时间。图 3.51 为 2011 年中国国际五金展采用现场扫描打印机器协助办证。

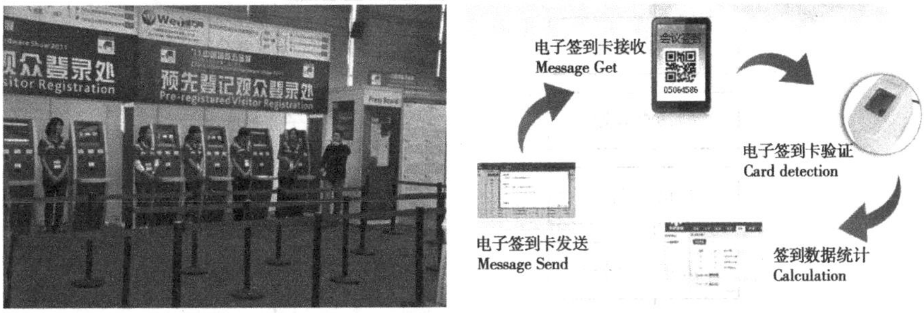
预先登记观众登录处
Pre-registered Visitor Registration
电子签到卡接收
Message Get
会议签到
电子签到卡验证
Card detection
电子签到卡发送
Message Send
签到数据统计
Calculation

图 3.51　观众办证处新型办证手段

2. 电子商务中心现场管理岗位

现代展览会的发展受到电子商务服务的冲击，如广交会、义乌小商品博览会等大型展览会，都加大网上交易会建设的投资，务求打造“永不落幕的展览会”。因此展览会的电子商务中心服务内容已不再局限于普通的网络服务，已逐渐形成提供专人指导操作、提供专业商务平台和构架优质国内外产品供应商和采购商三合一的服务内容。特别受欢迎的“买家配对(商贸配对)”活动就受益于电子商务中心的发展，如图 3.52 所示。

网上广交会
Canton Fair Online

图 3.52　展览会电子商务中心

【案例】为了更好地引导学生对现场管理岗位进行调研，本任务案例选取广州(锦汉)家居用品及礼品展览会作为案例，从现场管理岗位架构、主要岗位分布和特色管理岗位三部分进行分析说明。

广州(锦汉)家居用品及礼品展览会(简称 JINHAN FAIR)创办于 2000 年春季，每年春、秋两季在广州举办，迄今成功举办 26 届。JINHAN FAIR 获得“国际会展联盟(UFI)广州首家认证展会”“广州市十大会展品牌项目”“广州市连续十年以上大型会展项目”等荣誉。

(1)锦汉礼品展现场服务岗位

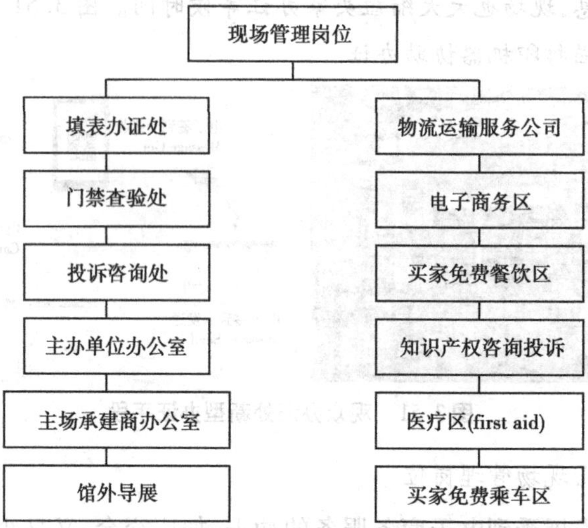
现场管理岗位
填表办证处
门禁查验处
投诉咨询处
主办单位办公室
主场承建商办公室
馆外导展
物流运输服务公司
电子商务区
买家免费餐饮区
知识产权咨询投诉
医疗区(first aid)
买家免费乘车区

图 3.53　锦汉礼品展现场管理岗架构图

√分析点评:锦汉礼品展览会展览面积为 80 000 m^2,与广交会第二期同期举办。锦汉礼品展在现场管理岗位设置时,遵循“人性化、专业化、全面化”的原则。除了填表办证处、投诉咨询处等基础类现场岗位外,还突出了买家免费餐饮区、祈祷室、免费乘车区等附加类岗位。岗位设置细致,能够满足客商在参观展览会时所涉及的各类日常需求。

(2)锦汉礼品展现场服务岗位分布图

锦汉礼品展固定在广州保利世贸博览馆举办,展出范围包括负一层美食广场到三层全部展馆,现场管理岗位分布在各个楼层和展馆所有出入口。现在以第 26 届 JINHAN FAIR 管理岗位为例,Hall1/Hall2 主要岗位分布如图 3.54 所示。

除了 Hall1/Hall2 的主要现场服务岗位,各个楼层还根据展客商的人员流动情况在主要出入口设置了相应的服务岗位,具体如表 3.34 所示。

表 3.34　现场服务岗位分布图

岗位名称	数量	所在楼层	具体位置
填表办证处	2	1F	Hall2 出口、毗邻广交会入口
咨询处	5	-1F、1F、2F、3F	各展馆出入口
主办单位办公室	1	1F	Hall1 入口处
主场承建商办公室	2	2F	Hall3、4 展馆入口对出处
馆外导展	3	展馆外围	负 1 层靠近地铁站出口和展馆外围
免费乘车处	1	1F	Hall2 出口处
买家免费餐饮区	2	2F	Hall3、4 出口对出走廊

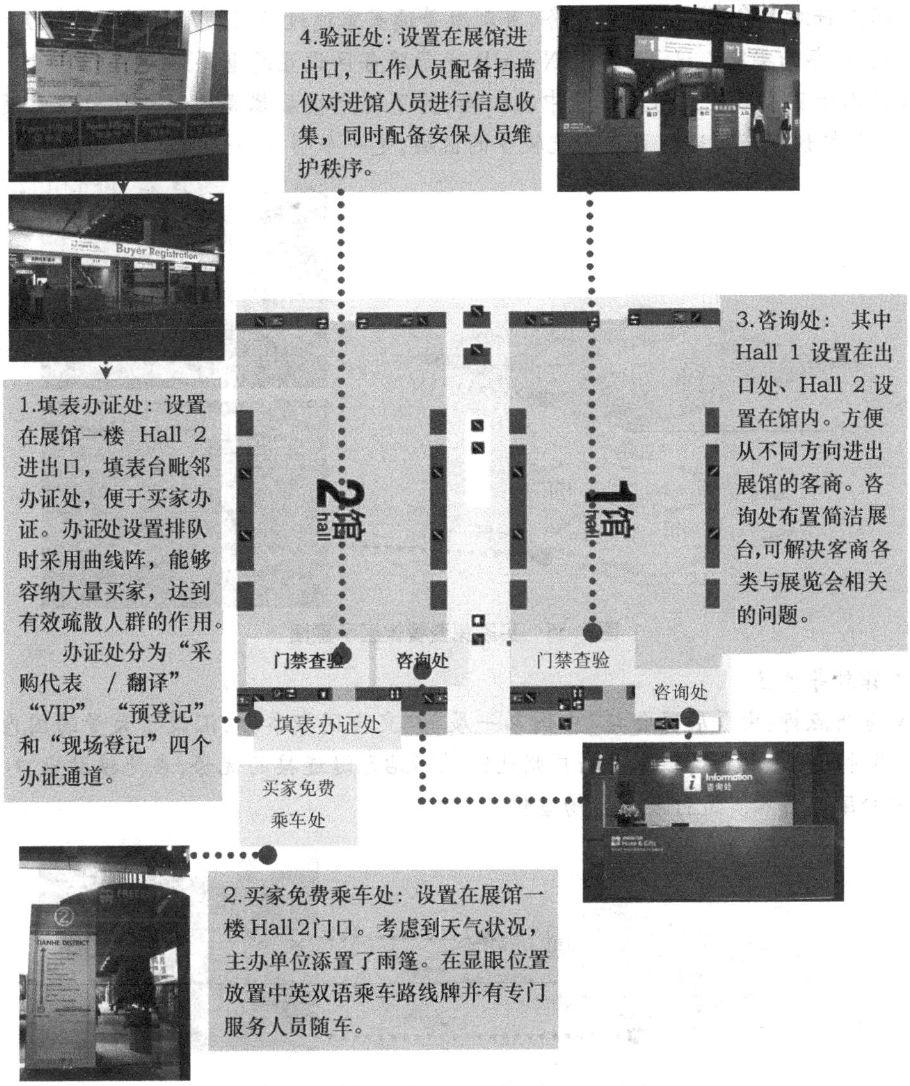
4.验证处：设置在展馆进出口，工作人员配备扫描仪对进馆人员进行信息收集，同时配备安保人员维护秩序。
Buyer Registration
3.咨询处：其中Hall 1设置在出口处、Hall 2设置在馆内。方便从不同方向进出展馆的客商。咨询处布置简洁展台,可解决客商各类与展览会相关的问题。
1.填表办证处：设置在展馆一楼 Hall 2进出口，填表台毗邻办证处，便于买家办证。办证处设置排队时采用曲线阵，能够容纳大量买家，达到有效疏散人群的作用。
办证处分为“采购代表 / 翻译”“VIP”“预登记”和“现场登记”四个办证通道。
2馆 hall
1馆 hall
门禁查验
咨询处
门禁查验
咨询处
填表办证处
买家免费乘车处
Information 咨询处
2.买家免费乘车处：设置在展馆一楼Hall 2门口。考虑到天气状况，主办单位添置了雨篷。在显眼位置放置中英双语乘车路线牌并有专门服务人员随车。

图 3.54 锦汉礼品展 1 楼 Hall 1、2 现场服务岗位示意图

√分析点评：锦汉礼品展的现场服务岗位主要集中在人流密集的1F，同时为了吸引和满足更多客商的需求，在2F、3F都零散分布咨询处。整体分布合理，能满足各个楼层的参展商和买家的需要。

(3)锦汉礼品展特色服务岗位介绍

- 买家免费餐饮服务区

√分析点评：买家免费服务区设置在Hall 3、4、5、6馆内，根据每届参展商展台情况设置在馆内(与参展商毗邻)或者在展馆门口走廊处。

(1)餐饮区对VIP买家免费开放，提供自助餐、免费饮料、免费电脑及网络和免费手机充电等服务。免费餐饮区布置舒适、高档、气氛适宜，对忙于参观展览的买家而言，免费餐饮区是最容易获得好评的服务岗位。

(2)只针对VIP买家的现场服务,可刺激普通买家通过多届观展提升买家级别,从而培养忠诚度高的买家。这是JINHAN FAIR免费服务区设置的重要目的。

(3)由于买家参观走向主要集中在1楼,为了避免楼层越高人流越少造成参展商的不满,免费餐饮区巧妙地布置在人流较少的区域,是一个明智的选择。

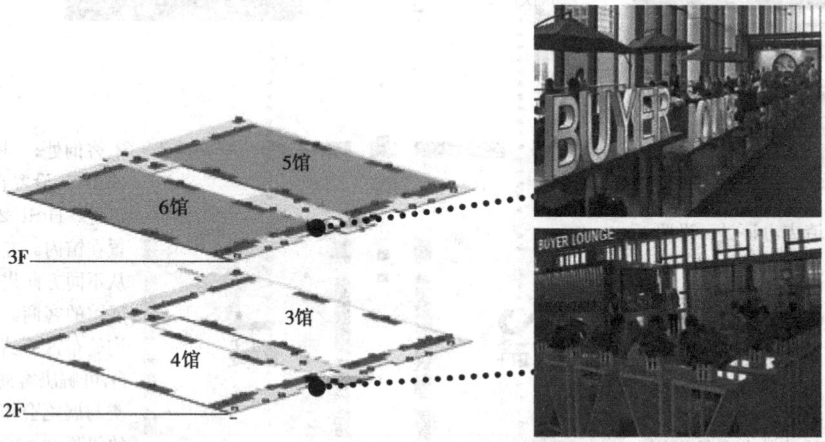
5馆
6馆
3F
3馆
4馆
2F
BUYER LOUNGE
BUYER LOUNGE

图3.55 买家免费餐饮区示意图

● 馆外导展区

√分析点评:由于展览会与“中国第一展”广交会同期举办,汇聚了大量的国内外采购商,同时利用保利世贸博览会与广州地铁琶洲站无缝连接的优势,在地铁站出口、展馆外围都分配工作人员进行展会现场宣传。

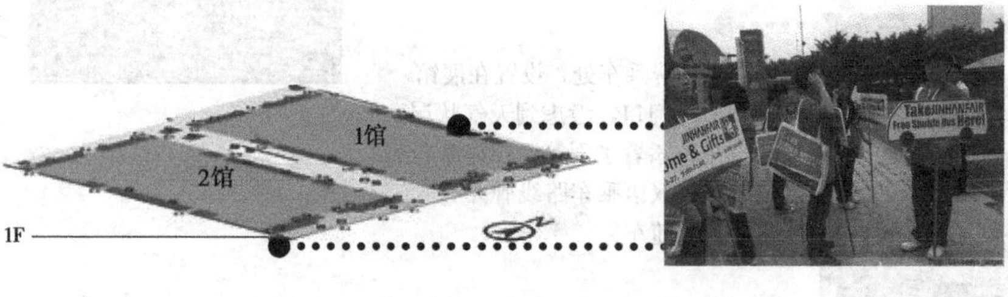
1馆
2馆
1F
JINHAN FAIR

图3.56 馆外导展现场服务岗位示意图

(1)馆外导展以派发展览会观展手册和收集外国买家名片工作为主,特别对未到访过JINHAN FAIR的外国采购商进行宣传。

(2)工作人员穿着统一服饰派发印有展会LOGO的环保袋、小礼物,并用英语高喊言简意赅的宣传口号,能够以整齐划一的形象在展会举办期间获得采购商的注意。

实战项目训练

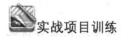

根据案例分析部分,参观小组需掌握展览会现场常见的管理岗位类型和位置,提前设计参观路线,以展客商的角色体验岗位所提供的服务便利,书面编写《××展览会现场管理岗位参观报告》,并作口头汇报。具体要求如下:

(1)报告需包括所参观展览会的所有现场岗位，可参考图3.47和图3.48选定现场岗位。

(2)报告中应挑选不少于两个岗位图片进行说明分析，并提出合理的建议，具体可参考图3.53至图3.56。

(3)根据实地参观调研，填写展览会现场管理岗位调研汇总表如表3.35所示。

表3.35　现场管理岗位调研汇总表

岗位名称	楼层及位置	服务内容	工作人员数量	现场物料准备	图片展示

操作程序、标准及实训效果评估

“实训项目二　参观展览”的操作程序、标准及实训效果评估如表3.36所示。

表3.36　“实训项目二　参观展览”的操作程序、标准及实训效果评估表

业务操作步骤		标准与要求	实训效果评估		
			满分	得分	评语
展台鉴赏	1. 制订参观方案	1)确定参观目标，确定参观的展览会和重点企业展台，展览会官网收集鉴赏企业名单和相关情况 2)确定鉴赏内容、展台形式、宣传目的、现场影响和鉴赏的具体时间表 3)选取鉴赏方式，从现场拍照、展览会参展商名录、参展企业宣传物料、访问法等方法中选取一种或多种方法进行鉴赏	4		
	2. 实地参观	1)现场资料搜集，收集展览会参展商名录和有针对性的活动宣传等资料 2)物料准备 3)进行实地参观，选择合适的参观对象。应注重从展台外观、内部结构和人流走向方面了解，能够匹配参观目的	9		
	3. 分析鉴赏资料	1)统计数据 2)制作图表 3)分析现状	4		
	4. 制作参观报告	1)撰写报告 2)编排印刷 3)口头报告	6		

续表

业务操作步骤		标准与要求	实训效果评估		
			满分	得分	评语
鉴赏现场活动	1. 鉴赏方案设计	1)确定鉴赏活动,通过官网、展会海报等宣传物料确定展会活动信息,对同类型活动进行归类整理 2)确定鉴赏内容,按照不同活动类别确定鉴赏活动,选定的对象具有行业代表性和主题鲜明 3)选取鉴赏方式	4		
	2. 准备及鉴赏	1)资料搜集,活动举办方派发的纸质资料、光盘、礼物等 2)文献搜索 3)物料准备 4)实地参观,按照事先设计好的顺序进行参观,参观时间安排合理,重要活动进行现场文字、图片记录,适时可对嘉宾进行提问	9		
	3. 资料分析	1)资料归纳整理,对搜集的照片、宣传单等物料分类整理 2)绘制图表 3)分析现状,对重要图片和表格加以说明,数据准确	6		
	4. 制作调研报告	1)报告写作 2)编排印刷 3)口头汇报	8		
客户满意度调查	1. 确定调研方案	1)确定调研目标,根据研究目的确定调查的总体,通过展览会过往调研记录,选定调研范围 2)选定调研对象和内容 3)选取调研方法,从二手资料法、问卷法、访问法、观察法、实验法等方法中选取一种或多种方法结合 4)时间及预算	4		
	2. 调研准备	1)文献、新闻搜索,运用多渠道进行二手文献、新闻等资料搜索 2)设计调研问卷 3)调研人员培训,选择合适访问对象,访问对象对研究问题的领域有较多的经验或了解,能够充分地发表其意见和见解 4)物料准备	6		
	3. 调研分析	1)资料整理及归纳 2)绘制图表 3)分析现状 4)预测趋势,依据已掌握的满意度信息和资料,通过科学的分析方法进行研究,从而预测未来发展趋势	8		
	4. 制作调研报告	1)报告写作 2)编排印刷 3)口头汇报	7		

续表

<table>
<tr><th colspan="2" rowspan="2">业务操作步骤</th><th rowspan="2">标准与要求</th><th colspan="3">实训效果评估</th></tr>
<tr><th>满分</th><th>得分</th><th>评语</th></tr>
<tr><td rowspan="4">现场管理岗位调研</td><td>1. 调研方案设计</td><td>1）确定调研岗位，根据展览会楼层分布、现场活动，掌握现场服务岗位的分布情况
2）确定调研内容，按照岗位的位置、重要性、服务对象等内容，选定的岗位具有普遍性、适用性、创新性等特点
3）选取参观方式</td><td>5</td><td></td><td></td></tr>
<tr><td>2. 准备及参观</td><td>1）文献及新闻搜索
2）数据搜集
3）物料准备
4）实地参观</td><td>8</td><td></td><td></td></tr>
<tr><td>3. 鉴赏资料分析</td><td>1）统计数据
2）绘制图表
3）分析现状</td><td>5</td><td></td><td></td></tr>
<tr><td>4. 制作调研报告</td><td>1）报告写作
2）编排印刷
3）口头汇报</td><td>7</td><td></td><td></td></tr>
<tr><td>说明</td><td colspan="2">以上业务操作满分共100分，得分在90分以上为优秀，80～89分为良好，70～79分为中等，60～69分为合格，60分以下为不合格</td><td>100分</td><td></td><td></td></tr>
<tr><td>反馈</td><td colspan="2">总分：
评语：</td><td colspan="2">考评员签名</td><td></td></tr>
</table>

实训项目三　参观会展企业

教学目标

✪能够掌握展览公司常见的公司架构。

✪能对展览会业务水平进行定性、定量分析评估。

✪能够理解展览公司常见的工作岗位，掌握其主要工作内容。

内容导读

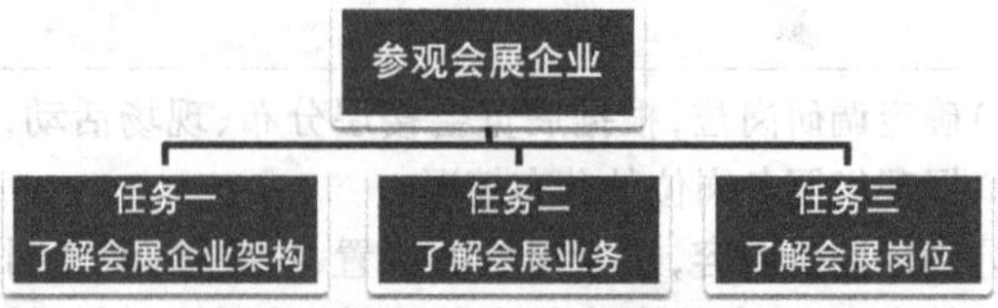
参观会展企业
任务一
了解会展企业架构
任务二
了解会展业务
任务三
了解会展岗位

图 3.57　内容导读

参观会展企业能够了解会展项目营运过程中企业架构发挥的作用，掌握会展企业主要部门业务内容，把握项目运作的具体流程，并促使未来从业者培养岗位相关的主要工作技能。

各任务以国内知名会展企业和项目作为背景，设定学生以调研员的身份进行鉴赏活动，学习编制企业架构图、业务流程和编写岗位说明书等内容，务求学生以人力资源和项目管理的角度鉴赏现代会展企业的运营情况，培养良好的职业素养。

参观会展企业技能实训

一、实训课时

本实训合计 22 课时，包括课内授课 10 课时及课外现场实践 12 课时。具体安排如表 3.37 所示。

表 3.37　实训课时

序　号	工作任务名称	总课时	课　内	课　外
一	了解会展企业架构	6	2	4
二	了解会展业务	10	6	4
三	了解会展岗位	6	2	4
合　计		22	10	12

二、实训组织方式

1. 项目背景

上海是中国主要的会展会议中心城市，目前，上海市会展行业协会已有 820 名会员，会员单位涵括主场承办、场馆、展示工程、物流、会议旅游服务、学校、媒体及其他类型的企业。上海市会展行业企业呈多元化结构发展，据统计所得，其中国有企事业单位占 11.9%，民营企业占 69%，外商独资、合资企业占 17.7%。

近几年，上海会展业以每年 15% 以上的速度发展，吸引了众多国外会展集团在上海设立分支公司，如汉诺威米兰展览（中国）有限公司、慕尼黑展览（上海）有限公司、法兰克福展览（上海）有限公司等，也涌现了诸如上海世贸商城等外商投资项目。

✪本项目执行单位是某高校会展专业班级，××展览服务公司为参观对象，学生分组进行实地考察，实习指导老师可根据当地会展资源选择目标展览公司。

2. 组织方式

课堂组织方式可参考图3.58结构进行。

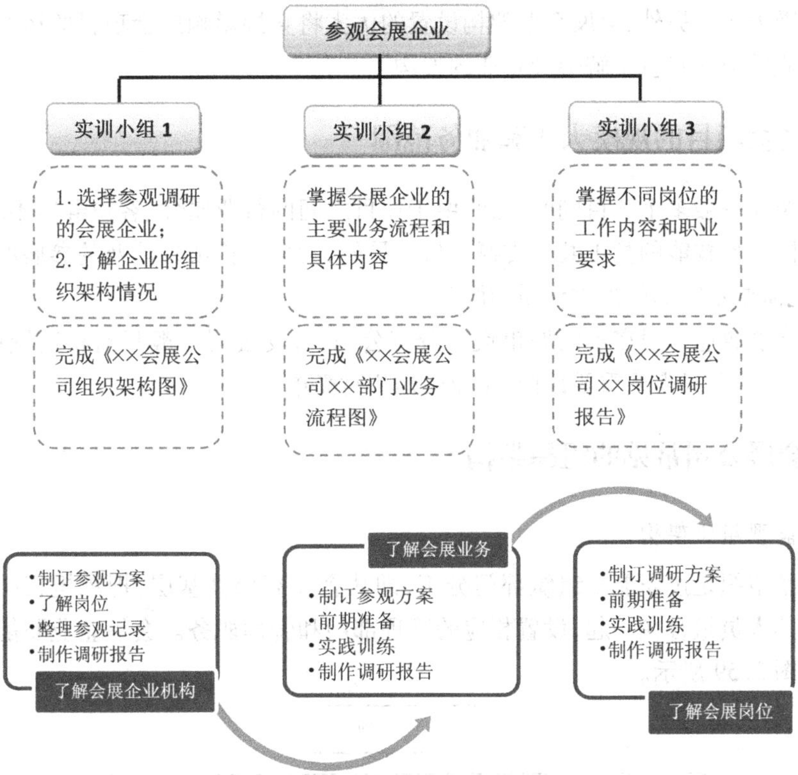
参观会展企业
实训小组1
实训小组2
实训小组3
1. 选择参观调研的会展企业；
2. 了解企业的组织架构情况
掌握会展企业的主要业务流程和具体内容
掌握不同岗位的工作内容和职业要求
完成《××会展公司组织架构图》
完成《××会展公司××部门业务流程图》
完成《××会展公司××岗位调研报告》
•制订参观方案
•了解岗位
•整理参观记录
•制作调研报告
了解会展企业机构
了解会展业务
•制订参观方案
•前期准备
•实践训练
•制作调研报告
•制订调研方案
•前期准备
•实践训练
•制作调研报告
了解会展岗位

图3.58　参观会展企业实训流程图

任务一　了解会展企业架构

业务情景

为了使学生更好地了解国内会展企业运营情况，某地区学校组织会展专业学生到上海开展知名会展企业拜访夏令营活动，借此了解上海市会展设计、会展场馆、会展物流等类型的企业。通过了解企业真实的运营情况，激发学生的专业学习热情和培养良好的职业素养。

为配合会展企业对学生的要求，让学生亲身了解会展企业的日常运营情况，该高校对上海市主要会展企业进行一次上门拜访调研。

✪请学校组建一个调研小组，完成《会展企业架构调研报告》。

完成本任务合计6课时，包括授课2课时及现场实践4课时。

业务知识

会展企业架构形式多样，学生在调研时通过企业架构可判断会展公司的规模和经营项目的范围大小。另外，会展企业架构设置的优劣将直接影响展会项目的运营，因此，参观会展企业的第一步应了解会展企业的架构。

一、展会项目的规模大小和业务范围

会展企业一般多个项目同时营运，由于项目之间的行业属性、客户群体不尽相同，因此需要不同工作技能的员工共同支撑项目。另外，大型展览项目涉及的参展商和买家人数庞大，也需要不同部门提供优质的服务。

知名会展企业一般在不同城市设立分支公司，分支公司一般只对特定城市、特定项目进行营运，因此只需要重要部门，企业架构相对简单。

二、会展公司常见的组织架构

1. 职能型组织架构

职能型组织是按职能来组织部门分工，即从企业高层到基层，把承担相同职能的会展业务及其人员组合在一起，设置相应的管理部门和管理职务。会展企业职能型组织架构一般如图 3.59 所示。

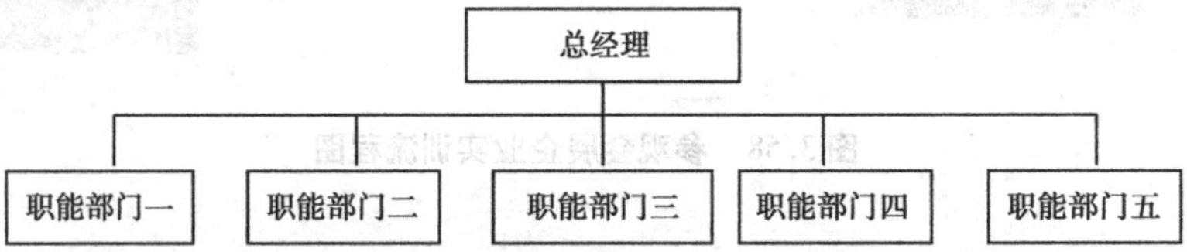
总经理
职能部门一
职能部门二
职能部门三
职能部门四
职能部门五

图 3.59　会展企业职能型组织架构图

以福州海峡国际会展中心有限公司为例，其管理的福州海峡国际会展中心位于福州市闽江边的会展岛，是目前国内最大单体会展中心之一，由两个展馆和一个会议中心组成。总建筑面积约 38 万 m^2，其中地上面积约 23 万 m^2，地下面积约 15 万 m^2。设置有展馆、洽谈、办公、餐饮、服务办公等区域。其企业组织架构如图 3.60 所示。

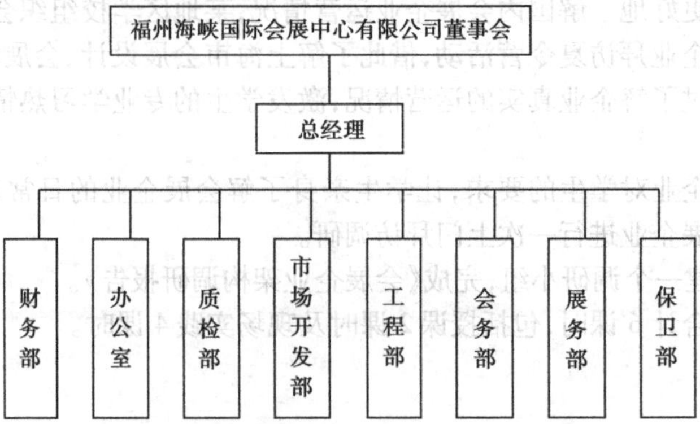
福州海峡国际会展中心有限公司董事会
总经理
财务部
办公室
质检部
市场开发部
工程部
会务部
展务部
保卫部

图 3.60　福州海峡国际会展中心组织架构图

√架构分析：职能型组织架构较为简单，适用于业务类型较为单一或规模较小的会展企业。

(1)此类企业一般经营的展会项目或业务数量较少，因此体现在部门层级较少。

(2)为了精简开支，将部分职能相同的部门合并，如“设计部＋推广部”。

(3)企业上下级能够直接反映工作情况，工作效率较高。

2. 事业部制组织架构

事业部制是指以某个产品、地区或顾客为依据，将相关的研究开发、采购、生产、销售等部门结合成一个相对独立单位的组织结构形式。在总公司领导下设立多个事业部，各事业部有各自独立的产品或市场，在经营管理上有很强的自主性，实行独立核算，是一种分权式管理结构。会展企业事业部制组织架构一般如图 3.61 所示。

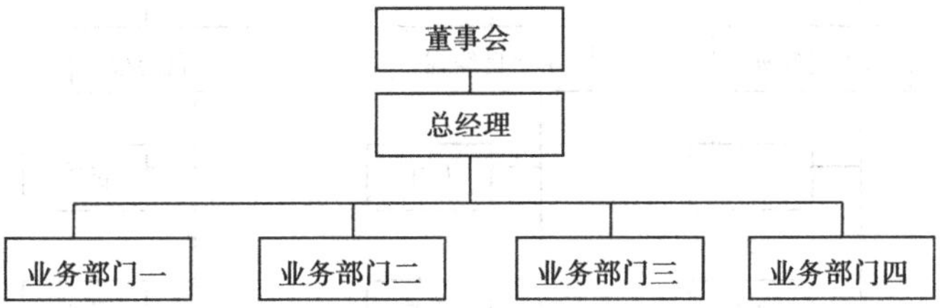
董事会
总经理
业务部门一
业务部门二
业务部门三
业务部门四

图 3.61　会展企业事业部制组织架构图

以广州光亚法兰克福展览有限公司为例，成立于 1995 年，是广州展览行业成立最早的民营展览公司之一，旗下的“广州国际照明 ＋ 建筑电气技术展览会”现已发展成为亚洲最大、全球第二的国际性展览会，旗下另一展会“广州国际医疗器械展览会”现已发展为华南地区规模最大的专业医疗器械展会。2005 年 10 月，与全球最大的展览公司——法兰克福展览公司共同组建了广州第一家中外合作展览公司——广州光亚法兰克福展览有限公司。其企业组织架构如图 3.62 所示。

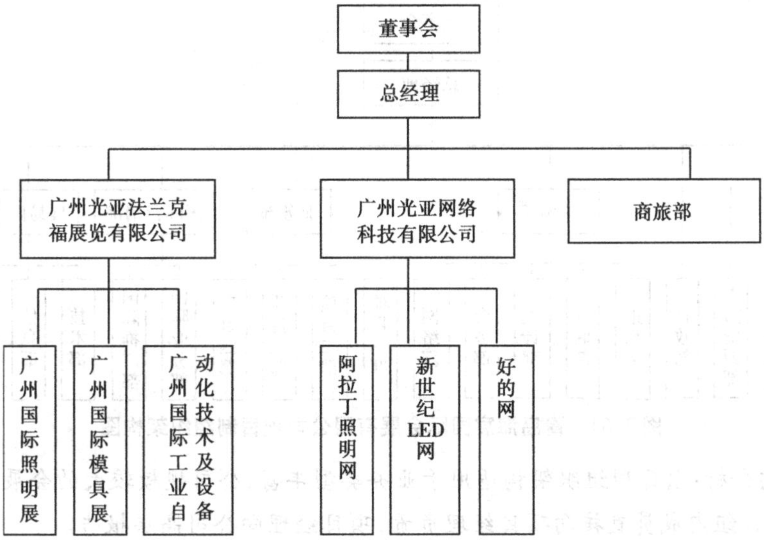
董事会
总经理
广州光亚法兰克福展览有限公司
广州光亚网络科技有限公司
商旅部
广州国际照明展
广州国际模具展
广州国际工业自动化技术及设备
阿拉丁照明网
新世纪LED网
好的网

图 3.62　光亚展览公司组织架构图

√架构分析:事业部制组织架构适用于服务种类多样化的大中型会展企业。

(1)企业实行专业化发展,对产品、客户等划分清晰,便于会展产品的策划、运营和服务。

(2)降低了公司营运的风险,提高了整体工作效率。

(3)企业所需管理人员较多,管理费用较高。

3. 项目型组织架构

项目型组织是指围绕特定的会展项目开展工作,在项目部里,包括展览项目运营所需的人、财、物资源,这些资源专门为这个展览项目服务,项目经理对所负责的项目拥有完全的权力。会展企业项目制组织架构一般如图3.63所示。

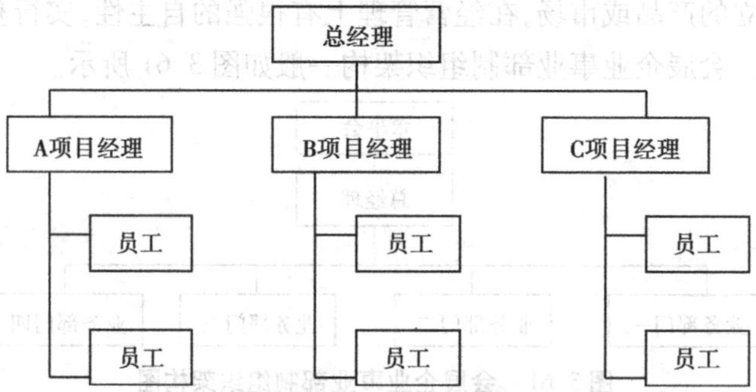
总经理
A项目经理
B项目经理
C项目经理
员工
员工
员工
员工
员工
员工

图3.63 会展企业项目制组织架构图

以青岛海宸国际会展有限公司为例,青岛海宸国际会展有限公司是一家集大型展览、会议、传媒、电子商务综合运作为一体的专业性、国际化展业运营机构,公司独立策划培养了青岛国际建博会、青岛国际石材展、青岛国际门窗幕墙展、青岛国际木门展、青岛国际建筑节能博览会等多个具有国际影响力的品牌专业展会项目。还开发建设了以网上展览为目的的全球性电子商务平台“展易”网。其企业组织架构如图3.64所示。

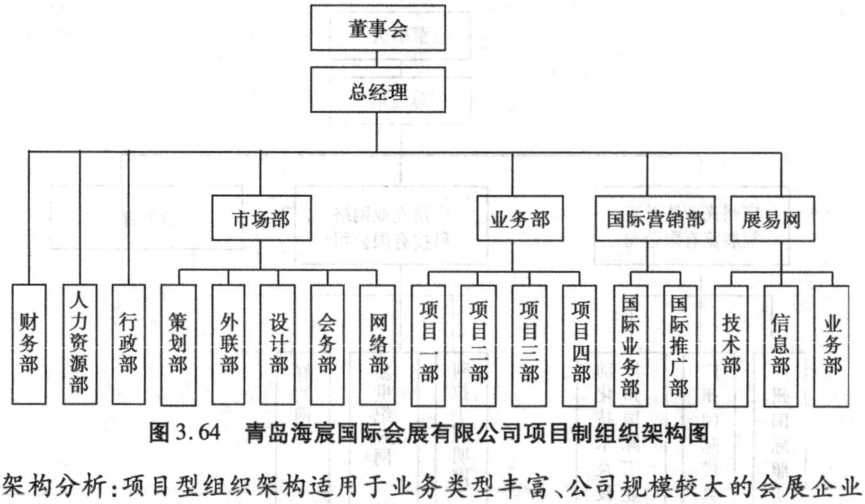
董事会
总经理
市场部
业务部
国际营销部
展易网
财务部
人力资源部
行政部
策划部
外联部
设计部
会务部
网络部
项目一部
项目二部
项目三部
项目四部
国际业务部
国际推广部
技术部
信息部
业务部

图3.64 青岛海宸国际会展有限公司项目制组织架构图

√架构分析:项目型组织架构适用于业务类型丰富、公司规模较大的会展企业。

(1)项目组内成员直接向项目经理负责,项目经理向公司高层报告。

(2)组织目标统一,便于成员的管理和保留某些技术领域的优秀人才,团队精神发挥明显。

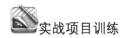

(3)项目经理权力集中，使得展会项目决策速度快，对客商的需求了解深入。

实战项目训练

参考案例分析中的会展企业架构图，对参观的会展企业进行调研。根据调研资料，编写《××会展公司组织架构图》。训练要求如下：

(1)编写前确定参观企业的企业属性和组织架构。

(2)对企业组织架构进行分析点评。

任务二　了解会展业务

业务情景

近几年，我国涌现出如广州光亚法兰克福展览有限公司这一类型的综合型会展企业。业务范围涉及展览会主题策划、招展和专业观众邀请、现场搭建到网上展览会、电子商务、专业展览会等。作为传统的展览会业务，主题策划、招商和招展工作依然作为展览会主办单位最受重视的业务。但随着互联网技术日趋发展，参展商和专业观众更加青睐这种365日都能提供优质采购服务的网上展览会，因而网上展览会也将形成新的发展趋势。

图 3.65

为了更好地了解会展企业在营运中的表现，深入了解会展企业主要部门的业务范围情况和发展趋势，加深对展览会营运的整体认知，调研小组需要对知名会展公司进行业务调研。

✪请调研小组分成若干个参观小组，完成会展业务调研及《展览公司业务调研报告》。

完成本任务合计10课时，包括授课6课时及现场实践4课时。

业务知识

会展公司业务部门主要负责公司会展项目的策划、推广、招展、招商和展客商服务等工作。常见的会展项目周期为半年到两年，因此会展业务呈现出工作周期长、业务内容琐碎、连贯性强的特点。

在深入了解会展公司各部门的业务内容的基础上，能快速了解项目的运营情况和客户群体特点。会展业务流程的完整、顺畅和专业程度也是评价一家会展企业的重要渠道。

一、会展公司主要业务内容

各个会展企业的业务内容大致相同，特别是涉及参展商、买家、服务供应商等群体的业务大致相同，可参考表3.38对会展企业业务内容进行初步了解。

表3.38　主要部门业务内容

业务部门	主要业务内容
招展部	进行展会前期调研、确定展会招展方案、开发和维护参展商、开发和销售展会广告等
招商部	确定展会招商方案，开发和维护专业观众，制订展会现场服务方案，招聘、培训及管理现场服务人员及兼职人员等
市场推广部	制订展会媒体合作方案、联络和维护展前媒体、投放展会广告、编写展会软文、维护及更新展会官网等
设计部	制订展会现场综合布置方案、设计现场服务区、设计展会宣传资料（招展函、招商函、贺卡等）等
营运部	展会场馆的预订，展会服务供应商的开发和维护等

二、部门工作流程图

会展企业各部门的业务活动应根据所举办的展览会项目有规律、周期性地进行。掌握各部门的业务内容能够进一步了解会展企业的整体营运情况，本任务以会展企业招展部（或称为业务部、项目部）为案例，对会展企业的业务进行分析。

● 招展部业务流程

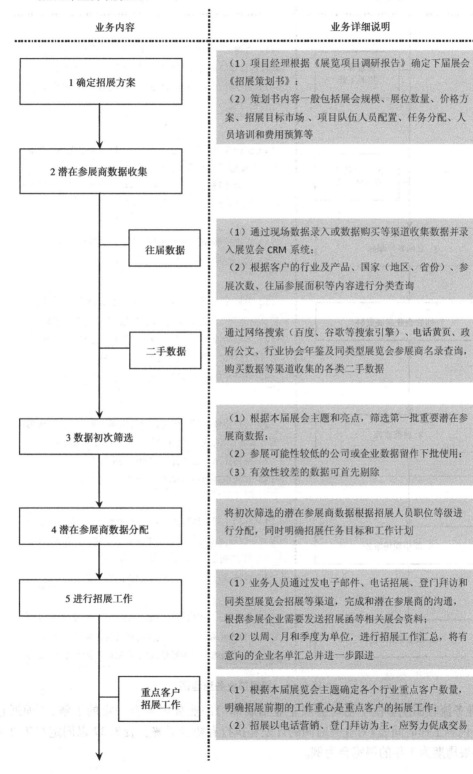

业务内容	业务详细说明
1 确定招展方案	（1）项目经理根据《展览项目调研报告》确定下届展会《招展策划书》； （2）策划书内容一般包括展会规模、展位数量、价格方案、招展目标市场、项目队伍人员配置、任务分配、人员培训和费用预算等
2 潜在参展商数据收集	
往届数据	（1）通过现场数据录入或数据购买等渠道收集数据并录入展览会 CRM 系统； （2）根据客户的行业及产品、国家（地区、省份）、参展次数、往届参展面积等内容进行分类查询
二手数据	通过网络搜索（百度、谷歌等搜索引擎）、电话黄页、政府公文、行业协会年鉴及同类型展览会参展商名录查询，购买数据等渠道收集的各类二手数据
3 数据初次筛选	（1）根据本届展会主题和亮点，筛选第一批重要潜在参展商数据； （2）参展可能性较低的公司或企业数据留作下批使用； （3）有效性较差的数据可首先剔除
4 潜在参展商数据分配	将初次筛选的潜在参展商数据根据招展人员职位等级进行分配，同时明确招展任务目标和工作计划
5 进行招展工作	（1）业务人员通过发电子邮件、电话招展、登门拜访和同类型展览会招展等渠道，完成和潜在参展商的沟通，根据参展企业需要发送招展函等相关展会资料； （2）以周、月和季度为单位，进行招展工作汇总，将有意向的企业名单汇总并进一步跟进
重点客户招展工作	（1）根据本届展览会主题确定各个行业重点客户数量，明确招展前期的工作重心是重点客户的拓展工作； （2）招展以电话营销、登门拜访为主，应努力促成交易

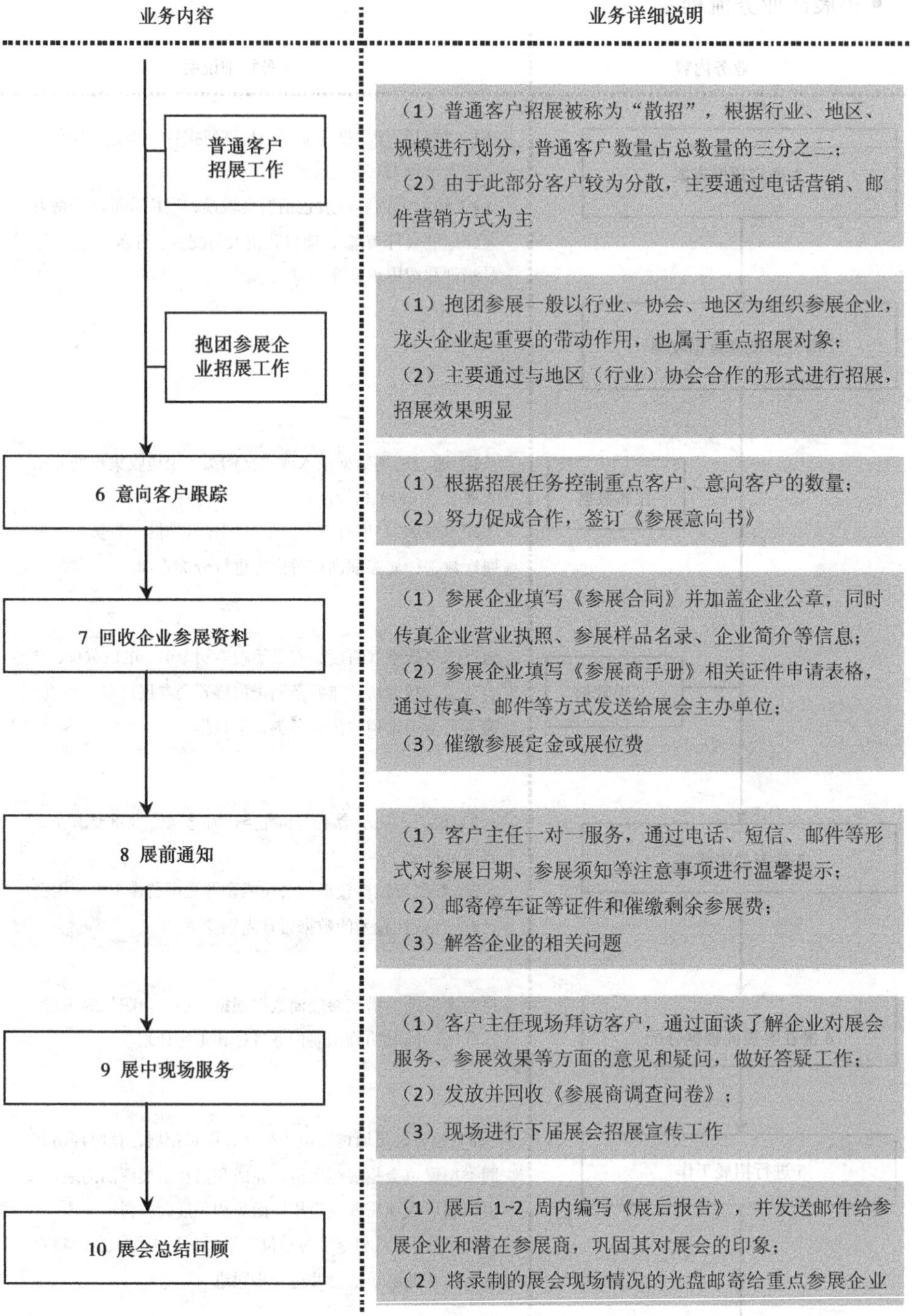
业务内容
业务详细说明
普通客户招展工作
（1）普通客户招展被称为“散招”，根据行业、地区、规模进行划分，普通客户数量占总数量的三分之二；
（2）由于此部分客户较为分散，主要通过电话营销、邮件营销方式为主
抱团参展企业招展工作
（1）抱团参展一般以行业、协会、地区为组织参展企业，龙头企业起重要的带动作用，也属于重点招展对象；
（2）主要通过与地区（行业）协会合作的形式进行招展，招展效果明显
6 意向客户跟踪
（1）根据招展任务控制重点客户、意向客户的数量；
（2）努力促成合作，签订《参展意向书》
7 回收企业参展资料
（1）参展企业填写《参展合同》并加盖企业公章，同时传真企业营业执照、参展样品名录、企业简介等信息；
（2）参展企业填写《参展商手册》相关证件申请表格，通过传真、邮件等方式发送给展会主办单位；
（3）催缴参展定金或展位费
8 展前通知
（1）客户主任一对一服务，通过电话、短信、邮件等形式对参展日期、参展须知等注意事项进行温馨提示；
（2）邮寄停车证等证件和催缴剩余参展费；
（3）解答企业的相关问题
9 展中现场服务
（1）客户主任现场拜访客户，通过面谈了解企业对展会服务、参展效果等方面的意见和疑问，做好答疑工作；
（2）发放并回收《参展商调查问卷》；
（3）现场进行下届展会招展宣传工作
10 展会总结回顾
（1）展后 1~2 周内编写《展后报告》，并发送邮件给参展企业和潜在参展商，巩固其对展会的印象；
（2）将录制的展会现场情况的光盘邮寄给重点参展企业

图 3.66　招展部业务流程图

业务流程图能够使学生对会展企业招展部门的业务内容有一定的了解，下面通过《业务内容工作时间表》对业务时间的计划和执行有初步了解。表 3.39 以固定在 7 月举办、办展周期为 1 年的展览会为例。

表 3.39　招展部业务内容工作时间表

业务内容	工作时间(月)											
	10	11	12	1	2	3	4	5	6	7	8	9
一、确定招展方案												
二、数据筛选												
1. 数据库整理及数据筛选												
2. 数据分配												
三、开展招展工作												
1. 重点客户												
(1)电话营销、邮件营销												
(2)登门拜访												
2. 普通客户(电话营销、邮件营销)												
3. 抱团参展客户												
四、回收企业参展资料												
1.《参展合同》												
2.《参展商手册》内办证申请资料												
3. 催缴参展费用												
五、展前通知(短信、电话、邮件)												
六、展中现场服务												
1. 现场拜访客户												
2. 发放并回收《参展商调查问卷》												
七、展后回顾												
1. 电话回访重点参展商												
2. 制作并发放《展后回顾》												

【实训练习】

请根据表 3.39 的内容，实训小组分析工作业务内容是否完整？对应的工作时间是否合适？

实战项目训练

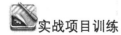

参考任务一“了解会展企业架构”，对会展企业其他部门进行业务调研，根据调研数据和内容，参考本任务图 3.66 编写《××部门业务流程图》和表 3.39《招展部业务内容工作时间表》。训练要求如下：

(1)选择参观会展公司的一个部门为调研对象,了解其主要业务范围和内容。

(2)业务流程可考虑从“展前—展中—展后”三个阶段进行分析。

任务三　了解会展岗位

业务情景

随着会展业的迅猛发展,不同层次、规模的会展企业都急需扩大员工队伍。会展项目的周期普遍是一年一次或一年两次,因此会展企业内部一般保留核心岗位开展和维护参展商和买家。

为了帮助会展专业的学生确定未来就业方向和树立良好的职业素质,调研小组需要对会展企业岗位进行一次调研。

✪请调研小组分成若干个参观小组,完成会展企业岗位调研及完成《××展览公司岗位调研报告》。

完成本任务合计6课时,包括授课2课时及现场实践4课时。

业务知识

会展岗位是展览企业组成的基本单位,各个岗位各司其职,使展前、展中和展后各个环节互相联系,最终使得展览会顺利举办。

一、会展企业

1. 招展部

招展部是会展企业的核心部门之一,负责展览会项目的参展商开发和维护工作,部门主要岗位如图3.67所示。项目主任岗位说明书如表3.40所示。

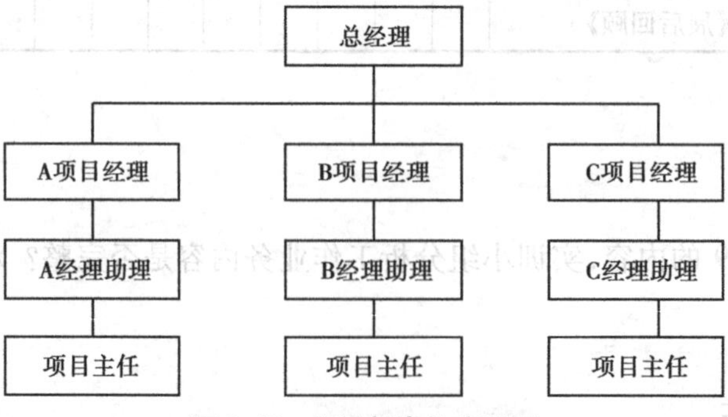
总经理
A项目经理
B项目经理
C项目经理
A经理助理
B经理助理
C经理助理
项目主任
项目主任
项目主任

图3.67　招展部岗位分配图

表 3.40　招展部项目主任岗位说明书

基本信息	岗位名称:项目主任(电话营销员)	所属部门:招展部
	晋升方向:项目经理	
工作关系	内部沟通	项目经理、招商部
	外部沟通	客户、同行业协会
主要职责描述		
一级职能	二级职能	三级职能
会展营销	展位销售	(1)执行展位销售任务:向目标客户群推广展会项目,完成展区招展销售任务 (2)参展商开发和维护:与客户保持良好的沟通关系,并为客户提供参展、广告等服务;收集后备客户或行业协会信息,为项目储备合作机会 (3)开展市场调研工作:收集行业市场信息,完成市场调研任务 (4)执行展会会务工作:完成专项会务工作的信息传递及进度跟踪工作
任职条件		
学历水平	大专及以上	
工作经验	1 年以上销售类相关工作经验	
专业知识	销售、商务谈判等相关专业知识	
业务能力	掌握展会电话销售的一般工作流程,熟练使用相关软件进行信息整理与分析。语言表达流畅,口齿伶俐,有较强的与人沟通能力及理解力,较强的抗压能力	

2. 买家部(或招商部)

买家部(招商部)是会展企业的核心部门之一,负责展览会项目的专业买家和普通观众的组织工作,根据展览会项目的客户地区分布,一般分为国内招商部和国外招商部两部分,部门主要岗位设计如图 3.68 所示。

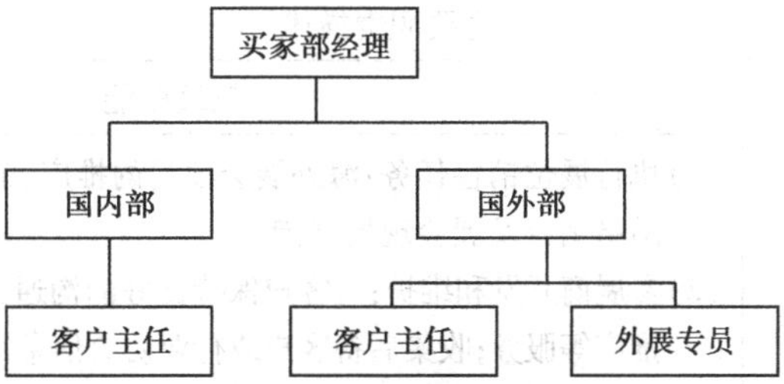
买家部经理
国内部
国外部
客户主任
客户主任
外展专员

图 3.68　买家部岗位分配图

表 3.41　买家部客户主任岗位说明书

基本信息	岗位名称:客户主任(国内、国外)	所属部门:买家部
	晋升方向:买家部经理	

续表

工作关系	内部沟通	买家部经理、招展部、策划部
	外部沟通	采购商、同行业协会、媒体
主要职责描述		
一级职能	二级职能	三级职能
会展营销	买家邀请	(1)买家开发和维护:收集详细准确的客户资料,做好客户的分析、筛选、跟进工作,发展新客户 (2)买家邀请:通过网络、电话、传真等方式对所负责的展会进行专业观众的邀请 (3)开展买家调研工作:展览会相关市场信息的收集、整理和分析 (4)执行展会买家工作:制作完成展览期间各项现场服务及进度跟踪工作
任职条件		
学历水平	大专及以上	
工作经验	1年以上买家邀请相关工作经验	
专业知识	会展、市场营销等相关专业知识	
业务能力	掌握展会买家邀请的一般工作流程,熟练使用相关软件进行信息整理与分析。能熟练利用电话、邮件、直邮等方式进行买家邀请工作。语言表达流畅、服务意识和抗压能力较强	

表3.42 买家部外展专员岗位说明书

基本信息	岗位名称:外展专员	所属部门:买家部
	晋升方向:买家部经理	
工作关系	内部沟通	买家部经理、招展部、策划部
	外部沟通	采购商、同行业协会、媒体
主要职责描述		
一级职能	二级职能	三级职能
会展营销	买家邀请	(1)执行展位销售任务:海外展会项目的推广、销售工作,包括电话销售、网络销售及展会现场宣传 (2)参展商开发和维护:与客户保持良好的沟通关系,并为客户提供参展、推广等服务;收集后备客户或行业协会信息,为项目储备合作机会 (3)开展市场调研工作:收集行业市场信息,完成市场调研任务 (4)执行展会会务工作:完成专项会务工作的信息传递及进度跟踪工作
任职条件		
学历水平	大专及以上	
工作经验	1年以上销售类相关工作经验	

续表

专业知识	销售、商务谈判等相关专业知识
业务能力	掌握展会电话销售的一般工作流程，熟练使用相关软件进行信息整理与分析。语言表达流畅，口齿伶俐，有较强的与人沟通能力及理解力，较强的抗压能力

二、宣传设计部

宣传设计部是会展企业的辅助部门，负责展览会项目的宣传资料（手册、户外广告、内刊广告等）的文案和版面设计，与国内外主流媒体、行业内媒体进行资源互换、合作等工作。部门主要岗位如图 3.69 所示。

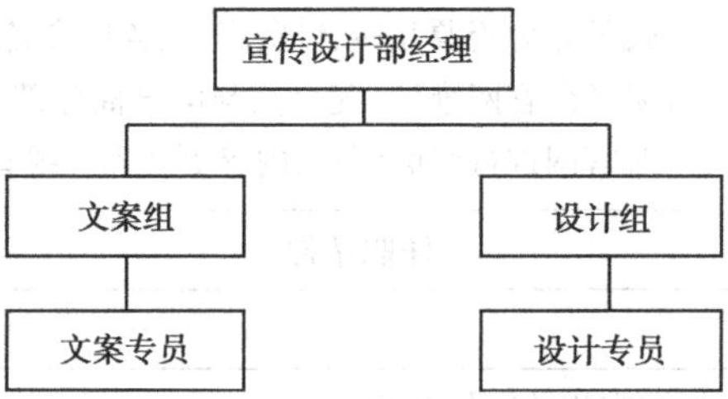
宣传设计部经理
文案组
设计组
文案专员
设计专员

图 3.69　宣传设计部岗位分配图

表 3.43　宣传设计部设计专员岗位说明书

<table>
<tr><td rowspan="2">基本信息</td><td colspan="2">岗位名称：设计专员</td><td>所属部门：宣传设计部</td></tr>
<tr><td colspan="3">晋升方向：设计组组长</td></tr>
<tr><td rowspan="2">工作关系</td><td>内部沟通</td><td colspan="2">买家部、招展部、营运部</td></tr>
<tr><td>外部沟通</td><td colspan="2">同行业协会、媒体</td></tr>
<tr><td colspan="4">主要职责描述</td></tr>
<tr><td>一级职能</td><td>二级职能</td><td colspan="2">三级职能</td></tr>
<tr><td>会展营销</td><td>会展宣传</td><td colspan="2">（1）展览会宣传物料设计：负责相关资料的版面设计、排版工作，如招展函、招商函、展馆内和户外广告、参展商手册、展后回顾等
（2）广告维护和跟进：主要对付费广告的修改、上线、后期维护等工作进行跟进，务求令广告按时、按质对外发布
（3）收集其他展会广告信息：与营运部参观其他展览会，通过拍照、记录等方式，收集其他展览会现场广告设计、综合布展特点和思路</td></tr>
<tr><td colspan="4">任职条件</td></tr>
<tr><td>学历水平</td><td colspan="3">大专及以上</td></tr>
<tr><td>工作经验</td><td colspan="3">1 年以上平面设计相关工作经验</td></tr>
<tr><td>专业知识</td><td colspan="3">电脑绘图、平面设计等相关专业知识</td></tr>
<tr><td>业务能力</td><td colspan="3">掌握常用电脑绘图软件 CAD、PhotoShop、CorelDraw 等，并掌握现代会展广告设计原理和特点。有较强的沟通能力和问题分析能力</td></tr>
</table>

表 3.44　宣传设计部文案专员岗位说明书

基本信息	岗位名称:文案专员	所属部门:宣传设计部
	晋升方向:文案组组长	
工作关系	内部沟通	买家部、招展部
	外部沟通	同行业协会、媒体
主要职责描述		
一级职能	二级职能	三级职能
会展营销	会展宣传	(1)展览会宣传物料设计:展览会对外宣传物品、部分新闻稿、软文、参展商手册校对等内容设计和修改 (2)广告合作伙伴的开拓:通过电话、网络等形式寻找合作媒体,合作方式可分为资源互换、付费广告、竞价排名等形式 (3)展览会官网维护(配合):与电子商务部、买家部和招展部共同配合,对官网进行版面调整、内容更新和上线管理
任职条件		
学历水平	大专及以上	
工作经验	1 年以上文案、市场推广相关工作经验	
专业知识	电脑绘图,音频、视频剪切等相关专业知识	
业务能力	掌握常用电脑绘图软件和视频软件等,文笔流畅,熟悉现代展览会宣传特点,有较强的沟通能力和问题分析能力	

三、网络部

网络部是会展企业的辅助部门,大部分会展企业基本上将网络管理业务进行外包。大型会展公司则以网上电子商务的形式开设网络部。网络部的工作由过往单纯的网站维护逐渐转变为网上电子商务平台开发及应用,部门主要岗位如图 3.70 所示。

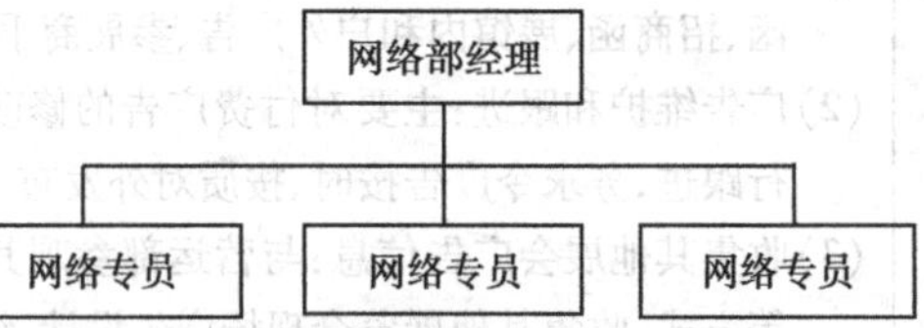
网络部经理
网络专员
网络专员
网络专员

图 3.70　网络部岗位分配图

表 3.45　网络部网络专员岗位说明书

基本信息	岗位名称:网络专员	所属部门:网络部
	晋升方向:网络部经理	
工作关系	内部沟通	买家部、招展部、策划部
	外部沟通	计算机器材供应商

续表

主要职责描述		
一级职能	二级职能	三级职能
会展管理	会展营运	(1)官网日常维护:展会网站页面设计、维护和后台数据管理 (2)官网预登记系统维护:根据买家部需要开发展会网上预登记系统,并对数据进行后台管理 (3)展览会现场门禁系统操作及维护:(此项工作一般为外包服务,部分会展公司网络部会兼顾此项工作)负责现场网络调试、维护,数据收集、统计和整理
任职条件		
学历水平	大专及以上	
工作经验	网页设计、电子商务类相关工作经验	
专业知识	网站维护、设计等相关专业知识	
业务能力	掌握商务网站设计和维护的一般工作流程,熟练系统管理、页面设计的编程工作;具有较强的美术功底,网站设计达到专业性和美观性并存,有较强的与人沟通能力及理解力,具有较强的抗压能力	

四、营运部

营运部是会展企业的辅助部门之一,负责展前综合布展过程中各类供应商的联系、筛选、合作等工作,以及展览会举办过程中的现场服务监控。营运部为展览会成功提供后勤保障服务,部门主要岗位如图 3.71 所示。

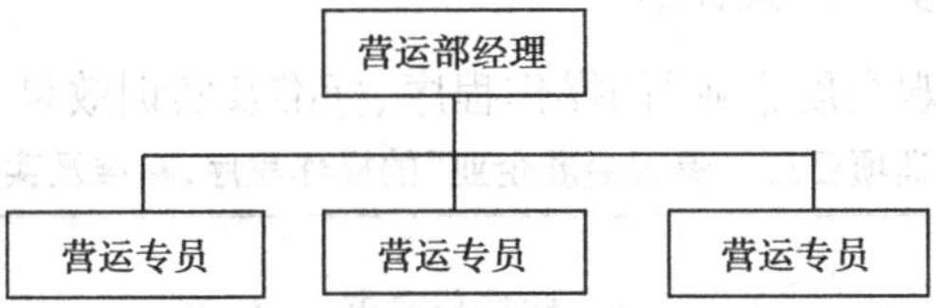
营运部经理
营运专员
营运专员
营运专员

图 3.71　营运部岗位分配图

表 3.46　营运部营运专员岗位说明书

基本信息	岗位名称:营运专员	所属部门:营运部
基本信息	晋升方向:营运部经理	
工作关系	内部沟通	买家部、宣传设计部、行政部
工作关系	外部沟通	采购商
主要职责描述		
一级职能	二级职能	三级职能

续表

会展管理	会展营运	(1)供应商开发与管理:展览会现场餐饮、绿化、印刷等供应商的联系、筛选、管理等工作;展中负责协调主办单位内部、展商与供应商之间的关系;展后对合作供应商进行评估,剔除不符合要求的供应商名单 (2)执行展会会务工作:完成专项会务工作的信息传递及进度跟踪工作
任职条件		
学历水平	大专及以上	
工作经验	客户服务管理或供应商管理相关工作经验	
专业知识	商务谈判、供应商选择等相关专业知识	
业务能力	掌握会展供应商类型、筛选流程和方式,熟悉信息整理和分析的方法。语言表达流畅,口齿伶俐,有较强的与人沟通能力及理解力,较强的抗压能力	

实战项目训练

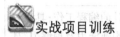

请调研小组成员熟记前面相关业务基础知识,对照《会展企业岗位调研的操作程序、标准及实训效果评估表》进行数据收集及分析,并完成以下任务:

(1)根据选择的会展企业及岗位,参考业务知识,绘制参观企业部门组织架构图。

(2)在上题组织架构图的基础上,参考业务知识,为参观岗位的所有职位编写职位说明书。

(3)制作《会展企业岗位调研报告》,小组作口头汇报。

操作程序、标准及实训效果评估

"实训项目三　参观会展企业"的操作程序、标准及实训效果评估见表3.47。

表3.47　"实训项目三　参观会展企业"的操作程序、标准及实训效果评估表

业务操作步骤		标准与要求	实训效果评估		
			满分	得分	评语
了解会展企业架构	1.制订参观方案	1)确定参观企业; 2)选取访谈对象,了解参观公司类型和确定访谈对象; 3)设计参观访问表	6		
	2.了解岗位	1)文献搜索; 2)网络搜索,通过网络搜索全国范围或特定区域的典型案例; 3)相似企业对比,选择合适的参观对象——访问企业在会展行业的不同范畴(组展商、搭建、物流、设计、公关礼仪等)有一定的实践经验及独特的见解; 4)制作参观预算	9		

续表

业务操作步骤		标准与要求	实训效果评估		
			满分	得分	评语
了解会展企业架构	3. 整理参观记录	1)整理记录资料; 2)绘制图表,绘制标准的组织架构图,能突出企业架构形式特点; 3)分析岗位内容,根据绘制的组织架构图,对参观企业的组织架构、事实进行针对性解释、分析	12		
	4. 制作调研报告	1)报告写作; 2)编排印刷; 3)口头汇报	8		
了解会展业务	1. 制作参观方案	1)选定参观企业,调研目标选定参观企业范围,收集参观企业、联系人名单; 2)确定参观部门及业务内容; 3)设计参观记录问卷; 4)计划及预算	5		
	2. 前期准备	1)联系参观企业,通过业内人士介绍、学校组织等渠道联系企业; 2)网络、杂志搜索; 3)制作参观记录表	9		
	3. 实践训练	1)进行实地访谈,按照既定的记录表了解企业的业务内容,也能引导受访人员提供更多有用的信息; 2)绘制业务流程图,流程图结构完整,清晰展示不同部门的基本业务流程; 3)绘制工作时间表,准确、清晰地反映业务的实际运作周期; 4)整理及归纳	14		
	4. 制作调研报告	1)报告写作; 2)编排印刷; 3)口头汇报	8		
了解会展岗位	1. 制订调研方案	1)选定调研目标,选取的企业岗位架构较为完整,岗位特点明显; 2)确定参观企业,选定调研过程中进行访谈的主要对象(部门经理、人力资源部职员等); 3)设计调研记录问卷	4		

续表

<table>
<tr><th colspan="2" rowspan="2">业务操作步骤</th><th rowspan="2">标准与要求</th><th colspan="3">实训效果评估</th></tr>
<tr><th>满分</th><th>得分</th><th>评语</th></tr>
<tr><td rowspan="3">了解会展岗位</td><td>2. 前期准备</td><td>1)文献、新闻搜索,选取的岗位应包含会展企业不同职能部门,通过同类型企业进行对比,对每个岗位有一定的了解;
2)了解人力资源知识,掌握职位说明书、职位架构图绘制格式和特点;
3)联络参观企业</td><td>7</td><td></td><td></td></tr>
<tr><td>3. 实践训练</td><td>1)进行参观、访谈;
2)绘制部门架构图,架构图结构完整,符合一般的绘制原则;
3)会展岗位说明书,符合人力资源岗位说明书编写的一般要求,清晰反映该岗位的真实情况;
4)整理及归纳</td><td>12</td><td></td><td></td></tr>
<tr><td>4. 制作调研报告</td><td>1)制作报告;
2)编排印刷;
3)汇报结果</td><td>6</td><td></td><td></td></tr>
<tr><td>说明</td><td colspan="2">以上业务操作满分共 100 分,得分在 90 分以上为优秀,80 ~ 89 分为良好,70 ~ 79 分为中等,60 ~ 69 分为合格,60 分以下为不合格</td><td>100 分</td><td></td><td></td></tr>
<tr><td>反馈</td><td colspan="2">总分:
评语:</td><td colspan="2">考评员签名</td><td></td></tr>
</table>

第四部分
会展技能类实训

实训项目四　会展策划

教学目标

✪能够调研会展市场，整理、分析和应用市场调研信息。
✪能够制订会展项目预算收支方案。
✪掌握展览会基本信息的策划。
✪能够进行会展项目可行性分析工作并撰写分析报告。

内容导读

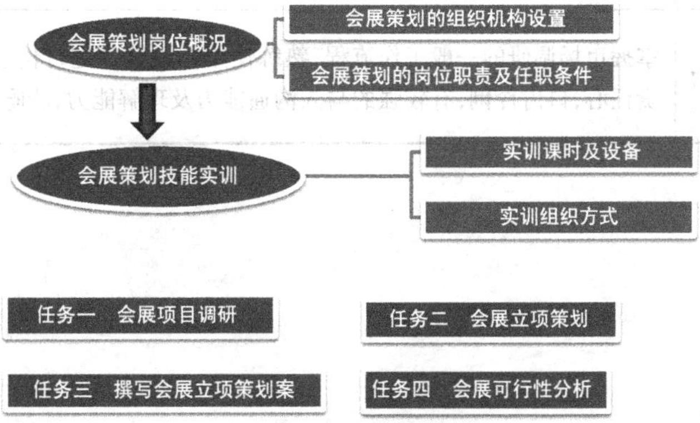
会展策划岗位概况
会展策划的组织机构设置
会展策划的岗位职责及任职条件
会展策划技能实训
实训课时及设备
实训组织方式
任务一　会展项目调研
任务二　会展立项策划
任务三　撰写会展立项策划案
任务四　会展可行性分析

图 4.1　内容导读

会展策划岗位概况

一、会展策划的岗位职责及任职条件

通常，大、中型会展企业的策划部门工作岗位设置包括市场调查专员、会展策划师及公关专员等。

1. 市场调研专员岗位说明书

表 4.1 市场调研专员岗位说明书

基本信息	岗位名称：市场调研专员	所属部门：策划部
	晋升方向：策划部经理、项目经理	
工作关系	内部沟通	策划部经理、项目经理、营销部
	外部沟通	客户、同行业协会、专业调研机构
主要职责描述		
一级职能	二级职能	三级职能
会展策划	会展市场调研	(1)制订市场调研计划 根据公司和项目经营需求，制订市场调研计划，负责市场调研计划实施 (2)选择调研方法 根据调研内容，选择合适的调查方法 (3)实施市场调研 根据已制订的调研计划、方法及工具，进行调查工作的具体实施 (4)调研信息的整理和分析 对收集到的信息或资料，及时整理与分析并撰写调研分析报告，提交相关领导审核
任职条件		
学历水平	大专以上	
工作经验	1 年以上市场调研相关工作经验	
专业知识	市场营销、统计学等相关专业知识	
业务能力	掌握市场调研的一般工作流程，熟练使用相关软件进行信息整理与分析。五官端正，有责任心，口齿伶俐，有较强的与人沟通能力及理解能力，能吃苦耐劳	

2. 会展策划师岗位说明书

表 4.2　会展策划师岗位说明书

基本信息	岗位名称：会展策划师/助理会展策划师		所属部门：策划部
	晋升方向：策划部经理、项目经理		
工作关系	内部沟通	招商部经理、项目经理、策划部经理	
	外部沟通	客户、同行业协会、相关媒体机构	
主要职责描述			
一级职能	二级职能	三级职能	
会展策划	项目策划实施	(1)信息管理 掌握各类会展活动的发展方向和竞争对手的情况，及时收集、整理各方面的市场信息，组织市场信息汇编工作，为会展策划提供依据 (2)会展策划的组织与实施 负责会展活动的内容、规模、环境和策划方式等工作	
任职条件			
学历水平	大专以上		
工作经验	1 年以上相关工作经验		
专业知识	广告策划、市场营销等相关专业知识		
业务能力	熟悉会展行业市场发展情况，从事会展项目的市场调研、进行项目立项、招商、招展、预算与运营管理等方案的策划，项目销售以及现场运营管理的专业人员		

3. 公关专员岗位说明书

表 4.3　公关专员岗位说明书

基本信息	岗位名称：公关专员		所属部门：策划部/市场部/项目部
	晋升方向：策划部经理、市场部经理、项目经理		
工作关系	内部沟通	策划部经理、项目经理、相关职能部门	
	外部沟通	客户、同行业协会、媒体	
主要职责描述			
一级职能	二级职能	三级职能	
会展策划	公共关系	(1)公关调查与市场信息收集 (2)实施公关活动 (3)撰写公关新闻稿件 (4)提供公关支持 (5)公关资料管理 (6)与外部媒体机构合作 (7)执行监督及效果评估	
任职条件			

续表

学历水平	大专以上
工作经验	1 年以上新闻传播、市场营销、会展广告等相关工作经验
专业知识	市场营销、广告学、传播学、公共关系等相关专业知识
业务能力	了解地方和国家有关法律法规,全面掌握公关技巧及方法

会展策划技能实训

二、实训课时安排

本实训合计 32 课时,包括课内授课 24 课时及课外现场实践 8 课时。具体安排如表 4.4 所示。

表 4.4 实训课时安排

序 号	工作任务名称	总课时	课 内	课 外
一	会展项目调研	10	8	2
二	会展立项策划	12	8	4
三	撰写会展立项策划案	4	4	0
四	会展可行性分析	4	4	0
合 计		30	24	6

三、实训组织方式

为营造更加真实的实训环境,需要对实训班级学生分成 4 ~5 个小组,小组内各成员担任对应的职位。小组内可由实训教师指定或由内部推举一名策划主管,负责整个项目的执行,与实训教师沟通和项目汇报等工作,具体分工可参考图 4.2。

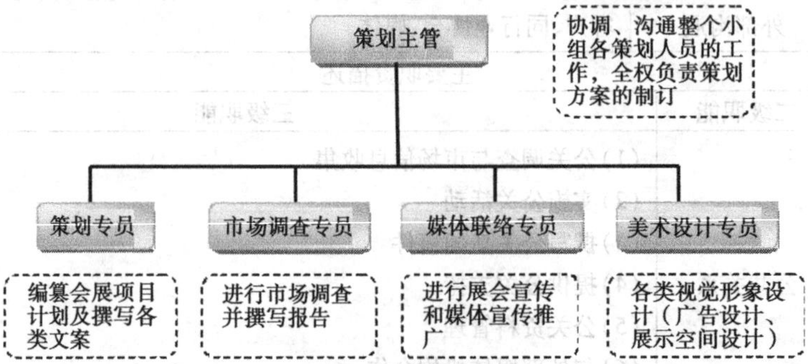
策划主管
协调、沟通整个小组各策划人员的工作,全权负责策划方案的制订
策划专员
市场调查专员
媒体联络专员
美术设计专员
编纂会展项目计划及撰写各类文案
进行市场调查并撰写报告
进行展会宣传和媒体宣传推广
各类视觉形象设计(广告设计、展示空间设计)

图 4.2 实训小组分工

✪本项目执行单位是某会展公司策划部。实训项目四会展策划以自由开发项目为背景,学生组队扮演策划团队。

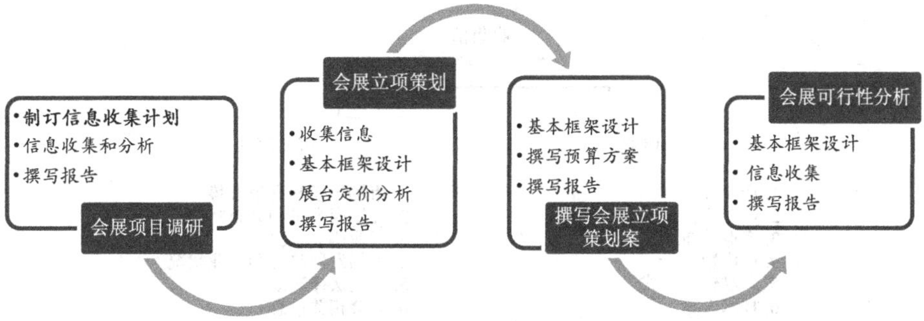
•制订信息收集计划
•信息收集和分析
•撰写报告
会展项目调研
会展立项策划
•收集信息
•基本框架设计
•展台定价分析
•撰写报告
•基本框架设计
•撰写预算方案
•撰写报告
撰写会展立项策划案
会展可行性分析
•基本框架设计
•信息收集
•撰写报告

图 4.3　会展策划实训流程图

任务一　会展项目调研

业务情景

展览会的重要作用体现在促进贸易、反映所在产业的发现现状和未来趋势，从而达到促进社会经济、文化发展。专业化程度越高的展览会越能反映产业和市场的最新发展态势，并体现展览会所处行业的地位。同时，对展览会主题的创新也能推动整个产业的发展。

为了更好地掌握会展项目所在行业的概况，为会展项目策划作好准备，市场调查专员需要对会展项目开展一次项目调研。

✪请策划团队自拟产业为项目背景，根据调研及分析策划一个会展项目，撰写《××会展项目调研报告》。

完成本任务合计 10 课时，包括授课 8 课时及现场实践 2 课时。

业务知识

会展基本信息策划属于会展立项和可行性分析最为重要的工作之一，是对举办什么题材的展会和如何举办展会提出一个初步意见的策划。基本信息的策划也称为展览会题材构思，通过对产业信息、市场信息的收集和整理，制订一套初步的方案，并作为展览会日后正式操作的重要信息依据。

一、会展项目信息收集

信息收集是整个会展策划（立项和可行性分析）工作中的重点，耗时最长，是展览会持续发展的重要举措，无论是新办展览会还是成熟运作的展览会，脱离产业和行业信息都是无法获得长久发展的。收集产业和行业信息需要掌握行业上下游产品和代表企业、企业集聚区域和主要消费者等信息，如图 4.4 所示。

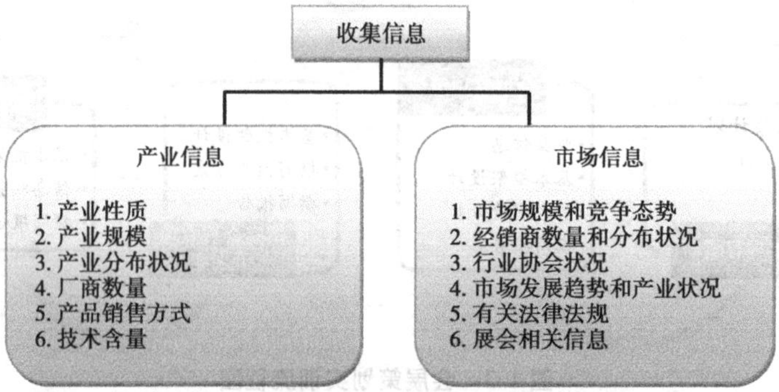
收集信息
产业信息
1. 产业性质
2. 产业规模
3. 产业分布状况
4. 厂商数量
5. 产品销售方式
6. 技术含量
市场信息
1. 市场规模和竞争态势
2. 经销商数量和分布状况
3. 行业协会状况
4. 市场发展趋势和产业状况
5. 有关法律法规
6. 展会相关信息

图 4.4 会展项目产业收集信息主要框架

展览会展品范围的设计及会展题材与所在行业是紧密联系的，也是关系到展览会可持续发展的重要因素，因此需要对行业进行深入了解，明确行业所在产业链上下游所涉及的产品类型和企业类型。调研和分析时需要多个维度进行，务求所获取的信息都能反映行业、企业最真实的情况，这样所策划的会展主题才能真正反映行业的发展趋势，使展览会成为该行业发展的风向标，并成为展览会可持续发展的核心竞争力。

以新能源中的风能发电产业链为例，通过行业龙头企业、行业协会等的走访，梳理信息后可以得出产业链上下游的主要产品。产业分析可从以下四个环节进行。

（一）环节 1：了解产业链上下游主要产品和相关企业

了解产业链的上游—中游—下游的具体产品，分析哪些环节在整条产业链中最为重要或最具发展潜力。以新能源风电行业为题材的展览会为例，通过搜集产业链信息，可以参考图 4.5 了解调研行业上下游所对应的主要产品和企业。

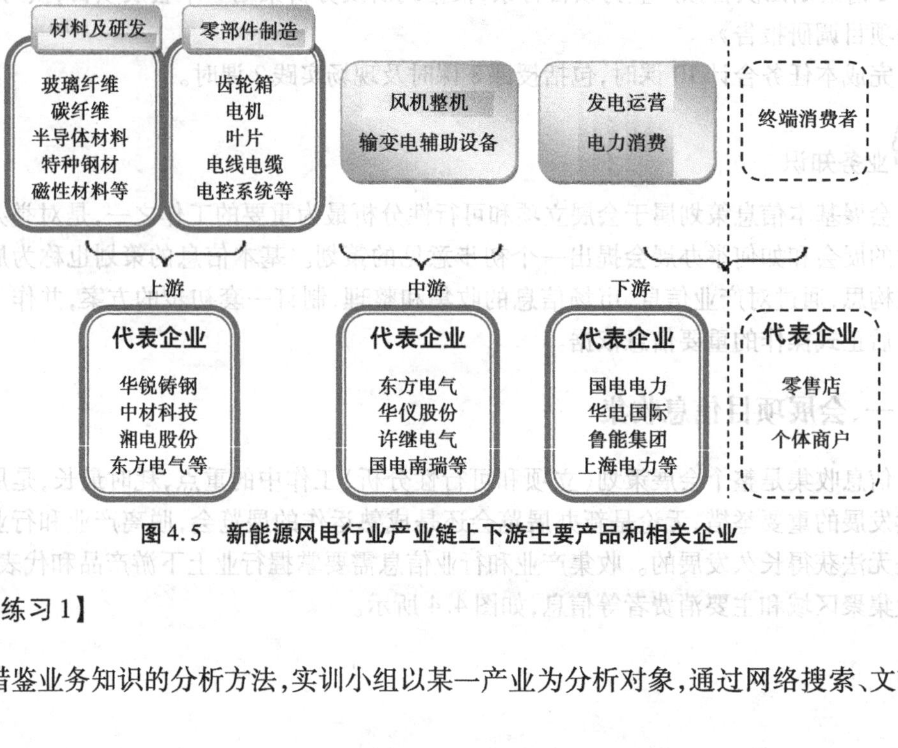
材料及研发
玻璃纤维
碳纤维
半导体材料
特种钢材
磁性材料等
零部件制造
齿轮箱
电机
叶片
电线电缆
电控系统等
风机整机
输变电辅助设备
发电运营
电力消费
终端消费者
上游
中游
下游
代表企业
华锐铸钢
中材科技
湘电股份
东方电气等
代表企业
东方电气
华仪股份
许继电气
国电南瑞等
代表企业
国电电力
华电国际
鲁能集团
上海电力等
代表企业
零售店
个体商户

图 4.5 新能源风电行业产业链上下游主要产品和相关企业

【实训练习 1】

借鉴业务知识的分析方法，实训小组以某一产业为分析对象，通过网络搜索、文献等方法，简单描绘出该产业链上下游主要产品和相关企业内容，并进行口头小组汇报。

（二）环节2：收集行业信息的渠道

获取产业和行业信息是会展策划需要掌握的内容，如表4.5所示，通过以下渠道能更全面、精准地了解行业信息并获取龙头企业、重点企业的青睐，大大提高获取信息的可能性。

表4.5　收集行业信息的主要渠道和内容

渠　道	合作方式	获取何种信息
行业协会	参加行业会议（年会、论坛、例会等）、走访会员企业	1. 了解行业概况、发展动态和趋势 2. 认识主要企业的主要负责人、发展情况 3. 行业发展预测
龙头企业	参观企业、认识其他同行公司	1. 了解企业营运情况 2. 行业内代表企业、企业间竞争对手发展态势
同类型展览会	互换展位、共同合作	参展商、专业观众、媒体资源
政府部门	成为展览会协办/合作单位	政策信息、行业信息
咨询公司、知名媒体	合作	行业发展趋势

（三）环节3：了解产业集聚区域

成熟的产业一般会自发或由政府主导而集聚在一个区域内，集聚区域可以分为生产集聚型、销售集聚型和综合集聚型三种。了解产业集聚区域既属于产业信息收集也属于市场信息收集，了解集聚区域，能够获取产业、企业和经销商的分布和竞争态势等信息。除此之外，也能帮助展览会主办单位与行业内龙头企业建立良好关系，促进下一阶段招展、招商和会展相关活动的策划。

获取产业集聚区域信息主要通过政府政务网、招商信息网、行业协会网站和通过行业龙头企业、经销商等渠道获取。分析需要从整体到局部进行，如图4.6所示。

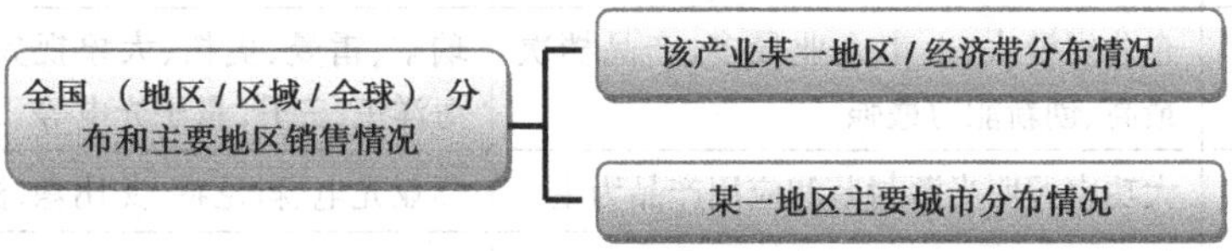
全国（地区/区域/全球）分布和主要地区销售情况
该产业某一地区/经济带分布情况
某一地区主要城市分布情况

图4.6　产业集聚区域

【案例1】初步分析产业集聚

以LED行业为例，中国LED产业已初步形成了较为完整的产业链，形成了上海、大连、南昌、厦门和深圳等十多个城市半导体照明工程产业化基地。以地域分布来看，目前中国的LED产业可以划分为五大主要经济产业区，分别为长三角经济区、环渤海经济产业区、珠三角经济产业区、闽赣经济产业区和中西部经济产业区。

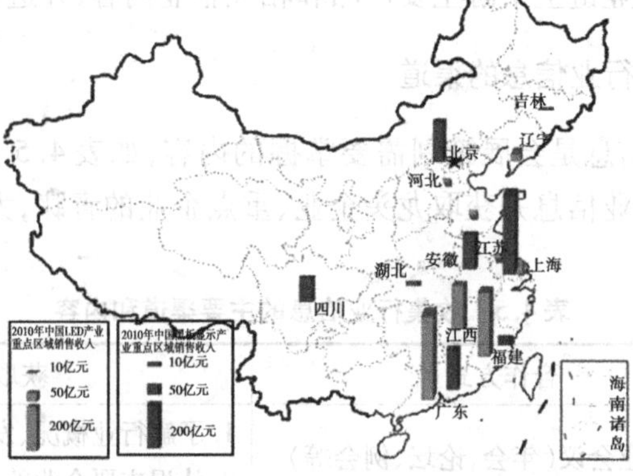
吉林
辽宁
北京
河北
江苏
安徽
湖北
上海
四川
江西
福建
广东
海南诸岛
2010年中国LED产业重点区域销售收入
10亿元
50亿元
200亿元
10亿元
50亿元
200亿元

图4.7 2010年中国光电产业区域销售情况

珠三角作为中国LED产业集聚的主要区域,形成了“深莞惠”“珠中江”“广佛肇”三大经济圈,三大经济圈内的LED产业也呈现出各自不同的特色。

广佛肇经济圈
以广州为中心，重点布局发展现代服务业和以装备制造业为核心的先进制造业。
韶关市
梅州市
清远市
河源市
潮州市
揭阳市
广州市
肇庆市
汕头市
惠州市
汕尾市
佛山市
云浮市
深圳市
江门市
中山市
珠海市
阳江市
茂名市
湛江市
深莞惠经济圈
以深圳为中心，重点布局发展现代服务业和以战略性新兴产业为核心的先进制造业。
珠中江经济圈
以珠海为中心，重点布局发展以重大成套装备为核心的先进制造业，依托优势布局发展战略性新兴产业，配套发展现代服务业。

图4.8 珠三角光电产业区域分布

表4.6 深圳市LED产业主要区域和企业分布情况

行政区	产业分布特点	代表企业
宝安区（含龙华新区）	产业链最完整、配套最齐全、企业数量最多最集中、产业规模最大	奥伦德、晶台、利亚德、联建、康铭盛、创维、日上、裕富、金流明等
南山区	企业规模大、上市企业最多、产品档次最高、创新能力最强	瑞丰、雷曼、奥拓、大象视界、联腾、茂硕、海洋王、三升、量子光电等
龙岗区	大功率照明光源封装和应用产品为主	泓亚光电、科伦特、艾比森、极成等
福田区	集中一批大型企业运营管理总部	兆驰、聚作等
坪山新区	新兴LED集聚区,企业潜力大	洲明、长方等
光明新区	集中起步较早、规模较大的封装应用一体化企业	九洲、万润、莱福德、帝光等
盐田区	装备制造	ASM

产业的区域集聚信息不仅仅是前期策划的指南，也是日后开展招展、招商、宣传推广等一系列营销工作的重要信息来源。产业集聚信息可以为以下 3 个工作任务策划和执行提供重要参考，对应的工作内容如图 4.8 所示。

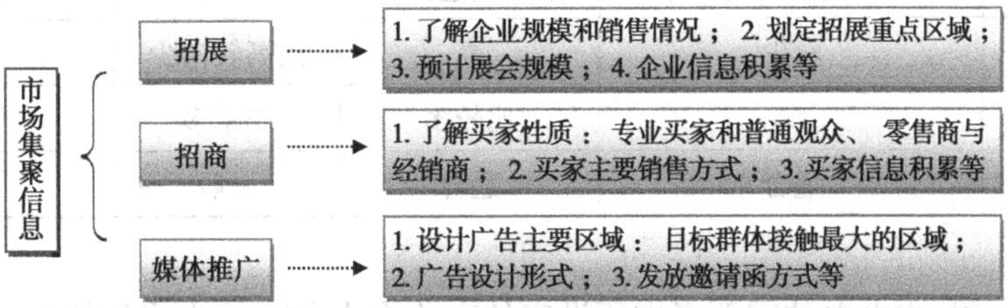
市场集聚信息
招展
1. 了解企业规模和销售情况； 2. 划定招展重点区域；
3. 预计展会规模； 4. 企业信息积累等
招商
1. 了解买家性质： 专业买家和普通观众、 零售商与
经销商； 2. 买家主要销售方式； 3. 买家信息积累等
媒体推广
1. 设计广告主要区域： 目标群体接触最大的区域；
2. 广告设计形式； 3. 发放邀请函方式等

图 4.9　产业集聚信息的运用

【实训练习 2】

借鉴【案例 1】分析方法，实训小组在【实训练习 1】的基础上在图 4.10 中描绘出该产业的主要国内生产集聚区域和销售集聚区域，并分析这两个区域有哪些特点？

黑龙江
吉林
新疆
辽宁
内蒙古
北京
天津
宁夏
山西
河北
青海
甘肃
山东
陕西
河南
江苏
西藏
四川
安徽
上海
湖北
重庆
浙江
湖南
江西
贵州
福建
台湾
云南
广西
广东
香港
澳门
海南

图 4.10　产业集聚区

（四）环节 4：了解产业周期，确定切入点

列表后能清晰地掌握整个产业链的产品和代表企业的情况，接下来就要考虑展览会的题材是涉及产业链的其中一部分，还是全部。这需要了解整个产业链的产业周期，如表 4.7 所示。

关于产业周期可以借助产品生命周期的理论进行分析，在可行性分析时，主办单位更倾向于在利润高、竞争对手较少的阶段作为办展切入点。

表 4.7 会展项目产业生命周期特点

	萌芽期	发展期	成熟期	衰退期
产业规模	未形成,发展起步中	市场快速扩大	饱和	市场萎缩
利润	较少	高	由高转向少	较少
竞争对手	少	比较多	非常多	少
是否适合办展	适合	适合	一般	不适合

萌芽期办展,主办单位需要考虑所设定的产业未来具有较为明显的发展趋势和政策扶持,若能在产业萌芽阶段办展并紧紧结合产业发展,即使前 3 年盈利情况一般,却能在行业内打响知名度,并与主要企业共同成长并转化为展览会的忠实客户。分析产业周期也是在产业分析前 3 个环节的基础上综合得出的结果。

二、市场分析

(一)环节 1:产品销售方式分析

不同行业的产品销售方式都有所差异,主办单位需要根据行业目前主要的销售方式和未来发展趋势来决定举办展览会是否可行,在可行的情况下进一步对展览会主题定位、营销推广等工作进行策划,本任务通过以下 3 个角度对行业产品销售方式进行分析:

1. 销售模式

目前国内参展企业的销售模式一般有"内销""外销"和"内销 + 外销"等三种模式,展览会需要根据不同的销售模式决定展览会的主题策划,如表 4.8 所示。

表 4.8 从产品销售方式进行调研

销售模式	特 点	展览会举办可行性
内销	1)观众性质:经销商、零售商和终端消费者 2)产品性质:技术含量一般或较低,国内需求量较大	专业展或消费展 举办可行性较高
外销	1)观众性质:国内买手和外国采购商为主 2)产品性质:技术含量较高,享受专利	专业展或综合型展览会 举办可行性较高
内销 + 外销	1)目前有部分展览会是由外销转为内销 2)兼具纯内销和纯外销展会特点,并有所创新	综合以上两种情况

近几年"内销 + 外销"型展览会逐渐增多,主要受到出口汇率、国外市场萎缩、人工成本上升等因素的影响,部分过去只做外销的展览会也尝试接受转内销,使得展览会在转型阶段会出现展览会档次下降、非对口观众群体增加、展会形象美誉度下降等。因此,主办单位需要对产业情况和市场情况做好充足的调研,而非贸然改变定位。

2. 产品销售形态

表 4.9 从产品销售形态进行调研

销售模式	特 点	展览会举办可行性
实物销售	采购商需要“看样(品)订货”和现场谈判	目前主流模式之一,可行性较高
设计及图例销售	需要现场展示设计的原创性、独特性,并进行现场信息反馈	高端科技、原创设计性较高、产品适用性较高
网络销售	以网络平台作为销售渠道	网上展览会/虚拟展览会

随着网络销售逐渐成为重要的产品销售形式之一,传统以“实物销售”形式的展览会逐渐加入“网上展览会”的形式,使得展览会成为供求双方全天性的商贸平台。

3. 销售渠道

表 4.10 从产品销售渠道进行调研

销售模式	特 点	展览会举办可行性
直销	1)参展企业:生产厂商直接参展 2)参展目的:提高知名度、吸引潜在经销商	目前主流的销售渠道模式,也是展览会参展商群体的主要类型
经销商	1)参展企业:区域经销商 2)参展目的:提高知名度,开拓下级销售代理	
专业市场	1)表现形式:产业聚集区域已有成熟运作的批发市场,可以满足目标买家群体的日常采购需求 2)买家区域性:买家以批发市场所在区域为主 3)与展览会的联系:互补或互相排斥	1)受限:专业市场已能承担展览会主要功能,在买家群体享有较高的知名度和美誉度 2)合作:成为展览会的分会场,共享参展商和观众资源

展览会主办单位需要结合以上 3 个角度综合分析,匹配行业发展现状和企业特点进行关键要素匹配,通过以下 3 个知名展览会对本环节进行说明。

【案例 2】国际名家具(东莞)展览会

国际名家具(东莞)展览会是珠三角乃至全国知名的家具展览会之一,每年 3 月和 9 月在东莞厚街镇举办。

受到广东现代国际展览中心场地限制,展览会将展馆附近的简爱家居饰品中心(也称为 2 号馆)和工程定制馆(也称为 1 号馆)联合为一个整体。在家具展开展期间 1,2 号馆作为分展场,而非展览期间则是专业市场和家具设计中心。

表 4.11 东莞家具展展品销售形式

销售形势	销售主要方式
内销 + 外销	参展企业和专业观众以国内企业为主,外销受到产业发展影响而萎缩

续表

销售形势	销售主要方式
实物+设计销售	家具实物和创意家具设计展示
直销+经销商	各大家具厂商和区域经销商参展
专业市场	结合简爱家居饰品中心(2号馆)以家居饰品专业市场作为分展场

【案例3】中国义乌国际小商品博览会(义博会)

义博会是国内由商务部举办的继广交会、华交会后的第三大展会,每年固定在10月21—25日在义乌国际博览中心举办。义博会充分利用义乌小商品城和“义乌购”的影响力,全方位打造国内最大的小商品博览会。

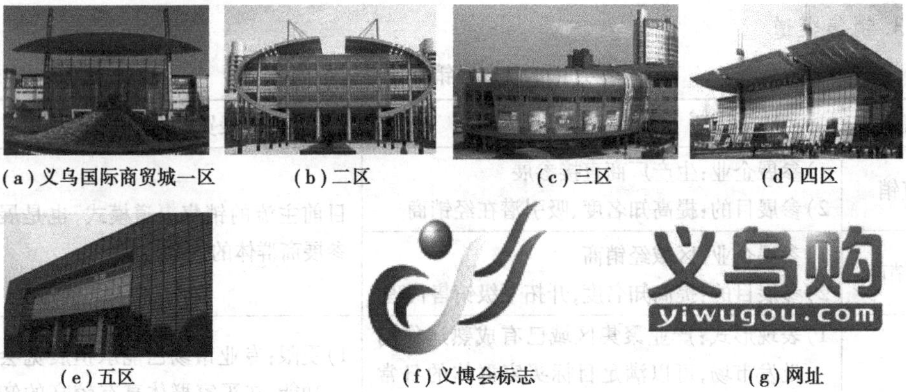
义乌购
yiwugou.com

(a)义乌国际商贸城一区　(b)二区　(c)三区　(d)四区

(e)五区　(f)义博会标志　(g)网址

图4.11　义博会

表4.12　义博会展品销售模式

销售形势	主要销售方式
内销+外销	国家三大出口商品展之一,同时兼具国内小商品内销
实物销售	日常小商品,产品流通较快
网络销售	“义乌购”作为小商品销售的网络平台
经销商	国内外采购商为主
专业市场	凭借义乌小商品城

(二)环节2:同类型展览会的对比

在了解产业信息以获得展览题材的分析外,与同类型展览会对比也是可行性分析的重要内容。同类型展览会,一般是指展览主题、展品范围、展览形式相似或相近的展览会。主办单位在分析同类型展览会时,需要从展览会的具体细节进行对比,即展览会在目标参展商和目标观众中能产生直接感知的信息。可通过网络搜索、行业协会、现场参观等方式搜集信息并进行分析。

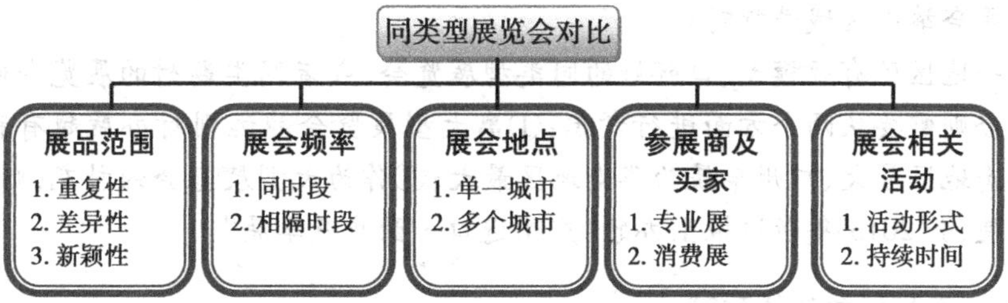
同类型展览会对比
展品范围
1. 重复性
2. 差异性
3. 新颖性
展会频率
1. 同时段
2. 相隔时段
展会地点
1. 单一城市
2. 多个城市
参展商及买家
1. 专业展
2. 消费展
展会相关活动
1. 活动形式
2. 持续时间

图 4.12 同类型展览会的对比

【案例 4】中国主要车展对比

以汽车展览会为例，尝试对中国四大 A 级车展进行简单对比，分析主办单位在进行市场分析时需要考虑哪些因素，以便在策划时提供决策信息。

表 4.13 中国四大 A 级汽车展览会概况

排 名	车展名称	举办时间	主要特点	地 区
1	北京国际汽车展览会	两年一届 2014 年 4 月 21—29 日	全球六大车展之一，国内最大的车展。国际及国内新车首发的首选地	华北
2	上海国际汽车工业展览会	两年一届 2015 年 4 月 22—29 日	中国最早的专业国际汽车展览会，同时也是中国第一个被国际展览联盟(UFI)认可的汽车展	华东
3	中国(广州)国际汽车展览会	一年一届 2014 年 11 月 20—29 日	国内最大最成熟的汽车消费市场，在广州及周边城市拥有多家汽车和零部件生产厂商	华南
4	成都国际汽车展览会	一年一届 2014 年 8 月 29—9 月 7 日	西部地区规模最大、规格最高的年度汽车盛会，中国四大 A 级车展之一	西南

1. 从展会频率进行对比

北京车展(偶数年展)和上海车展(奇数年展)属于国内 A 级车展中的顶级车展，两年一届的展会频率，考虑到以下因素：规模大，级别高，厂商会倾注很大的精力来展示形象和实力，并以展示为主。国内外巨头都拿出最重量级产品和派重要人物参加，国内外媒体的报道规模远比同类型车展大。

稍逊的广州车展和成都车展一年一届的展会频率，厂商的准备周期较短，厂商和经销商配合筹备，展示已不是唯一目的，更大的作用是促进经销商开展销售。

因此，展会频率除了匹配产业和销售的季节性外，仍需要和展览会的定位有密切联系。

2. 从展会时间进行对比

一年一届的广州车展和成都车展每届的举办时间都避开与偶数年举办的北京车展(每年 4 月)和奇数年举办的上海车展(每年 4 月)，这是考虑到提高展览会媒体关注度和争取更多厂商参展。

3. 从展会举办区域进行对比

若某一地区已有规模大、口碑好的同类型展览会，或者同类题材的展览会越多，新进入的展览会则需要从两个方面进行考虑：①离大型展览会越远则对办展越有利，如成都车展为西南地区最大、广州车展为华南地区最大；②作为大型展览会的补充，则从细分市场入手开展，如2013年新快报主办的“广州进口·豪华汽车展”。

(三)环节3：相关法律政策

相关法律法规对展会策划影响体现在三个方面：一是通过对国内外企业参展意愿和参展行为的影响来直接影响展览会；二是通过对展览会组织方式等的约束来直接影响展览会；三是通过对展会举办单位的市场准入的限制来影响展览会。需要了解的法律法规有：①产业政策；②产业发展规划；③海关有关规定；④市场准入规定；⑤知识产权的保护；⑥其他规定。

【实训练习3】

请实训小组以学校所在城市或由实训指导教师指定某一城市为基础，通过网络、文献搜索该城市与会展业相关的法律法规，参考表4.14格式填写。小组对搜集的信息汇总后讨论法律法规是否促进该城市会展业的发展。

表4.14 会展业相关的法律法规

序 号	法律法规名称	颁布日期	颁布部门	主要内容概述

实战项目训练

1. 根据所学业务知识，完成实训练习1～3。
2. 利用网络查找2～3个不同题材的品牌展览会，为这些展览会进行模拟市场调研，并讨论该展览会从哪些方面进行项目调研。

任务二 会展立项策划

业务情景

全面的项目调研是会展项目成功举办的重要步骤，而充分利用所搜集的信息并开展立项策划是会展项目成功举办非常关键的步骤。优秀的立项策划能突出展会特点，且体现展会前后连贯性。会展立项策划的内容涵括展会运营的各个环节，是整个项目运营的蓝本。

✪请策划专员在会展项目调研的基础上开展立项策划工作。

完成本任务合计 12 课时,包括授课 8 课时及现场实践 4 课时。

业务知识

一、会展项目立项策划基本框架设计

在行业分析和市场分析获取丰富的调研信息后,主办单位需要对展览会基本框架进行策划,所得出的基本框架要素需要注意是否符合行业分析和市场分析的特点,展览会的基本框架如表 4.15 所示。

表 4.15　会展项目立项策划基本框架

<table>
<tr><td>展览基本内容</td><td colspan="2">1)展览的名称或 LOGO:展览的全称,如果是涉外展览还需附上英文名称;如果已经确定了展览的 LOGO,策划内容中也需展示;展览的名称表述必须准确、概括并呼应主题
2)展出地点:展出的城市和具体场地名称及场地平面交通图
3)展出时间:参展商的布展和撤展时间、开幕式或其他展期活动时间和展览的开放时间
4)组织机构:展览的主办单位、承办单位、协办单位和支持单位等,有时候还包括展会的批准机构
5)展出范围:详细的展品范围,有时还包括展会的展区划分和展会的各种价格,包括空地价格、标准展位价格、室外场地价格等
6)举办频率:展览会举办的周期,一年二届、一年一届、四年一届等
7)展览规模:展览会的展出面积、标准摊位数的划分
8)展览目的和特色:展会的宣传口号,展会的主题等,要易记易懂,易于传播</td></tr>
<tr><td>收支预测</td><td>1)展位租金:展位类型和相关展位数量及价格和总收入
2)门票收入:观众门票单价和总收入
3)广告收入:广告类型和单价及总收入
4)企业赞助:计划引入赞助企业类型和赞助金额目标及总收入</td><td>1)场地费用:租用场地租金
2)场地布置费用:场地布置耗材花费、展位器材租金和施工费用
3)宣传推广费用
4)招展招商费用
5)开幕式及展期活动费用
6)办公和人手支出:组织工作产生的物资和人工花费
7)管理税收:上缴相关管理部门费用
8)其他:不可预见费用</td></tr>
<tr><td>执行方案</td><td colspan="2">(1)人员分工;(2)招商招展;(3)宣传推广;(4)进度管理;(5)开幕式和现场管理;(6)配套活动</td></tr>
</table>

【案例】励展华博展览会

以励展华博展览(深圳)有限公司举办的全国系列展览会作为背景,对展览会基本框架要素的设计进行分析。

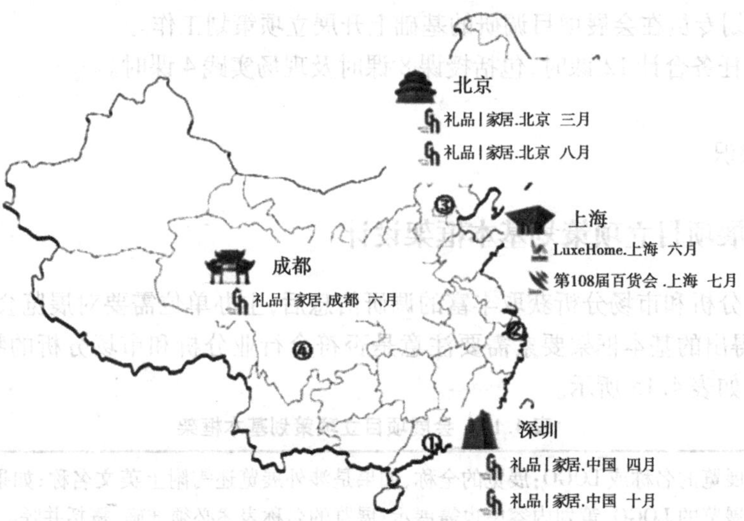
北京
礼品|家居.北京 三月
礼品|家居.北京 八月
上海
LuxeHome.上海 六月
第108届百货会.上海 七月
成都
礼品|家居.成都 六月
深圳
礼品|家居.中国 四月
礼品|家居.中国 十月

图 4.13 励展华博展览(深圳)有限公司主办或支持展会分布图

1. 环节 1:展览会名称和标志

表 4.16 励展华博展览(深圳)有限公司相关展会名称

细分市场	展会名称	
礼品家居类	北京	北京国际礼品、赠品及家庭用品展览会
	深圳	中国(深圳)国际礼品、工艺品、钟表及家庭用品展览会
	成都	中国(成都)礼品及家居用品展览会
高端家居	上海国际尚品家居及室内装饰展览会	
百货会	中国日用百货商品交易会	

根据图 4.13 可以看出,目前该展览公司在全国共举办 3 个细分市场的展览会,为了使得展览会在目标参展商和专业观众中建立品牌形象,礼品和家居类展览会虽然在 3 个城市,但展览会名称都清晰地表示展览会的关键词“礼品”“赠品”“家庭(居)用品”等。同时也为了区别是不同地区的展览会,展会名称特别说明展览会举办地。由于属于系列展览会,展会标志使用同样的 LOGO,只以颜色作为城市的区分,具有很高的辨识度。

2. 环节 2:展览会举办时间和频率

表 4.17 励展华博展览(深圳)有限公司相关展会举办时间和频率

细分市场	展会名称		国内是否有题材相近展览会
礼品、家居类	北京	3 月 13—16 日 8 月 14—17 日	1)是,3 月份展览会与北京国际门业展览会时间交叉 2)目的:可以作为门业展行业的产业互补(家居行业)
	深圳	4 月 25—28 日 10 月 20—23 日	1)是,与广交会第二期时间重合 2)目的:与广交会成为参展商和买家资源互补
	成都	6 月 20—22 日	没有题材相近展会

展览会在设计会展时间和频率要素时，从影响展览会策划的重要性考虑，需要从行业生产特点、采购的季节性和天气 3 个维度进行调研和分析。

(1)行业生产特点：技术更新或货物流转速度快，展会周期一般为一年两次，反之，则一年或两年一次即可。

(2)采购的季节性：如外销型产品（如家居装饰品），每年 3—4 月是采购旺季，需要在欧美国家当年 12 月圣诞节前进行销售；如内销型产品（如糖酒会），春季满足中秋节日消费而秋季满足春节消费的采购需要。

(3)举办城市天气：酷热或反常天气也会影响采购商的出行意愿，因此应避开展览会举办地酷热、暴雨多发的时节举办展会。

3. 环节 3：会展主题策划

常见的展览会主题如图 4.14 所示，可根据产业分析和市场分析选择主题形式。

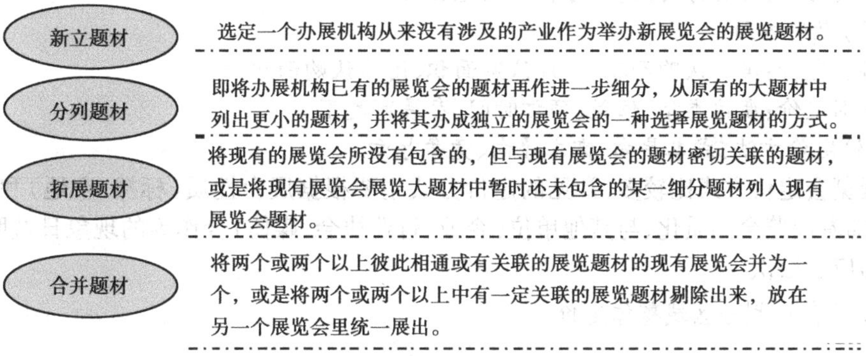
新立题材
选定一个办展机构从来没有涉及的产业作为举办新展览会的展览题材。
分列题材
即将办展机构已有的展览会的题材再作进一步细分，从原有的大题材中列出更小的题材，并将其办成独立的展览会的一种选择展览题材的方式。
拓展题材
将现有的展览会所没有包含的，但与现有展览会的题材密切关联的题材，或是将现有展览会展览大题材中暂时还未包含的某一细分题材列入现有展览会题材。
合并题材
将两个或两个以上彼此相通或有关联的展览题材的现有展览会并为一个，或是将两个或两个以上中有一定关联的展览题材剔除出来，放在另一个展览会里统一展出。

图 4.14　展览会主题

4. 环节 4：办展机构

合作单位选择合作机构类型有以下几种：

√政府部门：国际性、大型展会一般与政府部门合作办展，彰显展会的国际性和权威性。

√行业协会/商会：选择行业协会或商会为主要合作对象，有利于获取业内企业和专业观众资源以及提高在行业内的知名度。

√业内专业媒体：能够直接面向目标群体进行推广。

表 4.18　上海尚品展主办机构情况

上海国际尚品家居及室内装饰展览会 主办机构概况
主办单位：中国轻工工艺品进出口商会（CCCLA）
承办单位：励展华博展览（深圳）有限公司
支持机构：中国贸促会纺织分会 中国家纺协会 中国百货商业协会 上海市家用纺织品行业协会

【实训练习1】

请通过网络搜索6~10个展览会,利用这些展览会的官方网站,分析其展会基本框架是否完整、合理。

二、会展展台定价

展台定价的方式非常多,需要根据展览会的定位、与同类型展览会比较、展会知名度、展览会成本等多个方面综合考虑,展位定价可细分为宏观和微观进行。

(1)宏观方面

横向对比:与同类型展览会展位费对比

纵向对比:与自身对比,参考往届展览会定价

(2)微观方面:

折扣定价:单次认购面积、累计认购面积、团体认购面积

差别定价:展位类型、位置、预订时间、参展商类型

(3)定价方法:成本导向、需求导向、竞争导向

展览会定价方式比较多,常见的定价方式主要根据展台性质(标摊、空地)和展台面积,但随着展览会同质化、与其他单位(企业、行业协会、媒体)合作等的现象日益明显,定价策略应多层次。

1. 环节1:划分区域整体定价

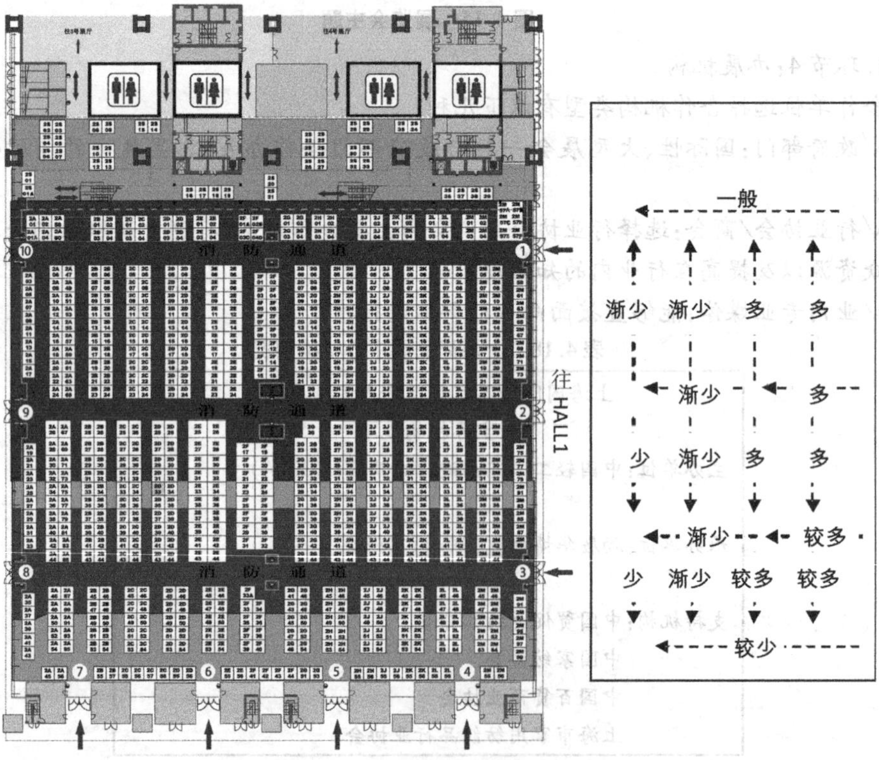

消 防 通 道
消 防 通 道
消 防 通 道
往 HALL1
一般
渐少
渐少
多
多
渐少
多
少
渐少
多
多
渐少
较多
少
渐少
较多
较多
较少

图4.15 深圳礼品展Hall2展位平面图及观众走向图(设想)

展览会定价需要对整个区域进行划分考虑，整体区域可以划分为两种情况。第一种情况是按展台所在区域主通道两侧、主出入口和人流走动区域(如表 4.19 所示)，第二种情况是按照展区所划分的行业和产品种类。展位定价一般需要从这两个方面综合考虑定价。

表 4.19　展位定价考虑因素

位　置		人流数量	展台形式	价　格
主通道		最多	特装	高
次通道		一般	特装	较高
展馆四周角落	周边为餐饮、厕所、活动区域	较多	标摊 + 特装	低
	周边没有以上区域	最少	标摊	最低
特殊区域	展台有柱子	—	标摊 + 特装	协商

【实训练习 2】

利用网络搜索 2 ~ 3 个展览会的平面图和展台定价，分析该展览会如下内容：①主(次)通道的分布；②通道两侧展台形式和展台分布；③不同区域展台的价格。

2. 环节 2：展台定价策划

常见的定价形式主要以展台形式标摊、光地两种作为主要的定价模式，表 4.20 以深圳礼品展 2 号馆 A，B 区价格为例。

表 4.20　深圳礼品展 2 号馆展位价格

位　置	平方米	类　型	单价(人民币)/元	光地价格/(元·m^{-2})
A 区	9	单开口	15 000	1 620 双开口加 1 100 元/个
		双开口	16 000	
	12	单开口	19 600	
		双开口	20 800	
	16	单开口	25 400	
		双开口	26 400	
B 区	9	单开口	14 400	1 550 双开口加 1 000 元/个
		双开口	15 300	
	12	单开口	19 000	
		双开口	19 900	

展览会展台常规定价一般以展台类型(标摊和光地)和展台位置(单开口和双开口)搭配得出定价。通过表 4.20 单价可知，由于受展馆区域划分和参展商对展台面积需求多样化的影响，标摊的面积已经不局限于国际标准展台 9 m^2 的限制，也逐渐出现其他面

积的标摊(12 m^2、16 m^2 或其他)。

主办单位希望参展企业通过租赁光地搭建特装展位(一般以 36 m^2 以上起租),主办单位只需要为光地展位提供基本设施(洽谈桌椅即可)而不需要安排搭建工作,对于展会收入而言,特装展位可以为展览会获取更大的收益。特装展台从设计、搭建施工均有参展企业安排,形象更能反映企业特点,因此展览会的特装展台越多,越能反映展览会的整体实力和综合水平。为了吸引更多企业参展,主办单位还可通过以下方式对展台进行定价销售。

(1)组团定价

组团定价是指展览会主办单位以"包团"的价格优惠形式将指定的展出区域出售给特定客户,即同一行业的企业以"抱团取暖"的形式共同参展。这样的优点是能够在同一时间内众多企业确认参展并支付展位费,便于主办单位统筹各个展区的销售。

定价方式:提前预订、统一折扣优惠,指定时间段内支付展位费。

指定对象:行业协会会员单位、产业/销售集聚区(专业市场)内的企业或商户。

划定区域:划定区域可以分为集中区域和分散区域两种安排,需要考虑是否将此类企业安排在同一个区域内。

否
同一区域
企业之间竞争是否激烈,是否实行差异化销售
是
不同区域

图 4.16　组团定价

(2)特殊区域定价

对展览会区域进行整体划分时经常无法避免展馆内的柱子,柱子包含在展位内、通道中或是随意分布在展厅内,都会影响所在区域展位的定价,如图 4.17 所示。

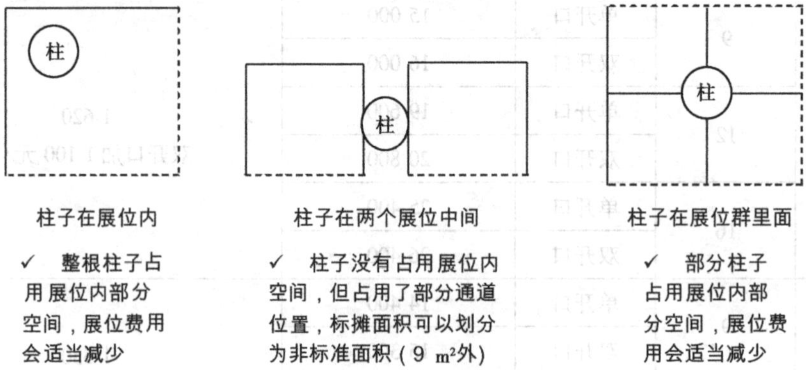
柱
柱
柱
柱子在展位内
柱子在两个展位中间
柱子在展位群里面
✓ 整根柱子占用展位内部分空间,展位费用会适当减少
✓ 柱子没有占用展位内空间,但占用了部分通道位置,标摊面积可以划分为非标准面积(9 m²外)
✓ 部分柱子占用展位内部分空间,展位费用会适当减少

图 4.17　特殊位置定价

3. 环节 3:考虑成本定价

由于标准展位的搭建费用需要算入展览会的成本中,因此环节 1,2 的定价方式需要建立在对成本考虑的基础上。标准展位总成本如表 4.21 所示。

表 4.21　标准展位成本

考虑项目	考虑项目
场地租赁费用(每 m^2)	清洁费用
展馆空调费	展馆地毯及铺设
展台搭建费	搭建加班费
基本家具租赁费	水电费

实战项目训练

1. 根据所学业务知识,完成实训练习 1 ~2;

2. 利用网络搜索不同类型的展览会,参考展览会业务知识基本内容,分析这些展览会的基本框架。请结合任务一的业务知识,分析这些基本内容与项目调研的联系。

3. 在上题的基础上,参考业务知识会展主题策划,分析这些展览会的题材属于哪些类型。

(1)实训小组请自拟展览会题材,通过网络搜索、会刊等资料进行同类型展览会展位价格对比(需要对 4 ~6 个展会进行对比)。对比内容包括展会名称、展会规格、展位单价等。

(2)在上一个作业的前提下选择其中一个展览会,参考业务知识的内容,根据最近一届展会的招展工作下载其展位平面图,分析展台划分与定价的关系。

任务三　撰写会展立项策划案

业务情景

展会立项策划案是在会展立项策划的基础上,对展览会的初步规划通过文字形式将会展立项的具体内容呈现出来,作为后续可行性分析的重要参考内容。因此,会展立项策划案是为展览会成功举办提供了办展的运营规划和方法,是对会展项目调研和立项等内容的汇总。为此,策划专员需要对会展立项策划内容进行汇总并撰写立项策划案。

✪请策划专员在任务二的基础上,完成《××(展览会)立项策划案》。

完成本任务合计 4 课时,包括授课 4 课时及现场实践 0 课时。

业务知识

一、会展项目立项策划书的概念和特点

所谓会展项目立项策划,就是根据掌握的各种信息,对即将举办的展览会的有关事宜进行初步规划,设计出展览会的基本框架,提出计划举办的展览会的初步规划内容,主要包括展会名称和地点、办展机构、展品范围、办展时间、展会规模、展会定位、招展计划、宣传推广和招商计划、展会进度计划、现场管理计划、相关活动计划等。

会展项目立项是一件应该需要周密考虑的事情,不仅要充分考虑市场需求,选择合适的时机,还应慎重选择合作单位和支持单位,赢得当地行业协会、行政部门和行业媒体的支持,选择恰当的时机和权威的部门及单位合作,能够在很大程度上增强会展的权威性和影响力,并最大限度地挖掘新客户,同时还能降低招展成本。

会展项目立项策划书是为策划举办一个新展会而提出的一套办展规划、策略和方法,它是对以上各项内容的归纳和总结。

二、会展项目立项策划书的内容

一般情况下,会展项目立项策划书主要包括以下内容:

①办展市场环境分析。包括对会展展览题材所在产业和市场的情况分析,对国家有关法律、政策的分析,对相关会展的情况的分析,对会展举办地情况的分析等。

②提出会展的基本框架。包括会展的名称和举办地点,办展机构的组成、展品范围、办展时间、办展频率、会展规模和会展定位等。

③会展价格及初步预算方案。

④会展工作人员分工计划。

⑤会展招展计划。

⑥会展招商计划。

⑦会展宣传推广计划。

⑧会展筹备进度计划。

⑨会展服务商安排计划。

⑩会展开幕和现场管理计划。

⑪会展期间举办的相关活动计划。

⑫会展结算计划。

三、会展立项策划书的写作要素和要领

1. 立项策划书的写作要素

策划书的种类,因提出的对象与内容不同,而在形式和体裁上有很大的差别。但是,任何一种策划书的构成都必须有5W2H1E,共8个基本要素:

Why	(为什么)需求诉求展会立项的缘由、意义及前景
What	(做什么)展会的主题、内容,明确创造期望项目的特点
Who	(谁)展会的主办单位、承办单位、行业重要参展商支持、参展商的范围、媒体支持单位
Where	(何处)地点,独特性、方便性、旅游的价值、地方的支持性
When	(何时)展会举办的时间,包括布展、展览及撤展的时间
How	(如何)展会的日程安排,展会的宣传计划与营销策略、展会期间举办的各种活动
How much	(多少)预计参展商数量、展位数量与布局展位价格
Effect	(效果)展会结果,预测产生效益

【实训练习1】

实训小组通过网络搜索2~3个UFI认证的展览会,或在任务二的基础上,根据5W2H1E的原则讨论并分析所选择展览会是如何进行立项策划的。

2. 立项策划书的写作要领

(1)言简意赅

为了在有限的篇幅内把需介绍的内容全部说清楚,一定要注意在写作过程中不要啰唆。

(2)用词准确

突出展会主题及特色,增强吸引力,避免一些不温不火的语言,尤其是展会的创新之处要讲清楚。

(3)实事求是

在介绍展会情况时,切忌过分夸张,言过其实。应多列举事实,如行业重要参展商的参加与支持,历届的效果与口碑等。

(4)重点突出

对展会的5W2H1E 8个要素要写清楚,并突出重点。

(5)注意包装

主要体现在两个方面:一是策划书的文章结构与层次上,要清晰明朗,重点突出,让读者能抓住展会的亮点,并有一个清楚的头绪;二是在包装制作上,要装订整齐,制作精美,给人赏心悦目的感觉。

四、会展项目立项策划书的写作规范

会展项目立项策划书有着严密的格式需要遵循，了解并熟练掌握其写作规范是进行会展项目立项策划书写作的基础。

会展项目立项策划书主要包括目录、行业市场分析、项目的意义、项目基本框架、项目招展计划、项目招商计划、项目宣传推广计划、会展进度和管理计划、相关活动计划、项目预算和补充说明（图表）等方面的内容。

（一）会展项目立项策划书写作基本框架

表 4.22　会展项目立项策划书写作基本框架

一级目录	二级目录	具体内容
目录		成功的会展项目立项策划书应能够通过目录反映整个文案的面貌，应能清晰反映出撰写者的思维顺序和思维方式
行业市场分析		对行业市场的分析是促成项目策划成功的决定性因素，因此需要慎重对待
项目的意义		应分别从社会效益和经济效益两方面阐述项目的意义和能够取得的成果，以充分调动目标参展商的积极性，提高他们的参展意愿
项目基本框架	展会名称	会展的名称一般包括基本部分、限定部分和行业标识等三个方面的内容
	会展地点	策划选择会展的举办地点，包括两个方面的内容：一是会展在什么地方举办，二是会展在哪个展馆举办
	办展机构	办展机构是指负责组织、策划、招展和招商等事宜的有关单位，办展机构可以是企业、行业协会、政府部门和新闻媒体等
	办展时间	办展时间是指会展活动的筹备时间、开展时间、观众参展时间和撤展时间。会展活动的时间安排应视会展的具体情况而定
	展品范围	会展的展品范围要根据会展的定位、办展机构的优劣势态和其他多种因素来确定 根据会展的定位，展品范围可包括一个或者几个产业，或者是一个产业中的一个或几个产品大类
	人员分工	人员分工计划是会展工作人员的统筹安排
	办展频率	办展频率是指在某个时间段内，同一个会展的举办次数
	会展规模	会展规模主要包括会展的展览面积、参展单位的数量、观众的数量三个方面，策划、筹备会展活动时应充分考虑产业的特征、观众的数量和质量，对会展规模作出预测和规划
	会展定位	会展定位是通过细分会展市场，确定目标参展商和观众，并使他们明白会展的目标和主题

续表

一级目录	二级目录	具体内容
招展、招商和宣传推广计划		招展、招商计划主要是为招揽企业参展而制定的各种策略、措施和办法 宣传推广计划则是为建立会展品牌和树立会展形象，并同时为会展的招商和招展服务
会展进度和管理计划		会展进度计划是在时间上对会展的招展、招商、宣传推广和展位划分等工作进行的统筹安排，它明确在会展的筹办过程中各个阶段的工作计划 会展管理计划是会展开幕后对会展进行有效管理的各种计划安排，它一般包括会展开幕计划、会展展场管理计划、观众登记计划和撤展计划等
相关活动计划		会展相关活动计划是对准备在会展期间同时举办的各种活动作出的计划安排。与会展同期举办的相关活动最常见的有技术交流会、研讨会和各种表演等，它们是会展的有益补充
项目预算和补充说明		本节要求策划人员运用合理的定价策略，确定展位价格和参会费用，力求达到展会经济效益最大化，对于各种收支费用尽可能细化，便于掌控

【实训练习 2】

实训小组在实训练习 1 的基础上，分析该展览会“基本项目框架”“招展招商”“宣传推广计划”“相关活动计划”的内容。

(二)展览会预算方案

会展项目预算方案分为“收入”和“成本”两类，在编制预算方案时，一般由各个策划部门根据工作任务内容、持续时间、人员安排等提出预算申请，对各个部门预算方案进行汇总、核定后，制订展览会总体预算方案。

1. 环节 1：制订部门预算

实训小组可以根据项目三的内容，熟悉会展公司各个部门的工作职责，然后制订与部门匹配的预算方案。以招展部门为例，招展预算的编制应从招展工作的实际需要出发，本着统筹安排、合理利用的原则，实事求是地编制，部门预算包括如下内容：①招展人员费用，包括招展工作人员的差旅费、办公费等；②招展宣传推广费用；③代理费用；④招展资料的编制和邮寄费用；⑤招展公关费用；⑥兼职人员费用，包括展览会举办期间兼职人员工资，在同类展览会、专业市场宣传兼职人员工资等；⑦其他不可预见的费用。根据以上类型制订的预算方案需要细分项目编制预算方案，参考范例如表 4.23 所示。

表4.23 部门预算表范例

招展部门预算计划(同类展会宣传)						
工作项目	明细	单价/元	数量	总价/元	日期	备注
同类展会宣传费用	展示台搭建费用					
	接待用品购买					
	现场广告+会刊制作费用					
	现场临聘人员工资					
	现场派发赠品制作费用					

2.环节2:制订展览会总体预算

公司预算方案需要结合各个部门的预算费用表,对部分项目合并、归类后整理成以会展项目为单位的预算方案。预算方案包括收入和支出两部分内容,"收入"和"支出"对应的项目大类基本相同,但二级项目则需要根据展览会项目的实际情况有所不同,如表4.24所示。

表4.24 展览会总体预算表范例

收入		支出	
项目	金额/元	项目	金额/元
1.展位费用		一、行政管理费用	
2.门票收入		1.行政办公费用	
3.赞助收入		2.公司编制员工工资	
4.会议活动收入		3.员工差旅费用	
5.其他收入		4.兼职员工工资	
		二、场地租赁费用	
		1.场馆租赁费	
		2.其他租赁费用	
		三、场馆搭建费用	
		1.标准展位搭建费	
		2.特装展位搭建费	
		3.展馆整体装饰费用	
		4.其他搭建费用	
		四、宣传推广费用	

续表

收　入		支　出	
项目	金额/元	项目	金额/元
		1. 广告和推广活动费	
		2. 会刊、请柬	
		3. 客户邀请费用	
		4. 其他宣传推广费用	
		五、现场活动费用	
		1. 会议文件印刷费	
		2. 活动礼品费用	

五、立项策划书写作注意事项

(一)策划书名称

尽可能具体地写出策划名称,如“××××年××届××博览会立项策划书”,置于页面中央,也可以写出正标题后将此作为副标题写在下面。

(二)活动背景

首先,应说明的具体项目有:基本情况简介、主要执行对象、近期状况、组织部门、活动开展原因、社会影响以及相关目的。

其次,应说明问题的环境特征,主要考虑环境的内在优势、弱点、机会及威胁等因素,对其作好全面的分析,将内容重点放在环境分析的各项因素上,对过去和现在的情况进行详细的描述,并通过对情况的预测制订计划。如情况不明,则应通过调查研究等方式进行分析并加以补充。

(三)活动目的、意义和目标

活动的目的、意义应用简洁明了的语言将目的要点表述清楚;在陈述目的要点时,该活动的核心构成或策划的独到之处及由此产生的意义(经济效益、社会效益、媒体效应等)都应该明确写出。活动目标要具体化,并需要满足重要性、可行性、时效性的要求。

(四)资源需要

按已有资源和需要资源,分类列出所需人力资源、物力资源。

(五)项目开展

作为策划的正文部分,表现方式要简洁明了,使人容易理解,但表述方面要力求详尽,写出每一点能设想到的东西,没有遗漏。在此部分中,不仅仅局限于用文字表述,也可适当加入统计图表等；对策划的各工作项目，应按照时间的先后顺序排列，绘制实施时间表有助于方案核查。人员的组织配置、活动对象、相应权责及时间地点也应在这部分加以说明，执行的应变程序也应在这部分加以考虑。

以下方面内容需清晰列明：会场布置、接待室、嘉宾座次、赞助方式、合同协议、媒体支持、宣传推广、广告制作、主持、领导讲话、司仪、会场服务、电子背景、灯光、音响、摄像、信息联络、技术支持、秩序维持、衣着、指挥中心、现场气氛调节、接送车辆、活动后现场清理人员、合影、餐饮招待、后续联络等。

(六)经费预算

会展活动的各项费用在根据实际情况进行具体、周密的计算后，用清晰明了的形式列出。

(七)项目中应注意的问题及细节

内外环境的变化，不可避免地会给方案的执行带来一些不确定性因素，因此，当环境变化时是否有应变措施、损失的概率是多少、造成的损失多大等也应在策划书中加以说明。

(八)活动负责人及主要参与者

注明会展组织者、参与者姓名、嘉宾、单位(如果是小组策划应注明小组名称、负责人)等。

注意：

①本策划书格式提供基本参考，小型展会策划书可以直接填充，大型展会策划书可以以此为参照自行设计，力求内容详尽、页面美观。

②可以专门给展会策划书制作封面，力求简单、庄重，可以进行包装，如用设计的徽标做页眉，图文并茂等。

③如有附件可以附于策划书后面，也可单独装订。

④一份大型展会策划书，可以包含若干个子策划书。

【案例】2005 年上海国际图书展览会策划书

2005 年上海国际图书展览会策划书

批准单位：上海市人民政府

主办单位：上海新华发行集团

承办单位：上海世纪出版集团

赞助单位：全国人大教科文委员会

一、活动宗旨

近年上海经济的高速发展吸引了大批来自全国的精英人才，也强烈带动了本市市民的学习热情，两股力量相加所产生的大量阅读、“充电”需求催热了上海图书市场，使之成为出版社的“兵家必争之地”。一些外地出版社相继抢滩上海，设立各种形式的分支机构，竞争日趋激烈，规模盛大的2005 上海国际图书展览会自然成了他们展示自我形象的好机会。

本届书展以“立足上海、服务全国、面向世界”为宗旨，是搭建服务全球文化平台、提升上海市民的文化素质、推进上海学习型城市建设、配合未成年人素质教育的重要文化活动，同时也是各国各出版社之间、出版社和书店之间加强交流、增进友谊、了解出版信息的一个契机。

二、日程安排

展览会活动时间：2005 年 5 月 20 日—2005 年 6 月 4 日。

表 4.25　展览会活动内容

活动内容	日　期	时　间
新闻发布会	5 月 20 日	9:00—9:30
开幕式	5 月 20 日	10:00—10:30
专业场	5 月 20—30 日	10:00—17:30
公共场	5 月 30 日—6 月 4 日	10:00—21:00
闭幕式	6 月 4 日	19:00—20:00

三、活动地点

活动地点安排在上海展览中心，上海展览中心是上海市政治、经济和文化活动中心之一。建成 46 年来，先后接待了许多来访的国家元首和大量中外宾客，承担了市党代会、市委全会、市人代会、国庆招待会、春节团拜会等市重大政治任务。同时，举办了数以千计的国际国内展览、展销会和各种经济技术交流会，为上海两个文明的发展作出了贡献。

上海展览中心加固大修改造总面积 74 399 m^2，大修改造后的展览中心，总体布局上较好实现了“南展北会”的新格局，场馆使用和服务的功能更加合理完善，设备设施按现代化、智能化的要求有了很大的提升，为今后各项重大政治任务完成和展览经营的发展提供了可靠的条件和保证。

公交车：48、49、71、127、01、925、936、20、37、738、128、104（铜仁路站）

地铁：地铁二号线静安寺站或者石门一路站（可乘地铁一号线到人民广场换乘）

轻轨：轻轨明珠线到上海火车站换乘地铁一号线

四、组织机构

（一）组委会

主办单位：上海新华发行集团
　　　　　新闻出版总署（国家出版局）
　　　　　教育部
　　　　　科学技术部
　　　　　文化部
　　　　　上海市人民政府

承办单位：上海世纪出版集团
　　　　　上海文艺出版总社

赞助单位：全国人大教科文委员会

中国科学技术协会

协办单位：香港联合出版有限公司

中国音像协会

合作伙伴：中图信息技术有限公司

中图公司图书部

中图公司读者俱乐部

中图公司市场部

中图公司报刊部

（二）下属分支结构

1. 行政部

交通：提供会展所需的车辆。

（20 辆车随时待命）

保安：提供会展的安全保卫。

（150 名分三组值勤）

后勤：提供展览期间的用餐，包括饮用水的供应。

（能够配套供应 3 000 人的用餐）

（正广和集团公司提供会展所需的饮用水）

文稿组：

（1）发出信函给参展商，并联络各参展商的具体参展时间。

（2）撰写新闻发布会文稿、致辞稿。

2. 策划部

总策划人：一名。

其他总策划人：若干名。

（1）策划展览会开、闭幕式的现场安排。

（2）策划新闻发布会的现场安排。

（3）策划展览会开、闭幕式的相应广告宣传资料等。

（4）策划展览会后勤部门的安排。

3. 制作部

（1）负责新闻发布会的背景、灯光、音响、电力设备。

（2）负责开幕式现场的背景、灯光、音响、电力设备。

（3）负责酒会现场的背景、灯光、音响、电力设备。

（4）负责整个展区的背景、灯光、音响、电力设备。

（5）负责各消息区的布置工作。

4. 财务部

负责预算会展的资金，约需 600 万元人民币。

5. 广告部

（1）负责广告的招商。

(2)负责广告的设计。

(3)负责广告的制作。

(4)负责广告的发布。

五、宣传及广告活动

1.5月20日前两个月,在报纸、电视广告等新闻媒体作主题宣传。

2.利用赞助商安排生产纪念品并销售,增加广告收入。

3.募集志愿者安排发放书展资料。

4.组织研讨会、咨询会。

5.在行业内选取一家有代表性的报纸、整版发布软文形式的祝贺广告,拟选取《中国图书商报》,在上海市内发布邮政专送广告。

6.广告策略。

(1)针对各阶层消费者,运用不同媒体作直接有效的诉求。

(2)制作P.O.P.悬挂于书报亭,使读者在购票时易于立即指明。

(3)制作STICKER张贴于计程车上、公共汽车椅背上及公共电话或公司行号的电话机上,以随时随地提醒消费者注意,弥补大众传播媒体的不足,并具有公益及PR作用。

(4)制作小型月历卡片,于会展前广泛散发赠送各界人士利用,譬如置于书报亭、书店或各办公大楼的柜台(服务台)供人随意索取,也可夹于杂志内页,赠送读者。

(5)除正式大篇幅的广告外,在报纸杂志上另可采用游击式的策略,运用经济日报的插排(孤岛广告)和中国工商时报、经济参考报的分类广告版,不定期刊登小广告,一则省钱,二则可弥补大广告出现频次不够多的缺失,只要设计得简明、醒目,依旧有很大的效果。

六、活动的定位规模

1.与以往书展的差异

这届博览会虽然主要是图书业内的盛举,但与往年相比有了诸多创新,最大的亮点是突出了公众的参与性,普通读者将首次可以在图书会展上购买自己中意的图书。

为了兼顾业内人士进行版权贸易和普通观众参观浏览的需要,本届博览会分为专业场和公共场。其中,前10天为专业场,主要面向出版界的专业人士,门票为20元;后5天为公共场,主要面向普通公众,门票为2元。门票在全市2 000余家东方书报亭、全市500余家新华书店门店、市新闻出版局、市工人文化宫等地方都可以买到,上海展览中心售票处也可以当场买票。这种做法的目的主要是为了保证版权交易与洽谈时有一个良好的环境,避免观众过多造成拥挤。

为满足广大读者的购书需求,本届图书博览会将新增销售区,更好地服务广大读者。以往都有参观者要求购书,但由于博览会主要是版权交易,同时也因为手续问题而不能如愿,今年则可以满足读者的心愿。此外,读者将有机会直接购买到国外参展单位带来的展品。如果有读者看中了国外参展商的展品,可以先去展台找工作人员登记,到博览会结束后再来购买。突出公众参与性的另外一个目的是,给读者提供一个机会,搭建一个平台,可以直接买到国外最优秀的出版物。

本次博览会将坚持"服务"为本,提升整体水平。具体的举措包括:提供网络平台或利用其他专业网站搭建“2005 网上分会场”，实现从招展、服务、活动报道、可供书目查询到版权贸易的高速信息化等，此外，组委会还有一些新尝试，如为促进版权输出，设立输出版权精品推介区；为提高对参展商的服务水平，特设版权洽谈咖啡区；学习国际展览先进经验，首次试用条码参展证；等等。

2. 活动规模

此次图书会展是一个大型的书会展。会展占地面积 26 400 平方米，展台和参商分别为 190 个和 78 个，参展商品总量 100 000 种。

本届书展除了国外 66 家出版社和上海本地的 40 余家出版社外，来自全国其他 24 个省市的 84 家出版单位将在书展国内图书展区的 145 个展位内集中亮相，其中包括实力雄厚的上海世纪出版集团、上海文艺出版总社以及各专业联合体，如上海高校出版社联合体、人民联合体、美术联合体、文艺联合体、古籍联合体、科技联合体、大学联合体等。不少出版社将在书展期间隆重推出新书力作，并举办新书发布会、现场签售会等各类宣传活动。

3. 活动的定位

这是一次全面展示上海及全国出版界出版成果和出版形象的书业盛会，更是一次展示上海城市精神和文化追求的文化盛会。在市委、市政府及市委宣传部的关心和支持下，上海国际书展搭建的这个服务全国的文化平台，不仅要获得广泛的文化影响力，而且要成为上海文化建设的重要品牌，成为上海城市的一张文化名片，对于推动上海出版业持续、快速发展，提升上海市民文化素质，推进上海学习型城市建设，进一步增强城市的软实力，发挥积极的作用。

4. 本次书展的四大亮点

强化展览功能：书展的布展设计大气新颖，会展的入口陈列了 4 幅大型肖像油画：鲁迅、巴金、邹韬奋和张元济，给读者一种走进书香人家的感觉。西一馆的出版博物馆，使读者了解中国图书出版的历史，此外书籍艺术馆、印刷展示馆等各有特色，兼具教育功能。

图书在线交易：设在现场的图书在线交易区，为东方出版交易中心和上海书城网上书店提供在线交易的空间，普通读者可领略网上交易的便捷。现场将设 10 台计算机用于交易。

配套服务完备：据介绍，进入展馆，只要走一两百米便有休闲区、咖啡吧、面包房、快餐等区域，走走看看歇歇，读者在选购图书的同时将感受到人性化的服务。

内外两条主线：书展期间，上海新华发行集团除了搞好馆内参展工作外，还将在全市 160 余家主要新华书店门市开展联展活动，新书及时上架，提升服务质量，并积极开展图书“送部队、送社区、送农村”等社会公益活动。

5. 民营书店介入策划

本届上海国际书展第一次邀请全国部分民营书店参加，并专门设置了民营书业馆，这是本届书展一个引人注目的焦点。除了在书展现场销售图书外，一些民营书业单位将于书展开幕前的 4 月 24—26 日在市委党校海兴大厦参加由上海市书刊发行业协会主办的“2005 上海民营书业出版物调剂会”，主要展示其与出版社合作出版的新书。目前，一

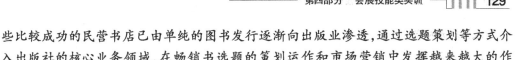

些比较成功的民营书店已由单纯的图书发行逐渐向出版业渗透，通过选题策划等方式介入出版社的核心业务领域，在畅销书选题的策划运作和市场营销中发挥越来越大的作用，成功推出了不少在书界颇有知名度的图书。一些民营书业从业者反映：上海以前对民营书业比较封闭，这次能够开放，充分体现了上海改革开放的气氛和海纳百川的胸怀。

七、现场管理计划

上海书业研究所的调查显示，读者普遍对图书品种、场馆设施、布展等方面较为注意。不满意因素主要集中在环境上，反映"拥挤、嘈杂""控制人流，多些让读者看书的地方"的读者居多；在场馆硬件设施上，很多读者反映"应多设食品供应站""没有足够的休息区""找书困难""电子查询软件要改进"等；在服务上，读者则提到"加强图书介绍工作""增加销售人员""付费繁""一次性付费""提高收银速度，购书后要签章"等，还有"降低门票价格，降低停车费""增设排行榜"等建议。针对这些调查，本次书展作了如下准备。

1. 书展导游图

为了让读者不至于在 2 万 m^2 的展馆中迷失，在展馆入口处，都设有一个参观导引图。读者可以先花上一分钟时间，驻足观看一下地形图，然后选择自己的书展阅读路线。此外，书展还安置了指点迷津的电子触摸屏，提供现场导购等服务。

2. 追求最好的、奉献最美的

设立"需要帮助请找我"服务小分队，每个参展商挑选优秀业务员各 2 名，组成优秀服务小组，专门为读者服务，在每个业务员的胸前别有"需要帮助请找我"胸牌，随时随地为读者服务，并承诺以"及时、准确、满意"的服务宗旨为读者解决困难与问题，目的在于提升书展形象。

3. 会刊

整个展厅内，将有会刊取阅。上面会有详细的会展资料、场馆具体位置、参展的出版社和部分书目以及服务处地址和电话。

4. 缺书不必愁

也许你心仪某个出版社某本书已经很久，也许你想寻找一本专业领域的冷僻书籍，可在整个书展展区，它却仍然踪影全无，先别失望，你可以到新华发行集团或各个出版社展台办理缺书登记，留下你需要的书目和你的联系方式，新华发行集团和各个出版社都将竭尽全力为你搜寻你要的书籍，一旦找到，会第一时间通知你，你可以到出版社自取或要求他们送书上门。

5. 小药箱大帮忙

上海近日来的持续高温，和预计每天超过 2 万的人流量，让书展组委会和各参展单位在读者安全方面动足心思。上海新华发行集团在自己展馆的主干道上，铺设了一条长 50 多米、约 3 米宽的"福州路一条街"喷绘彩图，让读者在观看之余能放慢脚步，不至于产生冲撞。上海世纪出版集团专门配备了一名医生，以防突发事件的产生。此外，服务台一侧还有一个小小的"便民药箱"，里面装满了创可贴、红药水、清凉油、人丹等简单药物。其实这都是为书展读者准备的。"虽然展馆里面空调控制恒温在 26 ~ 27 ℃，如果室外温度实在太高，人流量也太大，可能会导致读者中暑或有什么小伤小病，所以事先做点防范准备。"

八、活动内容

1. 图书派对

最吸引人的是已成为“过去时”的连环画读本,伴随着一定社会层面的受众人群,那日益增长的怀旧情结又出现回溯之势,成为相当一部分读者企图留住时间、定格历史及重现青春年华的心理期待。《三国演义》(珍藏本)、《西汉演义》(珍藏本)、宣纸本连环画、小精装系列、精装纪实性连环画等书前,能让许多家长带着孩子领略这穿过时间隧道的传统文化。

生活图书时尚热点往往是重头戏:《城市蓝调丛书》关注城市青年的生活状态和时尚趋向;帮助读者提升生活乐趣和质量的《天天厨房3》《法国葡萄酒》总是最能吸引读者的视线;《挑战上帝——经典人体艺术全景》和《诠释自我——永恒人体审美全景》将赏画和读书有机结合,突出了多视点阅读的特色。

一本记录中国环保志愿者工作状态的《亲历可可西里10年——志愿者讲述》由三联书店出版,5月30起,《文汇读书周报》《人与自然》和三联书店将在京沪等10座城市联合义卖该书,义卖收入将全部用于中国民间第二个自然保护站的建设。

《亲历可可西里10年——志愿者讲述》上海义卖签售活动在6月5日下午举行。西一馆入口将举行“庸碌日子之外——亲历可可西里改变你的生活”主题活动,杨欣将现场演讲并签售。

2. 动漫教室

世纪动漫馆展厅节目精彩纷呈,刚进入展馆就使人眼前一亮的是工作人员精心设置的动漫TV《马丁的早晨》的展放。

即时买《马丁的早晨》VCD将享受打折优惠。展厅内还摆放了GONDAM四具模型,风格各异,姿态不同,将会有很多青少年都被它们所吸引。专为15岁以下朋友举办的、完全免费的模型教室巡回活动,从5月31日开始到6月2日,每天7场定时比赛,能让孩子都参加这项智益游戏。各出版社的动漫系列图书题材多样、内容丰富,既有以武侠为题材的多部热门动漫作品,如《风云》《雪山飞狐》《剑魂》《刀剑笑》《功夫王》《古龙群侠传》,也有综述国内外动漫发展历程的图书,如《日本漫画宝典》《香港漫画宝典》,能满足不同欣赏口味的读者需求。

3. 音像电子秀

音像制品一向是深受广大消费者喜爱的一种商品,音像电子馆就为大家带来了不同风格的音像感受。有关少儿的众多知识在展馆前部热闹地播放着,不仅许多少年儿童可以坐下观看,家长也可一同欣赏,这为少年儿童的成长提供了一个有益的平台。展厅内各大出版社都推出了优惠活动,10元就能买到3盒CD唱片,还有戏曲CD、瑜伽CD、日本卡通片《快乐村》,以及各种音乐考级制品等。最有意思的是青苹果数据中心的中华百科藏书,共选收了12 000余册图书,种类齐全,古今兼顾。

4. 买书有礼送祝福

上海书展作为发起者对外发布活动消息,收集读者为希望小学捐赠的图书,图书类别多为少儿图书、文学图书、励志图书、青年修养等,捐赠的图书要求必须是正版图书、封面及内页完好无损、页面整洁,如果捐赠者愿意,还可以在图书上留言,鼓励受赠者,书展则根据捐赠图书的总额返还捐赠者一定比例的上海书展赠书券(约10%),读者可凭此券于捐献当日在上海书展上使用。为了保证活动的质量,会展将对读者所捐赠的图书保留筛选权。捐献的图书将统一整理、打包和发运送往云南新华希望小学。

5. 百余场活动让你大开眼

虽然搞活动、做游戏不是出版商的强项,但今年各家出版单位均推出了各种趣味活动。据统计,书展期间各类研讨、展示、观摩、评选活动和新书发布等活动将多达百余场。上海书展还特别为未成年人开设了专场和专题论坛报告会,借此向青少年推荐优秀的健康读物。

还有大量互动感强、服务味浓的活动期待中小学生的广泛参与,如"写写画画打擂台""美术指导示范点评""钢琴、吉他考级辅导"等,让你在游戏参与中增长琴棋书画的修养。至于《仙境传说》COSPLAY 秀、秀的旋律——弦乐四重奏、吉他专场演出、少儿琵琶演奏等青少年喜闻乐见的精彩演出等,也均可在这次会展上尽收眼底。

为广大爱美女性所关注的《秀》《今日风采》《HOW》等诸多时尚杂志会在展览期间推出各种健身、养颜、发型、化妆内容的展示和讲座。

实战项目训练

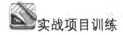

1. 根据所学业务知识,完成实训练习 1 ~2;
2. 参考表 4.23 和表 4.24 的内容,实训小组对所选择的展览会制订费用预算表。

任务四 会展可行性分析

业务情景

完成了《会展项目立项策划书》,并不意味着就可以举办会展了。项目立项只是对举办什么题材的会展和如何举办该会展提出了一个初步的意见,制订了一套初步的方案,至于该会展是否真的可以举办和该方案是否真的可行,还需要对该会展项目及方案进行可行性分析。可行性分析的结论,才是决定是否可以举办该会展的最终依据。

✪请策划专员在任务三的基础上,完成《××(展览会)可行性分析》。

完成本任务合计 4 课时,包括授课 4 课时及现场实践 0 课时。

业务知识

一、会展项目立项可行性研究报告简介

会展项目立项可行性研究报告就是在对会展立项进行可行性分析的基础上完成的研究报告。会展立项可行性分析是会展项目立项策划的继续,是在仔细研究各种信息的基础上,深入分析举办会展立项策划提出的"那样的会展"是否可行,为最后是否举办该

会展提供科学的决策依据。

如果会展立项策划通过可行性分析,证明计划举办会展的市场条件具备,项目具有生命力,各种执行方案策划合理,项目在经济上可行,风险较小且有一定的社会效益,就可以决策举办该会展了。

二、会展项目立项可行性研究报告的内容

会展项目立项可行性研究报告要对会展项目是否可行作出系统的评估和说明,并为最终完善该立项策划的各种具体执行方案提供改进依据和建议。其主要包括以下几项内容:

1. 市场环境分析

①宏观市场环境:是指对办展机构举办会展活动构成间接影响的各种因素。包括人口环境、经济环境,技术环境、政治法律环境、社会文化环境等。在获得上述信息后,结合会展产业的实际特征,对举办会展所面对的宏观市场环境的各个方面作出准确的分析,寻找市场机会,发现威胁,为会展项目立项可行性研究的最终决策服务。

②微观市场环境:是指对办展机构举办会展活动构成直接影响的各种因素。包括办展机构内部环境、目标客户、竞争者、营销中介、服务商、社会公众等。

③市场环境评价:对市场环境的整体分析和综合评估是建立在已经掌握的大量的有关信息的基础上,根据掌握的信息对未来的环境变化趋势作出预测。最常用的方法是“SWOT 分析法”,即内部优势、内部劣势、外部机会、外部威胁分析。

市场环境分析的基本步骤可以分为三个步骤,具体步骤可参考如下内容:

第一步,参照表 4.26 确定需要收集的信息类别,整理和分析收集到的各种信息,并根据这些信息对环境的变化趋势作出预测。

表 4.26 展览市场环境分类表

	类 别	主要内容	目 的
外部环境	经济环境	举办地经济发展状况、产业发展现状与趋势、从业人员数量和分布及其对周边地区的辐射能力等	了解产业规模,确定展览的发展规划
	市场环境	终端产品的消费渠道和人们的消费习惯、消费能力、同行业和产品的竞争趋势及同类展览的竞争状况	掌握当地市场状况,充分利用有利条件,规避风险
	社会文化环境	社会风俗习惯、人们的宗教信仰、国家主要节假日和假期安排	尊重展会举办地的风俗习惯,选择恰当的办展时间
	政治法规环境	国家或地方政府层面规定的产业相关的发展规划与扶持政策、关于举办展览的法律法规	争取政府支持,规避法律政策层面的不利影响
	技术环境	与产业有关的新技术的应用情况	了解新产品的生产周期

续表

	类　别	主要内容	目　的
内部环境	办展机构自身条件	办展机构的人员条件、经济实力、相关产业的专业人才和社会资源等	评估办展机构的办展能力,合理安排办展工作
	展出场地条件	办展地点的规模、设备、服务、价格以及其他配套服务商的服务水平等	选择合适的服务提供商,合理规划场地
	招商招展	已掌握的潜在参展商和观众的数量、分布和他们的参展需求情况;已掌握的招展招商网络渠道和代理商	评估和确定展览的规模,并制定可行的营销策略
	同类展览会情况	同类展览会的基本情况、数量、特点和各自竞争优势等	制定相应的竞争策略

第二步,参照图4.18 SWOT分析图构建SWOT矩阵,详细分析办展单位内部和外部的各种环境要素,列出市场环境对办展单位举办该展会所形成的优势、劣势、机会和威胁。

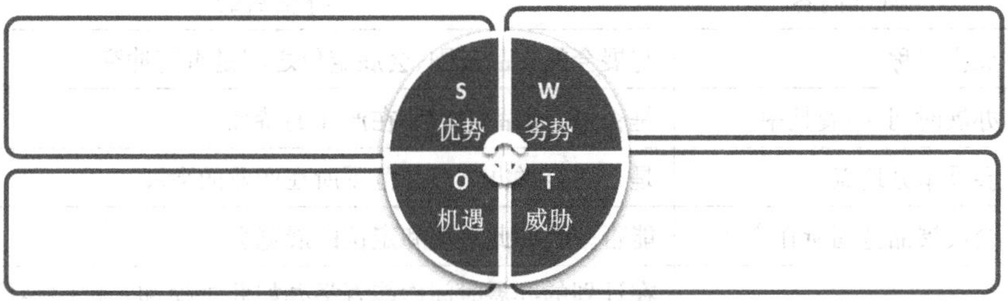
S
优势
W
劣势
O
机遇
T
威胁

图4.18　SWOT矩阵分析图

第三步,从市场环境对办展单位举办该展览所形成的优势、劣势、机会和威胁进行综合分析,确定可以选择的战略和对策(参考表4.27展览环境SWOT分析策略表)。

表4.27　展览环境SWOT分析策略表

内部外部		内部环境	
		内部优势(S)	外部劣势(W)
外部环境	外部机会(O)	SO战略: 依靠外部优势　利用外部机会	WO战略: 利用外部机会　改进内部劣势
	内部机会(T)	ST战略: 依靠内部优势　回避外部威胁	WT战略: 克服内部优势　回避外部威胁

【实训练习】

参考SWOT分析法的三个步骤,实训小组选择1个展览会(综合展/专业展、贸易展/消费展)进行分析,总结及讨论外部和内部环境对展览会的影响。

2. 会展项目生命力分析

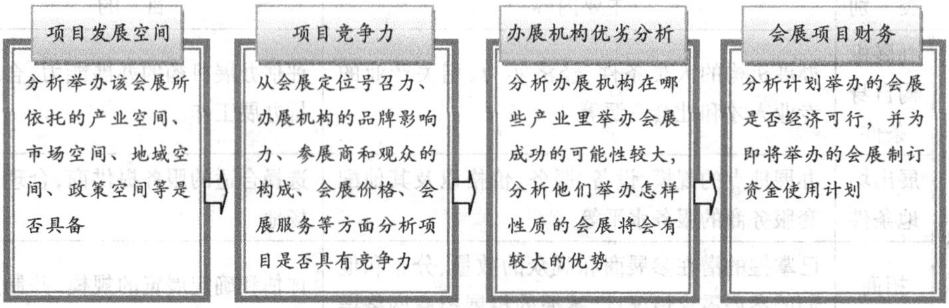
项目发展空间
分析举办该会展所依托的产业空间、市场空间、地域空间、政策空间等是否具备
项目竞争力
从会展定位号召力、办展机构的品牌影响力、参展商和观众的构成、会展价格、会展服务等方面分析项目是否具有竞争力
办展机构优劣分析
分析办展机构在哪些产业里举办会展成功的可能性较大，分析他们举办怎样性质的会展将会有较大的优势
会展项目财务
分析计划举办的会展是否经济可行，并为即将举办的会展制订资金使用计划

图 4.19 会展项目生命力分析

3. 会展项目执行方案分析

在展览会可行性分析中的执行方案分析环节，分析的重点是各种执行方案是否合理、是否完备和是否可行。对执行方案的分析一般从展会基本框架、招展招商和宣传推广计划、会展计划进度和现场管理及相关活动计划 4 个方面进行评估。

①对计划举办的会展的基本框架进行评估，具体如表 4.28 所示。

表 4.28 会展的基本框架

序　号	评估内容	评估目的
1	展会名称	与展会的展品范围、会展定位之间是否有冲突
2	办展时间、办展频率	是否符合展品范围所在产业的特征
3	会展举办地点	是否适合举办该展品范围所在产业的会展
4	会展展品范围所在产业	能否举办如此规模和定位的展览会
5	会展的办展机构	在计划的办展时间内能否举办如此规模和定位的会展；对会展展品范围所在的产业是否熟悉；会展定位与会展规模之间是否有冲突

②招展招商和宣传推广计划评估，包括招展计划评估、招商计划评估、宣传推广计划评估。

③会展进度计划评估，主要从以下几个方面着手：各项工作进程安排的合理性、各阶段工作目标的准确性、各项工作安排的配套性、各项工作安排的可行性、各阶段工作安排的统一性。

④现场管理和相关活动计划评估，此项评估主要考察：现场管理计划的周密性、现场管理计划的可控性、相关活动必要性、相关活动的可行性、现场管理和相关活动的协调性。

4. 会展项目财务分析

会展项目财务分析主要目的是分析计划举办的会展是否经济可行，并为即将举办的会展制订资金使用计划。

①会展项目财务分析的方法：根据前期市场调查和基本调查所作预测得出基础数

据,如投入资金的多少、成本、收益和利润等,再通过整理分析数据进行财务分析。

②价格定位:办展机构的定价目标主要有以下5种:利润目标、市场份额目标、市场汲取目标、质量领先目标、生存目标。办展机构最终选择哪种定价目标,主要受3个因素的影响:顾客、成本和竞争。

③成本预测:举办一个会展的成本费用一般包括如下几项内容:

A. 展览场地费用。即租用展览场馆以及由此产生的各种费用。这些费用包括:展览场地租金、展馆空调费、展位特装费、标准展位搭建费、展馆地毯及铺设地毯的费用、展位搭装加班费等。

B. 会展宣传推广费用。包括广告宣传费、会展资料设计和印刷费、资料邮寄费、新闻发布会的费用等。

C. 招展和招商的费用。

D. 相关活动的费用。包括技术交流会、研讨会、会展开幕式、嘉宾接待、酒会、会展现场布置、礼品、聘请会展临时工作人员的费用等。

E. 办公费用和人员费用。

F. 税收。

G. 其他不可预测的费用。

④收入预测:举办一个会展的收入一般包括展位费收入、门票收入、广告和企业赞助收入及其他相关收入。

⑤盈亏平衡分析。

⑥现金流量分析:一般包括净现值分析、净现值率分析、获利指数、内部收益率等内容。

⑦资金筹措:办展机构在筹措资金时,应注意其规模要适当、筹措要及时、方式要经济、来源要合理。

5. 风险预测

风险预测包括市场风险、经营风险、财务风险、合作风险。

6. 存在的问题

存在的问题包括通过以上可行性分析发现的会展项目立项存在的各种问题、研究人员在可行性分析以外发现的可能对会展产生影响的其他问题等。

7. 改进建议

针对上述问题,提出对会展项目立项策划的改进建议。

8. 努力的方向

根据会展的办展宗旨和办展目标,在上述分析的基础上,针对存在的问题,提出要办好该会展所需要具备的其他条件和未来的发展方向。

三、会展项目立项可行性研究报告的写作要求和框架

一般而言,展览项目可行性研究报告包括六大部分,即项目简介、技术性要求(如对展览场地的特殊要求,需要配备的专业人员等)、财务预算(包括资金投入、政府拨款、展

位销售收入、赞助和广告收入等)、展览会的市场前景与目标市场分析、管理技术和人力资源分析、结论。

1. 总论

商品交易会主题的主要理念、思想和简要的背景资料。

2. 展会目标和范围

商品交易会的目标参展商和专业买家,参展范围是国际展、全国展或是地区展。

3. 与行业市场有关的资料

与行业市场有关的全国性和地区性宏观经济,如统计数字、销售额、增长速度、雇员数量等。

4. 行业市场分析

①供应(国际、国家/地区):如市场细分、市场结构、相关的和潜在的展览公司名单。

②需求(国际、国家/地区):如市场细分、市场结构、相关的和潜在的展览公司名单。

③市场—销售系统:如市场结构、销售渠道、有关分销商名单、目标群体、利益相关者,并对他们进行目标分析。

④市场趋势表现为国际、国内、地区趋势和发展,未来发展表现为技术进步、新需求和日益增长的需求。

5. 竞争态势

国际竞争,中国国内竞争;类似的主题、构想;相同的参展商结构;顶尖级展览会。

6. 可利用资源

有关的支持单位、赞助单位,包括政府机构、行业协会、媒体、大学科研机构。

7. 财务分析

①粗略评估项目的预算(如计算成本和销售额)。

②预期利润(如总成本计算和直接成本核算)。

③预期收益。

8. 活动预测

项目实施评估分析,如利用评分模型对项目、标准、展览主题、计划进程、竞争、可利用资源、财务负担/风险进行评估。

9. 总结和建议

对项目是否可行给出结论,同时针对项目的开展提出建议措施。

实战项目训练

1. 完成实训练习 1 ~2;

2. 在实训练习 1 的基础上,实训小组选择 1 个题材相似但举办地点不相同的展览会进行 SWOT 分析,并对两个展览会进行比较。

操作程序、标准及实训效果评估

“实训项目四 会展策划”的操作程序、标准及实训效果评估如表4.29所示。

表4.29 会展展位定价和预算策划的操作程序、标准及实训效果评估表

业务操作步骤		标准与要求	实训效果评估		
			满分	得分	评语
会展项目调研	1. 制订信息收集计划	1)确定策划对象,进行前期信息搜集,对备选行业进行初步了解 2)选取信息收集方法,从二手资料法、问卷法、访问法、观察法、实验法等选取一种或多种方法结合	3		
	2. 信息收集	1)产业信息收集,收集的信息包括产业状况、主要企业、产业集聚、产业周期等关键信息 2)市场信息收集,收集的信息包括产品销售形式、主要同类型展会(互补、竞争)和对应的政策信息等关键信息 3)基本信息收集,基本框架的关键信息如展会名称、地点、时间、周期、合作机构、展品范围等	11		
	3. 分析信息	对收集的信息进行复核审核,然后进行数据处理,以便进一步分析研究	4		
	4. 撰写报告	1)撰写报告 2)编排印刷 3)口头汇报	7		
会展立项策划	1. 收集信息	1)文献搜索,通过专著、教材、专业杂志、文章等文献资料,掌握会展场馆设施设备相关基本知识 2)网络搜索	4		
	2. 基本框架设计	掌握基本框架的主要内容,内容涵括展览会的基本信息	6		
	3. 展位定价分析	1)横向对比,以国内规模、主题、办展地点较为相似的展览会作为对比对象,展会举办时间在3年内,并列表概述对比展会情况 2)纵向对比,对展览会过往3~5届展位定价进行对比 3)其他对比,通过心理定价法、市场需求等方法对展位定价进行分析	6		
	4. 撰写报告	1)撰写报告 2)编排印刷 3)口头汇报	9		

续表

业务操作步骤		标准与要求	实训效果评估		
			满分	得分	评语
撰写会展立项策划案	1. 基本框架设计	根据立项策划设计基本框架，框架内容需符合立项策划书的一般要求	5		
	2. 撰写预算方案	1)编制部门预算，汇总各个部门的预算方案，进行分析、归类 2)编制项目预算，根据细分项目将预算分为收入和成本两部分 3)对预算进行修改，定稿	8		
	3. 撰写报告	1)撰写报告 2)编排印刷 3)口头汇报	12		
会展可行性分析	1. 基本框架设计	根据可行性分析报告设计基本框架，框架内容需符合可行性分析报告的一般要求	5		
	2. 信息收集及分析	1)使用 SWOT 分析法对展览会外部和内部环境进行分析 2)根据展览会生命力分析的框架进行信息收集	8		
	3. 撰写报告	1)撰写报告 2)编排印刷 3)口头汇报	12		
说明	以上业务操作满分共 100 分，得分在 90 分以上为优秀，80 ~ 89 分为良好，70 ~ 79 分为中等，60 ~ 69 分为合格，60 分以下为不合格		100 分		
反馈	总分： 评语：		考评员签名		

实训项目五　会展营销

教学目标

✪掌握会展市场信息收集与调研的途径和方法，独立进行信息归纳与整理。

✪熟练撰写招展方案及设计招展函。

✪熟练设计及撰写会展招商方案。

✪掌握市场推广原理，独立制订市场推广方案，进行招商和市场推广。

✪识记并运用销售沟通技巧，独立完成会展销售工作。

内容导读

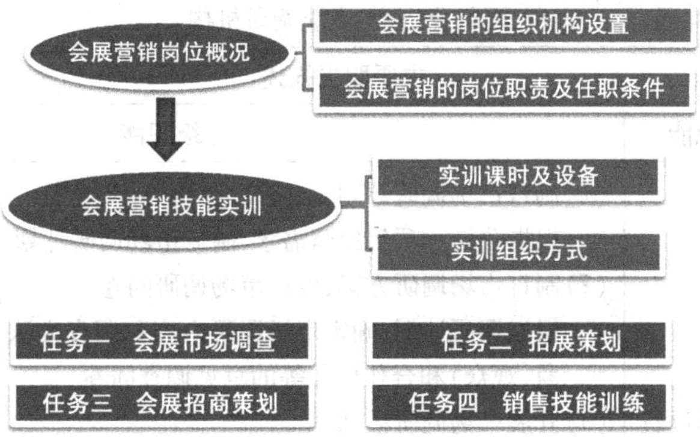
会展营销岗位概况
会展营销的组织机构设置
会展营销的岗位职责及任职条件
会展营销技能实训
实训课时及设备
实训组织方式
任务一　会展市场调查
任务二　招展策划
任务三　会展招商策划
任务四　销售技能训练
图 4.20　内容导读

会展营销岗位概况

一、会展营销的组织机构设置

会展要营销什么？

会展营销的内容主要有会展商务营销、会展展位营销、会展广告营销、会展同期项目营销、会展活动票务营销、会刊资料营销、会展公共关系营销等。会展营销是一个综合词语，在不同组织机构和岗位上都存在着营销工作。

市场部是会展企业的营销部门，主要负责各会展项目的业务拓展，如招商、招展、市场推广、营销计划制订等。会展营销的组织机构设置如图 4.21 所示。

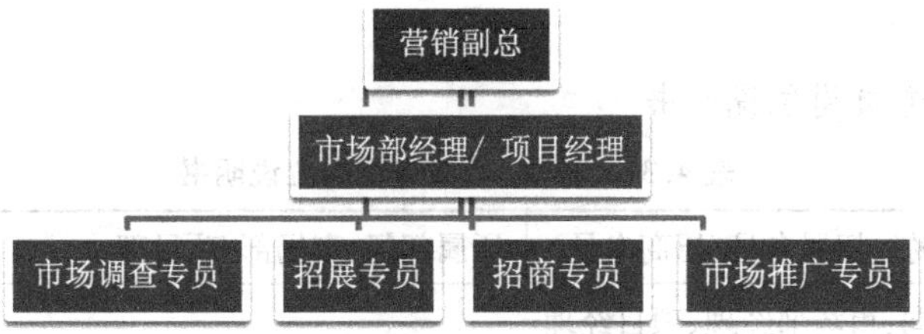
营销副总
市场部经理/ 项目经理
市场调查专员
招展专员
招商专员
市场推广专员
图 4.21　会展营销的组织机构设置

二、会展营销的岗位职责及任职条件

通常，大、中型会展企业的营销部门工作岗位设置包括市场调查专员、招展专员、招商专员和市场推广专员等。

1. 市场调查专员岗位说明书

表 4.30　市场调查专员岗位说明书

基本信息	岗位名称：市场调查专员	所属部门：招商部/项目部
	晋升方向：招商部经理、项目经理	

续表

工作关系	内部沟通	市场部经理、项目经理、策划部
	外部沟通	客户、同行业协会、专业调研机构
主要职责描述		
一级职能	二级职能	三级职能
会展营销	会展市场调研	(1)制订市场调研计划 根据公司和项目经营需求,制订市场调研计划 (2)制订市场调研方案,设计市场调研问卷 根据调研计划,确定市场调研内容和调查方法,设计潜在客户(参展商、观众)和合作伙伴等的意见调查问卷 (3)开展市场调研活动 针对参展商与观众的购买行为、会展市场开发信息、会展技术信息和专业客户信息进行调研,为业务拓展战略提供依据 (4)整理市场信息,分析并制作调研报告 对搜集的信息进行整理,分析并撰写调研分析报告上交相关领导审核
任职条件		
学历水平	大专以上	
工作经验	1年以上市场调研相关工作经验	
专业知识	市场营销、统计学等相关专业知识	
业务能力	掌握市场调研的一般工作流程,熟练使用相关软件进行信息整理与分析。五官端正,身材匀称,要求细心有责任心,口齿伶俐,有较强的与人沟通能力及理解力,能吃苦耐劳	

2. 招展/招商专员岗位说明书

表4.31 招展/招商专员岗位说明书

基本信息	岗位名称:招展专员/招商专员	所属部门:市场部/项目部
	晋升方向:市场部经理、项目经理	
工作关系	内部沟通	招展部/招商部经理、项目经理、策划部
	外部沟通	(招展)参展商 (招商)观众、广告主、广告媒体、赞助商、合作伙伴
主要职责描述		
一级职能	二级职能	三级职能

续表

会展营销	招商招展管理	(1)市场信息的收集 通过合理渠道收集目标客户、同行业的相关信息,从而了解客户需求,提高销售业绩 (2)客户开发 根据公司业务和项目特征,收集、管理客户信息,寻找潜在客户,丰富客户信息管理系统 (3)招商招展 确定销售目标,制订招商、招展方案;开展招商招展活动,接洽参展商、观众及赞助商等 (4)进行招商谈判,签订招商合同、赞助合同 针对客户需求进行报价及方案制订,对参展具体事宜进行沟通,按权限范围与客户签订合同 (5)维护客户关系 记录并妥善保管客户资料,有计划地定期进行客户跟进、业务交接、售后服务等工作,向客户提供合理化建议
任职条件		
学历水平	中专以上	
工作经验	1 年以上会展招商招展、客户关系维护等相关工作经验	
专业知识	市场营销、谈判学、销售心理学、客户关系管理等相关专业知识	
业务能力	熟悉市场调查、市场分析、招商工作流程	

3. 市场推广专员岗位说明书

表 4.32　市场推广专员岗位说明书

基本信息	岗位名称: 市场推广专员	所属部门:招商部/市场部/项目部
	晋升方向:招商部经理、市场部经理、项目经理	
工作关系	内部沟通	招商部经理、项目经理、相关职能部门
	外部沟通	客户、同行业协会、企业、广告媒体
主要职责描述		
一级职能	二级职能	三级职能
会展营销	市场推广	(1)制订会展产品推广计划 (2)准备会展产品的宣传资料 (3)选择合适的媒体推广手段 (4)按计划开展市场推广活动
任职条件		
学历水平	大专以上	

续表

工作经验	1 年以上新闻传播、市场营销、会展广告等相关工作经验
专业知识	市场营销、广告学、传播学、公共关系等相关专业知识
业务能力	熟悉市场推广的主要工具和方法

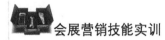

会展营销技能实训

一、实训课时安排

本实训合计 80 课时(共两周),包括课内授课 60 课时及课外实践 20 课时。具体安排如表 4.33 所示。

表 4.33 实训课时安排

序 号	工作任务名称	总课时	课 内	课 外
一	会展市场调查	24	18	6
二	招展策划	24	18	6
三	会展招商策划	24	18	6
四	销售技能训练	8	6	2
合 计		80	60	20

二、实训组织方式

(一)项目背景

cicaf 中国国际动漫节 China International Cartoon & Animation Festival

中国国际动漫节,由国家广播电影电视总局、浙江省人民政府主办,已被列为中国《国家“十二五”文化改革发展规划纲要》重点支持文化会展项目、“中华文化走出去”的重要平台,每年 4 月 28 日至 5 月 3 日在杭州举行。

中国国际动漫节自 2005 年以来每年春天固定在杭州举行,它以“动漫的盛会、人民的节日”为宗旨,以“专业化、国际化、产业化、品牌化”为目标,以“动漫我的城市,动漫我的生活”为主题,内容包括会展、论坛、大赛、活动四大板块等 20 多个品牌项目,美国最具实力的动漫集团迪斯尼、梦工场,日本最大的漫画出版集团集英社,以及来自法国、俄罗斯、乌克兰、克罗地亚、加拿大、韩国等 10 余个国家的知名动画机构代表,中央电视台、广州奥飞动漫、深圳环球数码等国内著名动漫基地和企业,中国美术学院、北京电影学院、中国传媒大学等著名高校都是动漫节的常客。

✪本项目执行单位是中国国际动漫节节展办公室。本实训以中国国际动漫节为项目背景，学生组队扮演“中国国际动漫节节展办公室”（下简称“节展办公室”）。

（二）组织方式

指导教师组织实训班级模拟成立“中国国际动漫节节展办公室”，分组完成各实训任务。本项目以班级42名学生为例，以小组为单位建立销售组。实训组织方式可参考图4.22的结构进行。

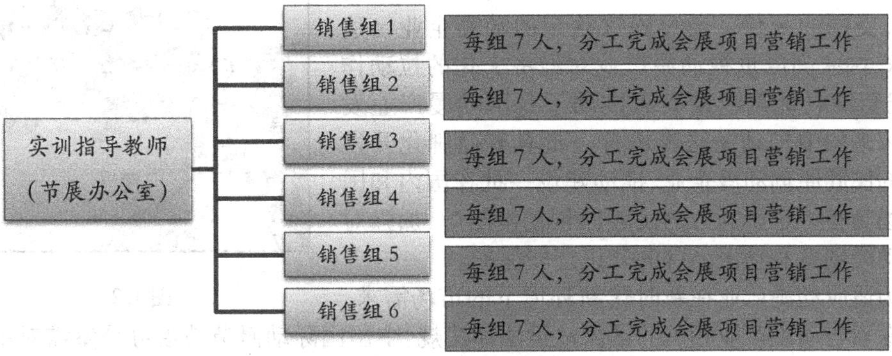
实训指导教师
（节展办公室）
销售组1
销售组2
销售组3
销售组4
销售组5
销售组6
每组7人，分工完成会展项目营销工作
每组7人，分工完成会展项目营销工作
每组7人，分工完成会展项目营销工作
每组7人，分工完成会展项目营销工作
每组7人，分工完成会展项目营销工作
每组7人，分工完成会展项目营销工作

图4.22 会展营销实训组织方式

学生需独立或分组完成本项目各实训任务结尾所布置的“实战项目训练”。如有条件，教师可组织实训班级通过组织校园会展活动项目（请参考本书“第五部分 会展综合项目实训”）或参加校外真实项目的招展招商等销售工作，来加深学生对本实训实践的认识。

会展营销实训流程如图4.23所示。

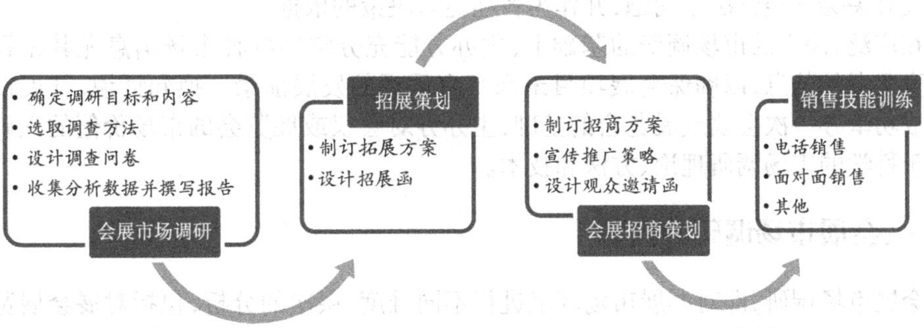
• 确定调研目标和内容
• 选取调查方法
• 设计调查问卷
• 收集分析数据并撰写报告
会展市场调研
招展策划
• 制订拓展方案
• 设计招展函
• 制订招商方案
• 宣传推广策略
• 设计观众邀请函
会展招商策划
销售技能训练
• 电话销售
• 面对面销售
• 其他

图4.23 会展营销实训流程图

任务一　会展市场调研

业务情景

近年，我国动漫产业发展迅猛，其增速是日本的10倍，美国的8倍。通过国家认定的动漫企业已达500家，国家高度重视动漫产业对经济文化的拉动作用，配套税收优惠政策有力推动了我国动漫产业发展。未来的中国动漫必将培育一批具有品牌化开发价值的民族原创动漫企业，推动建设一批在国内和国际市场具有一定影响力的民族原创动漫品牌，加强对入选动漫创意和动漫品牌的知识产权保护。

图 4.24

为适应动漫产业在新时代新环境下的市场需求，深入探索与动漫产业相关的国家政策法律法规，中国国际动漫节节展办公室需对中国动漫产业市场的最新状况进行一次市场调研。

✪请节展办公室组织各小组进行调研，完成《中国动漫产业市场调研报告》。

业务知识

所谓会展市场调研，就是以科学的方法，有系统、有计划、有组织地搜集、调查、记录、整理、分析有关会展产品、服务及市场等信息，客观地测定及评价、发现各种事实，用以协助解决有关会展经营决策问题，并作为各项经营决策的依据。

在广泛、深入的市场调研的基础上，主办方能充分掌握各种市场信息尤其是目标顾客和竞争者的信息，以确保会展项目未来具有乐观的发展前景。换句话说，开展市场调研是成功举办一次会议或展览会的基础，主办方对会议或展览会的市场价值的正确选择依赖于科学的市场调研理论、方法和技术。

一、会展市场调研的内容

会展市场调研，即对办展市场环境进行不同维度、层次的分析，包括对展会展览题材所在产业和市场的情况分析，对国家有关法律、政策的分析，对相关展会的情况的分析，对展会举办地市场的分析等。

总体归结为以下几点，可作为市场调研报告提纲。

会展市场调研报告

内容提纲

1.1　产业信息

(1)产业性质：产业处于投入、成长、成熟、衰退期中哪个阶段？进行数据列举和论证分析。

(2)产业规模：生产总值、销售总额、进出口总额和从业人员数量等；进行数据列举和产业未来发展趋势预测。

(3)产业分布状况：该产业产品在国内外的主要产区、国际及国内产区的产量比例分布、各产地生产及销售的产品种类、特色、档次如何等；选若干关键产区，进行数据列举、图表分析，预测对招展招商、宣传推广策划的影响。

(4)厂商数量：该产业的厂商数量；进行数据列举、图表分析，据此确定展会规模、参展商及专业观众数量。

(5)产品销售方式：该产业的成交方式、销售渠道、销售季节性等。

(6)产品特性：产品及生产设备所需技术的难易度、产品大小、重量等；据此分析对选择展览场馆的高度、承重等需求。

1.2 市场信息

(1)市场规模：展会举办地及全国市场规模的现状及未来增减趋势分析。

(2)市场竞争态势：垄断性及市场集中度如何？买方还是卖方市场？

(3)经销商数量和分布状况：批发商及零售商的分布和数量。

(4)行业协会状况：有哪些？影响力如何？对本项目能有支持作用吗？

(5)相关产业状况：上、下游相关或衍生产业有哪些？如何影响观众邀请？

1.3 相关政策法规

(1)市场准入规定

(2)知识产权的保护

(3)产业政策与规划：摘录所在产业若干核心政策要点，须以浓缩句子展示，但避免长篇直接复制。

(4)海关有关规定及其他规定

1.4 同类竞争展会

(1)同类展览会的数量和分布

(2)同类展览会的竞争态势

(3)重点竞争展会的基本情况：选3～4个本行业规模最大、影响力最强的展会进行简要分析——办展机构、时间地点、频率、参展商及观众数量和来源、展品范围、面积、定位、服务水平等的历届情况；对本展有何冲击或影响？

二、会展市场调研的方法

市场调查的方法主要有观察法、实验法、访问法和问卷法。

(一)观察法

观察法是社会调查和市场调查研究的最基本的方法。它是由调查人员根据调查研究的对象，利用眼睛、耳朵等感官以直接观察的方式对其进行考察并搜集资料。例如，市场调查人员到被访问者的销售场所去观察商品的品牌及包装情况。

(二)实验法

由调查人员根据调查的要求，用实验的方式，对调查的对象控制在特定的环境条件下，对其进行观察以获得相应的信息。控制对象可以是产品的价格、品质、包装等，在可控制的条件下观察市场现象，揭示在自然条件下不易发生的市场规律，这种方法主要用于市场销售实验和消费者使用实验。

(三)访问法

可以分为结构式访问、无结构式访问和集体访问。

结构式访问是事先设计好的、有一定结构的访问问卷的访问。调查人员要按照事先设计好的调查表或访问提纲进行访问,要以相同的提问方式和记录方式进行访问。提问的语气和态度也要尽可能地保持一致。

无结构式访问没有统一的问卷,由调查人员与被访问者自由交谈的访问。它可以根据调查的内容进行广泛的交流,如:对商品的价格进行交谈,了解被调查者对价格的看法。

集体访问是通过集体座谈的方式听取被访问者的想法,收集信息资料。可以分为专家集体访问和消费者集体访问。

(四)问卷法

问卷法是通过设计调查问卷,让被调查者填写调查表的方式获得所调查对象的信息。在调查中将调查的资料设计成问卷后,让接受调查对象将自己的意见或答案,填入问卷中。在一般进行的实地调查中,以问答卷采用最广;同时问卷法在网络市场调查中运用得较为普遍。

(五)二手资料分析法

√二手资料是已被整理分析甚至多次使用过的信息,具有开放的特性,一般来自于本企业及委托单位之外的其他渠道。

中国数字电视
市场报告
中国市场统计年鉴
Global Exhibition
Industry Statistics
陕西统计年鉴

图 4.25　二手资料

①政府部门提供的资料:如统计局会发布各种信息,这些信息具有真实性和权威性。

②国际性组织和私人商业组织提供的资料:国际性组织对本行业在全球范围内的发展有专业的了解。比如,联合国出版的《统计年鉴》包括了各国的产品与进出口资讯;世界银行的《世界图志》提供各国的人口数据、成长趋势和国民生产总值。

③图书馆提供的资讯服务:比如《协会组织百科》,它提供了上千个协会组织的联络地址、宗旨及服务项目等信息。

④网络电子资料:行业网站、竞争者网站、搜索引擎等。

⑤其他一些渠道的资讯:有关生产、经营机构提供的商品目录、广告说明书、专利资料及商品价目表等;行业期刊;对口媒体新闻;公司产品说明书;展览摊位提供的信息;同类展会的会刊;国内外各种博览会、展销会、订货会等促销会议发放的文件资料等。

三、会展市场调研问卷

会展市场问卷调查是运用问卷的方式向参展商、客商和普通观众收集参加会展活动的意向、意见和要求的文书。

会展市场调查问卷的设计步骤是：根据会展调查目标，确定所需要获取的信息资料→根据信息资料清单，确定问题及设计可供选择的答案→决定调查问卷的措辞→确定问题的顺序→问卷的测试与检查→审批、定稿。

会展调查问卷的制作要求：问卷中所有的题目都和调查目的相符合；问卷尽可能简短，长度满足获得重要资料即可；问卷的题目要由一般至特殊，并具有逻辑性；问卷的指导语或填写说明要清楚，没有歧义；问卷的编排格式要清楚，指示符号要明确。

问卷中的问题类型，大体上可分为4类：①背景性问题，主要是被调查者个人的基本情况，它们是对问卷进行分析研究的重要依据。②客观性问题，是指已经发生和正在发生的各种事实和行为。③主观性问题，是指人们的思想、感情、态度、愿望等一切主要世界观状况方面的问题。④检验性问题，为检验回答是否真实、准确而设计的问题。这类问题，一般安排在问卷的不同位置，通过互相检验来判断回答的真实性和准确性。

问题格式有：①是否式；②选择式；③填入式；④排列式；⑤量表式；⑥问答式。

会展调查问卷的结构一般包括标题、前言、主体和结束语。具体见表4.34。

表4.34　客商问卷调查表

第二届中国厦门国际门窗木业展览会
The 2nd China Xiamen International Win-Door & Wood Fair

客商问卷调查表

各位客商贵宾：

2011厦门国际门窗木业展已圆满结束，感谢您前来参观，在向您的支持表达我们诚挚谢意的同时，我们更希望听到您宝贵的意见，以便我们对今后活动的改进。请您抽时间回答下面的简单问题（选择题均可多选）。我们会为每一位客户的意见和信息严格保密，并在下次展会期间为每位提交者提供免费咖啡。再次感谢您对本次调查的帮助。

厦门国际门窗木业展组委会

1. 贵公司是如何得知现有的门窗木业类展会信息的：

A. 报纸杂志　B. 电视广播　C. 户外广告　D. 朋友或同行介绍　E. 政府或行业协会宣传　F. 其他：______

2. 贵公司参加展会预期达到以下哪些目标：

A. 寻找合作项目　B. 获取行业信息，了解市场最新动态　C. 下订单或确定进货意向　D. 其他：______

3. 您选择在每年哪个季度参观展会？

A. 第一季度（1—3月）　B. 第二季度（4—6月）　C. 第三季度（7—9月）　D. 第四季度（10—12月）

4. 您选择参观月份的原因：

A. 考虑同期其他同类型展会　B. 出行因素（如机票酒店等）　C. 展商通知　D. 其他：______

5. 您的门票来源：

A. 展商所赠（邀请）　B. 组委会邮寄赠送　C. 自发在厦门国际门窗木业展官方网站登记注册　D. 组委会工作人员派发　E. 其他：______

一、问卷标题

包括会展项目全称＋“调查问卷”或“问卷调查表”等字样，可加上项目LOGO英文译名及时间等。

二、问卷前言

也称卷首语。它是问卷调查的自我介绍。内容应包括：调查目的、意义和主要内容，选择被调查者的途径和方法，对被调查者的希望和要求，填写问卷的说明，回复问卷的方式和时间，调查的匿名和保密原则，以及调查者的名称等。卷首语的语气要谦虚诚恳，文字简明通俗。

6. 您比较关注哪些展品：

A. 门窗产品 B. 门窗/木业辅料 C. 门禁系统 D. 门窗五金产品及配件

E. 门窗/木业机械工具 F. 其他：______

7. 您在本次展会共接触了多少家展商：

——问题类型：客观性问题，询问某个展会实践情况

A. 1～5家 B. 5～10家 C. 10～15家 D. 15家以上

8. 您在本次展会上的收获：

A. 已寻得合作的项目 B. 初步达成采购意向，与供应商建立了初步的联系 C. 了解市场信息，采购商品，获取设计灵感，稍有收获 D. 其他：______

9. 您对多数展品哪些方面情况较满意（多选）：

A. 种类丰富 B. 功能多样 C. 实用、易操作 D. 外形设计 E. 贴近时代 F. 创新度

10. 您对现有门窗木业类展会组织哪些方面比较满意（多选）：

A. 宣传推广 B. 参展企业数量 C. 参展企业质量 D. 展区设置及其形象

E. 展馆设施 F. 场内标识 G. 安保工作 H. 场内卫生情况 I. 食宿交通

J. 服务人员的专业素质 K. 服务人员的工作态度

11. 您对现有门窗木业类展会的总体评价：

——问题类型：主观性问题，询问总体评价

A. 展示了展商的良好形象 B. 搭建了中小展商的服务平台

C. 促进了展商、经销商之间合作与交流 D. 扩大了中小企业管理者的视野

12. 贵公司会参加下一届厦门国际门窗木业展吗：

A. 会参加 B. 基本不会 C. 视情况而定：______

13. 您认为我们还需要改进的地方包括（可多选）：

A. 展商质量 B. 展商数量 C. 展品种类 D. 展会搭建 E. 现场活动 F. 现场服务 G. 展会配套活动 H. 其他：______

14. 您希望获取2012年厦门国际门窗木业展哪一方面的信息：

A. 观众信息 B. 展商信息 C. 服务信息（如签证申请交通住宿） D. 新闻媒体信息 E. 配套活动信息 F. 其他：______

15. 贵公司平均每年参加多少个展会：

A. 1个 B. 2～3个 C. 4～5个 D. 5个以上

16. 贵公司共参加过其他哪些展会：

A. 北京门业展 B. 永康门博会 C. 广交会 D. 广州建材展 E. 其他：______

17. 贵公司更乐意参加哪种展会：

A. 政府主导型展会 B. 行业协会举办的展会 C. 专业会展公司举办的展会

18. 贵公司选择展会一般先考虑或主要考虑哪些因素：

A. 展会时间 B. 办展城市 C. 展会知名度 D. 展会主题 E. 展商构成 F. 宣传力度

19. 贵公司所在区域：

——问题类型：背景性问题，调查客商来源的地区分布

三、问卷主体

调查问卷的核心部分，包括了所要调查的全部问题，主要由各种形式的问题和答案及其指导语组成，是调研主题所涉及的具体内容。在拟订主体部分问答题时，问题的多少应根据调查目的而定，在能够满足调查目的的前提下越少越好；与调研无关的问题不要问；能通过二手资料调查到的项目不要设计在问卷中；答案的选项不宜太多。

A.华北　B.华东　C.东北　D.华南　E.西南　F.西北　G.港澳台　H.其他:______

20.贵公司对下届厦门国际门窗木业展的意见与建议:

____

____

问卷到此结束,我们衷心感谢您对厦门国际门窗木业展的大力支持。我们将继续再接再厉,创造更好的展会平台!

如方便,麻烦留下您的联系方式,以便下届展会提前邮寄展会资料,让您享受VIP客商待遇!

姓名:______________　公司:______________

地址:______________　电话:______________

传真:______________　手机:______________

四、结束语。

结束语可以是简短的几句话,对被调查者的合作表示真诚感谢;也可稍长一点,顺便征询一下对问卷设计和问卷调查的看法。

五、被访者背景信息

有关被调查者的一些背景资料。如性别、年龄、民族、文化程度、职业、单位、联系电话等;在对企业的调查中,企业名称、地址、所有制性质、主管部门、职工人数、商品销售额(或产品销售量)等情况。

四、会展市场调研报告

会展市场调查报告一般由标题、正文和结尾3部分组成。

(一)标题

标题可以有两种写法。一种是规范化的标题格式,即“发文主题”加“文种”,基本格式为“××关于××××的调查报告”“关于××××的调查报告”“××××调查”等。另一种是自由式标题,包括陈述式、提问式和正副题结合使用三种。

(二)前言

有几种写法:

第一种是写明调查的起因或目的、时间和地点、对象或范围、经过与方法,以及人员组成等调查本身的情况,从中引出中心问题或基本结论;第二种是写明调查对象的历史背景、大致发展经过、现实状况、主要成绩、突出问题等基本情况,进而提出中心问题或主要观点;第三种是开门见山,直接概括出调查的结果,如肯定做法、指出问题、提示影响、说明中心内容等。前言起到画龙点睛的作用,要精练概括,直切主题。

(三)主体

这是调查报告最主要的部分,这部分详述调查研究的基本情况、做法、经验,以及分析调查材料中得出的各种具体认识、观点和基本结论。

(四)结尾

结尾的写法也较多,可以提出解决问题的方法、对策或下一步改进工作的建议;或总结全文的主要观点，进一步深化主题；或提出问题，引发人们的进一步思考；或展望前景，发出鼓舞和号召。

【范例】

中国机电类出国（境）展览服务市场调查报告

——中国机电类出国（境）展览服务市场调查报告

一、机电类出国展会市场状况分析

1. 出国目标国家与地区

近年来，出国企业主要参展国家和地区依次为德国、法国、意大利、美国、巴西、阿拉伯国家、埃及、南非、日本、新加坡、越南、韩国、老挝、印度尼西亚和中国香港等15个国家和地区。

2. 出国参展的展会类型

调查显示，企业出国参加的展览会主要包括五金展、汽车展、摩托车展、电子展、海事展、机电综合展、贸易博览会、礼品展、家具展、服装展、机床展与超市展等11类展览会，其中五金展是机电类企业出国参展的主要目标展览会，占出国参展总数的37%，值得注意的现象是出国目标展会中11%为消费品类展会，分析原因是被调查企业中有部分是贸易公司。

3. 机电类企业到德国参展概况

在15个主要的参展目标国中，世界展览大国德国独占鳌头，以高达42%的比例成为我国机电企业出口参展首选国家，根据调查数据分析，125个被调查的机电类参展商到德国参展的有五金展、国际汽车摩托车及零部件博览会、电子展、海事展、礼品博览会、家具展、时装展、高尔夫用品展、制冷展、医疗用品展、灯具展等48个各类展览会，其中，德国科隆五金展的参展企业最多，达到50%，其次是汽车展（14%）和电子展（9%）。

4. 2004年企业计划参加境外展会情况概述

◆82家企业2004年计划参加出国展览会合计273个，平均每个企业参展3.3个左右，其中一个企业最多参展数量达到10个的有3家，39%的企业参展2个，16%的企业出国参展数量3个，13%的企业只计划参加1个国外展览会。

◆87家出国参展商计划2004年购买规模相当于标准展位的个数合计325个（大约2 925 m^2），其中40%的企业计划使用2个标准摊位，16%的企业只租用1个标准摊位，摊位数量最多的企业是中国船舶工业贸易公司，该企业计划租用80个标准摊位（相当于720 m^2）。

◆81家单位将派出出国参展人员数合计617人，企业派出参展活动最多人数达到60人的仅占2.5%，一般企业平均派出人数3~5人，22%企业参展人员为3人，17%的企业4人。81家企业2004年计划出国总参展费用3 277万元，平均每个企业40万元人民币出国预算，最高预算金额为250万元，100万~250万元的企业有8家，占参展总费用的38.75%，其他企业中14%计划参展费用10万元。

二、出国参展组织服务调查统计分析

1. 出国参展国外行程组织单位情况

调查显示，48%的企业出国参加机电类展会活动安排是由专业组团单位担任，26%为企业自行安排，由海外客户帮助计划参展的占11%，公司驻外分支机构负责接待参展的有8%，在国外的合作单位组织参展的为4%，最后才是旅游公司2%，其他占1%。

从中可以看到，我国出国展览组织工作的主力军依然是取得国家认可资格的专业组团单位，除了各地区外经委和各地方贸促会，就是专业组展单位，如商务部国际通用广告公司、北方工业公司、中国机械进出口总公司、中展、中国机电产品进出口商会、中国电子进出口公司、上海机械进出口集团有限公司等。不过，数据分析中有一个值得关注的现象，就是企业"自己安排"出国参展的比例正在快速增加，而旅行社尚未把出国组团事宜提到日程上来。

2. 参展商获知"机电类出国展览会"信息的渠道

获得外国展会信息的主要渠道一般有网络、展览专刊、本行业报纸杂志、出展组团单位的推荐、朋友介绍以及其他。

参展商由出国组团单位直接发函得知展会信息的有55家，占22%，这说明出国组团单位在招展方面的确下了一番功夫，也取得了较为明显的成效；通过互联网信息得知的占19%；通过行业外贸报刊得知的占18%；通过本行业报刊和展览专业报刊获得本次展会的信息各占17%，朋友引荐的占3%，其他途径的占4%。

组团单位主动招展是出国参展商获得展会信息的主要来源，在机电类出国展览中起到了积极的作用。同时这也说明了出国展览会信息传播途径比较丰富，一改往昔中国国际贸促会单一渠道状况，参展商懂得利用各类展会信息检索渠道，如网络、外贸报刊、展览类杂志及其他，网络招展位居第二，未来的出国招展网络将大有作为，应加强传播手段的多样化、立体化，扩大传播效果。

3. 参展商出国参展的主要目的

了解参展商参展的动机对于有针对性地提供展会服务大有益处。经统计，机电类企业出国参展的前四个目的依次是：联系客户（占38%）、达成出口合同（占22%）、展示公司的形象（18%）与了解国际市场（占16%）。

通过调查发现，展商参展目的尽管不一，但普遍具有多重性，可是，机电类展商出国参展的动机却是相对较为集中，其中"联系客户"的比重最大，其他的目的，如"达成出口合同""展示公司的形象""了解国际市场""合作"与"企业技术转让"相对所占比例较小。

国际性展览会是更高层次的投资、贸易与洽谈等商务活动，展会成功与否的最终衡量标志是参展商获得多少销售订单，并非产品的直接销售，我国机电企业出国参展将"联系客户"作为主要参展目标，说明我国机电企业对展会提供的国际性贸易市场需求是十分强烈的，直接销售欲望低。同时，也表明我国出国展览会的国际性展会贸易交流工具功能发挥了极好的作用；但是，这一现象也反映了我国机电出口市场处于销售商品阶段，缺乏品牌产品和品牌企业，我国参展企业急需提高商品和企业的国际市场竞争力，加快国际商品市场结构调整，尽快由商品销售进入企业形象展示阶段，全面提高我国机电类企业的国际性展会参展能力。

4. 参展决策依据

是什么原因促使企业出国参加展览会？是因为有政府出国展会补贴？抑或由于同行竞争的缘故？抑或由于参展国家展会地区交通便捷？还是由于国际性展览会高水平的服务质量呢？本次调查通过数据分析的结论有些令人出乎意料，相信这项研究成果对我国从事出国展览会的专业组织单位进行招商招展具有一定的参考价值。

超过1/3类出国参展商已经能够理智消费国际性机电展会产品,他们对知名类杂志、外贸报刊的出国展览会的号召力深信不疑,而且能够主动性极强地按照自己企业的市场营销计划进行国际机电类展览会的参展消费行为,估计不久的将来,这些展商们对高质量展览会的专业观众追求将有所上升。

同时,有两个问题相信对组团单位特别有启发,一是这些企业对出国参展的费用高低并不在意;二是对组团单位的服务问题基本上不提。笔者认为,对我国机电类出国展会组团单位而言,上述几方面正是最具有效益、值得去挖掘的潜力市场。

【评析】这是一份在对机电类出国展会市场状况调查的基础上完成的一份调查报告,重点分析了出国参展组织服务方面的有关情况,并提出了自己的相关见解。

实战项目训练

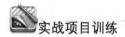

请节展办公室组织各小组,识记前面相关业务基础知识,完成问卷设计,进行数据收集分析,制作《关于中国动漫产业情况的市场调研报告》,并进行口头汇报。

任务二 招展策划

业务情景

展览会招展就是通过各种方式将那些产品(服务)与拟办展览会主题相符的制造商、供应商、成果拥有者、服务提供者吸引进展览会,让其在展览会上展示和推销自己的产品、服务和技术成果。

✪请节展办公室开展明年的招展计划工作,完成中国国际动漫游戏博览会招展方案策划及招展函设计。

业务知识

招展工作的主要内容包括寻找目标参展商与观众、划分展区和展位、确定招展价格、编制发放招展函、安排招展分工、选择招展代理、制订招展宣传推广计划、安排招展预算、做好招展总体进度安排等。

一、会展招展方案的制订

制订可行的会展营销计划是会展营销的重要环节。其中,会展招展方案是在会展策划的基础上,为展位营销而制订的具体执行方案,是对展位营销工作的整体规划和总体部署,是诸多会展营销计划中的核心方案之一。

会展招展方案是对会展活动展位营销的总体指导方针,在撰写过程中需要充分考虑产业特点和展位划分,需要合理规划招展价格和招展分工,需要提前统筹招展函的编制和发送事宜,需要对招展代理、宣传推广、营销方法和营销进度进行整体安排,并作出初步预算。

一般来说,会展招展方案包括以下内容:

会展招展方案的内容与格式

(1)介绍产业分布特点。从产业的高度介绍、分析会展题材所在行业的经营环境、分布特点和发展愿景,介绍行业内的企业机构状况、分布情况和优劣态势。

(2)介绍展区和展位划分。以平面图或表格的方式对展区和展位进行划分,介绍其具体安排情况。

(3)规划招展价格。列明初步规划的会展招展价格,即制定该价格的依据。

(4)规划招展分工。对会展的招展分工作出规划和安排,包括招展地区分工安排、招展单位分工安排、本单位内招展人员分工安排等。

(5)统筹招展函的编制与发送。统筹、介绍招展函的内容、编制方法、发送范围与方法。在做招展函的编制计划时,要考虑到招展函的印制数量、发送范围和如何发送等问题。

(6)选择招展代理。对会展招展代理的选择、指定和管理等作出安排,对代理佣金水平及代理招展的地区范围与权限等作出规定。指定会展招展代理可以增加招展单位的业务网络,扩大业务规模,提高经济效益,因此,指定会展招展代理需要尽可能保证代理商的资质和实力。

(7)规划招展宣传推广。招展宣传推广是指为了更好地促进会展的招展活动,围绕会展招展的基本策略和目标制订的具有高度针对性和配合协调性的宣传推广活动。在招展方案里,需要提出招展宣传推广的策略、渠道、时间和地域安排以及宣传推广费用预算等。

①招展宣传推广的渠道:包括召开新闻发布会、网络推广、相关协会推广、软文广告等。

②招展宣传推广的策略:包括宣传推广的出发点、主题、亮点,突出会展的个性化特色。

③招展宣传推广的时间和地域安排:招展宣传推广在时间和地域的分布和安排上要注意与招展实际工作紧密配合,宜因地制宜但又不彼此冲突。

(8)规划展位营销办法。提出适合本会展展位营销的各种渠道、具体办法及实施措施,对招展人员的具体招展工作作出指引。

(9)测算招展预算。对各项招展工作的费用支出作出初步预算,以便会展及时、合理地安排各种所需要的费用支出。

(10)规划招展总体进度安排。所谓招展进度计划,指的是在招展工作开始实施之前,就对招展工作及其要达到的效果进行统筹规划、总体布局,以便掌控招展工作的进程,确保会展招展成功。招展进度安排一般用表格的形式来表现。

二、招展函[①]

招展函是办展机构用来说明展会以招揽目标参展商参展的小册子。招展函是展会

---

① 关于招展函的文案写作要求及范例,请结合本教材“实训项目七　会展文案写作”进行学习。

进行展位营销时主要的核心资料之一，也是目标参展商最初了解展会情况的主要信息来源。为了能使目标参展商对展会有足够的了解，并对展会作出基本的判断，招展函介绍展会的内容必须准确而全面。

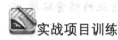

实战项目训练

训练1　会展招展方案策划

以4～6人为一组，为中国国际动漫游戏博览会（教师可因地制宜另外选定当地会展项目，方便学生取材）策划明年的招展方案。

1. 要求招展方案要覆盖本节理论知识中的会展招展方案主要内容。

2. 招展策划内容以PPT形式进行内容归纳。

3. 分组汇报。

训练2　招展函设计

1. 学习招展函范例：第十六届中国（广州）国际建筑装饰博览会招展函，分析它的各大构成部分及设计技巧。

2. 为明年的中国国际动漫游戏博览会起草设计一份面向参展商的招展函，要求严格按照本节理论知识中的展会招展函的内容与格式进行设计。可参考配套CD中本任务的相关范例。

中国国际动漫游戏博览会的相关信息可以通过网络搜索得到，作业需符合招展函格式。

任务三　会展招商策划

业务情景

第十届中国国际动漫节产业博览会于2014年4月底在杭州滨江白马湖动漫广场展览馆举行。本届动博会为适应行业发展新趋势，满足企业多元化要求，面向国内游戏产业基地、游戏运营商、国内外知名游戏企业等招商。

动博会特推动漫游戏展，通过专业展示ACG融合新案例来引导产业发展的新趋势，重点展示与动画、漫画相互衍生的游戏产品及相关公司，为动漫业和游戏商提供良好的交流合作平台，挖掘全新商机。同时，通过异业交流合作，强化动漫产业跨界交流，通过举办若干场交流明确、气氛融洽的见面交流会，为广大动漫企业以及异业企业提供绝佳机遇平台，增强动漫与国际授权、玩具、服装等相关行业的合作。

✪请节展办公室为明年的动博会招商开展筹备工作，完成中国国际动漫节产业博览招商方案及观众邀请函的设计。

业务知识

展会成功的关键在于招商。展会招商是通过各种方式将那些对拟办展览会所展示的产品有需要和感兴趣的采购商和其他观众引进展览会,邀请观众到展会来参观。观众是展会成功举办不可或缺的重要因素,拥有一定数量和质量的观众是一个展会成功的重要标志之一。

在招商活动前首先要对展览会作市场分析,确定是专业展览会还是综合展览会,展品是属于哪个行业,题材是否是新开发的,最重要的是要明确展览会的定位、办展的目的和参展商的需求。在此基础上,确定展览专业观众的目标定位和范围、信息收集、宣传推介等。

一般说来,展览会专业观众的范围主要集中在生产厂家、贸易商、上下游供应链、大客户、科研机构、政府主管、行业组织、专业杂志等。

一、展会招商方案

展会招商方案是为展会邀请观众而制订的具体执行方案,它是在充分了解展会展品的需求市场的基础上,合理地安排招商人员在适当的时间里通过合适的渠道而进行的展会招商活动,是对展会招商活动进行的总体安排和把握,目的是力求保证展会开幕时能有足够的观众到会参观。常见的展会招商方案包含七部分内容。

(一)制订招商方案的依据[①]

包括:√展会展品的主要消费市场的地域分布状况和需求情况

√展览题材所在行业及其相关产业在全国的分布状况

√相关产业在各地区的发展现状

√各有关产业的企业结构及分布情况等

这是制订展会招商方案的基础工作,要符合各有关产业的实际情况,准确无误。如果对各产业消费市场的分析有误,招商重点地区的安排就会名不符实,招商宣传的重点地区就会出现偏差,实际招商工作的效果就难以保证。

(二)展会招商分工

根据展会的实际需要和会展企业的工作计划,对展会的招商工作作出分工安排。

包括:√对各办展单位之间的招商分工进行安排

√对本单位内部招商人员及招商工作的分工进行安排

√对各招商地区的分工进行安排等

为应对招商工作中出现的"重招展、轻招商"的错误倾向,必须明确各办展机构之间的招商分工,明确各单位必须共同遵守的招商原则、对各单位负责的招商地区(或行业)和重点目标观众的划分、对招商费用的预算和支付办法的规定、对重点目标观众的邀请和接待的安排、企业内部员工各自的职责等。

① 关于制订招商方案的依据,需要前期进行大量市场调研及信息分析,请完成本实训项目之"任务一 会展市场调研"的实训内容后,根据调研所得进行信息提取。

(三)展会通讯及观众邀请函的编印和发送

包括观众邀请函的内容、编印办法和发送范围与方法等。在做观众邀请函的编印和发送计划时,还要考虑观众邀请函的印制数量、发送范围和如何发送等问题。

(四)招商渠道和措施

提出展会招商计划使用的各种渠道,以及针对各招商渠道计划采取怎样的招商措施。主要的渠道可以根据招商工作的实际需要来选择。

包括:

√召开新闻发布会

√展会招商分工

√在专业和大众报纸杂志上做广告

√在国内外同类展会上宣传推广

√在网上宣传推广

√通过有关协会和商会宣传推广

√通过参展商带动其自有客户群

√利用外国驻华机构和我国驻外机构做宣传

√向有关人员直接邮寄展会资料

(五)招商宣传推广的策略

招商宣传推广的策略包括宣传推广的出发点、主题、亮点等。在策略上要紧扣展会的定位和主题,突出展会的优势和个性化特色,从客户的角度出发,处处为客户的利益着想;其宣传的渠道同招商的渠道保持一致;在宣传推广的时间和地域安排上要与招商的实际工作紧密配合,并走在招商实际工作的前面,为招商工作扩大声势、打响知名度;时间上要连贯,要有统一的理念和策略作指导;在地域上要因地制宜。在重点招商的时间段和重点招商的地区,要加大宣传推广力度,增强宣传推广的针对性。

(六)招商预算

展会的直接招商费用主要包括:招商人员费用、招商宣传推广费用、招商代理费用、招商资料的编印和邮寄费用、招商公关费用及其他不可预见的费用。编制招商预算,应从招商工作的实际需要出发,本着统筹安排、合理利用的原则,实事求是地进行。对招商的各项预算费用要落实到位,不能偷工减料。

(七)招商进度安排

招商进度计划,就是在展会招商工作开始实施之前,对招商工作及其要达到的效果进行统筹规划,事先安排好什么时候该开展什么样的招商活动、采取什么样的招商措施、到什么阶段招商工作要达到什么样的效果、完成什么样的任务等。计划一旦制订,就要按该计划实施。如果具体情况发生了重大变化,也可以进行局部调整,以适应新情况的需要。

二、招商宣传推广

招商宣传推广是为促进展会更好地招商而有目的、有针对性地举行的一些宣传推广活动，围绕着展会招商的基本策略和目标而制订，有很强的目的性和配合性。在展会招商方案里，要提出展会招商宣传推广计划，包括宣传推广的策略、渠道、时间和地域安排以及费用预算等。

（一）招商宣传推广的策略

包括宣传推广的出发点、主题、亮点等。在策略上要注意紧扣展会的定位和主题，突出展会的优势和个性化特色，从客户的角度出发，处处为客户的利益着想。

（二）招商宣传推广的渠道

包括召开新闻发布会、在专业和大众报纸杂志上做广告、向有关人员直接邮寄展会资料、在国内外同类展会上宣传推广、在网上宣传推广、通过有关协会和商会宣传推广、利用外国驻华机构和我国驻外机构作宣传等多种渠道，可以根据招商工作的实际需要来选择。

（三）招商宣传推广的时间和地域安排

要注意与招商的实际工作紧密配合，并且要走在招商实际工作的前面，为招商工作制造声势、扩大知名度。宣传推广在时间上要连贯，要有统一的理念和策略作指导；在地域上要因地制宜。在重点招商的时间段和重点招商的地区，要加大推广力度，增强宣传推广的针对性。

【范例1】

2012年315放心消费企业风采展汽车展招商方案（节选）①

为让更多的市民了解本届展会，更好地为参展商家进行宣传，初步定于2月下旬开始炒作，大篇幅、大版面地集中炒作时间定于3月份，具体如下：

第一阶段　2月25—29日（车展导入期）

1. 对本届车展的主题、时间、地点等具体情况进行前期报道；对举办车展的深远意义进行宏观报道。

2. 对于参展车型进行总结报道，如共有多少款车型参展，其中新车有多少款，豪车有多少款，对参展车型进行简单介绍，对优惠信息进行部分提前透露。

3. 对本次车展的精彩活动进行前期预告，让市民了解活动大致内容并产生浓厚兴趣。

第二阶段　3月1—5日（车展预热期）

1. 引入参展品牌，详细报道参展车型，并采访经销商对本次车展的看法及将要采取的优惠措施。（对刚上市的新车及参展的豪车进行独立报道，结合适合百姓买车、选车的办法及参考意见进行知识性报道，采访经销商针对车主、准车主的需求进行新闻报道）。

---

① 节选自《2012年315放心消费企业风采展汽车展招商方案》，完整版本请见本教材配套CD。

2. 详细报道本次车展的内容以及亮点，对参与本次车展的经销商、组织协调单位、汽车品牌进行炒作，报道热门车型参展、车展精彩活动、车展展位介绍，跟踪商家参展情况。

第三阶段　3月6—10日（车展高潮期）

1. 对参展品牌和参展车型作全方位报道，多用细节体现。

2. 加大对优惠力度的报道，吸引有效客户的关注；加大对车展现场活动的报道，将其精彩处进行细致入微的报道。

3. 对需要买车的市民名单及车型信息（包括车型及配置），做好记录。

第四阶段　3月11—14日（车展开始前5天）

1. 对本次展会参与车型、优惠信息、精彩活动进行大篇幅、高频率的报道，再次加热车展。

2. 对车展的路线图、坐车路线及车展当天的会餐情况进行简单报道。

第五阶段　3月15—17日（展期报道）

对展会的整体介绍（包括一些市民热议的亮点细节），继续对缩影进行跟踪报道。

第六阶段　3月17日后（展会后续报道）

对车展期间的车辆成交量、成交额等进行报道，对经销商所获得的满意成绩进行报道，对社会各界的评价进行客观报道，对车展的深远意义进行报道。

【范例2】

第八届海峡两岸茶博会市场开发计划书①

11月16—18日，第八届海峡两岸茶业博览会将在武夷山隆重举行，作为海峡两岸茶界盛会，茶博会已连续成功举办七届，这是一项茶产品展览展销、茶产业对接合作、茶文化交流弘扬的经贸文化盛会，对于进一步构建福建茶产业的发展平台，打响闽茶品牌，促进海峡两岸经济区建设和海峡两岸农业合作与交流具有十分重要的意义。

本届海峡两岸茶博会的主打宣传口号为"缘聚武夷、茶和天下"。主题主要突出"茶与茶文化"，同时兼顾"茶与养生、茶与茶具、茶与茶食品、茶与茶设备"等内容。邀请海峡两岸及境外有实力的茶企业参展。安排标准展位1 257个，邀请参展企业（商）500家以上，其中台湾企业100家以上，邀请采购企业（商）4 000家以上，成交额力争达到50亿元。

为实现本届茶博会市场效益最大化，组委会采取市场化运作机制，委托行业影响力大的社团、企业参与策划、组织，广泛邀请有实力、有影响的茶业生产、经销企业参与展览展销，为企业合作牵线搭桥。现应广大参展、采购企业的要求，经征得本届大会组委会的授权同意，武夷山市茶业博览会办公室与武夷山市海峡国际会展有限公司共同制订了本届茶博会市场开发一揽子计划，力图通过市场开发计划的实施，为海峡两岸企业提供强有力的市场营销平台，并大力鼓励海峡两岸企业广泛参与，真正使赞助企业通过茶博会的市场营销平台提升企业形象和产品品牌，与海峡两岸企业分享商机，通过资源互换实现共赢。该市场计划力求巩固、加强和保护赞助企业的特有权利，为赞助商提供优质服务，使其获得充分的投资回报。

① 来源于第八届海峡两岸茶博会组委会筹备办公室。

■【赞助类别】

级别	类别	赞助形式			名额/名	赞助金额/万元	目标企业
第一级（特邀赞助企业）	A	协办单位			1～3	80	1. 金融机构 2. 通信运营商 3. 旅游机构 4. 茶、饮料 5. 绿色食品商
	B	赞助商	Ⅰ	冠名单位	1	50	
			Ⅱ	全程赞助	5	20	
	C	大会指定用品	Ⅰ	礼品茶	16	—	各茶类
			Ⅱ	接待茶	6	8	
			Ⅲ	茶道用水	1	3	茶博会及同期活动茶道用水
			Ⅳ	其他	5～15	3～8	1. 酒水 2. 雨具 3. 茶具 4. 工艺品（赞助分独家供应和一般供应两类，可以用现金和实物，具体数量根据不同赞助项目确定）
	D	大会推荐服务机构			10	2～6	会展服务、运输、酒店、餐饮、礼仪设计等机构
第二级	A	平面广告			—	—	《邀请函》《会刊》《参展服务指南》《参观指南》
	B	现场广告			—	—	POP旗帜、包柱、玻璃幕墙、喷绘广告、桁架等
	C	网络广告			—	—	首页、栏目主页Flash、Banner、内容页
第三级	A	现场访谈			邀请知名门户网站现场搭建采访间		
	B	衍生产品			吉祥物、各种纪念品、邮品等		

■【特邀赞助企业】

【A类赞助：合作伙伴 名额1名 赞助金额80万元】

【主要回报】

【特别荣誉】

1. 赞助企业可在品牌宣传中使用“第八届海峡两岸茶业博览会协办单位”字样；准许在企业广告和印刷品上使用“第八届海峡两岸茶业博览会”名称、会标、吉祥物，使用期一年。

2. 组委会颁发“第八届海峡两岸茶业博览会协办单位”荣誉证书、铜牌和纪念品。

3. 协办单位作为本届茶博会的协办单位参与本次活动，所有的宣传材料（含开幕式大型背景板等）标明“协办单位”的名称和LOGO。

4. 赞助企业在本层级同类别企业中具有唯一性和排他性。

【嘉宾待遇】

1. 开幕式现场，会议主持人宣布开始，宣布协办单位名字，感谢协办单位。

2. 茶博会期间，为协办单位制作 2 min 的宣传短片，在所有活动静态会场（如论坛、颁奖等同期活动现场等）连续滚动播出。

3. 茶博会期间，同期部分子活动（论坛）现场摆放赞助企业产品实物或宣传资料（产品实物在适应空间大小的情况下执行）。

4. 特邀企业 1 名代表为 VIP 嘉宾参加主宴会厅欢迎茶宴；2 名领导或客户代表作为嘉宾，邀请出席开幕式及展会期间的其他嘉宾活动；组委会免费提供武夷山区内交通、2 标间（四星以上）和 3 日饮食。

5. 嘉宾入场证照 10 张，车辆通行证 1 张。

6. 可给予协办单位免费提供黄金特装展位（光地）54 m^2 及相应的优惠待遇。

7. 邀请知名人士或相关领导参观该赞助企业展区。

【媒体传播】

1. 通过茶博会官方网站首页 Flash 广告对赞助企业进行强势推广，推广时间从赞助企业到款之日至 2014 年底（具体协商确定），将选用协办单位宣传照片 10 张，通过茶博会官方网站进行发布。

2. 对赞助企业领导人进行专访，并确保该长篇专访文章在人民网、中国网或其他指定合作网站及茶博会官方网站发布（采访发布时间双方另行约定）。

3. 专门为赞助企业在全国性报纸上刊登整版广告 1 次（发布时间双方另行约定）。

4. 在大会《会刊》跨版（即彩页广告 1P，同时以文字采访方式对企业进行全面报道〈报道篇幅共为 1P〉）；刊入《参展服务指南》（1P）。

5. 赞助企业 LOGO 将体现在茶博会所发放的记录本（政府高层领导会议及专家会议会场专用）、文化衫、茶博会 DVD 封面中。

6. 在组委会开发的主要现场户外广告上发布赞助企业广告，开幕式场围（两侧）冠名单位或其产品的宣传；高尔夫展馆内玻璃幕墙写真广告 4 幅（两侧里外各 1 幅），高尔夫馆、凯捷岩茶城展馆内公共吊旗及包柱（全馆）；高尔夫馆门口两侧设置豪华巨型喷绘广告 2 幅（赞助企业可与组委会在本回报要点的范围内，根据企业的宣传计划共同策划制订具体回报方案和实施计划）。

（其他等级赞助类别内容略）

■【高尔夫展馆现场广告主要区域示意图】

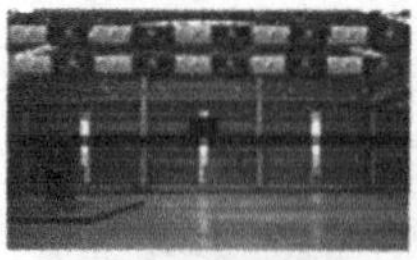
①吊旗(主馆通道)

②主展馆广告(玻璃幕墙,正门)

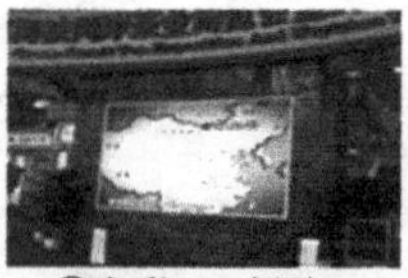
③全彩LED播放

④-a罗马旗(灯杆)

⑥-a广场喷绘广告

⑦-d停车场

⑧-e道路指示牌

⑧-f展馆导览牌

⑧背景板(酒店报到处)

⑧现场访谈、推介

■【现场广告报价】(略)

■【现场访谈、推介】

【主要推广方式,费用5 000元】

邀请知名门户网站作为本届茶博会的媒体官方协办单位,将在展馆位置设立18 m^2的专访直播间,作为众多领导和各大参展商高层与独家访谈,进行更全面、深入的视频专访。

知名门户网站、茶博会官网,对参与访谈的企业进行网上联展(每个企业发布3~5张图片及企业文字介绍)。

■【衍生产品合作开发】

包括:吉祥物、纪念章、T恤衫(服装)、玩具、广告伞、邮品。

■【同期活动】

1. 欢迎茶宴
2. 交流茶会
3. 开幕式
4. 展览展销
5. 第三届"万里茶道"与城市发展中蒙俄市长峰会
6. 海峡两岸武夷茶道高峰论坛("万里茶道"城市高峰论坛)
7. 海峡两岸民间斗茶赛
8. 武夷山国际禅茶文化节
9. 欢乐茶节
10. 海峡两岸祭茶大典

■【特别说明】

★第一级(特邀赞助企业A,B类别)的征集组委会采取公开征集和定向推广两种方式,向赞助企业征集赞助和广告意向,主要采取以下步骤进行:

(1)组委会(授权武夷山市茶业博览会办公室)将征集情况知会企业,征集赞助意向。

(2)企业提交《赞助意向文件》(见附件1)。

(3)进行企业资格评审。

(4)与企业洽谈赞助方案。

(5)提出赞助商候选人。

(6)组委会最后审定赞助方案,授权武夷山市茶业博览会办公室与赞助商签订合约。

★有意向参与第一级(特邀赞助企业A,B类别)赞助的企业,请企业于2014年10月10日(截止日期)前报名;其他的平面广告(《会刊》《参展服务指南》《参观指南》)于10月20日截稿,现场广告于11月1日前截止,请及时参与认购(参与认购见附件2《认购书(代合同)》,认购联系人:会展公司0599-5100700)。

★以上未特别注明发布时长的广告,均是在展期内发布。

★宣传设计由企业自行负责,需按组委会的统一要求设计,企业应提供设计的光盘(电子档)及打印样稿发到组委会招商部。

★所有广告位均为限制数量销售;第一级别赞助企业在组委会开发的主要现场、城市氛围广告、平面广告上享受优先购买权。

★所有宣传含发布、制作、印刷、悬挂费用；在组委会收到广告费后予以制作发布；广告刊登按收款先后顺序排列。

★组委会有权对各类广告设计的规格、尺寸进行临时调整。

★如因公安、消防的规定，或因天气原因或其他临时性等客观条件变化，组委会有权对该企业广告发布项目进行调整，该宣传、广告费用不予退还。

★本计划由海峡两岸茶业博览会组委会负责解释。

■【其他】

附件1：第八届茶博会合作单位应征意向文件.doc

附件2：现场、城市氛围、平面、网络广告认购书（代合同）.doc

■【联系方式】

单　　位：第八届海峡两岸茶业博览会组委会　武夷山市茶业博览会办公室　武夷山市海峡国际会展有限公司

地　　址：福建省南平市武夷山市迎宾路14号2楼

邮　　编：354300

招商热线：0599-5131116　0599-5100700　0599-5131121（招商部）

传　　真：0599-5131120

E-mail：wyscbh@163.com

官方网站：www.wysFair.com

三、观众邀请函①

会展招商的另一重要工作就是邀请观众来参观展览会，分为专业观众和普通观众，前者是指从事会展上所展示的某类展品或服务的设计、开发、生产、销售或服务的专业人士以及用户，与之相对应的是普通观众（除专业观众之外的其他观众）。

展会要努力使有效观众在到会观众的总量中保持一定的比例，一般不能低于30%。有效观众是指到会参观的专业观众以及参展商所期望的其他观众，这是具有一定质量的观众，对展会来说不可或缺。无效观众能够增加展会人气，活跃展会气氛、扩大参展商的广告效应和知名度。

招展和招商是相互作用的，一定数量和质量的有效观众是“品牌展”的重要标志之一。

【范例3】

第十二届中国成都建材博览会VIP观众邀请函②

尊敬的先生/女士：

您好！我们诚意邀请您参观2013年5月30日—6月1日在成都新会展中心5,6,7号馆举行的“第十二届中国成都建材博览会”。

---

① 关于观众邀请函的文案写作要求及范例，请结合本教材“实训项目七　会展文案写作”进行学习。

② 节选自《第十二届中国成都建材博览会VIP观众邀请函》，配套CD完整版另含参观回执函及参观预登记表。

（一）展会概况

本届展会由四川省室内装饰协会、成都市房地产开发企业协会、成都市建筑业协会主办，由成都市天一展览服务有限公司承办。展出规模40 000 m^2，1 200家厂商，此博览会是西南地区目前影响力最大的建材、装饰行业盛会，也被成都市博览局列为本土重点支持的品牌盛会。

（二）展览内容

建材类：建筑节能门窗、幕墙及设备；节能保温、防水材料；管材管件；建筑涂料；园林景观；木塑结构、供热供暖、空调热泵、通风产品、别墅配套材料及建筑设计单位等。

装饰类：布艺、墙纸及软装饰材料；地铺材料及发热地板；橱柜及厨房电器；卫浴洁具；整体家居、衣柜；门窗及五金；石材及设备；相框、装饰画及装饰公司等。

（三）同期活动及亮点

展会同期将举办“阳光采购交易会”“建筑、装饰材料厂家四川省招商会”“建筑、装饰材料新产品、新技术发布会”等，并重点邀请40余家成都主流别墅开发商及省内近15个地级市30余家装饰城组团参观及行业翘楚的鼎力支持。

（四）VIP观众邀请

为了更好地服务各位参观采购商，组委会特别推出VIP观众邀请活动，本活动完全免费申请并有机会获得超值礼包：

1. 免费享受市区内的接送服务。
2. 提前获得VIP胸卡，不用现场排队填表，节省您的时间。
3. 免费享受休息区茶水、咖啡、现场指引等服务。
4. 免费获得会刊、精美礼品、午餐券等服务。

（五）日程安排

开幕仪式：2013年5月30日 09:30—10:00

参观时间：2013年5月30日 10:00—17:00

　　　　　2013年5月31日 09:00—17:00

　　　　　2013年6月01日 09:00—15:00

（六）联系方式

联系人：何××　手机：1520×××××××　E-mail：×××@qq.com

电　话：028-86080×××　传真：028-86080×××　网址：www.cdjbh.cn

第十二届中国成都建材博览会组委会

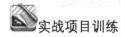

2013年4月2日

实战项目训练

训练1　会展招商方案策划

以4～6人为一组，为中国国际动漫游戏博览会（教师可因地制宜另外选定当地会展项目，方便学生取材）策划一份招商方案。

1. 要求招商方案要覆盖本节理论知识中的会展招商方案主要内容。
2. 招商策划内容以PPT形式进行内容归纳。
3. 分组汇报。

训练2 观众邀请函设计

1. 学习范例3:第十二届中国成都建材博览会VIP观众邀请函,分析它的各大构成部分及设计技巧。

2. 为明年的中国国际动漫游戏博览会起草设计一份面向专业观众的邀请函,要求严格按照本节理论知识中的观众邀请函的内容与格式进行设计。

本次展会的相关信息可以通过网络搜索得到,作业需符合观众邀请函格式。

任务四 销售技能训练

业务情景

中国国际动漫节计划在明年开展前培养一批销售骨干,主要负责收集详细、准确的客户资料,做好客户的筛选、跟进工作;通过网络、电话、传真等方式对所负责的展会进行市场推广、招展工作;加强客户管理、提供让客户满意的服务等。

节展办公室要求销售人员能在上级的领导和监督下定期完成量化的工作要求,并能独立处理和解决所负责的任务;性格外向、思维活跃、心态稳定,自我激励意识强;亲和力好,口齿清晰,语言表达能力强,善于沟通;积极上进,良好的团队精神和责任感;有电话销售经验和外展或广告从业经验者优先。

✪请认真完成本任务的销售技能训练,灵活运用到会展公司销售岗位的应聘和展会实践中。

业务知识

一、会展销售内容

会展活动营销的内容主要有:会展活动商务营销、会展活动展位营销、会展活动广告营销、会展活动同期项目营销、会展活动票务营销、会展活动会刊资料营销、会展公共关系营销等。

会展销售员应当对所负责的会展活动倒背如流,对自己要推销的内容有足够了解,才能更好地为客户推荐会展活动。会展活动的基本内容有:会展活动名称、标志、文化理念、主题定位;举办的时间地点、主承办单位、性质、规模;会展活动的主要展出内容和展品类别等;会展举办的背景、目的及市场情况;历届举办情况;会展活动期间的相关活动列表;展区设置及展位价格;参展商及观众报名资格等。

二、会展销售方法

办展机构的销售方法一般以直接电话销售、面对面营销、直接邮寄和互联网销售为主。

(一)电话销售

电话销售作为一种营销手段,能使办展机构在一定的时间内,快速地将信息传递给目标客户,及时抢占目标市场。电话销售已经成为帮助企业增加利润的一种有效销售模式,其特点是省时、省力、省钱,并能快速获利。

电话销售是指办展机构的销售人员用电话直接和潜在的客户进行联系的一种方式,它对销售人员的沟通技巧尤其是倾听能力要求很高。销售人员在进行电话销售时必须问话切题、态度谦逊,这是保证对方有耐心听下去的前提,之后再将展览会的信息有效地传递给目标客户,同时尽量说明本届展览会较之于同行业的展览会的优点,以引起对方注意。

1. 会展电话营销的准备

会展电话营销准备包括主次目标准备、客户资料准备、营销基本用品准备、营销心态与营销环境准备等。做好营销前的准备工作,可以提高销售人员在进行电话营销时的业绩表现。实验证明,由于电话销售前的准备工作不充分而造成客户流失,是初次尝试会展营销工作的失败主因之一。因此,多数会展组织机构喜欢直接聘用有经验的营销员而不愿意使用新人。

一名专业的会展销售员在拿起电话前一定要先定下预期目标,否则容易偏离主题,失去方向,浪费宝贵时间。根据不同的目标客户,不同阶段不同情景下的主要目标都不同。打电话前,要根据实际明确本次具体的主要目标。

表4.35　会展电话销售的常见主要目标

会展电话销售的常见主要目标	本次目标(打√)
★根据营销会展项目的特性,确认客户是否是真正的潜在客户	□
★预约下次联络(电话、E-mail等)或拜访时间(为面访人员预约)	□
★推销某种预订的展位或会展商务合作内容	□
★确认客户何时决定是否参与	□
★争取客户同意接受会展项目中的某一种业务活动	□
★取得客户相关资料	□
★推销非展位预订方面的相关内容(如会刊广告、参展商推介会服务等)	□
★引起客户兴趣,提醒客户关注该会展活动并阅读相关资料	□
★得到客户推荐新的客户,并明确所推荐客户的情况	□
★其他______	□

2. 电话销售的客户来源

客户数据来源早期主要由会展组织者进行编辑整理,随着会展业发展,提供专业数据服务的会展机构大量涌现;同时,信息获取方式及渠道更多样化,为开发客户提供良好保障。尽管公司有责任和义务为业务人员提供一定数量的相关客户资料,但作为一名展览界的业务人员,对多数客户资料的查找与收集须亲力亲为。

表 4.36　获取会展客户相关数据资料的主要途径

获取会展客户相关数据资料的主要途径	你的途径(打√)
★多去广交会、展览馆收集会刊、名片、展商宣传资料等	□
★通过展览界朋友帮你收集会刊	□
★询问你的客户参加过以前的相关展览会,帮你邮寄会刊	□
★通过协会、学会、组委会购买会刊	□
★到国内行业门户网站、电子商务网站或企业名录网站上查找客户资料	□
★到国内外的展会官方网站查找往届或本届参展商资料	□
★到《中小企业国际市场开拓资金》网站查找历年申报/已拨付项目资金的企业名单	□
★购买各地海关最新出口企业数据或最新行业企业名录	□
★在电话号码簿、黄页上查找	□
★留意相关报纸、杂志、电视及电台广告	□
★其他	□

3. 销售客户资料分析

销售客户资料分析就是根据各种关于客户的信息和数据来了解客户需要、分析客户特征、评估客户价值,从而为客户制订相应的营销策略与资源配置计划。会展销售人员需要在日常客户背景调研、与客户接触交流中注重寻找客户需求与喜好的线索,积累好客户数据进而以此进行有效的客户分析。

会展企业经常利用高效的信息技术以及互联网技术来协调与顾客在销售、营销和服务上的交互,从而提升向客户提供创新个性化的客户交互和服务的过程。其最终目标是吸引新客户、保留旧客户以及将已有客户转为忠实客户。

如会展客户关系管理(CRM)软件系统可对客户进行信息收集与系统分析。软件界面示范如图 4.26 所示。

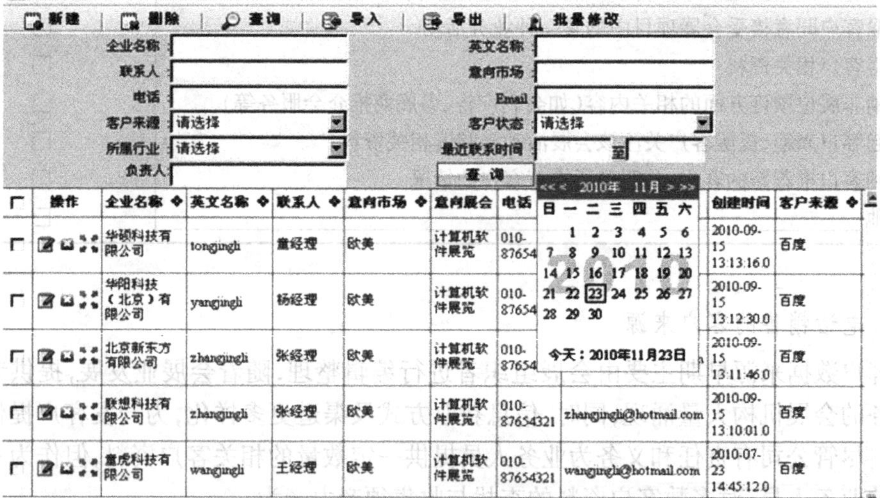
客户资料
新建
删除
查询
导入
导出
批量修改
企业名称
英文名称
联系人
意向市场
电话
Email
客户来源
请选择
客户状态
请选择
所属行业
请选择
最近联系时间
至
负责人
查 询
操作
企业名称
英文名称
联系人
意向市场
意向展会
电话
创建时间
客户来源
<<< 2010年 11月 >>>
日 一 二 三 四 五 六
今天：2010年11月23日
华硕科技有限公司
tongjingli
童经理
欧美
计算机软件展览
百度
华阳科技（北京）有限公司
yangjingli
杨经理
北京新东方有限公司
zhangjingli
张经理
联想科技有限公司
zhangjingli@hotmail.com
意虎科技有限公司
wangjingli
王经理
wangjingli@hotmail.com

图 4.26　CRM 软件系统中的客户资料

营销客户分析包括：客户基本信息分析（企业名称、电话、传真、负责人姓名、职务）等；客户的行业背景，经营模式，对应市场分析，客户竞争对手情况；客户财务情况，客户方负责人情况（年龄、性别、爱好、工作职责等）；客户曾发表的企业新闻，近期市场公关计划，以往参加过的会展活动；客户与同业生产商、供应商、中介间的关系，大众对客户产品需求情况等。

4. 会展电话营销基本训练

电话营销的基本训练，也是会展营销者入职培训的基本内容之一。

（1）训练内容

介绍：通过电话介绍自己和所描述的项目内容。自我介绍必须有一句好的开场白。

【错误示范】

销售员："您好，陈经理，我是××会展公司市场部的张明，我们是专业提供东南亚展览会的，请问你参加过该地区的展览吗？"

错误点：

①销售员没说明为何打电话来，以及对客户有何好处。

②在没提及对客户有何好处前开始问问题，让人马上产生防卫心理。

【正确示范】

销售员："您好，陈经理，我是××会展公司市场部的张明。我们现在对老客户推出优惠活动，提前预订展位将有折扣，今天我打电话过来主要是想给您推荐一个不错的展位。同时，也给您一个免费宣传的机会，在我们即将出版的展讯上进行形象宣传；您看我把展位图和合同给你传真一份，您选择一下如何？"

重要技巧：

在初次打电话给陌生客户时，必须要在20秒内作公司及自我介绍，引起客户的兴趣，让客户愿意放下身边的工作跟你谈下去。在20秒内清楚地让客户知道的4件事情：

①我是谁/我代表哪家公司？

②我打电话给客户的目的是什么？

③我公司的服务对客户有什么好处？

④询问客户相关问题，使客户参与。

反弹：当对方接通电话后，根据你的描述作出的反应。根据对方描述的不同我们可以采取不同的处理技巧。

聆听：当对方需要你聆听时你需要作出不同的反应。例如：对方说："你们的价格太高了，我们……"。这时的你应保持平衡的心态等对方描述完一个段落时，再进行校正。

提问：提问是你电话营销中必须要完成的任务。现在很多营销员要么不给对方发言机会，要么没有耐心听对方发言，而从中打断对方发言。另外一种便是不会提问，有时用户可能会直接告诉你咨询的内容，有时用户可能只是随意问问，那么你需要根据用户的反应作出合理的提问与回复。

挂线：每个电话营销结束，我们都会与对方告别。很多营销经理要求营销员一定要和对方说"再见，感谢您……希望我们……"。这种方法是否可以增加有效宣传力度，目前还没有结论，但我们推介的方法是：当客户与你交流比较畅快时，你可以进行正规的告别。如客户较急躁或语速较快,要求你挂机,您应该选择适当的方式快速答应对方的要求。

(2)通话技巧

问询:我们拥有的电话信息,可能是总机电话、分机,甚至是秘书电话。通常前台会将电话接通或直接回复,前者是与自己的企业或企业内的相关人员、产品等有关。通常情况下,无论前台是国内的还是国外的,都应该礼貌地介绍一下自己与电话事务。如对方不愿接通电话,可以在隔天再次拨通,前提是必须确定要找的该单位的部门或人。如接电话的是秘书或其他人员,并非你直接要找的人员,通常说明来意对方会给予回复,如对方由于业务保密关系等,不愿向你透露具体负责人员。那么在友好地问候以后,便挂断电话。在找到具体负责人后直接告诉对方你的电话是有关该公司的具体何种事物(指与该公司有直接关系),通常情况下对方会很快确定是否为你转接。

正式与非正式:通常电话中,对方会与你进行正式的交流,这时应该是一种商务洽谈介绍,应该争取见面的机会。一次见面的机会可以更好地增加自己营销的成功率。如对方很快在电话中与你交流一些与业务无直接关系的事物。那么这时你的角色是一种探讨或参与者。对相关事物进行客观的评论并表述自己的见解,无形中可以增加自己的个人魅力。

规律:任何一位客户都有自己的发言、思维、语速规律。通常情况我们的发言每分钟约168字,我们与客户沟通的最佳发言次数为5~8次。而速度的快慢与发言的次数要根据客户的习惯进行总结调整,给客户留下良好的感觉。

内容对比:通常情况下,用户会找出一些例子,供你参考,以说明对你的营销内容有异议。这种情况下应首先肯定和复述对方的观点,再说明不同内容之间的差别与自己营销具体会展活动内容的增值服务。同时应该分析用户认为的异议之处。如条件允许,可以与客户约定具体问题进行面谈等。

争取机会:无论你描述得多好都可能没有你发一次邮件或面谈一次更有效。通常情况下,营销者更愿意将邮件发过去,并对详细内容进行描述。在沟通时,不妨先争取一个发邮件的机会,然后再电话核实邮件内容并进行描述。如内容较多,最理想的方法是争取面谈的机会。

应变处理:很多人在对方接通电话时,经常会突然间不知道应该说什么、从何说起,这是由于过度紧张造成的,通常遇到此情况时,如确定对方未拿起听筒,应立即挂上电话。然后找一个开阔之地,进行深呼吸运动。

应付直接拒绝:当你拨通一个电话时,经常会被对方很强硬的语气告诉你“我们不需要”。通常情况下会有以下3种可能:①对方心情不好或有其他事务在处理;②对方不接受电话业务,这与本身的职位职能有关;③对方并不是你想找的对象或你说的与对方想听的内容相背离。通常遇到上述情况应将电话暂时挂断,在一定时间后再次拨通,并表示自己的友善后,再进行沟通。

应付中途拒绝:很多时候当我们在介绍一个会展活动项目时,可能并没有介绍完或介绍到关键时,对方要求挂线。在这种情况下,应作出如下反应:①问询对方下次通话时间;②索取对方QQ、微信、传真等联系号码;③对电话商洽进行友好表示,然后挂机。

意外挂线:当你与对方通话时,可能会出现以下问题:

对方突然要求你稍等片刻,你应该尽快组织下面的语言,而不应该只是等候。

对方突然间无声(两方均有可能),在这种情况下可能是线路问题,也可能是由于谈话过于专一,发生其他问题。通常情况下应保持平衡的心态,如对方发生无声,应问询对方是否需加大通话声音。这是一种语音测试,可确定对方是否在线。如属于自己的意外,不应马上再次拨通电话。应几分钟后再次拨通电话,并告诉对方可能是线路故障。

回访与促成交易:

在确定对方有合作意向时,第一次通话时应对具体事物进行探讨并将相关资料通过某种方式发给对方。那么在第二次电话沟通时,沟通会更顺畅。

首先需要礼貌地与对方打招呼,并表明自己的身份,进行简单正式沟通之前问询工作。例:"您现在是否方便与我进行某件事的详细沟通?"

在取得对方同意的情况下,需简单地对相关事宜进行描述,给对方一个预热过程。如在问询后,对方主动开始描述具体事物,则可以省略这一步。

在具体事件进行沟通时,经常会发生各种相互坚持自己立场的问题。在这种情况下,应寻求第三种方法解决。例如:我们是否可以约个时间就这个问题再次沟通。如属于不可抗原因,应采取相对保守的方法告诉对方你的权力与职能,并将相关问题转告有关人员。

在电话营销中,尽量地克制自己,不要直接发出希望对方购买的信号,通常情况下,对方需知道利益与付出是否平等的条件下,才会对你可以营销的具体内容感兴趣。

友好挂机:当一个电话营销结束时,可以简洁明快的方式结束电话沟通。同时要在表示友好之后,等待对方挂机后再挂机,这是最基本的礼貌问题。

(二)面对面营销

对于办展机构认为比较重要的客户,他们往往会采用直接上门拜访的方式来接触客户。销售人员一般会提前联系对方公司参加展览的负责人,约定时间和地点见面。这种方式的关键是要联系到正确的负责人并且说服其碰面。

销售人员一定要着装得体、说话谦逊,简明扼要地说出本届展览会的优点、规模等相关信息,并且说服参展企业参展。如果没有成功,也一定要问清楚原因,是企业参加了竞争对手的展览会还是本届展览会有什么不足,下一届尽量改进。而且直接上门拜访即使不成功,也会使企业对本届展览会留下较为深刻的印象,这样他们可能会变为下一届的参展商。

一对一是最常见的销售技能,在各种销售活动中都可能用到,所以设计精彩的开场白可以很快取得客户的好感,比较顺利地进入议题。在探询客户需求过程中,问和听是非常关键的技巧,当然销售人员专业的着装也是非常重要的。

如何进行面对面销售?

1.精彩的开场白

有经验的销售人员每次在拜访客户前,都会花时间来考虑如何跟客户说第一句话。因为第一印象非常关键,而且会决定以后的印象。建立一个好的开场白,创造谈话的空间，才能让客户充分地提出他的需求，达到销售人员会见客户的真正目的。

需要注意以下几点：你是谁？你是代表哪家公司？你的来意？为什么他们要花时间听你说？充分准备资料是创造精彩开场白的一种手段。

【情景示范1】

销售人员小刘每次拜访客户前，都会大量收集客户的资料，因为这是打开谈话僵局的重要手段。一般来讲，他总会在互联网上用“GOOGLE”或“百度”的搜索引擎来查阅资料，将与客户有关的资料都调出来，仔细地研究一下。掌握了相关资料后，他又通过各种方法了解要接触的客户个人资料，看他是哪里人，家庭怎么样，今年的工作目标是什么，等等。为创造好的开场白作准备。

【情景示范2】

销售人员小刘要拜访一个河南国税的客户，谈一个重要的项目，这位客户是个重要的决策者。小刘先收集了很多资料，发现客户是退伍军人，非常严肃、敬业，一般厂家找他，10分钟就给打发掉了。

小刘在从北京飞往河南的飞机上还在想如何说第一句话，一直没有想出来。结果一进到客户的大厅，突然想到一个方法。

小刘一见到客户就说：我一进入河南国税大厅，就觉得非常骄傲和光荣。

客户：我每天都会路过这个大厅，从来也没感到过骄傲，你为什么呢？

小刘：我每个月交六七千块钱的个人所得税，可从来没来过国税局，这是第一次来国税局，想到自己是纳税人，当然光荣和骄傲。

客户：你怎么可能一个月交六七千元呢？

小刘：我们公司的奖金和收入办法是……

客户：哦？我在国税局工作多年，还没每月交6 000元的个人所得税，看来你是一个纳税的好公民。不过，你交的钱并没到我这里来，个人所得税归地税管。国税不管个人所得税。

小刘：国税不管个人所得税，那你们管什么呢？

客户：我们管企业的增值税、流转税等项目。

小刘：河南的企业这么多，成千上万，你们是怎么收税的呢？

客户：……我们就是这样做税收征管的，通过网络等形式。

小刘：IT系统在您的介绍中应该非常重要，因为税收都是通过网络进来的，今天可不可以了解一下您的计算机系统是怎么做的？

客户：我们的计算机系统的建设……

销售人员跟客户见面，通常二三十分钟，开场白占到五六分钟就要结束，然后顺势导入谈话主题。

2. 进入议题展开销售

在开场白中要让客户明白销售人员对他的益处。从上述情景可以看到，销售人员用“今天可不可以了解一下您的计算机系统是怎么做的”，非常自然地过渡到下一步，就是开始询问。在销售的过程中，挖掘需求是非常重要的一点，如果销售人员不知道客户关心什么，就无法介绍，所以首先要进行需求的挖掘，然后再来介绍。

询问:销售人员的角色是帮助客户进行采购,客户要花钱达到他的商业目的,销售人员只是解决方案体系的一部分问题,在客户看来,销售人员应该是替他着想,为客户整个项目做参谋。所以,销售人员应该站在客户的角度,站在客户需求的角度来分析和提问。

倾听:提问和倾听是销售过程中的核心内容。应该如何使用开放性的问题,怎么用封闭性问题,怎么保证自己提问清晰、完整,如何跟客户达成共识,都非常重要,需要养成习惯。

建议:深入地挖掘完客户需求之后,销售人员就要给客户提出建议了。客户希望有所建议,因为对客户来讲,销售人员是产品领域的专家。如果是卖电脑,销售人员应该是电脑行业的专家;如果卖服装,销售人员就要懂得衣服的质地和剪裁;如果卖汽车,销售人员则要懂得汽车的安全性以及汽车的维护……销售人员给客户的建议,才是销售行为的价值。

3. 销售人员的个人形象

一个成功的销售人员,必须在见客户时树立良好的第一形象。通过开场白打开与客户的谈话空间,然后完整清晰地鼓励客户谈出需求,并且挖掘出需求背后的需求,对客户的需求进行认可和称赞,与客户建立互信,然后给客户提出建议,最后将建议落实到下一步销售活动过程中,把销售一步一步地推进下去。

✪关于销售人员个人形象的操作技能及注意要点,请参照本书“实训项目九 会展礼仪公关”内容。

(三)直接邮寄

办展机构将展览会的相关信息用邮件寄给他的目标参展商。针对不同的客户可以选择不同的邮寄方式,使得一些客户获得受重视的感觉。在邮寄会展相关信息之前一定要掌握目标客户的详细资料,包括它的地址、负责人、参展历史等,即要有一个完整的客户数据库,通过数据库的记载,有目标地将展览信息寄给客户。它是目前办展机构直接销售采用的最普遍的方式。

(四)互联网营销

办展机构利用互联网将自己的展览会信息发布到有关网站上,客户可以通过访问网页获得自己想要的信息,然后决定要不要参加展览会。网上的信息一定要完备并且保持及时更新,使客户可以方便地了解展览会的一切资料,还可以实现参展商网上预订展位、网上汇款、网上答疑等功能。

网络营销信息的传递具有多种渠道,如展览网站、搜索引擎、供求信息平台、电子邮件、即时信息等。互联网技术的发展有效地降低了办展机构的销售成本,越来越多的展览公司采取这种直接销售方式。

(五)其他营销方法

另外,公关营销法(如新闻发布会、招待酒会、宣讲会等)可有针对性地使潜在客户对会展活动有更深入的了解。代理营销指会展组织者通过多种合作方式委托专业从事会展营销工作的机构、协会等进行招商招展的销售工作。

以上会展营销方法各有特点和利弊，对具体项目的战略部署方式也应有所不同。目前调研数据显示，在所有营销方法中，电话销售还是占据首位。

实战项目训练

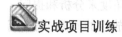

假设你是中国国际动漫节组委会下的营销部业务专员。（注：教师可因地制宜另外选定当地会展项目，方便学生取材。）

训练 1　电话销售训练

1. 运用获取会展客户相关数据资料的主要途径，参照销售客户资料分析的内容及 CRM 系统的客户资料界面截图，使用 Excel 为动漫节建立一份至少 100 人的电话销售客户名单（详见 CD 盘电子资源），并作简要的客户资料分析。

2. 根据会展电话销售的常见主要目标，针对不同的目标进行电话销售角色模拟。两名学员分别扮演销售人员和客户，可销售自己公司产品。要求销售流程（通话、介绍、谈判）完整，顾客要提出各种有难度的异议，销售人员进行化解。

要求：其他学员做观察员认真观察并在演练结束后进行点评。现场讨论刚才的电话销售过程是否成功，存在哪些问题。

漫画咖啡
CAFE COMIC
居之安
ANSON
www.cafecomic.com
上海漫啡餐饮管理有限公司
地址：上海市徐汇区华山路1921号二楼(200030)
电话：021-6407 7292
手机：130 5200 8323
email：anson@cafecomic.com

训练 2　面对面销售训练

请根据左侧客户名片（虚拟资料）设计一份上门拜访计划，并将面对面展位销售的过程进行情景模拟。

要求：对客户背景要进行分析；作好面对面销售前的准备；熟悉你所推介的中国国际动漫节项目资料；灵活利用本实训所学的销售技巧。

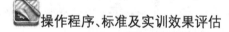

操作程序、标准及实训效果评估

表 4.37　会展营销实训的操作程序、标准及实训效果评估表

业务操作步骤		标准与要求	实训效果评估		
			满分	得分	评语
会展市场调研	确定调研目标内容	归纳市场调研报告提纲	10		
	选取调查方法	熟悉与合理搭配观察法、实验法、访问法和问卷法等			
	设计调查问卷	严格按照设计步骤 会展调查问卷的制作要求 合理选用问卷中的问题类型和问题格式			
	收集分析数据及撰写报告	严格按照会展市场调研报告的格式要求	10		

续表

业务操作步骤		标准与要求	实训效果评估		
			满分	得分	评语
招展策划	招展方案的制订	格式规范、逻辑合理、内容完整	15		
	招展函的设计	格式新颖、内容有吸引力	5		
会展招商策划	招商方案的制订	依据充分,符合各有关产业的实际情况 格式规范、逻辑合理、内容完整	15		
	宣传推广策略	围绕展会招商的基本策略和目标而制定 具有很强的目的性和匹配性	10		
	观众邀请函的设计	体现观众诉求 格式新颖、内容有吸引力	10		
销售技能训练	电话销售	作好电话销售前的准备,定下合理的预期目标 能广泛收集会展客户相关数据资料 敏锐地分析销售客户资料 拥有熟练的电话营销技巧	10		
	面对面销售	着装得体、说话谦逊 简明扼要地说出本届展览会的优点、规模等相关信息 有效说服参展企业参展 拥有熟练的面对面销售技巧	10		
	其他	熟练运用直接邮寄、互联网营销及其他营销方法	5		
说明	以上业务操作满分共100分,得分在90分以上为优秀,80～89分为良好,70～79分为中等,60～69分为合格,60分以下为不合格		100分		
反馈	总分: 评语:		考评员签名		

实训项目六　会展现场管理

教学目标

✪了解会展现场管理岗位的组织机构设置及职能分工。

✪掌握现场管理计划的制订方法与主要内容。

✪掌握布展管理工作的内容与技巧。

✪能够组织及管理开幕仪式,制订开幕式执行方案。

✪能够熟练进行展场服务与控制。

✪掌握会展危机的主要类型及危机管理流程,能够制订危机管理方案。

内容导读

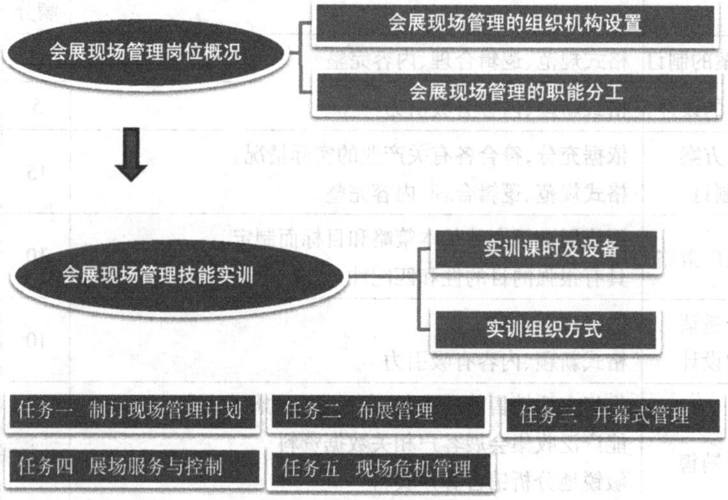
会展现场管理岗位概况
会展现场管理的组织机构设置
会展现场管理的职能分工
会展现场管理技能实训
实训课时及设备
实训组织方式
任务一 制订现场管理计划
任务二 布展管理
任务三 开幕式管理
任务四 展场服务与控制
任务五 现场危机管理

图 4.27 内容导读

会展现场管理岗位概况

一、会展现场管理的组织架构设置

会展现场管理的组织架构设置为现场指挥中心、接待系统、展务系统、商务系统、后勤系统、工程系统和应急系统，如图 4.28 所示。

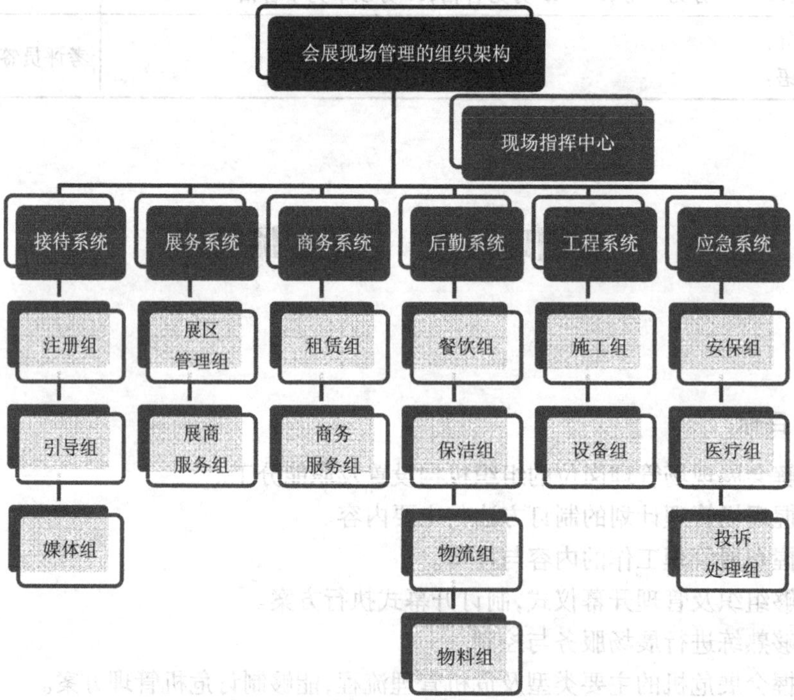
会展现场管理的组织架构
现场指挥中心
接待系统
展务系统
商务系统
后勤系统
工程系统
应急系统
注册组
展区管理组
租赁组
餐饮组
施工组
安保组
引导组
展商服务组
商务服务组
保洁组
设备组
医疗组
媒体组
物流组
投诉处理组
物料组

图 4.28 会展现场管理的组织架构

二、会展现场管理的职能分工

(一)现场指挥中心

现场指挥中心也称为“现场调度中心”,指会展活动召开时,会展组织管理者通过现场调度、调节、管制、指挥等方式,保证各系统的正常运行。

现场指挥中心是现场最高指挥中心,各类指示信息均由指挥中心完成并发布。现场指挥中心负责人通常由会展组织最高管理者、主办方秘书处、会展策划师、会展场馆负责人等相关人员组成,如表4.38所示。

表4.38　现场指挥中心

	涉及部门	具体职能
现场指挥中心	主办方秘书处 会展策划师 会展场馆负责人	• 协调各系统的相关任务,特别是交叉性任务的指派 • 控制会展活动现场的进度 • 调配现场相关管理人员与服务人员 • 对现场各类突发事件作出处理决定 • 重要工作通知下达 • 接待各系统的咨询意见并作出反馈 • 组织重要领导进行参观 • 处理其他系统不能决策的事情 • 检查各系统实际工作情况 • 公布会展现场重大变化情况等

(二)接待系统

现场接待是现场管理的第一任务,接待工作安排科学才能保证现场疏导与管理工作的顺利展开。在有条件的展览场所可以通过高科技产品与现代通信设备提高接待质量与效率;在条件较差的地方,可以在接待方面多安排一些工作人员与志愿者,以人力接待疏导为主,如表4.39所示。

表4.39　接待系统

	涉及部门	具体职能
接待系统	注册组	• 识别来者身份,例如:参展商、专业观众、非专业观众、开幕嘉宾、参观嘉宾、媒体记者、展位促销人员、会场服务人员等 • 协助填写参观注册信息 • 协助办理相关证件 • 办理会刊资料领取手续 • 讲解展会现场相关注意事项 • 其他与接待相关的事务

续表

接待系统	引导组	• 制订人员流动疏导方案 • 接待现场咨询人员 • 协助随身物品托管或寄存 • 疏导到会车辆
	媒体组	• 安排展会期间记者邀请、接待、重要采访活动 • 组织召开新闻发布会 • 负责编辑出版通讯文件 • 负责管理新闻发布 • 负责管理宣传品发放

(三)展务系统

展务系统是在展中阶段进行展区管理、协调参展商展位及组织会展相关活动的临时部门。展务管理又称为现场参展商服务,指会展组织者在展示场所为参展者提供的服务与协调展出事务的总称,如表4.40所示。

表4.40 展务系统

	涉及部门	具体职能
展务系统	展区管理组	展区广告内容核实 展区门禁管理及证件扫描 展区证件补办协助 展区桌、椅、垃圾桶协调 展区安全防范 重要领导参观路线设置 其他展区相关服务
	参展商服务组	展区测量与展品检查 展区展位拆卸协调 更换与调整展位 展位促销管理 展位噪声管理 展位水、电、气、餐饮协调 展品知识产权保护协助 展位施工与设备安装协调 展位门楣检查核实 展商代表与展出品核实
	会务组	组织开幕仪式 组织展中会议及其他相关活动 负责相关活动的场地布置及物料准备 负责活动资料、礼品等发放 接待活动嘉宾

(四)商务系统

商务系统主要负责商务租赁、财务管理、手续补办、证件补办等事务,如表4.41所示。

表4.41 商务系统

	涉及部门	具体职能
商务系统	租赁组	展具租赁 验收现场临时采购物资
	商务服务组	验证手续、办理交费、出具发票 审核发放现场各项支出 提供打印、传真等现场服务 填写各方制订的临时需求表格 其他与商务相关的事务

(五)后勤系统

现场主要物资管理与供应中心,主要管理一系列后勤活动,如表4.42所示。

表4.42 后勤系统

	涉及部门	具体职能
后勤系统	餐饮组	现场相关餐饮服务管理与调度
	保洁组	现场清洁维护
	物流组	现场相关运输管理与交通调度 现场各类人员的管理与疏导
	物料组	现场饮用水的管理与调度 现场可移动广告载体管理与回收 现场展示租赁设备管理与回收 现场绿植管理与回收 现场非展区装饰材料管理与回收 现场成型宣传材料管理 现场摄影摄像设备管理与协调 现场各种开幕、闭幕物品的管理与回收 现场各种工作证件与服装等相关物品领用

注:由于展览会现场管理业务的多元性与复杂性,主办单位经常把现场管理的诸多业务"外包"给专业性的会展服务公司。

一方面,主办单位通过服务外包达到了降低成本、提高效益的目的;另一方面,也使得各种专业性的展览服务企业发展起来,譬如展台设计、展台搭建、展具租赁、展品运输、广告印刷、安保清洁、法律咨询、餐饮服务等。

（六）工程系统

工程系统囊括了会展活动现场所有的大型施工工程管理与设备使用安装过程管理。通常交由场馆方或主场承建方来统筹，如表4.43所示。

表4.43 工程系统

	涉及部门	具体职能
工程系统	施工组	标准展位运输、安装、检修、拆卸管理 展场水、电等申请、输送、安装管理 特装展位施工管理 大型展品物流与安装管理 展位移动、撤出、检修、管理 协助办理工程人员证件 协调场馆方、施工方业务关系
	设备组	大型表演使用设备的安装、检修、拆卸管理 工程运输设备使用管理 检查会展活动现场使用材料 人员管理设备与大型广告载体的安装与管理 背板、开幕台、剪彩台的安装与检修 展场通风、通气设备检修、安装管理

（七）应急系统

应急系统是大型会展活动监控与突发事件的处理系统。职能涵盖现场治安、医疗服务、突发事件应急、现场投诉处理、日常监控、知识产权保护等，如表4.44所示。

表4.44 应急系统

	涉及部门	具体职能
应急系统	安保组	维护展期社会安全，防止各类事件发生 维护展示区域治安 排查消防设备设施 协助核对进入展区人员身份 失物报检、领取管理 展区监控设备安装与检修 夜间巡逻与公共危害防止
	投诉处理组	现场纠纷处理 人身健康与财产安全保护 知识产权侵权调查取证及立案
	医疗组	现场医疗救助及处理

会展现场管理技能实训

一、实训课时安排

本实训合计40课时,包括课内授课30课时及课外现场实践10课时。具体安排如表4.45所示。

表4.45　实训课时安排

序　号	工作任务名称	总课时	课　内	课　外
1	制订现场管理计划	8	6	2
2	布展管理	8	6	2
3	开幕式管理	8	6	2
4	展场服务与控制	8	6	2
5	现场危机管理	8	6	2
	合计	40	30	10

二、实训组织方式

指导教师组织实训班级模拟成立某展会的主办单位,分组完成各实训任务。本项目以班级49名学生为例,实训组织方式可参考图4.29结构进行。

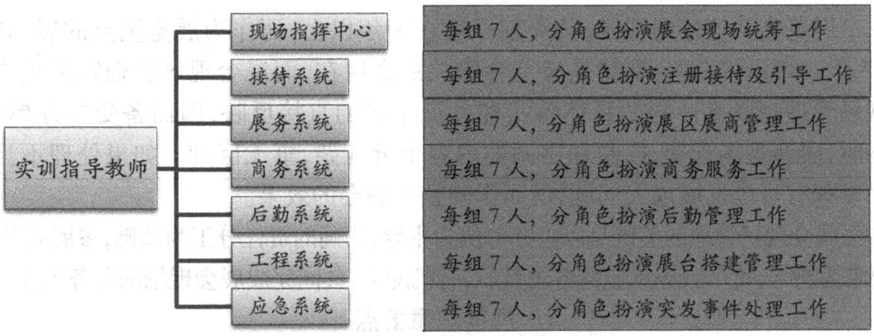

实训指导教师
现场指挥中心
接待系统
展务系统
商务系统
后勤系统
工程系统
应急系统
每组7人，分角色扮演展会现场统筹工作
每组7人，分角色扮演注册接待及引导工作
每组7人，分角色扮演展区展商管理工作
每组7人，分角色扮演商务服务工作
每组7人，分角色扮演后勤管理工作
每组7人，分角色扮演展台搭建管理工作
每组7人，分角色扮演突发事件处理工作

图4.29　会展现场管理实训组织方式

学生需独立或分组完成本书各实训任务结尾所布置的“实战项目训练”。如有条件,教师可组织实训班级通过组织校园会展活动项目(请参考本书“第五部分　会展综合项目实训”)或参加校外真实项目现场服务,来加深学生对本实训实践的认识,如图4.30所示。

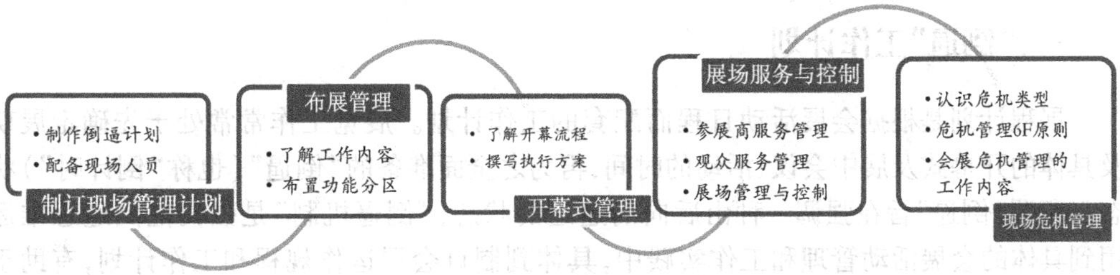

•制作倒逼计划
•配备现场人员
制订现场管理计划
布展管理
•了解工作内容
•布置功能分区
•了解开幕流程
•撰写执行方案
开幕式管理
展场服务与控制
•参展商服务管理
•观众服务管理
•展场管理与控制
•认识危机类型
•危机管理6F原则
•会展危机管理的工作内容
现场危机管理

图4.30　会展现场管理实训流程图

任务一　制订现场管理计划

业务情景

现场管理对展会举办有较大的促进作用。一方面,有利于展会安全、顺利地举行,提高展会的质量和品质,增强现场管理人员对大型活动的驾驭能力、控制能力、操作能力,降低意外事件发生率,有利于稳定展会环境和人心,营造舒适的展会交易气氛,促成贸易成交;另一方面,有利于提升展会的知名度和美誉度,提高展会影响力,促成品牌展会的形成,同时还有利于及时维护展商合法权益,吸引本届参展商和专业观众对该展会的继续参展和密切关注。

✪某会展公司所主办的一个展会即将进入筹备的倒计时阶段,需要制订展览现场管理的工作计划。请分组计划并完成《××现场管理工作计划》。

完成本任务合计 8 课时,包括授课 6 课时及现场实践 2 课时。

业务知识

会展现场工作是指展会从布展开始,包括展会展览期间到展会闭幕这一段时间对展会布展、展览和撤展等事务的组织管理工作。

一个展览会从筹备到开展,其周期一般在一年以上,而作为展览重点的展示往往只有 3 ~5 天。可以说,展会现场是展览会的关键之所在,而展会现场管理则是重中之重。展会现场管理是展览计划的具体落实和办展水平的直接反映,因而备受主办单位的重视。同时,展会现场管理、控制和协调的内容十分庞杂,事无巨细。如果处理不当,任何一件小事都有可能发展成大问题,继而影响整个展会的效果。

加强展会现场管理的关键是以主办单位为主导,明确的责任分工为基础,参展商及参观人士的要求为指导,每个服务承包商各司其职,有机配合,共同完成展会现场的服务工作。

展前注意要点

√展前筹备期:展会主办方对其内部人员调配进行有意的倾斜安排。

√展前 10 天内:与场馆商具体敲定各环节的负责人,落实细节和职责。

√展前 7 天内:召开全体服务承包商会议,明确现场服务范围与责任。将以往展会现场出现的问题及处理对策大致归类并集结成册,分发给各个承包商。

√展前 1 天内:召开内部会议,共享《现场管理工作计划》、工作人员通讯录。

一、"倒逼"工作计划

展程计划是根据会展活动日程而配套的工作计划。展览工作常常处于先确定展期及具体的开幕式及展中会议、活动的时间,再为之全面准备的"倒逼"(也称"倒计时")状态。所谓"倒逼"旨在强调一种由后向前逼近的状态,"倒逼机制"是强调把倒逼思维运用到具体的会展活动管理和工作实践中,具体到制订会展运作规程和工作计划,有助于牢牢卡住关键时段和时间节点。

下面以某国际服务贸易交易会的展程计划来具体说明“倒逼机制”。

【范例】①

表 4.46　某国际服务贸易交易会日程

序　号	内　容	时　间	地　点
1	开幕典礼	8 月 28 日 10:00	×××展馆　南广场
2	欢迎晚宴	8 月 28 日 18:00—21:00	×××酒店××厅
3	贸易展览	8 月 28—29 日 9:00—18:00 8 月 30 日 9:00—16:00	1,2,3,4 号馆
4	“××奖”技能擂台赛	8 月 28—30 日 上午 10:00—12:00 下午 13:00—15:00	×××展馆　南广场
5	供应链金融发展与创新研讨会	8 月 28 日 10:00—12:00	×××展馆　大宴会厅 C
6	文化产业创新投融资高峰论坛	8 月 29 日 10:00—16:00	×××展馆　多功能厅 B
7	健康医疗服务项目推介会	8 月 30 日 10:00—11:00	×××展馆　大宴会厅 A
8	颁奖典礼暨闭幕仪式	8 月 30 日 15:00	×××展馆　南广场

表 4.47　某国际服务贸易交易会现场管理工作计划

项　目	负责人	主力部门/组	工作进度
布展管理	沈××	工程中心 后勤中心	①8 月 27 日 20:00 布展结束,组委会领导检查 ②8 月 26—27 日全天 巡场监管;展品接待;加班管理
开幕典礼	陈××	现场指挥中心 会务组 媒体组	①8 月 27 日 20:00 筹备结束,组委会领导检查 ②8 月 27 日 16:00 验收典礼舞台、背景板及预订服务 ③8 月 27 日 12:00 确认出席贵宾名单、座次、站位;确认议程、新闻通稿并打印、装袋 ④8 月 25 日 17:00 送出全部请柬和领导致辞送审稿;验收订制礼品

① 资料来源:冯丹. 展览现场管理[M]. 北京:中国劳动社会保障出版社,2007.

续表

项 目	负责人	主力部门/组	工作进度
注册接待	欧××	接待中心	①8 月 25 日 17:00 筹备结束,组委会领导检查 ②8 月 25 日 16:00 查验注册处及相关设施 对接落实有关外包服务 ③8 月 25 日 12:00 检查确认全部报到文件、证件并装袋
欢迎晚宴	李××	现场指挥中心 会务组 媒体组	①8 月 28 日 16:00 筹备结束,组委会领导检查 ②8 月 28 日 14:00 到达酒店现场检验场地和设备; 确认席位及贵宾座次 ③8 月 28 日 12:00 确认主持词、节目单 ④8 月 25 日 17:00 确认酒店预订;确定演出节目预订
贸易展览	王××	现场指挥中心 展务中心 商务中心 后勤中心	①8 月 28—29 日 9:00—18:00 现场管理与服务 ②8 月 30 日 9:00—16:00 现场管理与服务
“××奖”技能擂台赛	杨××	现场指挥中心 会务组	①8 月 27 日 20:00 筹备结束,组委会领导检查 ②8 月 27 日 16:00 验收比赛现场的布置和设施 ③8 月 27 日 20:00 确认比赛程序、细节; 检验分装奖杯奖品 ④8 月 25 日 17:00 确认评委安排
供应链发展与创新研讨会	黄××	现场指挥中心 会务组	①8 月 27 日 20:00 筹备结束,组委会领导检查 ②8 月 27 日 18:00 检查确认会议场地设备和服务 ③8 月 25 日 20:00 确认会议主持和嘉宾安排
文化产业创新投融资高峰论坛	叶××	现场指挥中心 会务组	①8 月 28 日 16:00 筹备结束,组委会领导检查 ②8 月 28 日 14:00 检查确认会议场地设备和服务;确认嘉宾座次 ③8 月 28 日 12:00 确认分装会议文件;确认贵宾名单 ④8 月 25 日 17:00 确认会议厅的预订
健康医疗服务项目推介会	章××	现场指挥中心 会务组	①8 月 29 日 16:00 筹备结束,组委会领导检查 ②8 月 29 日 14:00 检查确认会议场地设备和服务 ③8 月 25 日 17:00 确认会议厅的预订
颁奖典礼暨闭幕仪式	张××	现场指挥中心 会务组 媒体组	①8 月 30 日 13:00 筹备结束,组委会领导检查 确认颁奖名单 ②8 月 30 日 10:00 验收典礼舞台、背景板及预订服务 确认出席贵宾名单、座次、站位; 确认议程、新闻通稿并打印、装袋 ③8 月 29 日 17:00 送出全部请柬和领导致辞送审稿

由于每个展览的具体情况各异,在制订工作计划时必须一切从实际出发。为应对展

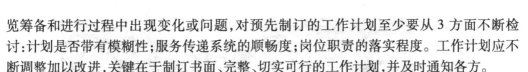

览筹备和进行过程中出现变化或问题，对预先制订的工作计划至少要从 3 方面不断检讨：计划是否带有模糊性；服务传递系统的顺畅度；岗位职责的落实程度。工作计划应不断调整加以改进，关键在于制订书面、完整、切实可行的工作计划，并及时通知各方。

二、现场管理人员的配备

前期的工作人员，在进入布展期，到展览活动现场展示期，在服务功能上会有所转变。例如，前期的招展人员，在现场就变为参展商服务人员；前期的媒介相关人员，在现场变成了新闻单位接待人员等。对于部分岗位需要重新进行合理的分配，以保证展览活动顺利的进行。

(一)现场指挥中心

现场指挥中心为现场办公机构，全权处理展会期间相关事项。指挥人员应频繁地巡逻展会现场各区域，并重点实施对客流高峰、开闭幕式、重要嘉宾接待、重要活动等的统筹。

工作安排及职责：①机动巡查(4～5 人)；②大会电话总台(2 人)；③处理博览会突发性特殊事件并给予调解。

(二)注册接待人员

注册处的工作人员应经过培训并熟悉后勤和注册工作，书面的工作指南和行为规范是人员安排和管理过程中必不可少的。现场工作人员应熟悉以下情况：会展活动日程表；各功能区的方位地点；一些必需场所的位置，如电话间、洗手间和餐厅等。

为注册处配备人员时，还要考虑到注册人流的时间分布特征，如什么时候是注册高峰期；高峰期的前中后各需要多少工作人员；与会者是否成批到达或集中报到等。在注册高峰期，要按 1:(75～100)的比例配备人员。

注册接待人员管理要点

√注册处必须要有 1 名负责人，应出自组展商，要求了解本展会及客户实情，具备全面的会展业务素质及较强的临场应变能力。

√注册处工作人员组合：最好从组展商、场馆方和部分服务承包商或志愿者中抽调并提前组合，应具备良好的服务态度及外在形象，较好的双语水平。

√所有注册接待人员在现场应统一服装并佩戴工作证件。

√事前应对注册接待的全体人员进行上岗培训，熟悉报到流程，明确各自职责。

(三)导引人员

大型展会应在每个主要出入口处安排 1～2 名工作人员，将观众引入正确的地点。对于展馆周边的出入主要通道、其他同期展会现场等可适当安排流动的导引人员派发门票、传单，吸引人流，如图 4.31 和图 4.32 所示。

图 4.31 导引人员在展会主要出入口派发门票及引导观众进馆

图 4.32 导引人员在同期展会现场及周边地铁口派发门票

(四)各服务点人员

在观众入口大厅处设总服务台,在各展馆问询处设现场管理员。总服务台办公时间与展期开、闭馆时间相同。

总服务台工作人员:负责接待参展商、观众,解答有关展会事项的咨询;受理参展商、观众的意见及建议;互补处理展馆现场管理员职权以外的事项。

各展馆问询处设现场管理员:负责按大会承诺的标准向参展商移交标准展位及光地空间;协调参展商与展馆方之间的关系;协助参展商解决参展过程中发生的问题;督促参展商及搭建商遵守大会及展馆各项规定。

(五)临时员工

会展公司平时大多保留骨干人员,从事项目调研、策划、营销以及公司各部门的业务工作。而在会展项目最为繁忙的现场运行阶段,一般聘请数量不等的临时员工,以弥补人力资源短缺及节省人力成本。

1.临时员工的来源

大体有:学校实习生、志愿者、社会待业人员等。

合适安排临时员工的岗位:接待服务礼仪、观众登记、广告宣传资料分发、会务服务等。

2.临时员工的培训

临时员工对于会展行业熟悉程度不够,缺乏相应的专业知识和技能,必须进行针对性较强的岗位适应性培训。

(a) 志愿者现场培训

(b) 向观众提供导引服务

(c) 多语种呼叫中心的信息服务

图 4.33　北京奥运会志愿者

临时员工的培训内容大体分为两部分：

(1) 岗前教育培训

岗前教育培训的内容包括公司简介、项目背景、服务理念、管理条例、团队意识等。还要求具备一些与其服务的展会项目相关的基本知识，如活动日程、展馆分区及热点位置、周边交通信息等。

(2) 岗位技能培训

根据各岗位的工作需要进行岗位技能培训。除此之外，临时员工还必须掌握一些基本的技能，比如医疗急救的基本知识、安全风险防范的基本知识、英语基本对话的能力，也要学会和别人沟通的技巧。如果志愿者在工作当中遇到心理方面的问题，还应该学会调整自己的心理。

(六) 保安、医疗、保洁、餐饮服务等其他人员

为落实现场安保、医疗应急、保洁餐饮等服务，需委托相应的专业机构派出充足人员提供专业的服务保障。

【范例】

罗湖体育馆大型活动紧急疏散预案[①]（节选）

为了做好在罗湖体育馆举办各大型活动期间观众及工作人员的安全工作，维持现场秩序，确保大型活动安全、有序地进行，特制订以下控制预案。

一、成立紧急疏散工作小组

现场总指挥：罗湖体育馆馆长(1 名)。

副总指挥：罗湖体育馆场地总监(1 名)及主办方指定的现场安全负责人 1 名。

安全疏导成员：罗湖体育馆值班主任(2 名)，工程部当天值班工作人员 1 名，主办方安全工作人员 2 名。

二、大型活动期间保安人员配备情况

(一) 罗湖体育馆保安人员(20 人)负责场馆外围区域秩序及安全，具体人员配置为：

1. 观众入口前广场范围区域配置 2 人，负责广场区域人员秩序及安全。

2. 一楼平面区域配置 3 人，负责通道入口前面广场治安工作。

3. 二楼平面区域配置 3 人，负责通道入口前面广场治安工作。

---

① 来源于深圳政府在线网站，本案例内容经过摘录，完整版请见教材 CD。

4. 负一楼停车场区域配置3人，负责活动期间的车辆停放调度及安全。

5. 罗湖体育馆门前市政路区域配置3人，负责活动期间车辆停放调度及人员上下车安全。

6. 剩余保安人员作为机动。

（二）活动期间工作人员（体育馆及主办方共计25人）主要职责为：负责引导观众入场就座；活动结束后观众人流的疏散；遇突发事件的人流疏散及指引工作。具体人员配置为：

1. 一楼平面区域配置5人。

2. 二楼平面区域配置9人。

3. 三楼平面区域配置4人。

4. 若使用负三楼区域配置3人。

5. 剩余工作人员作为机动。

（三）由主办方负责活动区域的秩序及安全（安保人员至少约30人），具体人员配置为：

1. 一楼平面区域配置9人，负责进入主场馆场地方面人员的秩序及引导。

2. 二楼平面区域配置8人，负责二楼观众入口入场及散场人员分流及秩序。

3. 三楼平面区域配置4人，负责三楼观众的分流引导，保持出入场秩序。

4. 若使用负三楼区域配置3人。

5. 剩余安保人员作为机动。

实战项目训练

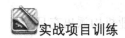

CIFTIS 中国（北京）国际服务贸易交易会
CHINA BEIJING INTERNATIONAL FAIR FOR TRADE IN SERVICES

【项目背景】

中国（北京）国际服务贸易交易会（简称“京交会”）是经国务院批准，由中华人民共和国商务部、北京市人民政府主办的大型交易会，简称京交会。全球服务贸易快速发展，京交会已成为世界经济增长的新动力，搭建全球服务贸易交易平台。

时间：每年5月28日开幕，会期5天。

地点：中国·北京·国家会议中心

✪分组调研京交会盛况及国家会议中心场馆，完成《中国（北京）国际服务贸易交易会现场管理工作计划》，内容包括：

训练1 设计现场管理组织架构

根据“会展现场管理岗位概况”业务知识，参考会展现场管理的组织架构，为京交会设计一个合适的现场管理组织架构。

训练2 制作展览活动日程及工作计划

仿照范例某国际服务贸易交易会日程及某国际服务贸易交易会现场管理工作计划，制作一个2014年第三届京交会的展览活动日程及工作计划。要求：

1. 展览活动日程信息需自行调研，必须含布展撤展、开闭幕式、展览和任选两个相关会议活动信息。

2. 两个相关会议活动从教材 CD 中的《2014 年第三届京交会会议活动信息表》选取。

3. 格式按照所提范例的两个表格。

训练 3　分析现场管理岗位

调研 2014 京交会的展区及会议活动分布，在教材 CD 中的《国家会议中心场馆平面图》标示出你的 2014 年第三届京交会展览活动日程中各项目发生的地点，根据已设计的组织架构标出现场管理岗位和人数，并作出各岗位的职责分析。

训练 4　志愿者岗位分配

参考教材 CD 中的第三届京交会展区分布，假设京交会组委会招募了 50 名志愿者，应安排到哪些岗位比较合适？志愿者的岗位分配需体现在上题作业中。

【提示】

√京交会官网

√国家会议中心官网

√鼓励借助国家会议中心官网的“360 全景虚拟游览功能”熟悉展馆现场。

任务二　布展管理

业务情景

当展会开幕日期临近时，展会要在所租用的展馆里迎接参展商进馆进行布展。所谓布展，从参展商的角度看，是指参展商为准备展览而在展会开幕前对展位进行搭装、布置和将展品陈列在展位上的系列工作；从展会的角度看，是指对展会现场环境进行布置和对参展商的有关工作进行协调和管理。

✪本项目执行单位是某即将开幕的展览组委会。请实训班级学生分组模拟扮演布展阶段的接待服务管理。完成本任务合计 8 课时，包括授课 6 课时及现场实践 2 课时。

业务知识

展会布展是展会开幕前的现场筹备工作，一般在展会开幕前几天进行。不同题材的展会需要的时间长短不同。展会布展时间的长短主要取决于展览题材及展品的复杂程度。展会规模的大小对布展时间也有一定的影响，展会规模越大，其需要的布展时间往往越长。对于一般的展会，布展时间常常在 2 ~4 天。

根据国内对展会的管理规定，展会在组织布展前需要到工商、消防、安保和海关等部门办理有关手续，然后才能开始布展。需要办理的手续分别是工商报批、消防报批和备案、安全保卫报批和备案、海关报批和备案。另外，如果展馆位于城市的中心地带，有些城市还需要办理外地车辆进城证以方便外地企业运送展品到展会现场布展。

一、布展管理的工作内容

在策划阶段，展会主办方应将布展作为一项工作考虑在内，一般应在策划报告及参展商手册中写明提供的工具、服务及搭建规范等。但主办方一般不参与参展商展位搭建和展区布置的具体操作。

1. 展位画线工作

按照各参展单位租用的场地面积和位置画好每一个展位的地域范围，确定每一个展位的具体位置，方便参展商在自己租用的地方搭建展位和陈列展品。展位画线工作涉及每一个参展商租用展位的具体位置和面积大小，办展机构要一丝不苟地按照事先的承诺如实办理。

2. 展馆地毯铺设

在展馆计划铺设地毯的地方铺设地毯，如展馆的公共区域、某些标准展位等。地毯铺设一定要紧贴地面，要美观，不能妨碍行人通行。

3. 参展商报到和进场

各参展商凭合同及有关证明到现场报到，付清各种款项，领取相关证件，办理入场手续。

4. 展位搭建协调工作

除了特装展位由参展商自己搭建以外，展会一般还要负责搭建标准展位。不管是标准展位还是特装展位，展会要监督所有的承建商都按展会要求搭建；对于展位搭建中出现的各种问题，要及时协调处理。

5. 现场施工管理和验收

派出专门人员管理现场施工，如现场用电、用火、噪声、展位高度控制、电线线缆的安装和走向、灯光的设计和使用、搭建材料的防火性能、展位间通道宽度的控制、重型机械的地面承重控制、标准展位的标准配置等要及时查验，避免施工现场秩序混乱和出现安全隐患。

6. 海关现场办公

对于海外参展的展品要及时办理海关通关手续，如果海外参展比例较大，可以邀请海关现场办公。对于所有海外参展展品，展会要陪同海关进行现场抽样查验。

7. 展位楣板的制作、安装和核对

各参展商展位的楣板上标有参展商的单位名称和展位号，有的还有参展商的企业标志或展品商标。这些内容是参展商的门面，一定不能有丝毫的差错，要派出专门人员认真核对。

8. 现场安全保卫工作

布展期间，现场人员众多，各单位布展施工涉及用水用电、展品防盗。依托门禁设施，配备保安人员对布展人员、展品、装修材料进出展场实施严格管理。为保护自己的展品和人员安全，参展商一般还要对自己的展品和员工投保。

9. 消防和安全检查

所有的展位布置完毕以后，展会还要陪同消防和安全部门对所有的展位进行一次全面系统的检查，保证展会符合消防和安全要求，彻底清除展会现场可能存在的安全隐患。

10. 现场清洁和布展垃圾的处理

展会布展往往会产生大量的布展垃圾，对这些垃圾要及时收集和运出展馆并进行处理。

图 4.34　布展管理的工作内容

许多条件成熟的会展场馆提供主场（项目）承建服务：①为展览会组展方、承办单位提供主场承建、标摊展位形象美化、标摊异形化搭建、开幕式策划及背板搭建、展览会导向设计制作等展会配套工程服务；②为参展商提供展位特装及个性化布展展柜、展具个性化制作安装，广告灯箱制作等服务。对于享受主场承建服务的展览，主办方在布展阶段通常无须直接实操大部分布展管理细节，主要协调好参展商、施工方与展馆方、主场承建商等各方之间的关系即可。

布展前在参展商报到的场所设置明显的“参展商接待处”或“参展客商报到处”字样，以利于参展客商容易看到，提高参展商报到效率和布展效率。展会布展正式开始后，展会要对布展工作进行全面协调和管理，如图 4.34 所示。

上述布展工作结束以后，展会的现场布置就已经基本就绪。在布置好展会的开幕现场、序幕大厅、观众登记处、展会相关活动现场布置和其他各服务网点以后，展会就可以按计划举行开幕式，对外正式宣布展会开幕。

二、各功能区域的布置

(一)展馆主入口

展馆主入口如图 4.35 和图 4.36 所示。

NEW INTERNATIONAL EXPO CENTRE
2011上海国际珠宝首饰展览会
Jewelry Shanghai 2011
Hall
E6 & E7
馆
WELCOME
欢迎光临

图 4.35　上海国际珠宝首饰展览会主入口

WELCOME
CeBIT

图 4.36　亚洲国际信息及通信技术展览会(CeBIT Asia)的户外欢迎牌及“指路人”导引

(二)开/闭幕式场地

在开/闭幕式选择具体地点时，应结合仪式的规模、影响力以及展馆的实际情况来决定。场所选择和舞台搭建要提前安排，在交通和人流上加以管理。舞台布置包括舞台搭建、展会背景板、门楼、演讲台、观众席、绿植装饰等。背景设计要展现展会主题，背景板应写上展会名称、开放时间，展会的主办、承办、支持单位等办展机构的名称等。如有赞助单位，还可以在现场周边合适的位置布置空飘气球或其他广告牌等宣传用具。

会展的开幕式形式多样，隆重的开幕场合还会安排鸣放礼炮、嘉宾剪彩、重要领导讲话等环节。不同的开幕式其现场布置形式也有所不同。

常设位置：展馆的礼堂、会议厅，展馆内部大厅或门前开阔的广场等。在室外举行庆典时，切勿因地点选择不慎，导致制造噪声、妨碍交通或治安，顾此而失彼，如图4.37所示。

2012第三届中国换热设备博览会
The Third Session Heat Exchanger Expo 2012 in China
开幕式

图4.37 第三届中国换热设备博览会开幕式舞台布置

开幕式布置要求

布置会展开幕式的气氛营造要符合会展定位需要。具体要注意以下几点：

√确保安全：开幕式往往会有政府要员、商业巨头、业界精英或娱乐明星等出席，谨防恐怖袭击或突发事件必须要放在第一位。

√合理划分场地：在开幕式前需要预先将场地分配好，主席台在什么地方，嘉宾站立（座位）的位置，礼仪小姐的等候区，礼炮放置的地方及朝向，舞狮队和军乐队的位置，观礼观众的位置等，甚至要考虑警力的部署。当仪式开始时，便能做到相关人员各就各位，整齐有序。

√舞台搭建稳固美观：开幕式的舞台一般是临时性的，但由于它的影响面较大，因此在布置舞台时要以稳固美观为宗旨，特别是安排文艺表演时对舞台的稳固性要求则更高。

√音响视频配置到位：出席仪式的人员可能会很多，专业服务人员要对现场的音响视频配置进行合理安置、调试，以保证视听效果。

√人流的控制适当：在布置开幕式现场时要安排好人流进出的通道，舞台与观看人群之间要留有足够的空间，有时还必须安排警力站于观礼人员前面，以防不测。

（三）展会序幕大厅

观众等人员进入展厅后需要借助完善的会场导引标识系统才能迅速找到注册台。在展厅入口处及展厅内部设置清晰的标识物，可帮助观众了解展览布局，找准方向，提前计划参观路线及日程。

展会展馆序幕大厅布置主要包括展馆、展区和展位分布平面图，各服务网点分布图，各参展企业及其展位号一览表及名录牌，展会简介牌，展区参观路线指示牌，展会宣传推广报到牌，展会相关活动告示牌等。

另外，在展会序幕大厅以外的地方建立会场导引标识系统，以地标、路牌等手段，在通道、入口等公共区域，对观展路径、观众休息区、餐饮区、洗手间等进行标识。

常设位置：在展厅入口处、展厅内部的电梯口、通道转弯处等，如图 4.38 所示。

(a)　　　　(b)

图 4.38　2014 年 HDD 博览会序幕大厅

【练习】

请分析 2014 年 HDD 博览会序幕大厅的现场布置有哪些分区及标识？它们有什么功能？

(四)注册处

注册处应具备完善的接待功能。在条件较好的展览场馆可将报到台设置在专门的报到、休息厅。某些规模较大的展览根据其前期展览营销分工还需分设不同的报到台。由于各展览馆的门禁系统不同，或在同一场馆同时在举行不同的展览，因而在设置报到台时应充分考虑参展商方便到达，并将有关情况提前告知参展商。

应根据展览和场馆的实际对注册处进行适当的包装和标识。注册处的标记应该至少高出地面 2 米，以便越过注册台的人群也能看到该标记。通常在附近配备填表台，并在注册台前的轮候区设置隔离带，以确保人群拥挤的情况下注册工作依然有序。

常设位置：一般都设置在展馆前厅或门口。

对于大型会展活动，根据不同标准在现场划分不同注册区，更有利于高效的注册工作。

通常，注册分区的方法有以下几种：

√按注册人员来源分区，可分为国内观众区、境外观众区、媒体区、合作单位区等

√按注册时间分区，可分为预注册(登记)区、现场注册(登记)区

√按注册的活动类型分区，可分为会议注册区、旅游及娱乐活动注册区等

√按与会者姓名首字母分区，如“A-F”区、“G-L”区等

Exit
预先登记观众登录处
Pre-registered Visitor Registration
More Exhibits

（a） 海外观众登记处　　（b） 预登记观众登录处 （自助设备）

（c） 观众填表台　　（d） 观众参观路线导引牌

图 4.39　注册处

报到台应具有以下 4 项基本功能：

①小憩候理。在报到处为客商准备一定数量的桌椅，并配备饮用水和纸杯。有条件者还可以安排迎宾接待人员。

②咨询接待。客商除办理报到手续外，往往需要了解一些办展城市的商务旅游、餐饮娱乐等方面的情况。因此应调配好人员、准备好有关资料以履行业务接待和相关咨询服务的职能。

③办理手续。报到台人员必须熟练、快捷地办理参展、布展、参会、住宿、返程、旅游等注册及其他服务手续。

④结算费用。展览现场的一些费用通常都是在注册时交纳的；国内展览界还有一种惯例，部分参展商的参展费用往往在注册时才能收讫。因此，报到台必须配置收银结算设备。

(五)门禁处

门禁管理对于展会来说是最重要的环节。如何让参展观众及时顺利地进入会场参观，让参展商及时得到来访观众信息，让主办单位更方便地掌握展会情况、控制展会秩序，这些都取决于门禁管理。在展览出入口配置无线数据采集器，可供现场扫描观众证件的条形码或二维码，识别观众信息。同时对当日各时段的人流量作统计，帮助展览观众流量和相关数据的准确分析。

常设位置：门禁处一般设置在商务中心、办证处、展馆出入口、洗手间及饮水处附近，方便观众进出办事。

【案例】二维码技术在会展现场管理的运用

二维码(Two-dimensional code)，又称二维条码，它是用特定的几何图形按一定规律在平面(二维方向)上分布的黑白相间的图形,是所有信息数据的一把钥匙。在现代商业活动中,可实现的应用十分广泛,如:产品防伪/溯源、广告推送、网站链接、数据下载、商品交易、定位/导航、电子凭证、车辆管理、信息传递、名片交流、WIFI 共享等。如今智能手机"扫一扫"功能的应用使得二维码更加普遍。

二维码可用于展会签到、展台扫描等。二维码扫描仪可以读取纸质、LCD、手机屏幕等纸上或同类载体上的条码及微小条码信息;首读率达 95% 以上,强纠错能力、高效读码,有效提高现场工作效率。

1. 二维码签到制证

已实行预登记的观众,将受到来自展会主办方系统后台发出的二维码确认函。凭手机或确认函上的二维码即可实现展会现场的电子化签到和制证,接待 1 名观众仅需 2 s,如图 4.40 所示。

图 4.40　二维码电子化签到和制证

2. 二维码门禁管理

二维码扫描通过二维码门禁方式除了可以统计基本的参观人数、人次、停留时间之外,还可以在入口处对客户的身份进行识别。部署在出入口或展台的无线扫描器可以直接解析出加密的二维码,在扫描器屏幕上即可显示该观众的身份信息,以便于对身份进行甄别,如图 4.41 所示。

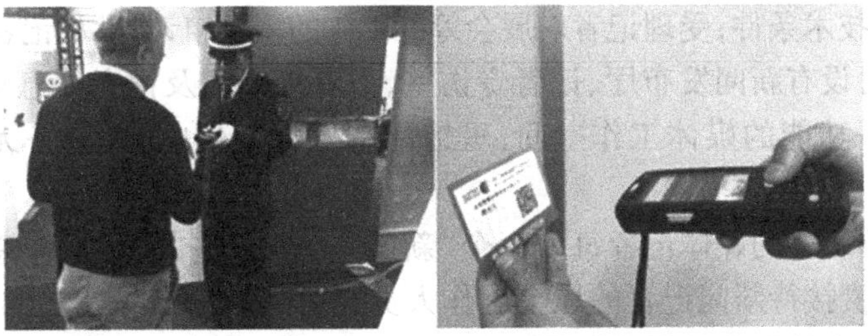

图 4.41　使用二维码门禁方式对观众进行统计及身份甄别

3. 二维码展品管理

二维码技术还可以为专业观众的采购和参展商摊位的展品管理带来极大的便利。二维码展品管理方案主要应用于两种场景:

(1)展会现场。展品或展台上粘贴二维码,观众可通过手机 APP 扫描,系统后台根据扫描记录将电子材料发送给用户。资料收集的环节完全电子化。

(2)场馆库存管理。对一些常年展示的展厅或博物馆,可以通过二维码实现对展品的进、出、移等库存管理。并通过在线系统与展示企业实现互动,如图 4.42 所示。

图 4.42　二维码展品管理功能

（六）展会期间相关活动区

展会期间，主办方以及参展商往往都会同期举办一些相关活动，主要包括预备会议（图 4.43）、开幕典礼、与会议主题相关的主要演说、专题讨论、论坛（图 4.44）、记者招待会、闭幕典礼、答谢晚宴（图 4.45）、社交活动、特别参观、家眷节目、与会前后的活动等。这就要求主办机构能够及时进行协调管理工作，提前做好相关活动区域的布置工作，避免混乱。

图 4.43　预备会议

图 4.44　论坛

图 4.45　答谢晚宴

（七）媒体中心

媒体中心的主要职能包括举办新闻发布会，发布展会权威信息；为中外记者提供写稿、发稿等必要技术条件；受理记者对展会筹办工作的采访申请；发放记者证件等。

媒体中心可设有新闻发布厅、记者专访室、记者工作间及记者休息间。也可简化为一个具备多合一功能的媒体工作空间，里边配有多台工作电脑，具备无线和有线上网条件。

展会要发给所有的媒体记者每人一个“新闻袋”，并安排专人负责新闻记者的接待和联络工作，负责接待新闻记者的展会工作人员要对展会的有关情况非常熟悉，能随时回答记者提出的有关展会的各种问题。

（八）嘉宾休息室

很多展会在适当的区域内开辟一定的空间作为展会嘉宾的休息室或者会客室，供展会嘉宾使用。在该休息室或者会客室里，除了要配备一些茶水、咖啡和小点心之外，还可以放一些有关展会的介绍资料。

实战项目训练

1. 请认真研读教材 CD 资料《中国进出口商品交易会展馆办展指南》。熟悉大型展馆的场地使用规范、展馆相关管理规定及涉及的相关手续。

讨论:布展阶段的现场管理会涉及展馆规定的哪些方面?

2. 选择一个本地主流展馆,下载其展馆使用管理规定,认真研究。实训教师选出与布展管理相关的规定,在实训班级内组织一场知识问答比赛。

3. 参观一个展览,仔细观察现场各功能分区的设置,做好拍摄和记录工作,写一份现场布展工作评估报告,提出你的见解和改善建议。

4. 联系一家展会主办方或主场承建商,为某展的布展管理提供协助服务。

任务三 开幕式管理

业务情景

展览必须完成集聚贸易、聚散信息的具体而繁杂的事务及其社会性或政治性使命。作为展览开张面世的开幕环节,必然要承担起总览导引和营造氛围的职责。乐队表演、致辞、剪彩是国内展览最为常见的开幕仪式的内容。

✪本项目执行单位是主办某展会的某会展公司。学生组队扮演该展的开幕式管理。完成本任务合计 8 课时,包括授课 6 课时及现场实践 2 课时。

业务知识

办展机构一般以举行展会开幕式的形式来宣告展会开幕。开幕式是一项较为大型的活动,一般还有有关领导参加并伴有一些表演活动,设计的层面很多,事务也很复杂,需要事先经过周密的部署和仔细的筹划。

一、开幕仪式的流程

开幕仪式的基本流程依次为:介绍出席开幕式的领导和嘉宾→特邀领导和嘉宾致辞→剪彩或宣布开幕。根据展览的实际情况,往往要镶嵌一些环节,如:

开幕式常见镶嵌环节

√介绍主持人。通常,开幕仪式的主持人本身可能是具有一定级别的领导、著名电视主持人等,出于营造气氛的需要,有必要让现场观众认识主持人。

√特色性议程。如捐赠、颁奖、产品展示等。尤其注意要掌握嵌入环节和所增加的时间,保证整个开幕式的流程紧凑。

√歌舞文艺表演。特别是结合展会主题及举办城市风土人情而精心策划的艺术表演,能起到丰富开幕式内涵、为主题点睛及吸引人气等积极作用。

√情绪性议程。如运用现场鼓乐队在间隙及开幕式高潮中鼓动现场情绪,或增加礼花礼炮等鼓动观众情绪。一般情况下,应把开幕式高潮点锁定在仪式结束前,应充分发挥主持人的作用,并充分考虑现场情绪的调动。

√仪式后参观。延续开幕式氛围,让到场领导及嘉宾一睹开幕式舞台以外与展会内容相关的重要成果和现场风采,强化重要来宾对办展水平的良好印象和正面肯定。

对于商业性展览(展销)活动而言,开幕式和闭幕式只扮演点缀角色,其形式应该隆重而明快,不能太拖沓冗长。时间一般要求控制在15~30分钟,否则很容易产生喧宾夺主的印象。当然如果有重要嘉宾参加,开幕式的时间可以延长,但一般不要超过1个小时。对于具有特殊意义的开幕式,其形式可更为独特,如第100届广交会的开幕式安排在晚上进行,这样既不影响白天的交易,又能利用灯光、烟花来烘托隆重而热烈的气氛。

二、开幕式执行方案

在开幕式总体流程策划出来后,需要对现场管理逐一梳理及落实细节:确定礼仪人员、接待人员分工及任务;落实安全保卫人员的布局与分工;确定领导和嘉宾的排序并务必核准姓名、性别、职务;确定致辞人、剪彩人的次序、站位;音响、乐队、礼炮等的检查、配合与协调;检查嘉宾签到簿、胸花和剪彩用品、礼品;妥善安排新闻媒体采访报道等。

【**案例1**】20××中国(深圳)国际游艇博览会开幕式

表4.48　20××中国(深圳)国际游艇博览会开幕式——活动执行流程表

起始时间	项目环节	工作区/内容	需求配置	注意事项
8:30—9:00	开幕式前准备	1.接待处布置检查	背景板+签到台+签到笔+台花+礼品+胸花	所有物料及工作人员到位时,布置完毕; 主办单位和活动公司相关工作人员全部到达会场,并对会场现场作最后检查,准备迎宾
		2.舞台区布置及音响系统检查	麦架2个+麦2个+彩花炮8个+剪彩花球12套(托盘里的剪刀口切勿对着剪彩嘉宾)	
		3.舞台区不摆放桌椅	红地毯	
9:00—9:50	迎宾(背景音乐)	1.接待处签到工作	礼仪小姐2名 工作人员2名	凭请柬到此签到,佩戴胸花并赠送礼品
		2.贵宾室	礼仪小姐2名	协助服务工作
		3.舞台区	礼仪小姐4名	嘉宾区两侧形象礼宾
		4.引导主嘉宾	礼仪小姐12名	每位礼仪1对1带主嘉宾前往贵宾区
9:50—10:00	主礼嘉宾登台(放嘉宾登台音乐)	1.联络总控确认主礼嘉宾是否都已到场	开幕式总控	
		2.礼仪小姐引导主礼嘉宾登上主席台	礼仪小姐12名	

续表

起始时间	项目环节	工作区/内容	需求配置	注意事项
10:00—10:03	宣布开幕式开始	1. 主持人宣布开幕式开始	主持人（南山区副区长）	
		2. 主持人介绍整个开幕式		
10:03—10:10	介绍主礼嘉宾	1. 逐个介绍主礼嘉宾职务、姓名	主持人（南山区副区长）	
10:10—10:30	领导及代表致辞	1. 深圳政府代表致辞	各主礼仪嘉宾陪同礼仪，指引领导上台及下台（发言期间在台口处等备）	登台音乐
		2. 支持机构代表致辞		登台音乐
		3. 主办方代表致辞		登台音乐
10:10—10:35	礼仪小姐陪同上大游艇更衣准备	1. 迎宾区及舞台区礼仪小姐更换运动装	礼仪小姐5名	要穿高筒靴，不晕船，礼仪队长带队
		2. 礼仪小姐往大游艇准备迎接主礼嘉宾	主办方工作人员1名	登船时礼仪帮助搀扶上下楼梯、酒水服务
10:30—10:40	剪彩仪式	剪彩花球+托盘+金剪刀人手一套	礼仪小姐12名	如有嘉宾未剪断应及时给予帮助
10:40—10:42	宣布仪式结束	礼仪小姐引导主礼嘉宾下台	礼仪小姐12名	注意台口台阶
10:42—11:00	主礼嘉宾参观码头游艇并登船前往参观大游艇		登船礼仪小姐5名	注意行程路线，游览之前找黄主席确认，及乘船顺序
11:30	开幕式结束	送嘉宾离场		礼仪欢送
12:10—13:30	物料清场			

【案例2】

第××届中国瑜伽节开幕式实施方案

（现场执行方案）

为保障首届中国瑜伽节开幕式的顺利进行，根据当天所涉及的工作，特做以下方案。

一、组织机构

成立开幕式工作领导小组,成员由开幕式议程中所涉及图书、书画展项目部,珠宝展项目部,瑜伽节产品展项目部,瑜伽大师授课项目部,瑜伽大赛赛事委员会,中国瑜伽节瑜伽馆联盟筹备委员会等具体环节的负责人组成,保证各项工作的顺利进行。

组织结构及人员:

总指挥:×××　　副总指挥:×××

执行总指挥:×××　　执行副总指挥:×××

会场总指挥:×××　　展厅总指挥:×××

成员:

1.(×××)负责对接承办单位会场布置、礼仪小姐、演出环节。

2.(×××)负责各项目签约仪式。

3.(×××)负责各项目执行监督。

4.(×××)负责现场安保。

5.(×××)负责会务准备。

二、工作组职责及准备工作分工

开幕式工作领导小组下设四个工作组,作为开幕式活动的组织工作机构,工作人员由组长从相关单位抽调。

(一)活动现场布置组:

由瑜伽节组委会、连云港市政府牵头,市相关部门配合。

组长:×××　　副组长:×××

成员:

工作职责:

1.确保6月30日晚完成开幕式会场的布置,主席台的搭建,开幕式结束后座位调整等工作。(负责人:×××)

2.开幕式前就座主席台领导嘉宾台牌摆放、核对工作。(负责人:×××)

3.在6月30日晚完成领导、嘉宾讲话稿的核对、备份等工作。(负责人:×××)

4.开幕式正式开始前半小时演出队伍就位。(负责人:×××)

5.参加开幕式的领导和嘉宾的位置集中安排。(负责人:×××)

6.演讲领导嘉宾的引导工作。(负责人:×××)

7.添加茶水等工作。(负责人:×××)

8.签到处摆放一张桌子,放签到簿和笔。(负责人:×××)

(二)各项展出、瑜伽馆联盟成立及图书、书画捐赠仪式组

由瑜伽节组委会、连云港市政府牵头,市相关部门配合。

组长:×××　　副组长:×××

成员:

工作职责:

1.确定参加签约的领导和企业代表的名单。(负责人:×××)

2.跟踪落实参加项目签约的领导及嘉宾。(负责人:×××)

3.项目协议书的文本和签约仪式的各项准备工作。(瑜伽馆联盟成立仪式所需的协

议书、宣言材料；与连云港行政学院签订的图书、书画捐赠协议书文本，“中国企业发展研究中心教育培训连云港培训基地”牌匾。）（负责人：×××）

4. 各项展出开展、瑜伽馆联盟成立仪式剪彩所需的彩球、剪刀的准备。（负责人：×××）

5. 项目签约台、台牌的准备工作。（负责人：×××）

6. 礼仪小姐若干名。（负责人：×××）

7. 红色文件夹18个，签字笔18支。（负责人：×××）

（三）各项展出开展活动工作组

由瑜伽节组委会、连云港市政府牵头，市相关部门配合。

组长：×××　　副组长：×××

成员：

工作职责：

1. 相关设计、施工单位确保在15日前各展厅交付使用。（负责人：×××）

2. 确保在16日前各展厅布展完毕。（负责人：×××）

3. 全程解说员和各展厅解说员的确定及解说词的准备。（负责人：×××）

4. 展厅所有工作人员在15日前到位进行演练，由相关组委会及市领导到场指导。（负责人：×××）

（四）开幕式现场安全保障组

组长：×××　　副组长：×××

成员：

工作职责：

重要领导、与会嘉宾及观众的各项安全保障工作。（负责人：×××）

维持开幕式现场秩序，保障开幕式安全正常举行。（负责人：×××）

维护开幕式现场设备及通讯的正常运行。（负责人：×××）

维持开幕式现场周边交通秩序，确保开幕式正常进行。（负责人：×××）

三、活动内容及进程安排

（开幕前）9:30 领导嘉宾进场。

1. 播放音乐，活跃现场气氛。

2. 引领特殊领导嘉宾从嘉宾通道进入会场。

3. 指引领导嘉宾在签到簿上签到。

4. 协助嘉宾佩戴胸花。

5. 主要领导座位区名单及座位（注：座次提前安排，空格处填领导名字）。

表4.49　主要领导座位区名单及座位

第二排编号												
第一排编号	11	9	7	5	3	1	2	4	6	8	10	12
						国家领导						

(一)10:00 舞韵瑜伽表演

1. 锣鼓队开始奏乐。

2. 瑜伽表演队上场表演。

(二)10:10 领导讲话(宣布瑜伽节开幕)

1. 主持人(×××)。

2. 国家、省、市领导讲话。

3. 连云港市领导致辞。

(三)10:30 瑜伽馆联盟成立仪式

1. 主持人简要介绍瑜伽馆联盟的背景,请5个瑜伽馆的代表上台。

2. 请工作人员宣读瑜伽馆联盟宣言、瑜伽馆联盟协议。

3. 由5个瑜伽馆代表依次在联盟协议书上签字。

(四)10:40 瑜伽节组委会与连云港行政学院签订图书、书画捐赠活动协议

1. 主持人简要介绍图书、书画捐赠活动协议的内容。

2. 由中国瑜伽节组织委员会主席吕世杰与连云港行政学院院长签订捐赠活动协议。

3. 中国企业发展研究中心负责人向连云港行政学院负责人授"中国企业发展研究中心教育培训连云港培训基地"牌匾。

(五)10:50 图书、书画展,珠宝展,瑜伽节产品展等项目开展剪彩仪式

1. 主持人简要介绍图书、书画展,珠宝展,瑜伽节产品展的情况。

2. 礼仪小姐站位,准备好彩带及剪彩的剪刀。

3. 请剪彩嘉宾剪彩。

(六)11:00 瑜伽大师授课项目启动仪式

1. 主持人简要介绍瑜伽大师授课项目内容及授课方式。

2. 由瑜伽大师代表上台,共同启动瑜伽授课电子彩球

(七)11:10 开幕式演出(万人瑜伽汇/央视主持人沙滩足球赛)

(八)11:30 参观相关展览(内容待定)

(九)11:45 安排领导、专家现场挥毫留墨(负责人:×××)

12:00 开幕式结束。

四、工作要求

(一)各有关单位要树立大局意识和责任意识,服从组委会及组委会办公室的工作分工和协调,不得互相推诿。要严格按照工作方案的分工,认真抓好组织落实,确保开幕式工作高质量完成。

(二)各工作组的牵头单位根据各自的工作职能,主动负责,组织协调好有关成员单位开展工作,各相关单位要积极配合,做到各尽其职、各负其责、分工合作、组织有序。

本方案由旅游节组委会解释。

××届中国瑜伽节组织委员会会务组
20××年×月×日

另外,商业性展览(展销)活动一般均会举行开幕式,但不一定都举行闭幕式。其主要原因是在展览的最后一天,参展商忙于收拾撤展,没有人会关心闭幕。会展活动闭幕

仪式通常的做法，是在活动结束的当晚召开闭幕酒会或举办答谢宴。但有时也会在现场举行一个简短的闭幕仪式，尤其是对于大型商业性展览活动来说，可以避免人们产生虎头蛇尾的印象。

实战项目训练

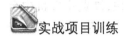

为一场校园展览或运动会策划一场开幕式，撰写开幕式执行方案，并分组实施。

任务四　展场服务与控制

业务情景

中国进出口商品交易会又称广交会，创办于 1957 年春季，每年春秋两季在广州举办，迄今已有 50 多年历史，是中国目前历史最久、层次最高、规模最大、商品种类最全、到会客商最多且国别地区分布最广、成交效果最好、信誉最佳的综合性国际贸易盛会。

广交会多年来一直高度重视客户服务，不断探索科学的办展模式、构建优质的服务体系。主办方向获得 VIP 参展商资格的企业提供办理额外参展证、优先参与会议论坛及各类贸易配对活动、享用免费茶点等七大方面的现场专享服务。以多年优质服务取胜的广交会，吸引了资信良好、实力雄厚的 24 000 多家中国公司以及 500 多家境外公司参展。来自世界各地的客商云集广州，互通商情，增进友谊。

✪本项目执行单位是主办某展会的某会展公司。学生组队扮演该展的展场服务与控制。

业务知识

展会现场的服务与控制是会展项目具体落实的直接反映，因而十分值得主办单位重视。同时，会展现场管理、控制和协调的内容十分庞杂，如果处理不当，任何一件小事都有可能发展成大问题。所以，主办方需要不断提高服务水平，用优质的服务来回报会展项目的各方参与人员。

展场服务主要包括参展商及观众的现场服务，对参展商的服务由展台搭建及维护、公关礼仪、展馆清洁、现场保卫等构成，对贸易观众的服务主要包括现场登记、参观引导及消费者投诉的处理。另外，需要专设应急防护中心处理个别突发事件和危机事故。

展会现场中，主办单位对参展企业及时走访，听取意见，使下一届的增值服务做得更完美。同时进行企业展后成果的跟踪报道，提高展会和企业的知名度。

一、参展商服务与管理

在展会现场对参展商的服务主要体现在以下各方面：

(一)证件服务

为了便于会展现场管理,同时出于统计的需要,会展主办单位一般会对展览会实行证件管理,即拥有会展主办单位认可的证件才能进入场馆。通常来说,展览主办机构至少要印制6种证件,分别发放给参展商、专业观众、工作人员(包括主办机构、承办机构和协办机构的相关工作人员)、筹(撤)展人员、媒体记者及与会嘉宾(包括领导和讲演嘉宾)。另外,为了保证参展商、专业观众和嘉宾的停车位,场馆管理方还会使用停车证。

展会现场应安排专门人员协助参展商进行报到、进馆等各项服务。设立专门办证地点及办证人员协助参展商办理参展商证、筹展证、撤展证、车证、换证等证件业务。

相关证件如下:

参展商
EXHIBITOR
参展代表
筹展
A区
4.15-4.19
A区地下车库

(a)参展商证 供参展商进馆使用

(b)参展代表证 供协助参展商从事参展、洽谈业务的人员使用

(c)筹展证/撤展证 筹展证在筹展期间供协助参展商进行布展的人员使用;撤展证在撤展期间供协助参展商撤展的人员使用

(d)停车证 供参展商车辆进馆使用

(e)筹/撤展车证 供参展商筹、撤展期间运送展样品进出市区及展馆的车辆使用

图4.46 相关证件

(二)重点导览宣传

展前,主办单位在推广会展项目的同时对参展企业进行宣传,在广泛派发邀请函以及签约的网站上都添加了部分参展企业的名册;还编制了含有参展企业名册的会展快讯,派发给专业观众、专业市场;又在展会的介绍网站上开辟了供求平台,企业在展前、展中、展后都可以在网上注册,发布产品供应信息和采购信息,为买卖双方搭建平台。

在展会现场,主办单位为促成参展商与观众贸易的成功对接,可在展馆内部及周边利用公共传媒、行业传媒、展馆广告媒介(公告栏、公告牌、大屏幕、多媒体设施等)和通过派发展览会刊、快讯、观众手册等纸质媒介,对重要的参展商、新展品新技术和展贸活动进行现场宣传和预告。

(三)贸易搭桥、咨询答疑和知识培训

属于主办单位为参展商提供的增值服务。例如,有现场答疑会和各类研讨会,帮助企业解决生产管理中的难题;有产销对接洽谈会,为买卖双方牵线搭桥,提升买卖双方的贸易成功率;有新技术推介会,推介新技术供参展商学习引进。此外,还将举行参展知识培训会,对参展商进行“如何让展位更吸引人”“如何更方便撤展”“参展手续”等方面知识的培训。

(四)展台搭建及维护服务

展览会中,展台制作水准的高低直接影响参观者的关注程度。因此,为参展商提供优质的展台搭建服务是会展企业现场服务的重要内容。一些展期较长的展会中,参展商搭建的展台由于各种原因还需要维护或维修,这要求主办单位提供快捷优质的相关服务。

如服务咨询、特装审图、标摊搭建、标准展位拆改等与展位相关的项目申报服务。

(五)临时租赁服务

主办方还应准备与展览活动相关的专业设备,还要配备会展专业操作的服务人员。在参展商事前未准备,而临时又需要某些设备时,及时高效地为他们提供优质服务。

临时租赁服务如展具出租、水电安装、花木出租、备案资料补录文字制作、电话业务、宽带接入、加班申请、收费及开具发票、退押金等服务。

(六)商务服务

如收发传真、文件打印、商旅及票务服务、翻译人员雇请服务等业务。

(七)展品运输、仓储、搬运服务

主办单位可推荐若干具有优良资质的展品承运商,负责向参展商提供境内外的展品国际货运代理、仓储、进出口通关、出入境检验检疫及现场搬运等服务。参展商若有需要,可申请展品托运。

二、观众服务与管理

(一)观众登记及门票管理

观众登记处的主要任务之一就是维护展览会入口的良好秩序,确保每一位专业观众都能畅通、便捷地进入展览会现场。另外,主办机构必须加强对展览会证件,尤其是门票的管理,否则很容易出现混乱的局面,从而影响展览会的安全和形象。如果展览会拟出售门票,主办单位需事先向税务部门报告,在征得同意后方可印制和出售门票。

1. 观众导引与分流

展会可以根据以前对专业观众发放邀请函的情况,将专业观众登记柜台和通道分为“观众预登记”和“现场观众登记”。有些展览按观众的来源国,划分“国内采购商报到处”及“境外采购商报到处”。

有些展览会还进一步将现场注册的观众分为两类,即有名片和无名片的,前者只需凭名片在观众登记处办好相关手续就可以换取胸卡,后者则要在主办方人员的指导下填写登记表,然后在登记处办理手续。

2. 现场登记流程

(1)现场填写“专业观众登记表”

采购商与会报到办证时，应随身携带相关证件资料，现场办证人员应友善给予提醒及严格验证身份资料。常见观众登记需提交的资料有：观众登记表、观展邀请函、办证申请人名片、个人身份证、个人证件照等。但很多展览会对观众采取简化手段，简单收取个人名片即可办证入场。

【案例 1】第十届中国国际动漫节动漫产业博览会

表 4.50 第10届中国国际动漫节 the 10th china international cartoon & animation festival cicaf 2014

<table>
<tr><td colspan="3">专业观众登记表</td></tr>
<tr><td>姓名：</td><td>职务：</td><td>公司名称：</td></tr>
<tr><td>电话：</td><td>传真：</td><td>E-mail：</td></tr>
<tr><td colspan="2">公司地址：</td><td>邮政编码：</td></tr>
<tr><td>请在下列选项内以√标注贵公司，或个人所属类别(可多选)</td><td>□ 基金与风险投资机构
□ 高新产业投资机构与基金
□ 影视投资制片人
□ 影视频道总监
□ 婴童、文具、玩具等相关产业
□ 创意产业专业人士
□ 海外文化交流机构
□ 动漫产业专业人士</td><td>□ 卡通产品授权生产和销售企业
□ 品牌管理与运营企业
□ 出版、发行机构
□ 动漫院校、研发机构
□ 网络与电讯产品开发及运营商
□ 书刊销售商
□ 主题公园产业相关
□ 其他(请注明)：________</td></tr>
<tr><td>贵公司或阁下关注之参展商及展会内容(可多选)</td><td>□ 原创动漫试验基地
□ 动画制作机构
□ 动漫教研专业院校
□ 创意设计 & 创意产品类
□ 卡通衍生产品类(卡通玩具、卡通礼品、卡通服饰、卡通文具、卡通饰品、卡通相关食品、饮料、包装、主题公园、婴童产品)</td><td>□ COSPLAY
□ 青少年漫画大赛
□ 电子竞技、网络游戏、网络动漫
□ 动漫社团
□ 动漫相关媒体集团
□ 动漫出版机构
□ 动漫人才交易
□ 其他(请注明)：________</td></tr>
<tr><td>是否参加过中国国际动漫节</td><td colspan="2">□3 次　□4 次　□5 次　□3 次以下　□5 次以上　□否</td></tr>
<tr><td>专业观众适应范围</td><td colspan="2">可免费换取首日中国国际动漫产业博览会门票一张，参观博览会并与现场展商商务洽谈。</td></tr>
<tr><td>其他需求</td><td colspan="2"></td></tr>
</table>

【案例 2】BICES“在线观众预登记”系统上线

BICES，中文全称为中国(北京)国际工程机械、建材机械及矿山机械展览与技术交流会，UFI 认证展会。双年展，开展时间在 9 月，地点在中国国际展览中心新馆，北京。

为方便观众进行网上预登记，BICES 主办方在 2011 年引进了“观众在线预登记”系统。该系统集个人预登记、团体预登记、观众互邀、现场自助打印等多项功能于一体，将全面满足各类预登记观众的不同需求。此系统将确保观众在网上预登记后，自动推送唯一的专享预登记胸卡至预留邮箱和手机，预登记观众可直接网上打印，如果此胸卡遗失，还可现场通过预登记手机号免费自助打印，如图 4.47 所示。

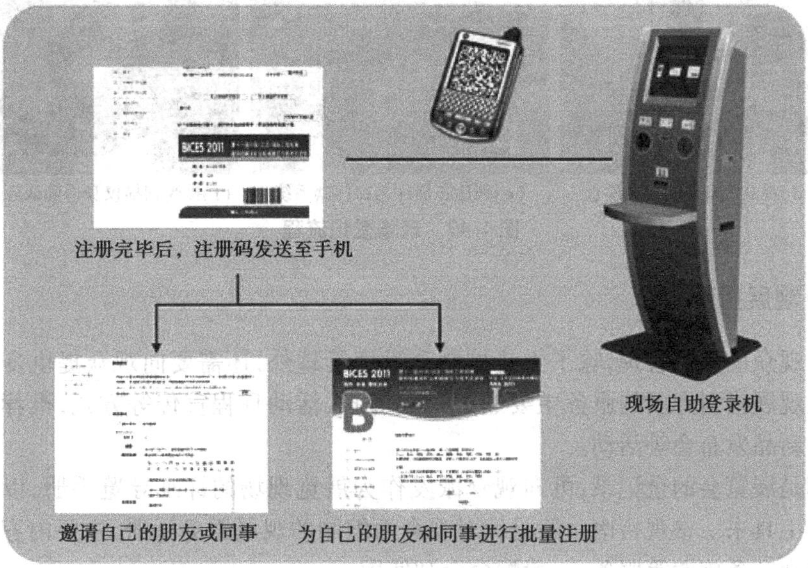
BICES 2011
注册完毕后，注册码发送至手机
现场自助登录机
邀请自己的朋友或同事
为自己的朋友和同事进行批量注册

图 4.47　BICES 2011“在线观众预登记”系统使用流程

在提高展会硬件服务的基础上，BICES 组委会采取了一系列积极举措，如提供专享服务等方面，以从软件服务上来保证专业观众的数量和质量。为此，主办方设立了网上预登记观众专享入场通道、休息区等服务项目，以此区别现场登记观众。为吸引预登记观众，除了系列专享服务，主办方更准备了 IPAD 等奖励，专门为预登记观众准备小礼品，以增强网上预登记的互动性和趣味性。

(2)现场胸卡打印

观众用名片或登记表在服务台登记，登记完毕由服务人员将参观者的个人信息输入电脑，并将参观者信息打印在胸卡上。

(3)证件附上条形码或二维码

条形码应用系统采用的是先进的二维编码、激光数据采集器等高新科技设备应用于展会现场(图 4.48)。条形码管理已广泛应用于各行各业，应用于展会管理的条形码管理系统主要是帮助参观者以最快的速度进入展会现场，减少人员的滞留问题，同时减轻主办方管理现场观众入场次序和接待压力。

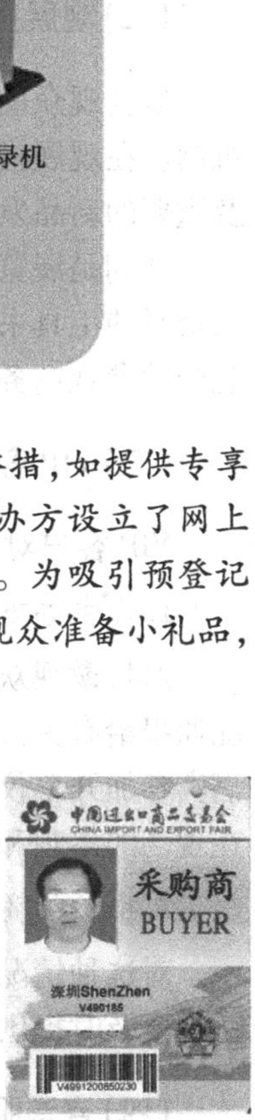
CHINA IMPORT AND EXPORT FAIR
采购商
BUYER
深圳ShenZhen

图 4.48　条形码

(4)门禁服务

办理观众注册、领取观众证件及会刊等相关资料后，参观者可从现场门禁处进入会场，门禁服务人员将会为参观者佩戴的胸卡进行扫描并完成统计，如图 4.49 所示。

安全检查

(a)提交“专业观众登记表”　(b)输入信息并打印胸卡　(c)观众物品接受安全检查

(d)观众人身接受安全检查　(e)到达各展厅入口门禁系统　(f)接受扫描仪身份确认后进场

图 4.49　现场登记流程

(二)观展指引

展会观众的服务管理，除了人流控制和秩序管理外，还需要向观众提供良好的导览机制。在观展指引方面的服务主要通过现场海报、活动日程宣传等方式，推荐名优展品及重要的新品发布会等活动。

会刊是展览会的全记录，可向观众派发作为展览现场的详细导览手册，以及展后检索资料的工具书。参观指南一般是针对观众而编制的观展服务手册，主要内容偏重于为观众的参观商务旅游等服务，一般配合会刊使用。

(三)VIP 客户对接

VIP 客户对接一般是对重点观众和重点参展商的定向服务。主要有以下两种类型：

1. 由主办方特邀重点观众

对特邀观众要做好接待工作，尤其要提前将展览的有关安排、重点参展商及展品情况通报给有关人员；现场按与重点观众协商确定的观展计划进行接待，包括特邀其作为嘉宾参加开幕仪式及其他重要活动，以及跟特定重点参展商见面洽谈等。对于重点观众在现场的参观和洽谈，主办方应安排专人导引或陪同，并及时提供相关服务和了解动态。

2. 由参展商特邀重点观众

对这种情况，一要有专人负责，二是要及时了解掌握参展商和观众双方的现场需求，三是要及时提供洽谈间等配套服务，并了解其洽谈动态。

(四)咨询服务

主办机构设于展场的咨询服务台，应对观众提供准确的咨询服务，以促进观众能及时便利地接受指引，到达目标参展商展台或寻找理想的展品等。

（五）其他服务

如翻译服务、餐饮休息、办公商务、旅游订票、失物招领、行李寄存等同样也是展览现场必备的基础服务。

三、展场管理与控制

（一）展会相关活动的协调管理

展会期间，主办方以及参展商往往会举办一些论坛、峰会、新闻发布会、颁奖、竞赛、表演等活动，这要求主办机构能够及时进行协调管理工作，避免混乱。

（二）现场安保工作

展会安全保卫工作主要包括防止可疑人员进入展会、防止展品丢失和被盗、展会消防安全保护、协助展会处理一些安全保卫方面的工作。一般由场馆方或主办方安排专业安保公司负责。

（三）现场清洁工作

对于展场公共区域内的清洁卫生工作，主办机构要安排好清洁人员每天对公共区域进行清洁工作。参展商展位内的清洁卫生工作一般由参展商自行负责。

（四）知识产权保护工作

根据《展会知识产权保护办法》的规定，在展会期间，展会管理部门应当加强对知识产权保护的协调、监督、检查，维护展会的正常交易秩序，依法维护知识产权权利人的合法权益。展会主办方应当积极配合知识产权行政管理部门的知识产权保护工作。

展会往往会在展会现场设立展会知识产权保护的专门机构，负责接受、处理展会知识产权方面的投诉，并有监督管理展会知识产权问题的职能。

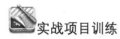

实战项目训练

训练1　情景分析

情景：参展商自行搭建展台，可是却无意丢失了柜子的钥匙。他企图寻得展馆搭建商的帮助，可是由于现场搭建商只负责自己搭建的展台，问题未能解决。继而展商求助于现场服务台，可是服务台只是提供问询与补办证件服务，并不能对其丢钥匙这一事件给予实质性的帮助。展商的问题在两轮交涉中并未得到解决，两家服务商的推诿策略使得展商的情绪激动，引发争吵，严重影响了展馆秩序与现场服务台的正常工作。

要求：请从参展商服务的角度，分析如何妥善解决以上问题。

训练2　角色扮演——展品路线咨询

请根据图4.50（高清图见教材CD），为参展商提供展品运输路线咨询，进行岗位模拟角色扮演。

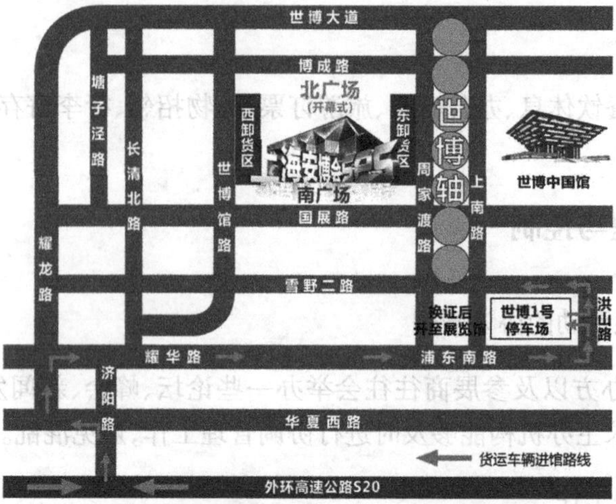
世博大道
博成路
北广场
(开幕式)
南广场
塘子泾路
长清北路
西卸货区
东卸货区
世博馆路
世博轴
周家渡路
上南路
世博中国馆
国展路
耀龙路
雪野二路
换证后开至展览馆
世博1号停车场
洪山路
耀华路
浦东南路
济阳路
华夏西路
货运车辆进馆路线
外环高速公路S20

按公安要求，沿指定道路开至停车场，换证后开至展览馆

图 4.50　货运车辆进出馆路线图

训练 3　角色扮演——观众注册服务

请根据图 4.51(高清图见教材 CD)，模拟海外买家注册处工作人员，向海外观众提供注册办证服务，进行岗位模拟角色扮演。

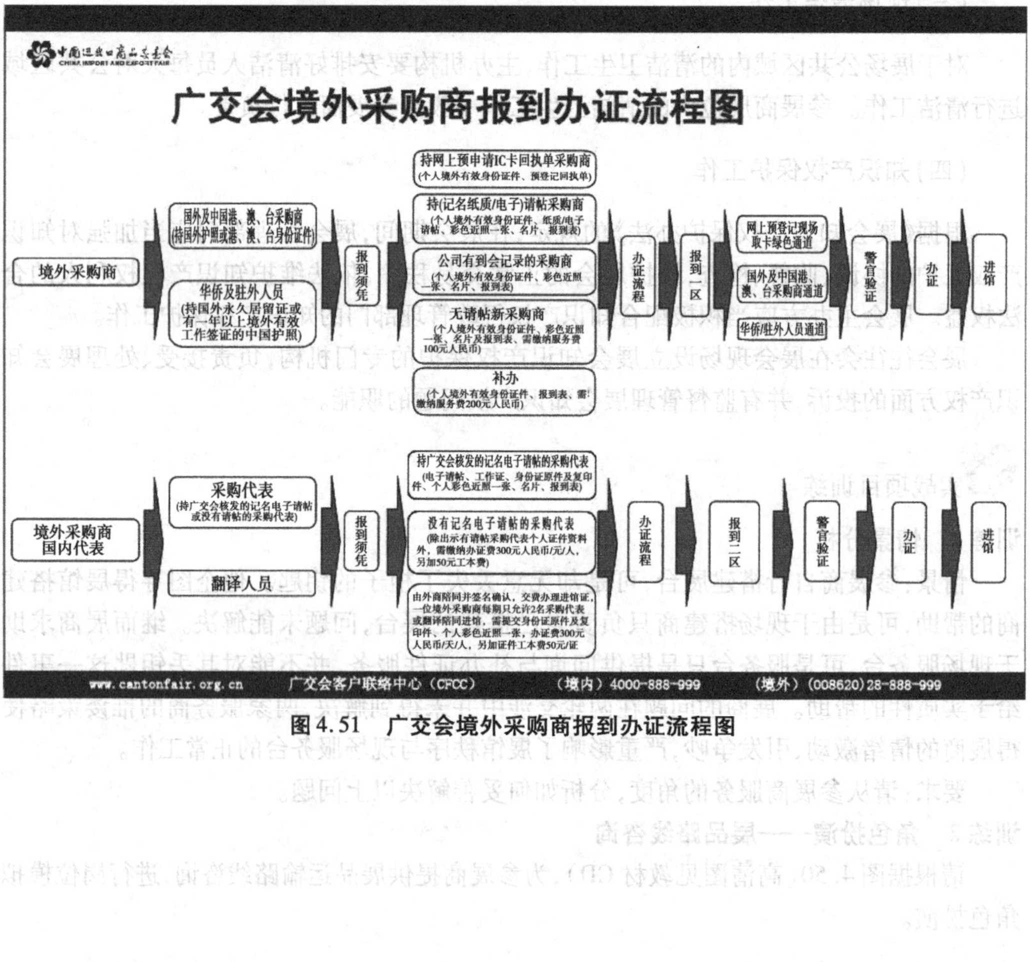
中国进出口商品交易会
CHINA IMPORT AND EXPORT FAIR
广交会境外采购商报到办证流程图
境外采购商
国外及中国港、澳、台采购商
(持国外护照或港、澳、台身份证件)
华侨及驻外人员
(持国外永久居留证或有一年以上境外有效工作签证的中国护照)
报到须凭
持网上预申请IC卡回执单采购商
(个人境外有效身份证件、预登记回执单)
持(记名纸质/电子)请帖采购商
(个人境外有效身份证件、纸质/电子请帖、彩色近照一张、名片、报到表)
公司有到会记录的采购商
(个人境外有效身份证件、彩色近照一张、名片、报到表)
无请帖新采购商
(个人境外有效身份证件、彩色近照一张、名片及报到表、需缴纳服务费100元人民币)
补办
(个人境外有效身份证件、报到表、需缴纳服务费200元人民币)
办证流程
报到一区
网上预登记现场取卡绿色通道
国外及中国港、澳、台采购商通道
华侨/驻外人员通道
警官验证
办证
进馆
境外采购商国内代表
采购代表
(持广交会核发的记名电子请帖或没有请帖的采购代表)
翻译人员
报到须凭
持广交会核发的记名电子请帖的采购代表
(电子请帖、工作证、身份证原件及复印件、个人彩色近照一张、名片、报到表)
没有记名电子请帖的采购代表
(除出示有请帖采购代表个人证件资料外，需缴纳办证费300元人民币/元/人，另加50元工本费)
由外商陪同并签名确认，交费办理进馆证，一位境外采购商每期只允许2名采购代表或翻译陪同进馆，需提交身份证原件及复印件、个人彩色近照一张，办证费300元人民币/天/人，另加证件工本费50元/证
办证流程
报到二区
警官验证
办证
进馆
www.cantonfair.org.cn
广交会客户联络中心（CFCC）
（境内）4000-888-999
（境外）(008620)28-888-999

图 4.51　广交会境外采购商报到办证流程图

任务五　现场危机管理

业务情景

展会在短时间内聚集了各方利益单位，汇集了有不同需求的人群，商机多多，但也危机四伏：2005 年香港国际珠宝展开展的第一天，参展商被窃珠宝总值高达 14.7 万港元，而在另一届香港珠宝展，开幕当天发生的两起盗窃事件，案发珠宝价值达 200 万港币。最近，新闻中充斥着各种突发性的、不可预知的危机事件报道，如地震、海啸等各种自然灾害、传染病、暴力事件、爆炸威胁及恐怖事件不绝于耳。

✪某会展公司主办的大型展览马上要开展，项目经理高度重视危机管理工作，于是组织了全体员工参与了一场危机管理知识培训，勤用经典案例练兵，并进一步研究本次展览的危机管理应急方案。

完成本任务合计 8 课时，包括授课 6 课时及现场实践 2 课时。

业务知识

对于会展这种人员众多和程序复杂的大型活动，会展组织者必须建立完善的危急事件处理机制，在发生危急事件时能采取最快捷和最有效的措施。会展危机的定义，可界定为："针对会展而言，危机是指影响参展商、专业观众、相关媒体等利益相关主体对会展的信心或扰乱会展组织者继续正常经营的非预期事件。"这些事件可能以无限多样的形式，在许多年间不断发生。

一、会展危机的类型

每当展会拉开序幕，来自四面八方的人群相聚而至，从此刻开始，会展危机也就相伴而来。诸如会展活动场馆的规模和区位（社会治安状况、周边交通环境、场馆设施条件等）；当地的气候条件和变化；会展活动的时间和性质、特征；会场的食物、水、饮品、与会人数、现场消防和动力安全等，随着各种变量因素的积累和变异，将会产生各种难以预测和控制的后果，如表 4.51 所示。

表 4.51　会展危机的类型

危机类型	危机定义	举　例	危机处理方向
社会危机（不可控）	指经济秩序和社会宏观环境变化而导致的危机	如社会经济衰退、通货膨胀、游行示威、罢工罢市、政治动乱、恐怖威胁和战争波及等	从国家政府部门提前获得危机信息，则可采取应急措施把危害降到最低点

续表

危机类型	危机定义	举 例	危机处理方向
运营危机（可控）	指在会展运作中，由于经营不善与管理不当、主办机构财力不足以及合作伙伴严重失误或中途退出等原因导致会展活动陷入困境	盲目扩张、恶性竞争、弄虚作假等；嘉宾迟到、缺席；供应商违约	组织者应高度重视和坚决根治，吸取沉痛教训
自然危机（不可控）	指由自然因素引起的危机	地震、海啸、飓风或暴雨、洪水等重大自然灾害	加强与政府部门的信息沟通；作好时间调整，及时更改日期或场地，甚至被迫终止而避开危机的发生
安全危机（可控）	指除社会因素和自然因素外的安全问题	如展台施工事故、盗窃、抢劫、爆炸等；突发性的食物中毒，观众人流拥堵造成倒塌伤害以及火灾、漏电、严重污染等	属于管理层面上的问题，理应加强管理，制订出会展各项管理职能和规章制度，不断提高会展管理人员的综合素质和与会者的文明素质

对于安全隐患引起的危急情况处理主要包括：配置会议现场医疗人员和必需的紧急医疗设施，在发生有关事故时，能提供有效的医疗卫生服务；配备必要的消防设备和专职工作人员，在发生消防事故或出现消防隐患时第一时间提供紧急服务；组建高素质的警卫队伍，加强安全检查，并在出现失窃事件时，马上进行有效的追查和处理。

会展现场常见风险因素

1. 参展商的过于放心

参展商的过于放心是展会管理人员面临的最为严重的安全问题之一。许多参展商错误地认为展会管理人员、总服务承包商或者安全承包商会处理所有问题。由于一次展会上有众多的参展商，根本不可能对每一家参展公司进行监督，也无法对每一个情况进行监控。

2. 人群的多样性

展会上会有大量的人员——工作人员、承包商、买主、卖主和其他人，而他们中大多数互不相识。

3. 货物处理

在包装货物、贴标签和运输货物中的疏忽大意都可能造成问题。而将货物运到展台的过程中可能也会留下隐患。

4. 设施、场所与规划布局

不论在哪里举办展会都可能会有相关的风险。门、窗和锁闭装置不密闭，卸货和存货的码头或仓库不安全，电梯、通道和地面不符合标准等都可能导致货物被盗或受损。

5. 确定的最后期限导致混乱

有一种观点认为展会的性质是有时间限制的临时市场，这一性质就已隐含着导致混乱的可能性。在大多数情况下,展会都有明确的时间安排,说明何时将物品搬入展会,何时将其搬出,但是承包商、参展商、装修商、独立承包商几乎同时到达。再加上压力因素,因此很容易出现混乱,而且在固定的时间内将物品搬进、搬出很容易使人筋疲力尽,这个时候也是心脏病的高发期。

6. 业务外包

展会是一项劳动密集型的活动。将物品搬进、搬出展会需要大量的人力。展会现场的登记也需要很多外界的协助。很多情况下,由于展会的时间和资源有限,无法对这些工作人员进行全面的安全检查或对他们进行深入而正式的培训。

7. 展位设计

在很多展会上都设有开放式展台,让参观者进出展台或查看展品。所以,在展会人流量很大的时候,就不可能监控整个展台,而这也就可能导致一些安全风险,尤其是当展台上陈列了一些贵重物品的时候。

展位的设计也可能遗留安全隐患。地面或地毯不平整,升降台或展台摇摇晃晃等都是潜在的安全隐患,所以在展会的规章制度中应该对此类问题作出规定。

8. 促销礼物

许多参展公司都提供各种各样的促销礼物,如赠送参观者各种手袋等。这些手袋既有广告的作用,也可以方便参观者放置从展会上收集的资料。但是,这些手袋也为盗贼们提供了藏匿赃物的地方。而且一些警戒心不强的女性参观者还会把皮包放进手袋中,这无疑会吸引扒手。

9. 展会上的食品供应

大多数展会都会安排展览期间的食物供应。许多展会还专门在展馆内设立了就餐区,当然也有些展会不这么做。如果展会设立了临时的就餐区,那么就引起了另一种隐患——食物引起的疾病。通常在这些展会临时就餐区出现的问题诸如:食物加热不均匀、食物没有冷却、交叉感染等。

(中国会展经济研究会理事、上海交通大学 过聚荣)

二、危机管理6F原则

(一)Forecast(事先预测)原则

"防火"胜于"灭火"。当危机发生以后,对公众利益的伤害和企业组织形象的损失往往已经造成。这时再尽力去"补救",是作为"消防员"在挽回损失。因而,对于任何组织和个人,最大程度减少危机损失和影响的做法便是避免危机的发生。

因此,会展活动组织者应该树立未雨绸缪的意识,及早发现危机的端倪,防患于未然。在危机应对中通过科学分析作出事前预测和判断,从而将事件控制在酝酿、萌芽状态,在不被人察觉中将危机化解。

危机管理的Forecast原则首先体现在组织者必须对可能发生危机的各个领域和环节作出事先预测和分析,制订全面、可行的危机预案和计划。

Forecast原则还体现为危机事件发展前期决策者对态势的把握。在危机发展初期决策者必须要能够准确判断危机发展态势、影响程度和社会公众的反应，从而将危机控制在萌芽期，避免危机的进一步扩大。这是危机管理的次一层境界。

【案例1】清华大学迎接宋楚瑜访问事件

2005年5月11日，台湾亲民党主席宋楚瑜访问清华大学并举行演讲，演讲仪式由清华大学校长顾秉林主持。由于对活动细节缺乏足够的预见性准备，在面向全世界电视直播的现场，顾秉林在主持过程中口误频频、洋相百出。活动结束后，顾的失态立刻成为新闻媒体和网友们评论的焦点。

顾秉林在开始主持过程的发言中，结结巴巴，几次中断更正。宋楚瑜演讲结束后，双方相互赠送礼物，但顾秉林竟把向宋楚瑜赠送礼物说成"捐赠"礼物，引起下面学生的一片嘘声。而收到宋楚瑜回赠的礼物后，对方连说谢谢，顾秉林除了面对现场露出呆呆的笑容，却无任何语言回应。全场最为尴尬的时刻出现在顾秉林决定读出向宋楚瑜赠送的一幅小篆书法作品，内容是清末外交官、中国驻新加坡首任总领事黄遵宪写给梁启超的诗《赠梁任父同年》："寸寸河山寸寸金，侉离分裂力谁任？杜鹃再拜忧天泪，精卫无穷填海心！"当顾秉林念到"侉离分裂力谁任"的"侉"字时被卡住了，后经人提醒才得以圆场，引得现场观众及清华学子们笑声连连，相当尴尬。

与顾秉林的洋相百出形成鲜明对比的是，由于对清华大学演讲的异常重视和事先精心准备，宋楚瑜在当天活动中的得体表现获得一致好评。有关媒体介绍，宋楚瑜对于其在清华大学的演讲相当重视，演讲稿总共长达5 000余字。据了解，这份集体创作的演讲稿经过了至少三次的重大修改。为慎重起见，演讲前一天晚上宋楚瑜还在其下榻的钓鱼台宾馆与亲民党访问团相关人员一起修改讲稿，一直忙到第二天的凌晨三点才定稿。

案例点评：整体来看，在赠送纪念品之前的活动还是比较成功的，但小小的赠送纪念品环节却让人大出所料，并深感失望。组织如此重要的接待活动，如果事前做过充足的计划和预测准备，如果顾秉林作为主持人和接待方最高负责人，对主持词和主持程序做到心中有数，事先将赠送的书法内容通读一遍，绝对不会出现这种尴尬结局。

无疑，善于从他人的失误中发现自身问题，找出本组织的薄弱环节及早行动、完善机制、做好预防，是活动管理者们永远不可停止的任务。而对任何组织和个人来说，危机管理，任重道远。

(二)Fast(迅速反应)原则

从危机事件本身特点来看，危机事件的突发性和极强的扩散性决定了危机应对必须要迅速、果断。危机的发展具有周期性：酝酿期、爆发期、扩散期和消退期。与之相对应，危机的破坏性往往随着时间的推移而呈非线性爆炸式增长。因此，越早发现危机并迅速反应控制事态，越有利于危机的妥善解决和降低各方利益损失。

危机管理的Fast原则覆盖两个方面：首先，组织内部对于危机事件必须保持高度警觉，早发现、早通报，便于高层尽快掌握了解真相、作出决策。绝对不可推诿扯皮，贻误战机。

在对外沟通方面，速度第一原则显得更为重要，及早向外界发布信息既体现出组织对危机事件的快速反应姿态，又可以平息因信息不透明而产生的虚假谣言，赢得公众信任。同时，在危机发生后第一时间与利益相关者进行沟通公关，争取良好的外部环境，分解组织的外部压力，有利于危机的妥善解决。可以说谁能第一时间作出反应，谁就掌握了主动。

【案例2】马航客机坠毁——国际艾滋病大会为遇难专家默哀留座

2014年7月17日，马航MH17于飞往吉隆坡途中在乌克兰东部上空遭导弹击落坠毁，有298名乘客遇难，其中包括6名准备前往澳大利亚墨尔本参加第20届国际艾滋病大会的艾滋病领域权威专家、公共卫生工作者。

本次国际艾滋病大会在澳大利亚墨尔本会展中心举行。几位顶尖专家因为在空难中遇难而“缺席”，也给这场活动染上了悲情色彩。国际艾滋病大会从7月20日一直持续到25日，并没有因为6位专家的遇难而延后。但在开幕式上，来自世界艾滋病学会等大会组织方的代表带领全体与会代表为马航MH17死难者举行默哀仪式。

（a）

（b）

图4.52　第20届国际艾滋病大会为马航MH17死难专家举行默哀仪式并特设留座

在大会上，有些位置是空着的，特设给那些在事故中遇难的专家。大会组织者专门对他们的工作发表正面评价，也希望在场参会者记住他们的贡献，提醒全体今后努力工作。

（摘自新华网）

案例点评：世界艾滋病大会是艾滋病防治领域最权威、最前卫的学术会议，有关艾滋病防治最新信息都会在这次大会上交流。马航MH17的灾难让艾滋病研究领域痛失6名专家，但本次大会组织者在事件中富有人情味的做法吸引了各国主流媒体争相报道，也因此提升了民众对国际艾滋病大会的关注度。

（三）Fact（尊重事实）原则

会展组织者在处理危机过程中，都必须坚持实事求是的原则，这是妥善解决危机的最根本原则。犯错并不可怕，可怕的是不敢承认错误。从危机公关的角度来说，只有坚持实事求是、不回避问题，勇于承担责任，向公众表现出充分的坦诚，才能获得公众的同情、理解、信任和支持。

对于处于危机风波中的组织来说，最大的致命伤便是失信于民，一旦媒体和公众得知企业在撒谎，新的危机又会马上产生。世上没有不透风的墙，违背Fact原则弄虚作假、封锁消息、愚弄公众，往往会产生一系列连锁反应，进一步加重危机的负面作用，以致给组织造成不可挽回的损失。

【案例3】肯德基“秒杀门”

2010年4月6日，肯德基中国公司在网上推出“超值星期二”三轮秒杀活动，64元的外带全家桶只要32元,于是在全国引爆热潮。但当消费者拿着从网上辛苦秒杀回来的半价优惠券(优惠券上标明复印有效),突然被肯德基单方面宣布无效。而中国肯德基发表声明称,由于部分优惠券是假的,所以取消优惠兑现,并向顾客致歉。但各门店给出的拒绝理由并不一致。

消费者认为是肯德基忽悠了大家,在各大论坛发表谴责帖子,不时出现"出尔反尔,拒食肯德基"这样的言论,有网友甚至把各地的秒杀券使用情况汇总,一并向肯德基投诉。肯德基陷入"秒杀门"。

超值星期二
特别秒杀
优惠券
立减32元
外带全家桶一份
XE5
肯德基优惠网 www.kfcyouhui.com

图4.53 肯德基"超值星期二"秒杀优惠券

图4.54 倍感欺蒙的消费者到餐厅气愤申诉

4月12日,肯德基发表公开信,承认活动欠考虑,未能充分预估可能的反响,承认网络安全预防经验不足,表示应对不够及时,个别餐厅出现差别待遇带来不安全因素,承认第一次声明中"假券"一说用词欠妥。

6月1日,肯德基在中国内地的第3 000家餐厅落户上海,公司高层首次就"秒杀"事件公开向消费者致歉。

(摘自新浪教育)

案例点评:"秒杀"是网上竞拍的一种方式。"秒杀门"源自2014年的淘宝秒杀门。首先暂且不论电子优惠券的真假,肯德基各门店单方面以不同的理由取消活动已经侵犯了消费者的权益。实体店运用网络电子商务手段搞促销优惠本来无可厚非,但因为经验的不足且处理不当带来的必然是信誉的损失和消费者的流失。

在消费维权方面,今天中国消费者越来越成熟:当肯德基在秒杀门事件上表现诚信缺失之后,许多愤怒的网民在互联网集结成群惩罚肯德基——许多城市网民互相约定在就餐的高峰期一起涌进肯德基,并在肯德基餐厅中叫麦当劳的外卖,这种带有行为艺术性质的恶意维权行为得到许多年轻网友的响应。面对汹涌的舆论压力,肯德基最终不得不承认错误。

在一个不断成熟的消费氛围中,消费者维权的意识必然越来越高,维权的手段也必然越来越多元化,企业必须高度重视与消费者之间的沟通与关系维护,防止出现恶性的消费维权事件,从而引发企业危机事件发生。

(四)Face(承担责任)原则

危机发生后,公众关注的焦点往往集中在两个方面:一方面是利益的问题,另一方面则是感情问题。危机事件往往会造成组织利益和公众利益的冲突激化,从危机管理的角度来看,无论谁是谁非,组织应该主动承担责任。

目光短浅的企业,为了保护自身、获取短期利益,在危机管理中往往将公众利益和社会责任束之高阁，最终却为之付出巨大代价。而具有强烈责任感的企业，宁愿以牺牲自身短暂利益换来良好的社会声誉，树立和不断提升组织和品牌形象，从而实现企业发展的基业常青。

（五）Frank（坦诚沟通）原则

Frank 原则指处于危机中的企业组织要高度重视做好信息的传递发布并在组织内外部进行积极、坦诚、有效的沟通公关，充分体现出组织在危机应对中的社会责任感，从而为妥善处理危机创造良好的氛围和环境，达到维护和重树形象的目标。

危机处理中，会展主办方遵循坦诚沟通原则，及时向公众发布信息的意义在于：保障活动利益相关方（参展商、观众、赞助商、供应商等）和社会公众的知情权，体现主办机构的社会责任感，为危机应对创造良好的外部环境，维护和树立组织的良好形象。

危机沟通包含两个方面：一是危机事件中组织内部的沟通问题，二是组织与社会公众和利益相关者之间的沟通公关。概括来说，企业组织危机沟通的覆盖范围主要有：企业内部管理层和员工、直接消费者及客户、产业链上下游利益相关者、政府权威部门和行业组织、新闻媒体和社会公众等五类群体。

（六）Flexible（灵活变通）原则

从危机事件爆发前的预防、危机事件发生后的应对和危机后期处理环节，既要遵循一些危机管理的基本程序和规则，又无绝对统一的模式可以照搬。

会展组织者要结合事态形势的变化、组织自身优弱势、内外部资源条件等进行灵活处理和应对，不仅可以力挽狂澜成功跨越危机，甚至还可将危机事件转变成提升企业形象的契机。

【案例 4】经验分享：全印展随机应变应对危机

2006 年，杜塞尔多夫展览（中国）有限公司举办第二届中国国际全印展正好碰上了上海合作组织峰会。因为峰会的安保要求，对当时峰会附近的交通、人流都要进行严格的控制。当时主办方低估了事情的严重性，抱怨我们北京的合作伙伴过分紧张，因为峰会离开展只不到 3 个礼拜，后来知道事态真正的严重性。

其实面对任何危机，我们首先应该保持统一的原则：确保展会的正常举办；损失最小化；筹备应急费用。

在 2006 峰会的时候，全印展主办方匆忙拿着准备好的一套很科学的预备方案忙赶到上海与市领导开会调整。考虑到全印展的规模和影响力，考虑到中国和上海的国际形象，为了全印展的顺利举行，在保证上海合作组织峰会圆满举行的同时，主办方通过这套预备方案最大限度地减少对全印展的影响：

1. 成立危机管理小组：由全印展主办三方、上海市新闻出版局、公安、城管、工商、上海印协、展馆等多方组成；查找并发现组展过程中可能出现的疏忽及遗漏，提供相应服务。

2. 兼顾交通、医疗卫生、安全、饮食等诸多方面：与合作方确立可行性方案，并通过联席会议保持沟通；提请交通管理部门成立交通指挥中心，确保临时交通管制造成的道路受阻不会因此影响展商以及观众的出行；在展前布展、展览会期间对交通都进行了周到安排，在龙阳路地铁10辆免费班车集中接送观众。

3. 安保方面：主办单位通过浦东分局方面安排了每天共计95名警力执勤，以及每个馆每天10名专业保安人员，展期期间所有大件行李均通过寄存保管，禁止带入展馆，以确保展馆安全万无一失。

4. 客户服务：与有关各方在现场成立投诉机构，现场受理并解决临时发生的突发性事件，解决展商的困难。

5. 宣传方面：加大宣传，与媒体保持良好沟通，提醒观众在适当的时间以恰当的方式参观全印展。

总结过往经验，以下几点应该值得特别注意：物流和人流管理；展会现场管理；展会同期活动及接待；保安措施；知识产权保护及法律服务；投诉及争端处理；保险及责任。

综上所述，我们应该看到危机，其实应该拆开来理解，即有"危"也有"机"。正确、有效的危机管理，可以帮助我们及时转危为机，渡过难关。我们相信：危机创造机会；危机敲响警钟；危机促进变革，加强应变的能力；危机增强竞争力。

危机也是企业锻炼的好机会。面对危机，自强不息。我相信，在危机面前，适者生存。

（资料来源：冯培喜，中国会展经济研究会官网）

三、会展危机管理的工作内容

针对会展业的产业特殊性，其危机管理主要应从以下几个方面入手：

（一）危机前的准备工作

在危机发生之前要做好充分的准备，主要包括：

①制订危机管理计划。

②成立专门的危机管理机构，使其能在危机发生的第一时间对危机进行反应。

③建立有关会展各参与主体的数据库，以便在危机发生之时能与各方面做到有效沟通。

④建立会展业与其他负责安全保障部门的工作联系，如医疗卫生部门、消防部门、公安部门等。

⑤建立危机管理特别基金。

⑥建立危机预警系统等。

【案例5】

中国—东盟博览会会展实务系列讲座

《危机处理——大型活动中的紧急事件预防与应对》

主讲人：中国对外贸易中心　廖伟键

要成功主办或承办一个初具规模、有影响力的专业、品牌展览，必须在策划与组织实施全过程中把安全放在首位。要确保展会的安全，必须遵循安全保卫工作的程序，做到细致、周密，来不得半点疏忽大意。

作为展会的主办方，要对安全保卫工作负全责，可委托其总管或副总管负责并参与展会安全保卫工作的全过程。

在展会组织策划的初始阶段，负责分管安全保卫工作的领导就必须介入，对场馆进行全面、细致的考察，看场馆是否满足其安全需要，提出具体的意见和建议，并形成报告，为决策者提供有效、准确的信息。考察的主要内容有：场馆的面积、通道和出口的大小数量，消防设施的完备和工作状态，防盗抢设备的充分可靠度，交通疏导、人员疏散条件以及保卫力量的配置和素质等。这些内容和条件是极其重要的。在考察中，必须把这些数据全面进行统计和量化。我认为，在考察中应请公安、消防部门给予帮助和支持。如果该展会展馆是租借的，或安全保卫服务由场馆方提供，我们就应在与对方签订租用场馆合同前对场馆安全进行全方位的资格审查和了解。

不同类型、规模的展会，其安全防护的等级也有相对的不同。比如名贵珠宝展、名表名车展、文物字画展及综合型艺术博览会，都需要相当高层次的安全保卫防护。只有对展会场馆情况的全面了解和掌握，才能确保展会在策划、实施过程中取得圆满成功，并做到万无一失。

安全保卫工作的实施方案，是在展会策划的同时展开的。在举办不同类型题材的展会时，我们必须根据实际情况拟订出相应的安全保卫方案。在制订安全计划和方案时，必须强调总体的任务、目标、原则。任务即确保安全，目标即万无一失，展会安全保卫方案中实施原则的具体内容是：严格章程，精心组织，统一指挥，密切协同，重点防护，快速反应，有效打击，群专结合，联合保障。

展馆突发事件应急方案简述：

一、成立应急指挥组。下设六个小组：防爆组、火灾扑救组、人员疏散组、伤员抢救组、防突发事件组、机动组。

二、应急指挥组的任务：及时组织和调动各组及各馆人员到现场实施抢救，负责事故现场的指挥联络，向有关领导报告情况，负责对外联络。

三、各小组任务。防爆组任务：接到报告后即到现场进行检查确认，做好防爆处理，万一炸弹爆炸并引起火灾要通知其他各组赶赴现场抢救，将损失减少到最低限度。人员疏散组任务：组长带领该馆保卫组长及该层保卫人员迅速赶到拥挤现场，及时组织疏散，避免发生群死、群伤事故和造成重大损失。火灾扑救组任务：由该馆楼层的保卫人员和机动组派出人员，携带灭火器迅速进入火场，利用各种消防设施和器材将火患扑灭，并保护好火灾现场。伤员抢救组任务：当接指挥组通知后，医疗人员应带急救医疗器械和药品奔赴现场抢救伤员，并就近设置医疗抢救点负责抢救伤员。防突发事件组任务：当发生哄抢、建筑物倒塌等突发事件时，迅速赶赴现场，就近组织附近的保卫人员进行制止和处理。机动组任务：当接到应急指挥组的命令后，迅速赶赴现场完成领导交给的应急任务，并加强外围警戒，封锁出事现场。作为一项安全保卫工作任务，在完成过程中，要人、技相互配合，人即人的能动性和拥有的技术知识，技就是技术设备的配套和拥有。

关于安全与服务，两者应是互相依存的关系。我始终认为，没有安全的服务是劣质的服务，缺乏服务的安全，乃是违背商业活动宗旨的。在我们的安全保卫工作中，我们所做的一切，都是为了让顾客在消费或获取更大利益的过程中得到安全保障。总之，应该将一切服务渗透到安全保卫工作中的每一个环节，反之也一样。

（摘自：新桂网-广西日报）

(二)危机发生后的积极应对

在危机发生阶段要积极应对:

①应建立专门的媒体中心,客观求实地报道会展目的地的危机情况,并说明组展商为消除危机做了哪些工作,以最大程度地消除与会厂商和观众的恐惧。

②业内各经营主体要通力合作,共渡难关。

③会展企业要与政府紧密合作,以获得政府的支持。

④建立危机监测系统,随时对危机的变化作出分析判断等。

(三)危机结束后的恢复工作

在危机结束后,由于危机带来的负面影响仍然会持续一段时间,此时的关键工作是加强宣传工作,以消除疑虑。同时还应尽快恢复正常的工作程序,并总结学习危机处理过程中的经验教训,创新危机管理系统,以便提高以后的应对能力。

实战项目训练

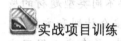

训练1　请使用危机管理6F原则,分析案例《马航客机坠毁——国际艾滋病大会为遇难专家默哀留座》

(1)马航MH17坠毁事件,对第20届国际艾滋病大会来说有什么影响?

(2)请评价大会组织者的应急处理方式。

(3)假如6名遇难专家中含有大会重要发言嘉宾,除了举行默哀仪式和特设留座外,你认为还需采取什么措施?

训练2　分析案例《肯德基"秒杀门"事件》

对于案例肯德基"秒杀门"事件,一位商业专家分析,如果肯德基不叫停的话,可能会面临更坏的局面。一方面,"早产"的秒杀优惠券将引发更广范围的转发、大量复印,蜂拥而至的消费者,很容易导致局面失控;而更让肯德基害怕的是"后厨"。肯德基的供应链是否能够支持突然放大的需求?"早产"的秒杀优惠券势必大大超出肯德基原本的"预算",如果产品销售量激增,就可能导致店面断货,肯德基将面临更大的公关危机。

假设你是肯德基公关部负责人,请分析:

(1)请评价肯德基本次的危机处理手段及这位专家的意见。

(2)在实施秒杀活动前,肯德基可以避免这场危机吗?应该如何做?

(3)"秒杀门"危机酝酿期时,为肯德基制订一份危机处理方案。

(4)请为肯德基组织一场新闻发布会:拟定新闻发言人、出席对象类别、新闻发言稿,并进行角色扮演。

训练3　请分析案例《经验分享:全印展随机应变应对危机》,并回答:

(1)第二届中国国际全印展所遇到的困境属于哪种类型?

(2)假如危机没得到妥善处理,受影响的利益相关者将有哪些?

(3)杜塞尔多夫展览(中国)有限公司遵循了哪些危机管理原则?请点评其危机处理方案。

操作程序、标准及实训效果评估

会展现场管理的操作程序、标准及实训效果评估见表4.52。

表4.52 会展现场管理的操作程序、标准及实训效果评估表

<table>
<tr><th colspan="2" rowspan="2">实训操作步骤</th><th rowspan="2">标准与要求</th><th colspan="3">实训效果评估</th></tr>
<tr><th>满分</th><th>得分</th><th>评语</th></tr>
<tr><td rowspan="3">制订现场管理计划</td><td>1. 确定主题</td><td>1)了解会展现场工作所包含的内容及注意事项
2)确定现场管理计划的主题</td><td>5</td><td></td><td></td></tr>
<tr><td>2. 设计接待流程方案</td><td>1)了解“倒逼”工作计划的内容,并完成相关的接待工作计划
2)根据展会的情况配备相关的现场管理人员保证展览活动的顺利举行</td><td>10</td><td></td><td></td></tr>
<tr><td>3. 准备相关物料</td><td>列出展会现场所需的所有相关物流清单</td><td>5</td><td></td><td></td></tr>
<tr><td rowspan="2">布展管理</td><td>4. 现场布置</td><td>1)了解布展阶段所涉及的具体工作内容
2)规划并画出相关的功能区域布置图
3)设计布置开/闭幕式的场地,并完成详细的布置要求及说明</td><td>5</td><td></td><td></td></tr>
<tr><td>5. 分角色训练</td><td>分角色扮演注册处、导引处、门禁处、舞台等功能区域的服务,并提出常见的问题和解决办法</td><td>15</td><td></td><td></td></tr>
<tr><td rowspan="2">开幕式管理</td><td>6. 报告写作</td><td>1)了解开幕式的流程内容及特点
2)编写开幕式的执行方案</td><td>10</td><td></td><td></td></tr>
<tr><td>7. 汇报结果</td><td>1)将执行方案制作成PPT汇报文件
2)课堂上汇报相关的执行方案</td><td>10</td><td></td><td></td></tr>
<tr><td rowspan="3">展场服务与控制</td><td>8. 参展商服务与管理</td><td>1)了解参展商服务的内容
2)分角色模拟参展商在展会现场的服务管理及情况处理</td><td>10</td><td></td><td></td></tr>
<tr><td>9. 观众服务与管理</td><td>1)了解观众服务管理的内容
2)分角色模拟现场登记的顺序办理相关手续</td><td>10</td><td></td><td></td></tr>
<tr><td>10. 展场管理与控制</td><td>1)了解展场服务管理设计的工作内容
2)分角色模拟多个部门的协调工作</td><td>10</td><td></td><td></td></tr>
<tr><td>现场危机管理</td><td>11. 现场危机管理</td><td>1)了解会展危机的类型及原则
2)了解会展危机管理的工作内容以及相对应的应急处理
3)模拟相关的危机出现情况应采取的相关措施</td><td>10</td><td></td><td></td></tr>
<tr><td>说明</td><td colspan="2">以上业务操作满分共100分,得分在90分以上为优秀,80~89分为良好,70~79分为中等,60~69分为合格,60分以下为不合格</td><td>100分</td><td></td><td></td></tr>
</table>

续表

实训操作步骤		标准与要求	实训效果评估		
			满分	得分	评语
反馈：	总分： 评语：		考评员签名		

实训项目七　会展文案写作

教学目标

✪了解会展组织中与文案相关的岗位职能，熟悉展会各阶段的文案种类。

✪掌握会展新闻稿、邀请函、会展简报及展会总结报告写作的选材、立意、结构、语言组织等相关技巧。

内容导读

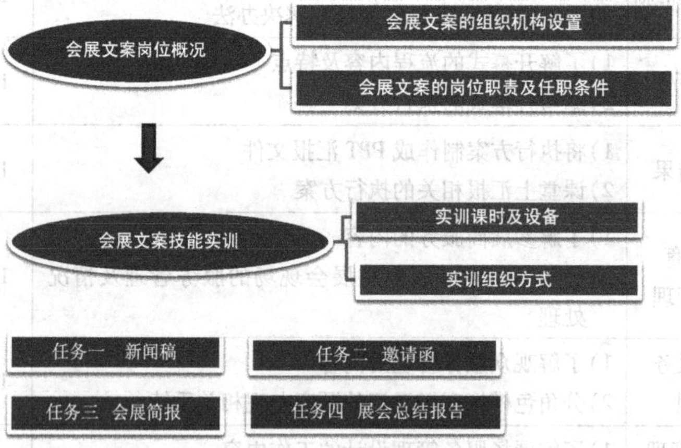

会展文案岗位概况
会展文案的组织机构设置
会展文案的岗位职责及任职条件
会展文案技能实训
实训课时及设备
实训组织方式
任务一　新闻稿
任务二　邀请函
任务三　会展简报
任务四　展会总结报告

图 4.55　内容导读

会展文案岗位概况

一、会展文案的组织机构设置

策划部是会展企业的文案创意部门，主要负责各会展项目包括活动详细计划、创意方案设计、物料设计、活动材料总结、各个部门任务分配等重要环节。组织机构设置如图 4.56 所示。

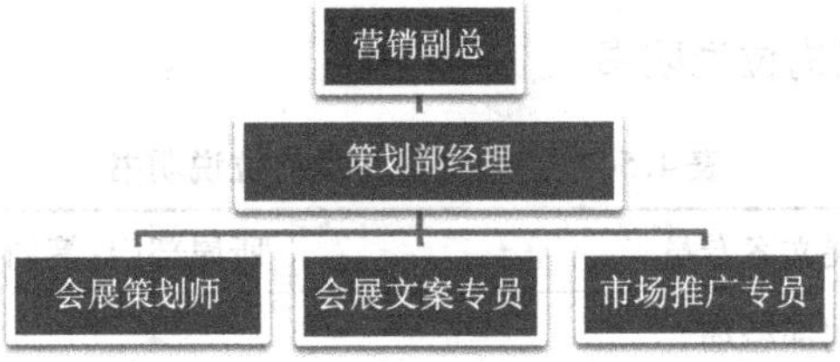
营销副总
策划部经理
会展策划师
会展文案专员
市场推广专员

图 4.56 会展文案的组织机构设置

二、会展文案的岗位职责及任职条件

通常,会展企业涉及文案写作的主要工作岗位包括会展策划师、会展文案专员、市场推广专员等。

(一)会展策划师岗位说明书

表 4.53 会展策划师岗位说明书

<table>
<tr><td rowspan="2">基本信息</td><td colspan="2">岗位名称:会展策划师</td><td>所属部门:策划部</td></tr>
<tr><td colspan="3">晋升方向:策划部经理、项目经理</td></tr>
<tr><td rowspan="2">工作关系</td><td>内部沟通</td><td colspan="2">营销副总、项目经理、策划部经理、营销部</td></tr>
<tr><td>外部沟通</td><td colspan="2">客户、媒体宣传、专业调研机构</td></tr>
<tr><td colspan="4">主要职责描述</td></tr>
<tr><td>一级职能</td><td>二级职能</td><td colspan="2">三级职能</td></tr>
<tr><td>会展市场策划管理</td><td>会展立项策划</td><td colspan="2">(1)市场信息管理
掌握各类会展活动的发展动向和竞争对手的情况,及时收集、整理各方面的市场信息,组织市场信息的汇编工作,为策划提供依据
(2)会展策划的组织与实施
负责会展活动的内容、规模、环境、方式等策划工作并组织实施
(3)会展营销策划
根据公司的营销战略,策划适合的价格、渠道、促销方式等
(4)会展广告策划
主要负责包括广告策略、广告目标、广告诉求、广告创意等策划
(5)会展公关策划
负责会展品牌和商标管理,企业形象建设,做与客户、同行业及其他相关部门的公关策划等工作</td></tr>
<tr><td colspan="4">任职条件</td></tr>
<tr><td>学历水平</td><td colspan="3">大专以上</td></tr>
<tr><td>工作经验</td><td colspan="3">3 年以上本行业相关工作经验,具有会展策划师等相关资格证</td></tr>
<tr><td>专业知识</td><td colspan="3">文案写作、广告公关管理、会展策划等相关专业知识</td></tr>
<tr><td>业务能力</td><td colspan="3">熟悉会展行业的市场发展状况、各业态的分布情况及发展态势</td></tr>
</table>

（二）会展文案专员岗位说明书

表4.54　会展文案专员岗位说明书

基本信息	岗位名称:会展文案专员		所属部门:策划部
	晋升方向:策划部经理		
工作关系	内部	策划部经理、策划部	
	外部	客户、媒体	
主要职责描述			
一级职能	二级职能	三级职能	
会展策划	会展文案策划	(1)会展活动方案的策划与撰写; (2)撰写项目相关文案,包括广告软文、企业宣传、品牌文案、公关稿件、活动方案、执行文案、新闻稿件等; (3)营销邮件、微博、短信、彩信等内容策划及编写; (4)根据项目既定整体市场传播策略,进行文案传播计划的编制与执行工作	
任职条件			
学历水平	大专以上		
工作经验	1年以上会展文案、新闻采编等相关工作经验		
专业知识	广告学、新闻学、语言文学等相关专业知识		
业务能力	熟悉会展各类文案的编写,文字功底好		

（三）市场推广专员岗位说明书

表4.55　市场推广专员岗位说明书

基本信息	岗位名称:市场推广专员		所属部门:策划部/市场部
	晋升方向:策划部经理、市场部经理		
工作关系	内部	策划部经理、市场部经理、相关职能部门	
	外部	客户、同行业协会、企业、广告媒体等	
主要职责描述			
一级职能	二级职能	三级职能	
会展策划	市场推广	(12)制订会展产品推广计划 (13)准备会展产品的宣传资料 (14)选择合适的媒体推广手段 (15)按计划开展市场推广活动	
任职条件			
学历水平	大专以上		

续表

工作经验	1年以上新闻传播、市场营销、会展广告等相关工作经验
专业知识	市场营销、广告学、传播学、公共关系等相关专业知识
业务能力	熟悉市场推广的主要工具和方法

会展文案技能实训

一、实训课时安排

本实训合计40课时，包括课内授课30课时及课外实践10课时，计划1周完成，如表4.56所示。

表4.56　实训课时安排

序　号	工作任务名称	总课时	课　内	课　外
一	新闻稿	8	6	2
二	邀请函	8	6	2
三	会展简报	8	6	2
四	展会总结报告	16	12	4
	合计	40	30	10

二、实训组织方式

（一）项目背景

East China Fair
中國華東進出口商品交易會
时 间：2014年3月1日－3月5日
地 点：上海新国际博览中心（上海浦东新区龙阳路2345号）
展 区：服装、家用纺织品、日用消费品、装饰礼品

图4.57　中国华东进出口商品交易会

中国华东进出口商品交易会（简称“华交会”）是中国规模最大、客商最多、辐射面最广、成交额最高的区域性国际经贸盛会。由上海市、江苏省、浙江省、安徽省、福建省、江西省、山东省等联合主办。每年3月份在上海举行。今年将举行第24届华交会。设置纺织服装和轻工工业大类。华交会以进出口贸易为主，还安排加工贸易和合资、合作等多种经济贸易洽谈。

✪本项目执行单位是上海某会展公司组委会办公室。本实训以2014第24届中国华东进出口商品交易会为项目背景，学生组队扮演“上海某会展公司组委会办公室”（以下简称“组委会”)。

(二)组织方式

学生需独立或分组完成本实训各任务结尾所布置的“实战项目训练”。如有条件,教师可组织实训班级通过组织校园会展活动项目(请参考本书“第五部分 会展综合项目实训”)或参加校外企业真实项目的文案写作,来加深学生对本实训实践的认识。

(三)文案类型与项目阶段

经过对会展项目实操需要的调研筛选,本实训4个任务所涉及的文案类型——新闻稿、邀请函、会展简报和展会总结报告均是一个完整的会展项目从筹备阶段、实施阶段到总结反馈阶段中常见的基础文案,与本书中的“实训项目四 会展策划”“实训项目五 会展营销”等章节所学习的文案类型形成互补关系,如图4.58所示。

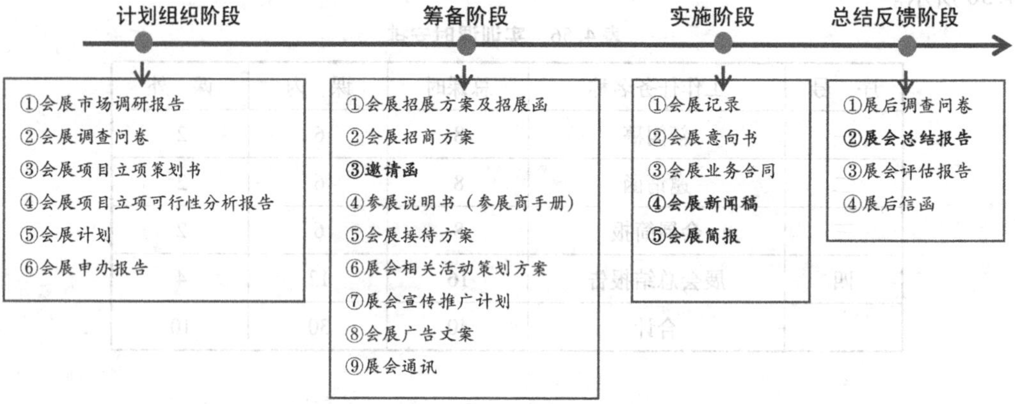
计划组织阶段
筹备阶段
实施阶段
总结反馈阶段
①会展市场调研报告
②会展调查问卷
③会展项目立项策划书
④会展项目立项可行性分析报告
⑤会展计划
⑥会展申办报告
①会展招展方案及招展函
②会展招商方案
③邀请函
④参展说明书(参展商手册)
⑤会展接待方案
⑥展会相关活动策划方案
⑦展会宣传推广计划
⑧会展广告文案
⑨展会通讯
①会展记录
②会展意向书
③会展业务合同
④会展新闻稿
⑤会展简报
①展后调查问卷
②展会总结报告
③展会评估报告
④展后信函

图4.58 会展项目各阶段的文案类型

业务流程

会展文案写作实训的流程如图4.59所示。

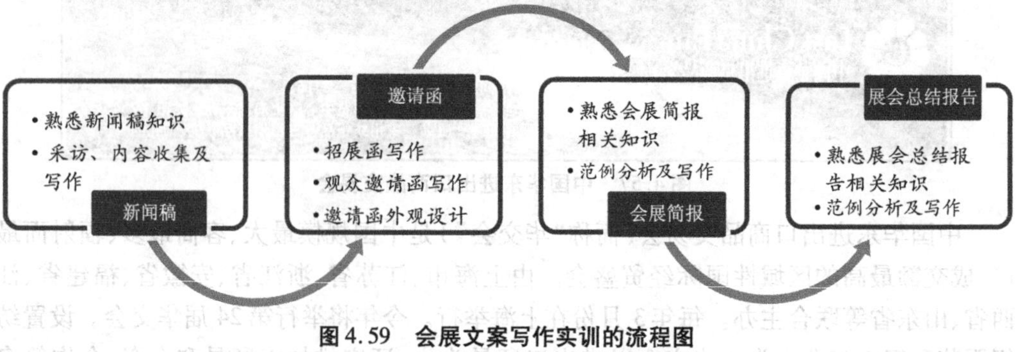
•熟悉新闻稿知识
•采访、内容收集及写作
新闻稿
邀请函
•招展函写作
•观众邀请函写作
•邀请函外观设计
•熟悉会展简报相关知识
•范例分析及写作
会展简报
展会总结报告
•熟悉展会总结报告相关知识
•范例分析及写作

图4.59 会展文案写作实训的流程图

任务一 新闻稿

业务情景

一次成功的大型会展活动要办得好,办得出色,有很多的因素:主办方精心策划,承办者的到位安排,场地的选择,宣传推广等。新闻媒体对于会展的报道不能仅限于报道新闻,而是能够通过策划出新闻,出亮点,使新闻媒介真正扮演好信息传播者的角色。新闻媒体对于一个国际性大型会展的报道角度可多元化,包括会展前的各方准备工作、会展中的动态新闻、会展后的总结阶段等。

如何从展会主办方角色来策划新闻稿以促进媒体更广泛宣传?中国华东进出口商品交易会的组委会需对第24届展会最新情况进行策划报道。请组委会组建一个新闻策划报道小组,完成中国华东进出口商品交易会的宣传报道。

业务知识

一、会展新闻稿的含义和种类

(一)会展新闻稿的含义

会展新闻稿又称会展消息,是用简洁明快的文字迅速及时反映新近发生的会展事件的一种新闻文体。无论是在展前还是展中,主办单位都需要为广大媒体记者提供一份新闻稿,而且,由于展览会的新闻稿必须照顾到各种类型的媒体,因此很多时候展览会组织者所提供的新闻稿是包罗万象的,以此提供足够多的信息。

(二)会展新闻稿的种类

展览会的新闻,常见的是即时性新闻报道和评述性新闻报道。

①即时性新闻报道,是指展览会进展过程中的新闻报道,有“短、小、快”特点:一是篇幅比较短,一般200~500字;二是以较小的角度进行报道,如报道某知名客商决定携带新品参展;三是发布迅速。

在展览会操作过程中,不同阶段的推广工作需要即时性新闻报道予以配合,所以需要稿件数量较多(最好每周一篇,至少也应每月两篇)。

②评述性新闻报道,是指采用评论手法进行的新闻报道。报道篇幅较长,少则千余字,多则数千字;涵盖面较宽,往往反映展览会多方面的情况,而且在新闻叙述中有评论;发布时间有一定讲究,如在展览会开幕前或在结束后。

在展览会开幕时,主办方一般会邀请媒体记者来现场报道展览会。在接待记者时,主办方应该提供展览会的新闻通稿。在召开新闻发布会时,主办方也应向参加会议的媒体记者提供新闻通稿。主办方提供新闻通稿,旨在帮助媒体记者了解展览会的基本情况，以利于他们写稿。一般而言，这种新闻通稿应是评述性新闻稿。

二、会展新闻稿的结构和写法

会展新闻稿主要分为标题、导语、主体、背景和结尾五部分。

（一）标题

要概括事件的主题，有时可加副标题。标题浓缩新闻内容，传递最新信息，给读者第一印象，是读者选择新闻的依据和自读新闻的导向。

会展新闻稿的标题类型有：多行标题，由引题、正题和副题组成，此类标题容量大、表现力强，一般用于重大会展活动的消息报道；双行标题，由引题和正题组成或由正题和副题组成，两个标题一实一虚，实标题概括主题，虚标题阐明消息的意义或补充说明消息的结果；单行标题，以一行简洁明了的文字反映消息的主旨。

锤炼标题注意要则

√会展项目名称必须嵌入标题之中，否则丧失推广意义。但要使用简称，尽少占标题字数。

√标题总字数不宜过多，应视媒体新闻标题所允许的字数加以控制。如人民网首页新闻标题最多可放25个字；新华网首页新闻标题最多可放17个字。

√可以用并排两句式标题。如按14个字设计，可编成各7个字的两句式标题。如“北京车展多亮点　观众接近八十万”。

（二）导语

导语是新闻稿开头的第一段文字或开头的第一句话，用以概括主要的事实或揭示主题，具有吸引读者，引导阅读的作用。导语写作要简洁生动，内容要新鲜明确。

（三）主体

主体是消息的主干。主体承接导语，是对导语所概括的内容展开具体阐述，进一步表现和深化消息的主题。

会展新闻稿的主体内容一般有两大来源：一是来自外部信息，如宏观经济对展览会的影响、展览会所服务行业的发展情况、政府扶持展览会的政策措施等；二是来自内部（主办方）的信息，如展览会题材调整，客服措施改进，展位销售进展，客商参展动态，配套活动安排，等等。

（四）背景

背景是衬托新闻事实的材料，它交代新闻事件的环境和条件，有助于读者理解新闻内容和深化新闻主题。

（五）结语

结语是消息的最后一段或一句话，阐明消息所述事实的意义，使读者对消息的理解、感受加深，从中得到更多的启示。

三、会展新闻稿的写作要求

会展新闻稿的写作要求如下：

（一）要素要齐全

一般来说，构成新闻事实有五个要素，即何人、何事、何时、何地、何因，称之为新闻五要素（5W），或再加上“结果”要素构成“5W＋1H”。

【案例1】以“上海世博会”开办夜场参观为例，说明新闻报道必须具有的五个要素即5个W：

1. 谁（Who）——上海世博会。
2. 发生什么事情（What）——开办夜场参观。
3. 发生的时间（When）——2010年5月1日晚上。
4. 发生的地点（Where）——上海世博园。
5. 发生的原因及结果（Why、How）——吸引参观，减少排队，增加选择，观众反映良好。

（二）结构要合理

新闻在结构上要包括标题、导语、主体、背景和结语5个部分。其中，标题、导语和主体是主要部分，背景和结语是辅助部分。

（三）角度要找准

要使一份会展新闻稿有新闻价值，内容必须是新闻媒介感兴趣的、有报道价值的。它必须能够引起目标受众广泛而普遍的兴趣，并且具有明显的新闻视角（例如重要信息、新进展、戏剧性、趣味性、当地视角、影响等）。

平时要积累新闻素材，选好新闻题材，找准新闻角度。注意利用展会期间的特殊宣传形式，捕捉新闻点。例如：

√邀请政府领导、名人亲临企业展台，巧借东风，造成新闻热点
√争取企业代言人的公开发言机会，将企业代言人升级成行业专家
√积极参与重要媒体的在线访谈
√积极参与组委会、媒体的评奖活动
√巧妙推荐花絮报道
√发起针对性活动

（四）重点要突出

作为一份提供给所有媒体的材料，会展新闻稿必须做到背景资料全面但又能突出重点。新闻通稿除介绍展览会的基本情况，包括举办的背景和意义，展览会的名称、时间、地点，参展商及专业观众数量，往届展览会的举办情况外，还要突出展览会的特点，如展

览会的不同定位、参展商的层次和规模、新的现场服务项目等。展览会组织者在新闻稿中强调这些特点的目的就是为了争取广大媒体的报道，从而有效传达本展览会的差异性和竞争优势。

【案例 2】展前新闻（新闻通稿/评论性新闻报道）

<table>
<tr><th>新闻正文</th><th>评　析</th></tr>
<tr><td>全球最大游戏展科隆揭幕 专设中国文化贸易展区
当地时间 21 日，为期四天的 2013 年德国科隆国际游戏展（GamesCom 2013）将在德国科隆拉开大幕。作为全球最大的游戏展之一，本次展会吸引了育碧、电子艺界、任天堂、微软、索尼等众多业界巨头的参与。而为了推动中国文化“走出去”，中国商务部继去年首次率“中国国家展团”参展科隆游戏展之后，今年再次在本次展会上开设中国文化贸易展区。有消息称，腾讯等企业将在本次展会期间发布全新游戏力作。
全球参与人数最多的游戏展
根据日程，此次科隆国际游戏展将于 21 日至 24 日在德国科隆国际博览中心举行。科隆游戏展是全球最大的专业游戏展会之一，与东京电玩展、ChinaJoy、E3 一起并称全球四大游戏展。
科隆国际游戏展的前身是创办于 2002 年的莱比锡游戏展（Games Convention），后者在 2009 年正式移师科隆，是欧洲最专业的综合性互动式游戏软件、信息软件和硬件设备展览，也是德国唯一一个集中了游戏软件、硬件、娱乐设备、信息软件和设备的大型国际展会。
本次展会的项目广泛涉及个人电脑、电子游戏机、电信设备、掌上电脑、电子玩具、网络游戏、移动游戏、游戏软件、教育软件、家用及其他软件等。
科隆游戏展已成为世界上参与人数最多的游戏展会，2012 年的展会创下了多项纪录，共吸引了来自全球40 个国家的600 家展商和27.5 万人次游客的参与。同时还有来自 52 个国家的 5 300 名媒体代表参与并报道了本次盛会。
据悉，2013 年，育碧、电子艺界、任天堂、微软、索尼等行业巨头都将重磅登场，微软和索尼都已确认会召开展前发布会，并有新作公布。而 2013 年以来势头迅猛的移动游戏，也有望在本次展会上大放异彩。
中国专设文化贸易展区
值得一提的是，作为鼓励中国文化“走出去”的重要组成部分之一，中国官方对于此次展会相当重视。
近年来，以网络游戏产业为代表的中国数码互动娱乐产业快速发展，目前正以每年超过 30% 的速度增长，中国已成为全球最大的网络游戏消费市场之一。
2013 年 5 月 27 日，中国商务部办公厅发布《关于 2013 德国科隆国际游戏展中国文化贸易展区参展工作的通知》。通知指出，为支持文化企业开拓国际市场，进一步推动文化“走出去”，商务部将在 2013 年 8 月的科隆游戏展上开设中国文化贸易展区，要求各地组织本地企业积极参展。</td><td>①锤炼并排式新闻标题，争取读者关注。

②交代 5W1H，报道会展动态信息，如展会历史、行业影响力、展品类别、观众规模及往届盛况等，营造展览的气势，将人们的眼球逐渐吸引到这个会展中来。

③预告会展的亮点所在，力在求新，抓住潜在与会者。</td></tr>
</table>

续表

新闻正文	评析
2012 年,数十家中国最具实力和代表性的游戏企业首次以"中国国家展团"的身份,出展科隆游戏展。这也是由中国新闻出版总署发起和批准,商务部外贸发展局等共同主办的首个以国家身份赴欧出展的游戏企业展团。 据悉,为了鼓励和扶持中国国内中小企业"走出去",官方主办机构 2013 年还对符合标准的中小企业进行了参展补贴。 2013 年参展科隆游戏展的"中国国家展团",由腾讯、盛大、完美世界、游戏蜗牛、畅游、巨人、麒麟等国内顶尖游戏企业组成。目前,腾讯已宣布将在本周的科隆游戏展上发布一款全新的神秘游戏大作。 最近一段时间,手游等概念在中国资本市场持续火热,在美上市的一些游戏类中概念股也大幅上涨。上个月,在美上市中国游戏概念股盛大游戏曾连续大涨,一度单日飙升 19%,该公司旗下韩国子公司开发的移动游戏《百万亚瑟王》近日登陆中国市场,并在苹果应用商店中获得了很好的销售排名。	

【案例 3】展中新闻(即时性新文报道)

新闻正文	评析
香港珠宝首饰展览会推出买家专属手机应用程序① 亚洲博闻推出"手机版买家指南",为 6 月香港珠宝首饰展览会(2014 年 6 月 19—22 日)的参展商和买家提供专属及个人化的展会导览服务。此应用程序由官方网上传媒 JewelleryNetAsia 出版及安特卫普世界钻石中心(Antwerp World Diamond Centre)赞助,现可于各大智能手机及平板应用程式市场免费下载。 初版的香港珠宝首饰展览会"手机版买家指南"于 2013 年发行,当中参展商名单、展出产品类别、互动展会平面图及个人化的记事功能最受买家欢迎,新版收录本年度的参展商及展会信息,内容亦会不断更新。  图 4.60 手机版买家指南推广员在展览中向买家介绍应用程序的功能	①标题包含项目简称,采用单行标题,一针见血指出本届服务亮点,有效宣传展会。

① 新闻稿来源:亚洲博闻。有删减。

续表

新闻正文	评　析
亚洲博闻区域总监（项目技术及电子业务）韩吉宏（Jerome Hainz）表示："手机版买家指南在过去的展览备受买家关注，在参观及采购的过程中是非常实用的工具，尤其是个人化的功能，能让买家从数以千计的参展商中筛选及储存，订下自己的日程和路线。买家也不需要顾虑数据漫游的问题，因为此应用程序的信息及参展商名单可以在离线的状态下使用。" 手机版买家指南由比利时安特卫普世界钻石中心（Antwerp World Diamond Centre）赞助，在6月及9月香港珠宝首饰展览会期间将带领安特卫普展团展出高质钻石产品。 手机版买家指南除了在各大手机程序商店可以免费下载之外，也可以到 JewelleryNetAsia 的网站中直接下载。如有垂询，请联系 marketing@ jewellerynetasia. com 或致电 +852-25XX-2173 垂询。 关于亚洲博闻 亚洲博闻有限公司隶属于伦敦股票交易所上市的博闻公司（UBM plc），是亚洲首要的展会主办单位，也是中国内地、印度和马来西亚市场最大的商贸展会主办商。亚洲博闻拥有强大的国际网络，总部设于中国香港，子公司遍布亚洲、跨足美国，于25个主要城市设30个办事处及聘用超过1 200名员工。集团产业覆盖19个市场领域，包括160个展览会、75个会议、28本杂志，以及18个垂直网站和网上虚拟会展服务，为来自全球超过1 000 000名参展商、买家、会议代表、广告商及读者提供配对平台，以及高质素的实时市场信息和行业动向。	②会展新闻策划与报道需注意以下几点： a. 会展动态信息依旧不可缺少； b. 挖掘会展中的亮点新闻，报道力度有所区别； c. 既要有现象式报道，更要注重深度报道； d. 及时提供服务信息。

实战项目训练

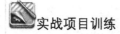

1. 运用所学知识，进一步分析本任务中的两个会展新闻稿案例。

2. 请组委会组建一个新闻小组。小组成员需识记前面相关业务基础知识，对照会展新闻稿的写作要求，完成"2014 第24届中国华东进出口商品交易会"的展前、展中、展后的相关新闻报道，并作口头汇报。具体要求：

（1）稿件内容：

2014 第24届中国华东进出口商品交易会将于8月15日正式上线。

借网站上线之势为展会预热，介绍展会亮点。

挖掘一下区域性国际经贸发展的热点，结合到展会上，引起读者的兴趣。

参考点：强调国际采购商服务。

（2）稿件长度：1 000 字左右。

（3）格式要求：按照新闻稿标准撰写，文字不要过于活泼，适合在报纸及网站媒体上发布。

3. 拓展训练：使用"方正飞腾"或其他报纸编辑软件，制作"2014 第24届中国华东进出口商品交易会"的展会新闻专刊。

任务二 邀请函

业务情景

邀请函是会展活动、商务礼仪活动主办方为了郑重邀请其合作伙伴(投资人、材料供应方、营销渠道商、运输服务合作者、政府部门负责人、新闻媒体等)参加其举行的活动而制发的书面函件。它体现了活动主办方的礼仪愿望、友好盛情,又反映了商务活动中的人际社交关系。

✪请组委会组建一个文案设计小组,完成中国华东进出口商品交易会对参展商和专业观众的邀请。

业务知识

一、招展函(参展商邀请函)

(一)招展函的含义

参展商邀请函常常被称为招展书,或展会招展函,是向潜在参展商发放的展览宣传资料,目的是说明展览相关情况,吸引参展商参展。招展函应该能够解答潜在参展商的各种常见问题,提供进一步的沟通方法;更应该能够激发参展商的热情,推动其参展。

招展函往往直接邮寄或通过媒体公开发布,其内容可作为展会宣传的基础性资料。

(二)招展函的内容与格式

一般来说,展会招展函主要包括以下几方面的内容:

展会招展函的内容与格式

(1)展会的基本内容

展会的基本内容主要包括:展会名称和LOGO、展会的举办时间和地点、办展机构名单、办展起因和办展目标、展会特色、展品范围和价格等。

展会名称和LOGO。展会的名称和LOGO一般被放在展会招展函封面最醒目的位置,展会的名称一般用较大的字体。如果展会是国际性的,展会的名称还包括其英文名称。

展会的举办时间和地点。一般被放在招展函的封面,其中举办时间也会放在招展函的内页,只不过封面的举办时间通常是展会的正式展览时间,而内页的举办时间往往还包括展会的布展、撤展和对专业及普通观众的开放时间等。

办展机构。包括展会的主办单位、承办单位、协办单位和支持单位等,有时候还包括展会的批准机构。它们一般被放在展会招展函的封面。

办展起因和办展目标。简要说明为什么要举办该展会以及计划将该展会办成什么样的一个展会,对于连续举办多次的展会,对往届展会回顾也是一项必不可少的内容。

展会特色。常常使用非常简洁的言语来高度概括展会的特色,如展会的宣传口号,展会的主题等,要易记易懂,易于传播。

展品范围。详细地列明展会的展品范围,有时候还包括展会的展区划分,供参展商作出参展决策时参考。

价格。列明展会的各种价格,包括空地价格、标准展位价格、室外场地价格等。

(2)市场状况介绍

主要包括:行业状况和地区的市场状况等。

行业状况。结合展位的定位,对展会展览题材所在行业的状况作简要介绍,如行业生产、销售、进出口及发展趋势等。

地区市场状况。简要介绍办展所在地区的市场状况,如果展会是国际展,那么介绍中的地区范围就不仅仅是展会所在的城市和省份,它可能还包括整个国家及其周边国家。至于地区范围究竟该包括哪些地区,主要取决于展会的定位和市场辐射范围的大小。

(3)展会招商及宣传和推广计划

招商计划。简要介绍展会,计划邀请专业观众的办法、范围和渠道。

宣传推广计划。简要介绍展会宣传推广的手段、办法、范围和渠道以及展会计划如何扩大其影响的措施。展会宣传推广计划是参展商比较关注的项目,需要详细列明。

相关活动。简要介绍展会期间将要举办哪些相关活动,各种活动的举办时间和地点以及参展商参加活动的联系办法等。

服务项目。招展函还要告诉目标参展商,如果参展,将能从展会获得怎样的服务,这些服务包括展会提供的各种有偿服务和免费服务等。

(4)参展办法

主要包括:如何办理参展手续、付款方式、参展申请表和办展机构的联系办法等。

如何办理参展手续。告诉目标参展商,如果要参展,将怎样办理参展手续。

付款方式。列明展会的开户银行、开户名称和账号、收款单位名称、参展商参展的付款办法、应付定金的数额和付款时间等。

参展申请表。预留参展商参展申请表,一旦目标参展商计划参展,就可以填写该表并传真给办展机构预订展位。

联系办法。列明办展机构的联系地址、电话、传真、网址和 E-mail 等,供目标参展商联系之用。

(5)各种图案

除以上内容外,招展函还会有一些图片和其他图案,如展馆图、展馆周边地区交通图、往届展会现场图片等。如果有需要,有些招展函还对展馆作一些简要介绍。这些图片既可以对展会相关情况作进一步的说明,也可以起到美化招展函的作用。

【案例】2013 大连国际办公设备暨文化用品展览会邀请函

正文内容	分 析
2013 大连国际办公设备暨文化用品展览会① **邀请函** 加入世贸组织后，中国经济迅猛发展，其增长率居于世界前列。在此良好形势之下，并随着国家“振兴东北老工业基地”建设战略的全面实施，大连作为联结东北亚的窗口城市，面临着更多的发展机遇。近年来，大连市每年新增国内外企业上万家，因此，对办公设备及文化用品市场的需求量亦与日俱增，且随着经济整体形势的不断繁荣，人民对生活水平和质量的提高及内容的丰富提出了更高的要求。适应这种需要，我们择机举办：“2013 大连国际办公设备暨文化用品展览会”，并隆重推出乐器及软件类产品展区，旨在加强国内外相关行业厂商间的信息交流与贸易合作，加快构筑东北乃至环渤海地区的流通营销网络，展示最新产品及技术，共同推动行业市场的发展。②	①时间：2013 年；地点：大连；国际：说明会议的区域；办公设备：主要参展内容；暨：同时；文化用品：展示内容；展览会：形式。 ②阐述了项目背景、市场前景，标明本届展会主旨是树立品牌、扩大交易、拓宽市场、促进交流、加强合作。
一、主办单位：③ 中国国际贸易促进委员会大连市分会 中国国际商会大连市分会 二、承办单位：③ 大连国际展览公司 大连亚太展览有限公司	③本项目的具体负责单位。
三、布展时间：2013 年 11 月 18—19 日 ④ 四、展览时间：2013 年 11 月 20—25 日 ⑤	④2013 年 11 月 18 日是星期四，布展时间为两天。 ⑤11 月 20 日（星期六）至 11 月 25 日（星期四）共 6 天。
五、展会地点：大连星海会展中心⑥	⑥交代展出城市与地点。
六、参展范围 （一）办公设备展区：⑦ 1. 办公家具类：大班台、办公桌、会议桌、电脑桌、班椅、职员椅、洽谈椅、会议椅、文件柜、更衣柜、储藏柜、保险柜、书架、陈列展示柜、耗材、办公文具、办公家具、办公食品设备等。 2. 办公自动化展区：复印机、一体机、打印机、数码速印机、晒图机、油印机、条码机、名片机等。 3. 文件整理设备展区：碎纸机、装订机、折纸机、标签机、胶装机、塑封机、打卡机等。 4. 办公礼品展区：商务礼品、会议礼品、广告礼品、公关礼品、纪念礼品、促销礼品等。 5. 配件及耗材展区：复印机、打印机配件、墨盒、墨粉、硒鼓、油墨、复印纸、打印纸等。 6. 通信及器材展区：传真机、程控电话、电话机、集团电话、投影仪、幻灯机、电子白板等。 7. 办公综合展区：考勤机、考勤钟、收银机、点钞机、刻字机、打字机、打卡钟等。 （二）文化用品展区：⑦ 电脑及 IT 耗材、教育用品、学生用品、财会用品、现代教学仪器设备、纸与纸制品、文房四宝、印刷及包装用品、照相器材、测量测绘用品、	⑦说明展区类别、展出内容分区以及展品分类、展品排列顺序。

续表

正文内容	分　析
中西乐器、赠品及旅游用品、文化艺术品、体育休闲用品、文娱用品等。 （三）加盟连锁展区：书店、音像等。 （四）特别介绍：⑧ 1. 乐器展区：民族乐器、键盘乐器、西管乐器、弦乐乐器、打击乐器、电声乐器、乐器材料、乐器包装、琴弦、电脑作曲设备类等。 2. 软件产品展区：系统程序、网络工具、媒体工具、图文处理、桌面工具、管理软件、教育教学、游戏娱乐、数码软件、其他类别。	⑧重点展区介绍，重点展品分类、重点展品排列顺序。
六、参展费用 1. 展位费⑨ A：标准展位（9 m^2）：￥3 800 元 配置：三面展板（2.5 m 高）、楣板制作、一张洽谈桌、两把椅子、两支射灯。 B：光地：350 元/m^2，光地租用面积不小于 36 m^2（光地无任何设施）。	⑨标准展位和光地展位的基本配置、基本价位及规格等。
2. 广告规格：⑩ 1）会刊广告：为便于客户现场了解参展厂商及会后沟通联络，组委会将精心编印大会会刊，为参展企业免费刊登 200 字以内公司简介。（会刊版本 210 mm×285 mm） 2）广告价位：封面 10 000 元；封底 8 000 元；封二 5 000 元；封三 3 000 元；彩色内页 1 000 元。	⑩增值服务的载体介绍，包括价位规格说明、服务形式说明等。
六、其他广告⑪ 1. 参观券：规格 80 mm×190 mm，收费 2 000 元/万张，3 万张起印。 内容分析：票务介绍、票务规格、广告标价、服务标准。 2. 充气拱门：5 000 元/展期，放置在展厅主入口处。 内容分析：户外展示（展示载体、规格、服务标准、展示位置）。 3. 室外空飘气球：3 000 元/展期，（含长 10 m×宽 90 cm 条幅）。 4. 礼品袋：彩色 6 000 元/千个。	⑪印刷宣传品、户外展示等展示载体的规格、服务标准、展示位置等。
5. 展会赞助商：具体细节另议。⑫ 七、联系方式（略）	⑫保密或者是需根据对方要求进行设计。

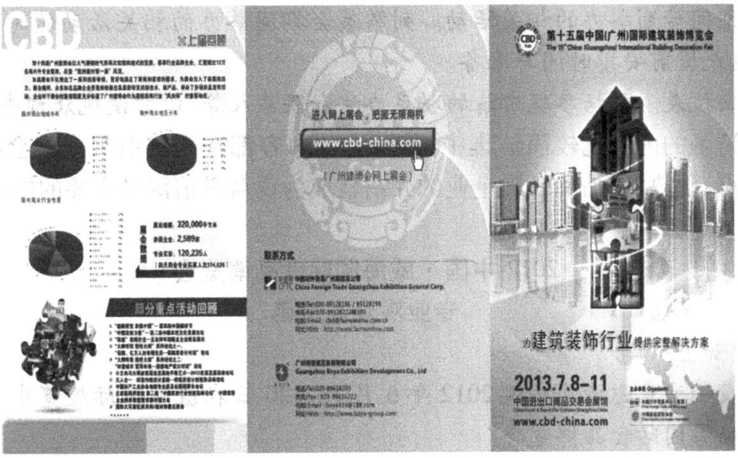
CBD
上届回顾
进入网上展会，把握无限商机
www.cbd-china.com
(广州建博会网上展会)
部分重点活动回顾
联系方式
第十五届中国(广州)国际建筑装饰博览会
为建筑装饰行业提供完整解决方案
2013.7.8-11
中国进出口商品交易会展馆
www.cbd-china.com

图 4.61 第十五届中国(广州)国际建筑装饰博览会招展函(封面封底)①

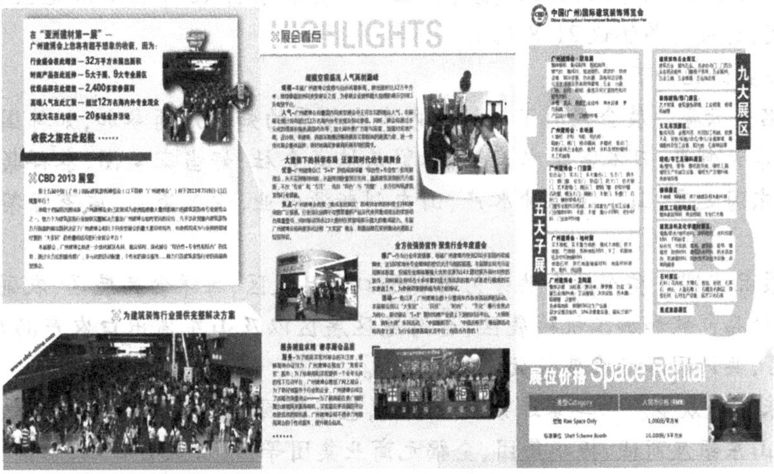
HIGHLIGHTS
展会看点
CBD 2013 展望
收获之旅在此起航……
为建筑装饰行业提供完整解决方案
九大展区
五大子展
展位价格 Space Rental

图 4.62 第十五届中国(广州)国际建筑装饰博览会招展函(内页)

二、观众邀请函

观众邀请函是办展机构根据展会的实际情况编写的，用来进行展会招商的一种宣传单张。观众邀请函是专门针对展会的目标观众，尤其是专业观众发送的。

一般在展会开幕前一个月才向目标观众寄出；对国外观众则要适度提前至开幕前三个月到半年寄出，以便于国外观众作好参观计划和申请签证。

观众邀请函的主要内容

√展会的基本内容。包括展会的名称、举办的时间和地点、办展机构、展会的 LOGO、本展会情况的简单介绍等。

√展会招展情况。包括展出的主要展品、参加展出的新产品和展会招展情况，一般还会将一些行业知名的企业参展情况进行重点通报。

① 高清图请见教材 CD：范例 1 第十五届广州建博会-中文招展函-1 及-2

√展会期间计划举办的相关活动。列举展会期间举办的相关活动的时间、地点和主题，以方便观众提前安排时间与准备。

√参观回执表。包括参观申请的联系办法和联系人等，以方便观众预先登记。

观众邀请函的内容比较简洁集中，其所有的内容都在于吸引观众到会参观。因此，对展会的特点、优势、展品和参展企业的介绍就成为观众邀请函最主要的内容。

【范例】

2012 中国·威海国际食品博览会

专业观众邀请函

尊敬的先生/女士：

您好！我们诚意邀请您参观 2012 年 6 月 18—20 日在威海国际展览中心举行的"第三届中国·威海国际食品博览会"。

中国·威海国际食品博览会是由山东省商务厅、山东出入境检验检疫局和威海市政府共同主办的国际性、专业化品牌盛会。上届展会有来自 18 个国家和地区的采购商到会采购洽谈，达成贸易协议 21.8 亿元。

本届展会概况如下：

(一)名企云集。展会吸引了一批业内实力雄厚的知名厂商参加，如韩国东远集团、大象食品、乐天制果，日本富士水产、冰库贸易株式会社，好当家集团、泰祥集团、上海梅林食品、山东海之宝、山东鸿洋神水产、山东创新源农业、倪氏海泰、威茗绿茶、威海卫酒业等。

(二)展品丰富。整个展会共分为日韩进口食品展区、海洋食品展区、农副产品展区、饮品展区、食品包装和加工机械展区、台湾地区展区以及山东省出口农产品质量安全示范区展示区，共计国际标准展位数近 1 000 个。

(三)采购商众多。十二家连锁经营企业，包括韩国乐天集团、日本永旺集团、山东家家悦集团、山东银座商城、振华集团、全福元商业集团等，以及来自日本、韩国、新加坡、俄罗斯、美国、英国等 20 多个国家和地区的采购商。

(四)活动精彩。展会同期，组委会还组织了"山东省出口农产品质量安全示范区展示"活动、农业及食品领域投资合作说明会、"农产品质量安全放心城市考察"活动、农产品质量安全可追溯体系认证知识讲座。

专业观众组织部：

联系人：王先生　　电话：0631-51××××09　　传真：0631-51××××00

网址：www. * * * * * * * .com

专业观众回执表

1. 公司资料

公司名称：____

地址：____

邮编：____________________　国家：____________________

联系人姓名：____________________　职位：____________________

手机：____________________　电话：____________________

传真：______________________　　邮箱：______________________

网址：______________________

2. 贵公司其他观展人员名单：

序　号	姓　名	职　位	手机号码

请认真填写此表，于 2012 年 6 月 15 日前回传至组委会，传真号为 0631-51××××00，您的个人信息我们将做好保密工作。

電子邀请函设计精美，可通过网络渠道广泛传播
简洁真诚的语言向来宾发出邀请，突出展会全球、举办时间及城市
针对国际买家制定英文版译文
清晰说明专业观众所关注的办证程序及手续，并对网上预登记等便捷方式进行重点推荐
提供展馆位置图及周边交通信息，方便观众计划来访行程
列出联系方式，为客户因参加展会所产生的各种事务提供服务窗口和咨询途径
請柬
INVITATION
The 23rd East China Fair
2013 Shanghai
第23屆中國華東進出口商品交易會
(2013上海)
www.ecf.gov.cn

图 4.63　第 23 届中国华东进出口商品交易会邀请函①

三、邀请函的外观设计

在展会的筹备和宣传过程中，通过邀请函来邀请是比较正式的邀请方式。对于邀请函设计有很多的相关知识，这里介绍几种比较常用的设计规格。

---

① 详见教材 CD 高清版本：案例 3　第 23 届中国华东进出口商品交易会邀请函.pdf。

(一)纸张

邀请函根据不同形式和用途选择不一样的纸张,一般用铜版纸、贺卡、玻璃卡等。

(二)开本

邀请函的开本,有32开、24开、16开、8开等,还有采用长条开本和经折叠后形成新的形式。开本大的用于折叠偏多,开本小的利于邮寄、携带。

(三)折叠

折叠方法主要采用"平行折"和"垂直折"两种,并由此能折出多种形式。样本运用"垂直折",而单页的宣传卡片则两种都可采用。"平行折"即每一次折叠都以平行的方向折叠,如一张6个页面的折纸,将一张纸分为三份,左右两边在一面向内折入,称之为"折荷包",左边向内折、右边向反面折,则称为"折风琴",6页以上的风琴式折法,称为"反复折",也是一种常见的折法。

HONORABLE
SINCERE INVITATION
图4.64 不对称折叠式

INVITATION
2011
图4.65 对称折叠式

图4.66 三折式

(四)整体设计

在确定了新颖别致、美观、实用的开本和折叠方式的基础上,邀请函封面(包括封底)要抓住商品的特点,运用逼真的摄影或其他形式,以定位的方式、艺术的表现,吸引消费者;而内页的设计要详细地反映展会方面的内容,并且做到图文并存。封面形象需色彩强烈而醒目;内页色彩相对柔和,便于阅读。对于复杂的图文,要求讲究排列的秩序性,并突出重点。封面、内文要达到形式、内容的连贯性和整体性,统一风格气氛,围绕一个主题。

实战项目训练

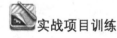

1. 请组委会组建一个文案设计小组。小组成员熟悉前面相关业务基础知识,对照会展邀请函的写作要求,分别设计一份参展商邀请函和一份专业观众邀请函,并作成果汇报。

2. 使用Photoshop或者Coreldraw等平面设计软件将邀请函制作成印刷版。

任务三 会展简报

业务情景

简报是各行政机关之间用来下情上报、上情下达和互通情况、交流信息的一个文种，是信息类公文中最重要、最常用的一种。它是一种机关文书，是应用写作实践中的一种常用文体。

✪请组委会组建一个文案策划小组，完成中国华东进出口商品交易会的会展简报。

业务知识

一、会展简报的含义

“简报”是传递某方面信息的简短的内部小报。具有汇报性、交流性和指导性的简短、灵活、快捷的简报又称“动态”“简讯”“要情”“摘报”“工作通讯”“情况反映”“情况交流”“内部参考”等。也可以说，简报就是简要的调查报告，简要的情况报告，简要的工作报告，简要的消息报道等。它具有简、精、快、新、实、活和连续性等特点。

在展会进行过程中，会展简报是在会展期间为反映会展项目进行情况，包括与会人员在讨论中提出的意见、建议以及决定事项而出的简报。

对于规模比较大的展览会，主办方每天还会印刷《展览会通讯》(即《展览会快报》)。一般来说，《展览会通讯》是展览会组织者为参展商提供的免费服务(申请刊登广告除外)，只要参展商提供的资料能突出本次展览会的特色，或者提交的照片精美适用，便很容易被选中。

在具体操作方式上，展览会主办单位可以自己操作，一般是将任务分配给公共关系部或宣传部门，也可以外包给专业广告公司或杂志社来做。目前，绝大多数国内展览公司都选中第二种方式。

二、会展简报的结构

会展简报通常由报头、报身(正文)、报尾三部分构成。

(一)报头

报头多有一套专门设计的固定版式，上面正中用醒目大字标明简报名称，报名下面标明编印机关、印发日期、编号。简报名称可由会展全称和文种(简报)组成，也有的只标“会展简报”字样。编号常用括号标在标题正下方靠近标题的地方。

(二)报身

报身又称正文，报身是会展简报的主体。通常有三种写法：

①综述法,即由编者采集各方面的言论、意见加以概括而成,相当于会展的综合报道,将会展的进程、出席情况、会展的议程一一加以反映。

②重点报道法,重点反映会展的某个重要报告的内容、小组讨论情况或一个与几个人的发言等。

③摘要法,摘录代表发言的概要,供与会者参阅。

(三)报尾

报尾写在简报最后一页的下方,注明主送单位或个人姓名、抄送单位、增发单位和引发份数。

会展简报的编写,要求及时、简明,要抓住有指导意义、能引导健康发展的内容加以报送。涉及各级机密事项的内容不应报道。

三、会展简报的写作要求

会展简报的写作要注意做到一快、二简、三精、四准。

快,即速度要快。会展简报,一般是第一天展会的情况,第二天一早就要印出。这就要求编写简报必须是"快枪手",要练就一手一两小时便能整理出一份简报的功夫。

简,即文字简洁。顾名思义,简报要简,通常是"千字文",这就要求文字要干净、简练,不说废话。写法上要开门见山,直截了当。

精,材料要精。简报内容要紧紧围绕会展的主题,把参展者、观众的认识、意见和建议反映出来。要扣紧主题,突出重点,抓住典型,提炼概括。一般的情况可以省略不用写。

准,内容要准确。会展简报反映情况一定要真实、准确,简报反映的观点材料,符合实际,能真实反映展会进展情况。

四、新型会展简报——展会电子简报

电子邮件在展览工作中的应用与传统通信方式相比具有高效廉价的特征,它融合了电话通信的速度与邮政通信的直观性,显示了强大的通信及宣传优势。展会电子简报基本是以群发邮件的方式来实现的,在具体发送过程中,邮件到达率会受技术条件和环境的影响,同时也会受到邮件内容策划的影响。因此,群发邮件如要取得良好的效果,需在技术层面与文案创意方面进行精心的组织与策划,这就要求掌握相关技巧。

(一)发送时间及频率

展会电子简报并没有一个固定模式有关发送时间的选择。另外,展会组织者可根据自己的计划在系统后台设置发送频率。当注册系统运作后在招商招展前期按月发送,然后临近开幕前2~3月改为每双周一次,直至展前每周发送。

(二)内容个性化

不要给参展商和观众发送同样内容的邮件,二者需求是不同的。往届参展商和观众与本届潜在参展商和观众的需求也是不同的——潜在观众及参展商想了解本届展会的价值,而往届观众及参展商则多数关注本届展会的新颖之处。因此发送的内容也应有所区别。

后续的电子简报中应多尝试使用新鲜的信息形式。通常,简短、快速、类似新闻的方式最好。电子简报的内容必须富含营养和价值,以体现尊重读者的时间。

(三)发给观众的邮件

电子简报的内容应主要集中在:

①本行业要闻:需注重与本行业专业杂志建立长期而稳定的合作关系,便于获取有价值的新闻。

②新产品通报:要避免过度广告,需建立明确的原则来规范产品通报的范围。

③有关折扣及便利措施等,例如给预登记的观众提供奖励等。

④建立关系网的机会,这是潜在买家参会的主要原因之一。

⑤特殊活动、同期活动、展会后续活动安排等。

(四)发给参展商的邮件

电子简报的内容应主要集中在:

①观众信息,透露已经注册的重要采购商,预告参展商能见到的主要买家。

②特别的促销机会,如政府补贴政策、展位优惠、广告折扣、优惠券发放等。

③各种重要的截止日期。

④展位操作、参展营销、展会成本节省等重要技巧。

⑤各种贸易对接活动邀请。

⑥周边餐饮、住宿及交通等出游信息等。

(五)确保效果

邮件主题栏及发送栏务必清晰准确。使用展会名称及主办方名称在主题栏内。确保组织名称出现在展会代理的邮件内。避免有销售类的语言。规范赞助商及广告。尽量简短。设置调查及反馈。

(六)衡量效果

对比网站访问量与报名接受电子简报的人数。计算退信数、邮件打开数、网站链接打开数等。

【**范例1**】东北亚博览会简报

第69期

中国—东北亚博览会再获年度大奖①

中国—东北亚博览会秘书处

2013年12月20日

12月19日,2013中国会展行业年会·全国会展业高峰论坛在海南三亚举行。会上,中国—东北亚博览会荣获“中国十大影响力展览会”和“中国会展经济杰出贡献奖”两项业内大奖。中国—东北亚博览会在此次评选活动中获得殊荣,充分表明中国—东北亚博览会的

---

① 来源:中国—东北亚博览会秘书处,展会官网为www.neasiaexpo.org.cn。

办会水平得到了业界的普遍认同和广泛赞誉。

国家商务部、中国贸促会、中国会展经济研究会、全国会展城市、国际展览机构、知名会展企业、行业精英、专家学者、新闻媒体等约300人参加了会议。商务部原副部长、中国国际经济交流中心秘书长魏建国等有关领导出席并发表讲话。本次会议以“变革·创新·发展——中国会展业发展新机遇、新思路、新趋势”为主题，主要包括“2013全国会展工作会议、年度颁奖典礼、中国品牌会展论坛、中国节庆创新论坛、中国会议产业论坛、中国会展教育论坛、中国会展组织者CEO高峰会、会展项目合作交流会”等多项平行论坛和会议。本次大会是中国会展行业界最具规模和影响力、最有权威性和代表性的年度盛事。

抄报：××××××××

抄送：××××××××

（共印×份）

【**范例2**】中国（深圳）国际礼品及家居用品展览会电子简报（邮件）①

ufi Approved Event
GIFTS & HOME
第二十二届中国（深圳）国际礼品及家居用品展览会
English
深圳会展中心 2014年10月20-23日
立即更新资料
免费参观展会
尊敬的陈颖：
感谢您一直以来对"深圳礼品展"的支持和关注！
本次"深圳礼品展"即将于2014年10月20—23日在深圳会展中心举行，您只需更新个人资料，便可免费入场参观展会，采购最新创意礼品及家居用品，结识优质供应商！
更新资料，免费参观
(非特邀观众需购门票：50人民币)
亲眼目睹10万种展品
21大类，105小类，10万种展品，全面覆盖当今礼品市场的每个角落，无论你做什么礼品，都将满载而归。
成功更改资料即可下载：
《2014中国礼品及家居供应商名录》
《2014中国礼品家居行业买家调查报告》
3 600家优质礼品供应商
阵容，将全面展示中国礼品市场的勃勃商机。
展会预告
深圳礼品展
2015年4月25—28日
成都礼品展
2015年6月12—14日
2014中国礼品行业TOP100颁奖礼
一年一度的TOP100颁奖礼，将评选出中国礼品行业最优秀的100家供应商、生产商以及服务商，他们代表着当今中国礼品行业的最高水准。
Reed Huabo Exhibitions
励展华博展览（深圳）有限公司 Copyright © 2013
您之所以收到这封邮件，是因为您曾经与深圳礼品展沟通并允许其发送邮件与您
如果您不希望再次收到来自深圳礼品展的邮件，请点此退订。

如果您想将此邮件发送给好友，请点击分享

① 第二十三届中国（深圳）国际礼品及家居用品展览会电子简报（邮件）范例详见教材CD。

实战项目训练

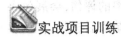

1. 请分析范例《中国(深圳)国际礼品及家居用品展览会电子简报(邮件)》中的各部分内容和功能。

2. 请根据下面所给资料，为明年的中国华东进出口商品交易会拟写一篇电子简报，要求内容完整、中心突出、格式正确、排版美观，通过邮件发出能有效吸引潜在买家。

第24届华交会将于2014年3月1日开幕，为提高参展企业的实际参展效果，本届华交会特别举办采购商现场对接会，采购商邀请工作已完成，目前邀请了来自澳大利亚、法国、哥伦比亚、墨西哥、西班牙、印度等国家的60家采购商到场采购。

本次“采购商现场对接会”分为纺织服装专场与轻工专场，每场活动分别有30家采购商到场，所有本届华交会的参展企业均可报名参加。

采购商名单及采购清单已在附件中，时间安排为：

纺织服装专场:3月2日，上午9:00—12:00，下午13:30—16:00

轻工专场:3月3日，上午9:00—12:00，下午13:30—16:00

报名截止日期为2014年2月21日。

欢迎各相关企业踊跃报名。

报名流程(略)

任务四　展会总结报告

业务情景

为举办一次成功的展会，会展企业往往需要投入很多的财力、物力、人力，因此，无论是对组展商还是对参展商，每次参展都会有丰富的经验和深刻的教训值得借鉴和总结。因此，有必要在展会活动期间及展会结束后对此次展会进行系统的调查、统计、评估和总结。

✪请组委会组建一个展后评估小组，完成中国华东进出口商品交易会的展会总结报告。

业务知识

展会总结报告是管理工作中的组成部分，是对会展工作、会展质量和会展效果进行系统、深入总结和评价的过程。通过撰写展会总结报告，可以更加深刻地了解本次会展项目的内外部环境和效果，为此后会展工作提供更高效和更便捷的经验和建议。

一、展会总结报告的类型、功能和内容

展会总结工作一般分为两个方面:一方面是对会展环境和会展组织工作的总结，这

一部分工作一般是在展会结束时完成；另一方面是对会展效果和效率的评估，会展效果分为现场效果和后续效果，因此对于这部分的总结评估可以在会展结束后进行，在后续工作中进行跟踪评估。

对会展进行总结，最终目标就是为了提升会展的价值和品牌，而进行总结的信息来自于参展商和观众的数据统计、建议、投诉等；会展主办部门在展前、中、后投放的调查问卷；会展工作人员的总结报告；各项主流媒体对于此次会展的评价等。

会展总结评估工作一般由会展的主办方或参展商自行完成，也有委托专业的评估公司进行专业评估。而评估的主体不同，评估的目标、内容、方向也有所不同，可以分为会展组织者的会展评估和参展企业的会展评估。

（一）供对外发布的展会总结报告

会展组织者在展后及时对外公布本次展会的总结报告，可为参展商和观众提供决策依据，有效提高会展的价值和服务质量。作为会展组织者，其所关注的评估内容大致包括以下几方面的内容：

1. 会展规模（重点）

会展规模包括3方面的含义：一个是会展的展览面积是多少；二是参展单位的数量是多少；三是参观会展的观众数量是多少。这三方面的评估是会展组织者进行评估的着重点，要以实际的会展规模与预计的会展规模作对比，如果此会展举办过不止一届，还要和上届相对比，分析数量增多或减少的原因。

例如，展位数比往届或者预期的增多还是减少；参展单位的数量和质量评估中，目标客户、国外企业、行业龙头企业参展的数量占有的比例是多少，观众的质量比上届或预计的高或是低，其中专业观众占的比例是多少，普通观众占多少；观众的地区来源、行业分布、参观人数和密度如何等。

2. 会展举办的时间、地点、频率

包括会展举办的时机和频率是否合适，是否符合展览题材所在行业特征，还有会展举办的城市和场馆选择是否符合展品要求。

3. 会展管理工作

包括对会展组织人员分工安排、招商招展工作成果、会展进度安排、现场管理措施、供应商合作情况、安保情况、会展相关活动组织情况等方面取得的经验和存在的问题等。

4. 会展成交情况

包括会展整个成交额数和成交笔数，还要和上届或同期举办的展会作出比较。

5. 会展印象

包括参展的客户在展会过后的一段时间内对于展会情况的印象及影响，并对此次展会作出的评价，以及是否参加下届展会的态度等。

（二）供内部检讨的展会工作总结报告

供内部工作检讨的展会工作总结报告是指对一定时期内的会展工作实践或已完成

的某一专项会展工作进行全面系统的回顾、分析、检查和研究，判明得失利弊，提高理性认识，用以展会组织者指导今后内部工作的一种常用文书。

会展总结报告可以使办展机构对会展活动的感性认识上升到理性认识，可以为此后举办类似活动提供经验和借鉴，以便加强管理方法和转换运作模式，强化市场形势下的企业优势。

1. 展会工作总结报告(内部)的特征

会展总结报告具有一般总结报告的特征，主要表现在：

(1)内容的自我性

基于对前期会展项目工作的内部总结报告，是自身活动实践的产物。它以客观评价会展活动的经验教训为目的，以回顾会展工作情况为基本内容，以会展工作实践的事实为材料，其所总结出来的理性认识也应该反映会展工作实践的规律。

(2)回顾的理论性

内部展会总结报告应当忠实于会展工作实践活动，但是，会展总结报告不是工作实践活动的记录，不能完全照搬会展实践活动的全过程。它是对会展实践活动的本质概括，要在回顾会展实践活动全过程的基础上进行分析研究，归纳出能够反映事物本质的规律，把感性认识上升到理性认识，这正是总结的价值所在。

2. 展会工作总结报告(内部)的内容

展会工作总结报告(内部)一般要用第一人称，即要从本单位、本部门的角度来撰写。表达方式以叙述、议论为主，说明为辅，可以夹叙夹议。主要包括以下几方面：

(1)对会展策划方案进行总结

内容包括会展的举办时间、地点、展品范围、会展规模、办展机构组成、会展定位、会展价格、人员分工、会展品牌形象策划等。

(2)对会展筹备工作进行总结

内容包括协调各项筹备工作的安排和调整等。

(3)对会展招展工作进行总结

内容包括目标参展商数据库的建立和改进办法、展区和展位划分、展览题材的增减、招展价格的合理性、招展函的编印、招展分工、招展代理的工作、招展进度安排、招展宣传推广和招展策略等。

(4)对会展招商和宣传推广工作进行总结

内容包括目标观众数据库的建立和改进办法、招商分工、招商宣传推广、招商进度安排、观众邀请函的编印、招商渠道的建立等。

(5)对会展服务工作进行总结

内容包括会展的展前、展中和展后各服务环节的服务，以及对这些服务的质量、提供方式等进行总结。

(6)对会展现场管理工作进行总结

内容包括对会展布展、开展以及撤展等的现场管理进行总结。

(7)对会展的指定服务商工作进行总结

内容包括对会展指定展位承建商、指定展品运输代理、指定旅游代理、指定清洁和保安公司等的工作进行总结。

(8)对会展的时间管理工作进行总结

内容包括对会展的招展、招商、宣传推广、会展服务、筹展撤展以及会展整体时间管理等进行总结。

(9)对会展的客户关系管理工作进行总结

内容包括对参展商、专业观众、赞助商、广告主等各类型客户的服务质量和管理水平进行总结。

(10)对会展的经济效益工作进行总结

将此次会展的所有成本和会展的所有效益相比,或和往届及同类展会的成本相比,是增长还是下降,分析其原因。

二、展会总结报告的写作规范

尽管会展总结报告可能会因评估的具体内容或报告应用的场合而有所不同,但在撰写时却都需要遵循以下规范:

√行文格式要规范,内容涵盖要精到,语言要简明扼要、说服力强。

√报告必须以严谨的结构、简洁的体裁将收集的全部有关资料组织在一起,不能遗漏重要的资料,但也不能将一些无关资料统统写进去。

√注意仔细核对全部数据和统计资料,务必使资料准确无误。

√报告应该对现行问题提出明确的结论或建议。

三、展会总结报告的结构

就写作结构而言,展会总结报告一般由标题、正文和尾部三部分组成。

(一)标题

总结的标题大体上有两类构成形式:一类是公文式标题;一类是非公文式标题。公文式标题由单位名称(项目名称)、时间、事由、文种组成,如《2014 年××市汽车用品博览会总结报告》《××集团公司 2013 年度会展工作总结》,有的只写《工作总结》等。

非公文式标题则比较灵活,有的为双行标题,如《增强体质,全面贯彻执行教育方针——开展多种形式的体育用品展览活动》,有的为单行标题,如《推动人才交流,培植人才资源》等。

(二)正文

正文的结构由前言、主体、结语组成。

1. 前言

前言即正文的开头,一般简明扼要地概述基本情况,交代背景,点明主旨或说明成就,为主体内容的展开作必要的铺垫。

2. 主体

这是会展总结报告的核心部分,其内容包括做法和体会、成绩和问题、经验和教训等。这一部分要求在全面回顾会展工作情况的基础上,深刻、透彻地分析取得成绩的原因、条件、做法,及存在问题的根源和教训,揭示工作中带有规律性的东西。回顾要全面,分析要透彻。

不同类型的总结,内容有所侧重,全面性总结其主体包括两个层次,即成绩和经验存在的问题和教训。对于一般的工作总结,重点放在成绩和经验上。总结正文的结构,主要采用逻辑结构形式。全面性总结根据过去一段工作中的成绩和问题,或者经验和教训的内在联系去组织材料。专题性总结以经验为轴心去组织材料。

3. 结语

可以概述全文,可以说明好经验带来的效果,可以提出今后努力方向或改进意见。

4. 尾部

包括署名和时间两项内容。如果标题中已有署名,尾部可不再写。

【范例1】展会总结报告(对外发布)

第24届中国华东进出口商品交易会总结分析报告①

一、概况

第24届中国华东进出口商品交易会于2014年3月1日至5日在上海新国际博览中心举行。本届华交会展览规模为11.5万 m^2。设服装、家用纺织品、装饰礼品和日用消费品(下设家居用品专区、电子消费品专区和其他日用消费品专区)四大展区,标准展位5 780个,参展企业3 441家。在5天的展期中,到会客商共计35 000多人,其中境外客商21 433人,境内客商14 000多人。成交金额27.59亿美元,比上届下降1.95%。

二、到会客商分析

(一)到会境内客商分析

本届华交会吸引了14 000多名国内专业客商。(具体分析稍后附上)

(二)到会境外客商分析

本届华交会吸引了来自全世界117个国家和地区的21 433名境外客商到会洽谈。境外客商数比上届增长7.08%。境外新客商6 402人,占境外客商总数的29.87%。境外客商中,亚洲到会客商高居首位,为17 590人,欧洲到会客商2 126人,北美洲到会客商1 112人。

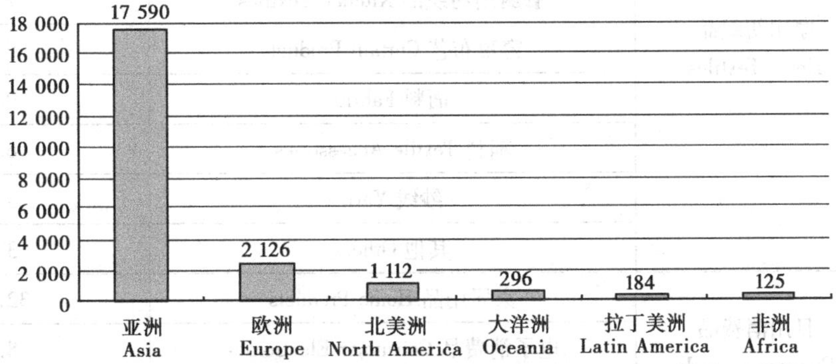
17 590
2 126
1 112
296
184
125
18 000
16 000
14 000
12 000
10 000
8 000
6 000
4 000
2 000
0
亚洲 Asia
欧洲 Europe
北美洲 North America
大洋洲 Oceania
拉丁美洲 Latin America
非洲 Africa

图4.67　到会境外客商数量分析

① 中英文对译的完整版本请见教材CD范例1:第24届中国华东进出口商品交易会总结分析报告。

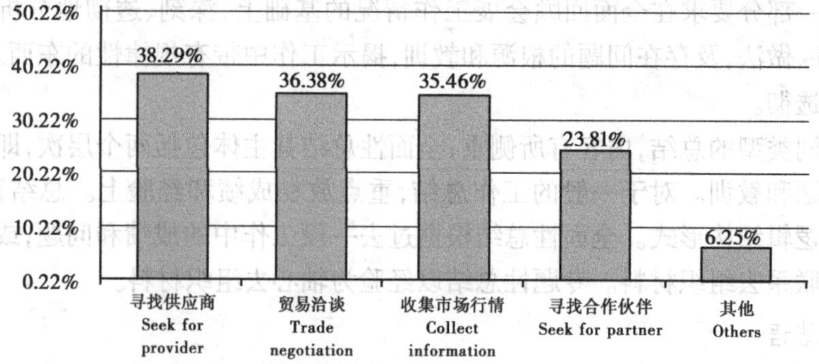
50.22%
40.22%
30.22%
20.22%
10.22%
0.22%
38.29%
36.38%
35.46%
23.81%
6.25%
寻找供应商 Seek for provider
贸易洽谈 Trade negotiation
收集市场行情 Collect information
寻找合作伙伴 Seek for partner
其他 Others

(*以进行选择的12 251位客商数据为基础，部分客商有多重与会目的)
(*Based on 12,251 visitors'choices. Some visitors had multiple purposese.)

图4.68 到会境外客商与会目的分析

表4.57 到会境外客商经营范围分析*

展区 Exhibition Areas	展品 Exhibits	百分比/%
服装 Fashion/Garments	服装 Men's Clothing	20.62
	女装 Women's Clothing	17.89
	童装 Children's Clothing	6.88
	内衣 Underwear	5.80
	运动休闲 Sports&Casual Clothing	8.56
	裘革皮羽绒 Leather, Fur&Feather	4.13
	服装饰物与配件 Garment Accessories	7.24
	其他 Others	6.40
家用纺织品 Home Textiles	床上用品 Bedding Products	19.48
	居室用纺织品 Home Textiles	13.11
	卫浴用纺织品 Bathroom Textiles	6.18
	餐厨用纺织品 Kitchen Textiles	7.61
	窗帘布艺 Curtain Products	5.85
	面料 Fabric	9.92
	辅料 Textile Accessories	6.07
	纱线 Yarn	3.87
	其他 Others	3.68
日用消费品 Consumer Goods	家居用品 Home Products	32.33
	电子消费品 Consumer Electronics	8.85
	其他日用消费品 Other Consumer Goods	15.56

续表

展 区 Exhibition Areas	展 品 Exhibits	百分比/%
装饰礼品 Art Deco Gifts	工艺品 Crafts	11.51
	饰品 Fashion Accessories	10.46
	礼品及赠品 Gifts&Premiums	10.28
	节日用品 Holiday Gifts	6.21
	园林用品 Gardening Equipment & Supplies	4.70
	宠物用品 Pet Supplies	3.68
	其他 Others	3.86

（＊以进行选择的 12 251 位客商数据为基础，部分客商有多重与会目的）

三、参展商分析

本届华交会设置标准展位 5 780 个，参展企业 3 441 家。参展商由 9 个主办省市交易团、3 个组团城市交易团、联合交易团和境外交易团等 14 个交易团组成。关于所有参加本届华交会的展商名单，可于华交会网站查阅。您现在也可以通过智能手机搜索“ECF”或者“华交会”下载 App 应用软件。

（一）境内参展商分析

本届华交会境内参展企业 3 296 家。除 9 个主办省市交易团和 3 个组团城市交易团外，联合交易团的成员来自除中国华东地区以外的全国 17 个省市自治区和 5 个城市。

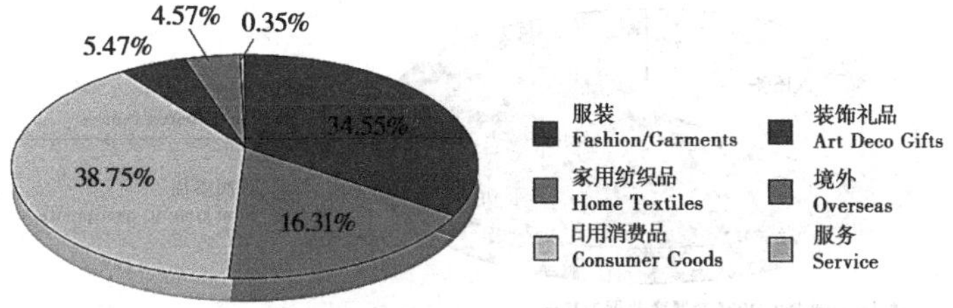
4.57%
0.35%
5.47%
34.55%
38.75%
16.31%
服装
Fashion/Garments
装饰礼品
Art Deco Gifts
家用纺织品
Home Textiles
境外
Overseas
日用消费品
Consumer Goods
服务
Service

图 4.69 境内参展商展品所占展览面积分析

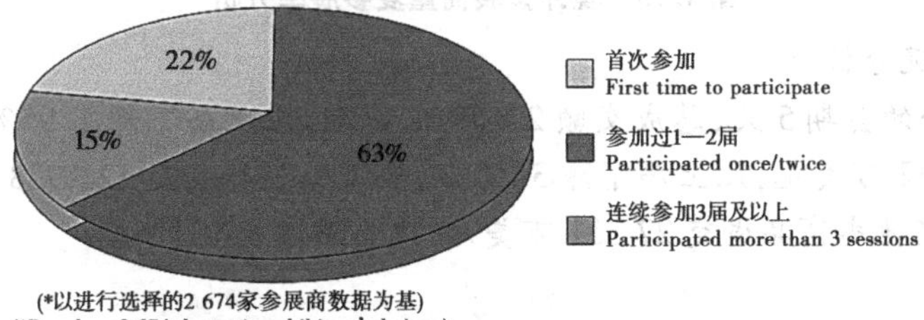
22%
15%
63%
首次参加
First time to participate
参加过1—2届
Participated once/twice
连续参加3届及以上
Participated more than 3 sessions

(*以进行选择的2 674家参展商数据为基)
(*Based on 2,674 domestic exhibitors' choices.)

图 4.70 境内参展商重复参展率分析*

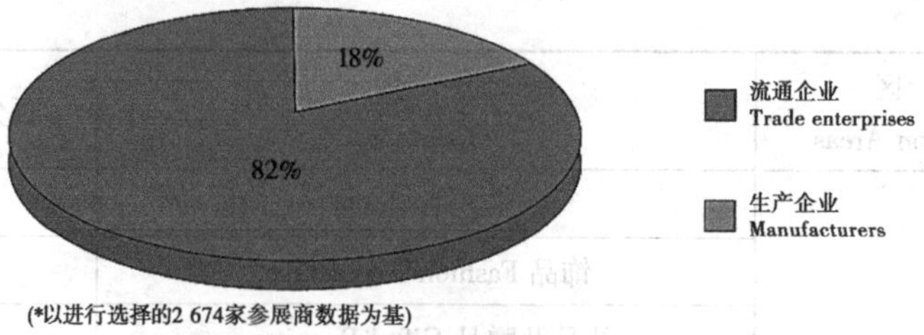
18%
82%
流通企业
Trade enterprises
生产企业
Manufacturers
(*以进行选择的2 674家参展商数据为基)

图 4.71　境内参展商社会属性分析*

(二)境外参展商分析

境外交易团展览面积近6 000 m^2,吸引了来自日本、韩国、伊朗、马来西亚、尼泊尔、哥伦比亚、西萨摩亚、中国香港和中国台湾的9个国家和地区的参展商145家。其中,韩国忠清北道、全罗北道、大田市地方政府,日本新潟县、群马县、埼玉县地方政府,以及中国台湾礼品公会等,都以组团的形式参展,数量占境外参展商的50%以上。

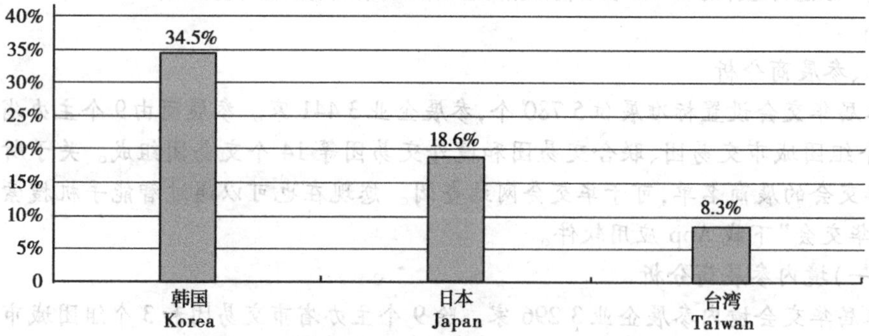
40%
35%
30%
25%
20%
15%
10%
5%
0
34.5%
18.6%
8.3%
韩国
Korea
日本
Japan
台湾
Taiwan

图 4.72　境外参展商国别地区分布(前三位)

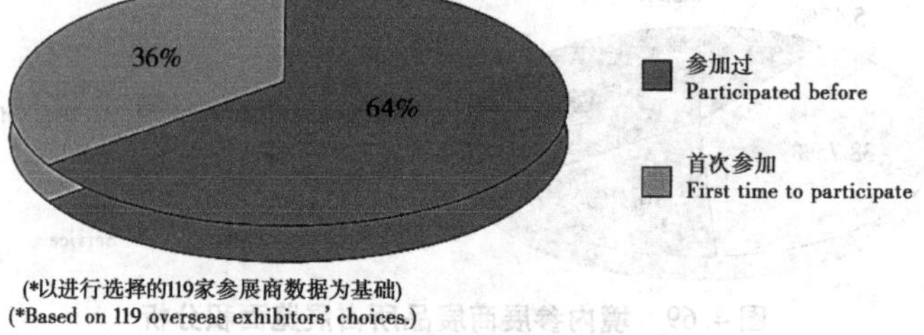
36%
64%
参加过
Participated before
首次参加
First time to participate
(*以进行选择的119家参展商数据为基础)
(*Based on 119 overseas exhibitors' choices.)

图 4.73　境外参展商重复参展率分析*

四、交易情况分析

本届华交会的会期5天,总成交额27.59亿美元,比上届下降1.95%。其中纺织服装类成交126 642万美元,比上届下降3.58%;轻工工艺类成交121 928万美元,比上届下降11.82%;其他类商品成交27 351万美元,比上届增长131.58%。

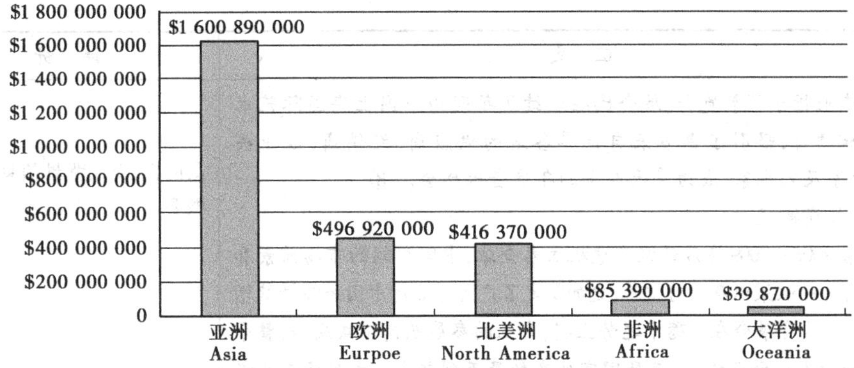

$1 800 000 000
$1 600 000 000
$1 400 000 000
$1 200 000 000
$1 000 000 000
$800 000 000
$600 000 000
$400 000 000
$200 000 000
0
$1 600 890 000
$496 920 000
$416 370 000
$85 390 000
$39 870 000
亚洲 Asia
欧洲 Eurpoe
北美洲 North America
非洲 Africa
大洋洲 Oceania

图 4.74　各主要地区市场成交情况分析

五、热烈欢迎参与 2015 年第 25 届华交会

第 25 届中国华东进出口商品交易会将于 2015 年 3 月 1—5 日在上海新国际博览中心举行。第 25 届华交会将进一步提升其国际化、专业化、市场化程度；在展商登记和客商邀请方面，也将提供更为方便、快捷的措施。目前招展与观众组织工作已经开始，热烈欢迎境内外企业和专业人士与我们保持联系，及早落实参展与参观事宜。

联系方式

华交会常设联络办公室

（东浩兰生集团 上海外经贸商务展览有限公司）

地址：上海市天目西路 511 号锦程大厦 12 楼（200070）

电话：+86-21-63539977 转 1256 或 1216 或 1222 或 1225

传真：+86-21-33030072

电邮：info@ecf. gov. cn

联系人：范沈萍　王丽莉　黄佳沁　吕婧

【范例 2】展会工作总结报告（内部检阅）

正　文	评　析
20××年中国（上海）国际乐器展览会① **总结报告①** ●展览面积达 65 000 $m^2$② ●专业观众质量高，人数达 42 499 名 ●新品推广平台，世界顶级乐器完美展示 ●NAMM 大学课程、CMIA 琴行论坛、院长论坛，现场火爆，体现品牌价值 ●管乐培训班、国乐系列活动、数字化主题论坛，全方位打造音乐文化理念 由中国乐器协会、上海国际展览中心有限公司和法兰克福展览（香港）有限公司共同主办的 20××中国（上海）国际乐器展览会于 10 月 16 日在上海新国际博览中心圆满闭幕。作为亚洲规模最大最具影	①标题 ②以若干精华短句高度提炼本届展会成果

① 来自中国（上海）国际乐器展览会组委会发布的网络资料。

续表

正文	评析
响力的专业性乐器展览会，展会已经连续7年列为中国上海国际艺术节的品牌项目，吸引了更多来自世界各地的供应商、经销商、专业买家、音乐家及艺术家，成为爱乐人士的年度音乐盛会。③	③前言，交代背景信息及展会概要
一、展商概况 尽管2008—2009年度的经济危机席卷全球，中国广阔的市场前景和政府强有力的政策以及应对措施，更加坚定了广大企业对中国经济持续增长的信心。今年展会在平稳中逆势上扬，企业的参展热情不减反增，整个展览会面积达到65 000 m^2，参展国家展商数量再创新高。本届展会共吸引来自美国、英国、奥地利、荷兰、澳大利亚、丹麦、法国、德国、印度、印尼、意大利、日本、西班牙、加拿大、捷克、韩国、芬兰、冰岛、斯洛伐克、挪威、瑞典、中国内地、中国香港及中国台湾等24个国家和地区的1 164家企业参展，其中捷克共和国、法国、德国、意大利、斯堪的那维亚、西班牙、荷兰、英国以及中国台湾等国家和地区更是以展团的形式参展。④	④对会展招展工作进行总结
本届展会一如既往地获得了业界的大力支持和踊跃参与，汇聚了如广州珠江、Yamaha、Warwick、上海超拨、功学社、北京星海、Steinway、Kawai、天津英昌、上海民乐一厂、Gibson、柏斯琴行、知音琴行、泰兴凤灵、河北金音、天津津宝、深圳得理等国内外知名品牌和商家，成为业内企业发布新品、推广品牌的首选展会。各大企业展示了钢琴、键盘乐器、打击乐器、电声乐器、民族乐器、弦乐器、铜管乐器等音乐产品以及乐器配件和与音乐相关的电脑器件等延伸产品。	
汇集顶尖乐器，展示科技结晶⑤ 广州钢琴集团有限公司——恺撒堡演奏会用琴GH275和GH212及适应北方客户需求的11款“京珠”牌钢琴。 北京星海钢琴集团公司——“乐活”系列钢琴，融入时尚的设计、鲜艳的色彩，吸引了现场许多小朋友的喜爱。 海伦钢琴股份有限公司——“二龙戏珠”钢琴，琴键盖上刻有用岫玉与和田玉材料的“奥林匹克颂”微雕，属于奥运会纪念版钢琴；“百鸟朝凤”钢琴，采用中国传统名贵木材——红花梨作为钢琴外壳材料，聘请浙江东阳顶级雕刻大师在整个钢琴外壳上刻有“百鸟朝凤”图案。 上海民族乐器一厂——琴头顶部雕有“天安门60”图案的“国庆二胡”、以白居易的《琵琶行》为设计装饰主题的极品象牙琵琶和“敦煌气韵”巨型排箫，此排箫总重1 780 kg，体积是常规箫的近200倍，通过电声发音。	⑤优秀参展商案例列举
聚拢行业人气，促进企业经营 据现场调查的展商数据显示：94%的展商对观众质量持肯定态度；88%的展商对现场订单表示满意；94%的展商通过展会建立了新的业务关系；93%的展商对主办方展前工作持满意态度；92%的展商对主办方现场服务予以肯定；91%的展商表示会继续参加明年的展会。	

续表

正　文	评　析
广州珠江钢琴集团股份有限公司　董事长　黄伟林⑥ 2009上海乐器展规模大、展品多、亮点突出，为全球乐器厂商、顾客和爱好者提供了很好的展示交流平台。同时，上海展推出的数字化音乐主题活动、第三届院长论坛、音乐缤纷季、2009CMIA琴行论坛、知识产权战略讲座等，丰富多彩又有新意，我认为对企业在乐器文化、品牌经营方面很有引领和借鉴作用。	⑥部分参展商意见反馈
法国巴黎 De Gourdon 双簧管公司总裁 Alain de Gourdon "非常高兴每年10月来中国参加上海乐器展，中国的乐器市场尤其是双簧管演奏水准快速提高，上海乐器展览会对公司业务的带动作用变得越来越重要。我很高兴上海国际乐器展览会为我们搭建了这样一个专业级的高端平台，这是个很大的机遇，每年一定要把握住。"	
二、观众概况 为期四天的展会共吸引了来自中国、韩国、美国、日本、德国、新加坡、澳大利亚以及中国台湾和中国香港等86个国家和地区的42 499名海内外观众，其中海外观众共计2 498人，专业观众、买家质量较去年有所提高。⑦ 由于2008至2009年度的全球金融危机，德国法兰克福展与NAMM展观众数量都受到了很大影响，本届上海乐器展的海外观众也有一定程度的减少，对此主办方在年初也已预见到海外推广工作的难度，及时调整了方案，加强了南美、亚洲、港澳台地区的推广，取得了相应的效果。 另一方面，针对今年展期未包含双休日的情况，主办方相应调整了国内推广策略，特别加强了国内专业观众的邀请工作，举办了各类专业的论坛及会议，如针对音乐专业类院校的院长论坛、面向经销商的CMIA琴行论坛、NAMM大学课程、为中小学管乐教师开设的管乐培训班、推广民乐文化的国乐系列活动以及数字音乐教育论坛等，吸引了众多的专业买家。今年的推广着重于高质量的专业人士与买家，主办方也邀请了很多中央及各地重要的交响乐团、民族乐团的团长来参观，其中包括中国交响乐团、中央民族乐团、中央芭蕾舞团交响乐团、辽宁交响乐团、星海音乐学院交响乐团、新加坡华乐团等，取得了很好的效果。因此，专业观众的质量也得到了业界的认可。	⑦对观众邀请和宣传推广工作进行总结
英国音乐出版协会　办公室主任　Jake Kirner⑧ 因为上海乐器展规模大、影响大，我在展会上得以接触中国的各类观众，既有政府支持的大型乐谱进出口公司、乐谱零售商，也有与我们同类性质的欧洲各国乐谱协会。我相信通过上海乐器展，今后会和更多的中国乐谱零售商建立合作关系。	⑧部分品牌采购商的反馈意见

续表

正 文	评 析
美国 Fender 公司　副总裁　Michael Hillman 今年的参展商质量高，展出产品也很丰富。展会期间，我们不仅可以与一些现有的供应商会面，也遇到了一大批的潜在供货商，其中我们也会选择四五家会后拜访洽谈。	
观众数据分析情况（略）⑨ 从观众的业务性质角度来看，零售、批发商、音乐院校、文艺团体、制造商占观众比例的大部分，专业性较强。 展会吸引了高质量的人群，采购人员、管理层以及市场部/销售部的人员占到了绝大部分，同时展会也吸引了一定数量的音乐爱好者参观。 从观众参观目的来看，看样订货、收集市场和产品信息还是观众来参观上海乐展的首要目的。另外，专业观众及买家来展会的目的也日益多样化，参加专业会议与论坛、观看现场表演的比例也达到了50%。	⑨对观众数据进行分析，为日后招商招展等工作提供依据
三、同期活动 ⑩ ● CMIA 琴行论坛 今年举办的第二届琴行论坛，得到了业界的广泛关注，共吸引181人参加。演讲嘉宾集六位资深前辈、新生力量、资深媒体人士于一堂。嘉宾构成比去年要多元化、年轻化，为听众带来不同的新鲜感受。现场所做的意见征询显示，听众对琴行论坛的接受度很高，近9成的听众对论坛主题和圆桌嘉宾表示肯定，认为对自身业务较有帮助，并表示会将此论坛推荐给其他人。 ● NAMM 大学课程 NAMM 大学课程这一活动在中国业界已树立较好的口碑，并日益受到关注。今年，共有140余人参加了宏观问题主题研讨会，962人次参加了八场如何操作培训课程，总数较去年增长了15%。其中，河北秦川文体乐器有限公司总经理秦川所做的“培训学校的综合管理”课程最为火爆，单场吸引约170名听众。根据现场意见征询，听众对本届 NAMM 大学课程的评价较高，8成听众对课程内容表示满意并表示会将此课程推荐给其他人，另有超过七成的听众认为此课程对他们的业务发展有明显的促进作用。其中，还有为数不少的听众已参加过数次，充分体现出该活动的品牌价值。 ● 第三届院长论坛 音乐教育的健康发展是乐器行业的福音。为推动音乐教育界与乐器行业齐头并进，今年展会继续与中国教育学会音乐教育分会有效合作举办第三届院长论坛，30余位来自全国各地师范院校音乐学院的院长们，围绕《新形势下高师音乐学院办学策略分析与展望》这一主题，深入探讨办学模式、剖析就业情况、反思招生方式、比较课程设置、	⑩总结展会相关活动的参与者构成、观众评价及活动效果

续表

正　文	评　析
交流实习体制等热点教育问题。展会还首次与中国教育学会高师钢琴学术委员会合作,从《面向当前音乐教育格局的高师钢琴教学对策》入手,座谈中国钢琴教育、钢琴使用的相关论题。他们在开会研讨之余,还认真参观了展会,并有多位院长表示出批量采购乐器的意向和计划,是名副其实的重要买家群体。 ●2009年全国中小学管乐指挥培训班 为进一步提高中小学的音乐教育,今年展会首次举办了全国中小学管乐指挥培训班,本次活动由国家教育部体艺卫司主办,中国音乐家协会管乐学会、上海乐器展组委会承办,组织了来自上海、江苏、浙江、广东等8个教育重点省、直辖市共计40位在校中小学管乐团指挥老师、音乐老师,参加为期一周的密集培训。培训由国内顶尖的管乐团指挥家程义明、程寿昌联袂进行系统教学和实践指导。参训老师对该活动的课程内容、组织安排、教学保障等方面一致表示非常满意。这些老师所在的学校都设有各级管乐团或有近期建制的计划,多位老师对于乐谱书籍及管乐器兴趣浓厚,并在展会现场进行了购买。因而对他们的培训以及参观展会的安排,对管乐展商进一步拓展校园市场具有积极作用。 (略)	
四、媒体推广综述⑪ 专业媒体方面,今年共有20家合作媒体,其中11家杂志,9家专业网站。在展前、展中及展后都对展会陆续进行了报导和跟进。今年更是增加了展会的软文报道,形式多样化,从多方面介绍展会的进展情况和同期相关活动。 公众媒体方面,本届展会选择了在7个电视频道、13个电视栏目、7个电台频率、12个广播栏目、8家点击率较高的门户网站进行宣传。其中在电视媒体方面和去年相比有一个比较显著的特点,就是电视报道更具深度,不少栏目的报道时间都有所延长,例如在上海广受关注的《今日印象》栏目在开幕当天晚上就对展会进行了长时间、大篇幅的专题报道。另外,本届展会在保持传统新闻宣传的同时,继续力邀上海娱乐频道、时尚频道和外语频道各大相关重要栏目到场拍摄,扩大在高端人群中的影响力。同时,还邀请了高收视率的地方卫视对展会进行宣传,扩大其知名度。栏目选择上兼顾了拥有较高收视率的"新闻栏目"和年轻一族喜爱的音乐娱乐和时尚类栏目,达到了宣传效果。 电台报道方面,根据展会特点,选择上海东方广播电台音乐频率为主要宣传的广播频率。在为期20天的宣传期中,硬性广告的滚动播放和软性报道相结合,并在展会开展前进行节目专访,对展会的宣传起到了很好的推动作用。同时,再次在江、浙两省的电台上进行宣传,扩大展会在长江三角洲的影响力。	⑪总结合作媒体构成、新闻工作进度、新闻报道形式,并对各类媒体进行效果评估

续表

正　文	评　析
在平面媒体方面，基本和去年的模式一样，主要以上海为中心，兼顾江浙两省、北京、广州、香港等地。今年平面媒体的报道集中在现场的一些特色展品及专业论坛，兼顾经济和文化两个方面。 本届展会在8家网站上进行宣传，以点击率较高的门户网站为主，宣传效果较好，尤其是新浪网、搜狐网和中新社的报道，提高了展会的知名度。 本届展会在户外主要通过地铁广告进行宣传，兼顾1号线、2号线、3号线、4号线、5号线和最新运营的6号线、8号线、9号线，起到了良好的宣传效果。	
五、展会服务⑫ 细致、专业的展会服务一直以来都是中国（上海）国际乐器展览会努力的方向，我们不断总结往年的经验和不足，把对展商的服务做得更为仔细和周到。今年，我们尤其重视将展会动态及各项服务信息及时、有效、迅速地传递给展商。如展前，陆续向展商邮寄或快递了多期展会快讯、展会参展手册、知识产权通知、音量控制规定、展前预览等相关资料，并定期在展会网站上发布，使展商能及时了解到展会的进展情况。临近展会开幕，我们还事先通过邮寄、电话等方式，确保将展馆须知、布展撤展注意事项等重要信息通知到所有展商，方便展商全面做好参展准备工作。	⑫对会展服务工作进行总结，内容包括会展的展前、展中和展后各服务环节的服务，以及对这些服务的质量、提供方式等进行总结
另一方面，我们对展商的现场服务也在不断地改善和提高，今年，总结了去年展商提出的一些问题，并采取了一系列改进措施，取得了较好的效果。 如E1馆往返E6馆的馆内电瓶车和小巴，方便了展商和观众有选择性地到达各馆；往返龙阳路地铁站与场馆南、东大厅的免费大巴，给展商与观众的参展和参观带来了便利，并且我们还增加了班车的营运数量，但今年由于世博前期的道路施工，场馆周边的交通环境受到一定的影响；特别值得一提的是，针对去年场馆停车场离南、东大厅入口较远的问题，我们今年专门安排了停车场与南、东入口大厅的车辆接送，并在停车场增设了上客点。 就馆内音量控制的问题，我们在展会之前已对参展商邮寄了展台音量控制规定，联系和收集所有展商展台表演的时间段，合理安排错开相邻展位的表演时间，并多次在展会资料中重申音控问题。虽然我们花了大量的时间和精力，但今年展商反映的音控问题还比较多，为了更好地缓解噪声对整个参展环境的影响，我们将继续做好和加强音量控制的管理工作，更为合理地安排展品的分类，并根据不同展品演出的需求设定不同的音量限制；另一方面也希望展商能提高意识，积极地配合，与我们共同创造良好的参展观展环境。⑬	⑬对会展现场管理工作进行总结

续表

正　文	评　析
另外,今年展商反映的展品进馆手续烦琐的问题,我们也向场馆方作了了解,今年场馆为了控制盲流人员进入,扰乱展会的秩序,特别与当地的警署合作,加强了安保及管理的力度,所以,今年的盲流现象相对得到控制;但同时严格的管理也确实为展商带来了不便,所以也希望展商能够理解,我们也会与场馆方进一步协调,尽量为展商提供方便。⑭	⑭指明部分相关利益方的重点协调工作及影响
总体来讲,在全球金融危机的背景下,今年的展会达到了预期的效果并得到了业内和各界的肯定。与此同时,我们也真诚地希望聆听来自各方的意见和建议,不断提高和完善展会各方面的服务,不仅打造展会的商贸平台,更要拓展音乐教育、文化交流的多元化平台,来丰富展会的内涵和质量。⑮	⑮结语
中国(上海)国际乐器展览会组委会⑯ 二零××年十一月	⑯结尾 (落款、日期)

实战项目训练

请组委会组建一个展后评估小组。小组成员需识记前面相关业务基础知识,完成以下任务:

1. 参照范例中的格式,请为"2014 第 24 届中国华东进出口商品交易会"或你所在城市刚刚举办的某个展会做一份供对外发布的展会总结报告。

提示:请注意搜集该展会官网及相关媒体新闻发布的数据和信息,整合为报告内容。

2. 亲自参与一个展会,从本人岗位的角度写一份供主管领导内部检阅的展会工作总结报告。

操作程序、标准及实训效果评估

会展文案写作实训的操作程序、标准及实训效果评估见表 4.58。

表 4.58　会展文案写作实训的操作程序、标准及实训效果评估表

业务操作步骤		标准与要求	实训效果评估		
			满分	得分	评语
新闻稿	1. 熟悉新闻稿知识	1)了解会展新闻稿的含义和种类; 2)了解会展新闻的种类	10		
	2. 采访、内容搜集及写作	1)熟悉会展新闻稿的结构和写法; 2)熟悉会展新闻稿的写作要求; 3)严格按照会展新闻稿的要求,能够独立采访、编辑完整的新闻稿	15		

续表

<table>
<tr><th colspan="2" rowspan="2">业务操作步骤</th><th rowspan="2">标准与要求</th><th colspan="3">实训效果评估</th></tr>
<tr><th>满分</th><th>得分</th><th>评语</th></tr>
<tr><td rowspan="3">邀请函</td><td>3. 招展函写作</td><td>1)了解招展函的基本含义;
2)熟悉招展函的内容与格式写作要求</td><td>5</td><td></td><td></td></tr>
<tr><td>4. 观众邀请函写作</td><td>1)了解观众邀请函所包含的主要内容;
2)能够独立完成观众邀请函的编写</td><td>10</td><td></td><td></td></tr>
<tr><td>5. 邀请函外观设计</td><td>1)了解电子邀请函的设计要求;
2)熟悉 Office 或 Photoshop 软件,能够运用软件排版设计电子邀请函</td><td>15</td><td></td><td></td></tr>
<tr><td rowspan="2">会展简报</td><td>6. 熟悉会展简报相关知识</td><td>1)了解会展简报的基本含义;
2)熟悉会展简报的写作结构及要求</td><td>5</td><td></td><td></td></tr>
<tr><td>7. 范例分析及写作</td><td>1)分析相关的会展简报案例,并完成分析报告;
2)根据会展简报的要求,能独立完成会展简报的采写;
3)了解电子简报的要求及制作电子简报</td><td>15</td><td></td><td></td></tr>
<tr><td rowspan="2">展会总结报告</td><td>8. 熟悉展会总结报告相关知识</td><td>1)了解和辨别展会总结报告的类型及特点;
2)熟悉展会总结报告的功能和具体写作内容;
3)熟悉展会总结报告的写作规范和要求</td><td>10</td><td></td><td></td></tr>
<tr><td>9. 范例写作及分析</td><td>1)熟悉展会总结报告的写作结构;
2)学习分析展会总结报告,并严格按照写作结构要求完成展会总结报告的编写</td><td>15</td><td></td><td></td></tr>
<tr><td>说明</td><td colspan="2">以上业务操作满分共 100 分,得分在 90 分以上为优秀,80 ~ 89 分为良好,70 ~ 79 分为中等,60 ~ 69 分为合格,60 分以下为不合格</td><td>100 分</td><td></td><td></td></tr>
<tr><td>反馈</td><td colspan="2">总分:
评语:</td><td colspan="2">考评员签名</td><td></td></tr>
</table>

实训项目八　会展礼仪公关

教学目标

✪能够掌握会展礼仪的基本类型和内容。

✪能够根据会展礼仪的要求打造个人职业形象。

✪能够掌握不同会展活动场合的礼仪服务内容、技巧,能熟练进行会展礼仪服务。

内容导读

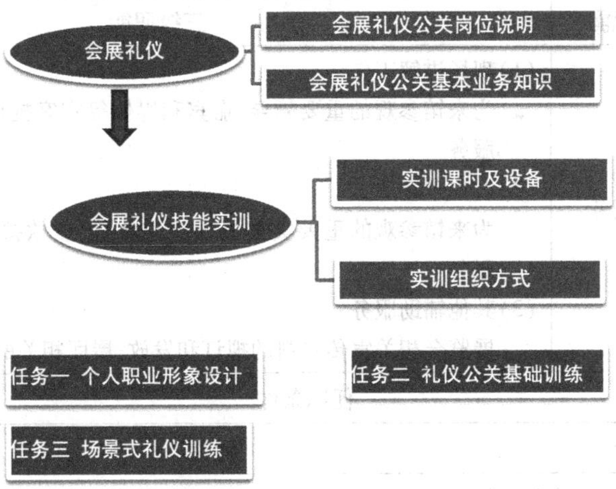
会展礼仪
会展礼仪公关岗位说明
会展礼仪公关基本业务知识
会展礼仪技能实训
实训课时及设备
实训组织方式
任务一 个人职业形象设计
任务二 礼仪公关基础训练
任务三 场景式礼仪训练

图 4.75　内容导读

会展礼仪公关概况

一、会展礼仪公关的主要服务范围

会展公关礼仪能为展览会主办单位和参加展览会的企业实现突出主题、吸引人气和在目标人群中树立良好的品牌形象的目标。本项目所设计的会展礼仪公关实训项目主要从主办单位的角度进行分析，常见的会展礼仪公关服务范围如 4.76 所示。

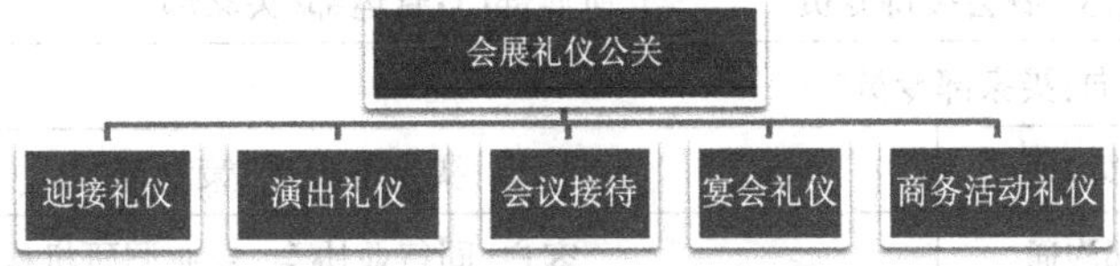
会展礼仪公关
迎接礼仪
演出礼仪
会议接待
宴会礼仪
商务活动礼仪

图 4.76　会展礼仪公关服务范围

二、会展公关礼仪岗位职责及任职条件

现代大、中型会展活动中，礼仪公关工作岗位设置一般包括展会解说员、接待人员等。

1. 展会解说专员岗位说明书

表 4.59　展会解说专员岗位说明书

基本信息	岗位名称：展会解说专员	所属部门：营运部/买家部
	晋升方向：买家部专员	
工作关系	内部沟通	买家部经理、策划部
	外部沟通	客户、同行业协会

续表

主要职责描述		
一级职能	二级职能	三级职能
会展管理	会展服务	(1)现场讲解工作 为来馆参观的重要领导、嘉宾和媒体等宾客提供高品质的展览讲解服务 (2)客户现场服务 为来馆参观的重要宾客提供贵宾休息、餐饮接待、交通往返等客户服务 (3)其他辅助服务 展览会相关宣传资料的拟订和发放、展厅相关的服务
任职条件		
学历水平	大专以上	
工作经验	1 年以上展厅高级讲解经验	
专业知识	口齿伶俐、思维敏捷、条理清楚、有较好的语言表达能力(听得懂、说得清、语速控制得当)、具有较强的亲和力。	
业务能力	掌握会展礼仪的一般工作流程,五官端正,要求细心有责任心,口齿伶俐,有较强的与人沟通能力及理解力,能吃苦耐劳	

2. 展会接待专员岗位说明书

表 4.60　展会接待专员岗位说明书

基本信息	岗位名称:展会接待专员		所属部门:营运部/买家部
	晋升方向:买家部专员		
工作关系	内部沟通	买家部经理、策划部	
	外部沟通	客户、同行业协会、专业调研机构	
主要职责描述			
一级职能	二级职能	三级职能	
会展管理	会展服务	(1)现场礼仪接待工作 为来馆参观的嘉宾提供迎接、展览会现场活动(开幕式、商务谈判、颁奖、引导等)的礼仪接待工作 (2)客户现场服务 为来馆参观的重要宾客提供贵宾休息、餐饮接待、交通往返等客户服务 (3)其他辅助服务 展览会相关宣传资料的拟订和发放、展厅相关的服务	
任职条件			
学历水平	大专以上		

续表

工作经验	礼仪接待服务现场工作经验
专业知识	思维敏捷,条理清楚,有较好的商务礼仪知识和服务意识,能够应对现场突发事件,能够服从指挥,具有较强的亲和力
业务能力	掌握会展礼仪的一般工作流程,五官端正,要求细心有责任心,口齿伶俐,有较强的与人沟通能力及理解力,能吃苦耐劳

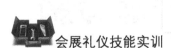

会展礼仪技能实训

三、实训课时

本实训合计 28 课时,包括课内授课 24 课时及课外现场实践 4 课时。具体安排如表 4.61 所示。

表 4.61 实训课时

序 号	工作任务名称	总课时	课 内	课 外
一	个人职业形象设计	4	4	0
二	礼仪公关基础训练	6	6	0
三	场景式礼仪训练	18	14	4
	合计	28	24	4

四、实训组织方式

1. 项目背景

中国—东盟博览会是由中国和东盟 10 国经贸主管部门及东盟秘书处共同主办,是中国境内唯一由多国政府共办且长期在一地举办的展会,每年在广西南宁举办。博览会涵盖商品贸易、投资合作和服务贸易三大内容,是中国与东盟扩大商贸合作的新平台。

自 2004 年举办以来已成功举办十届,博览会不断创新展览内容,多种形式的配套活动有效地提高博览会的交流和合作作用。博览会“魅力之城”展区则成为 11 国展示本国的重要途径。

✪本项目执行单位是博览会会议接待部。“实训项目八 会展礼仪公关”以中国—东盟博览会为项目背景,学生组队扮演博览会会议接待部工作人员和兼职礼仪服务人员。

2. 组织方式

本项目以班级 30 名学生为例,课堂组织方式可参考图 4.77。

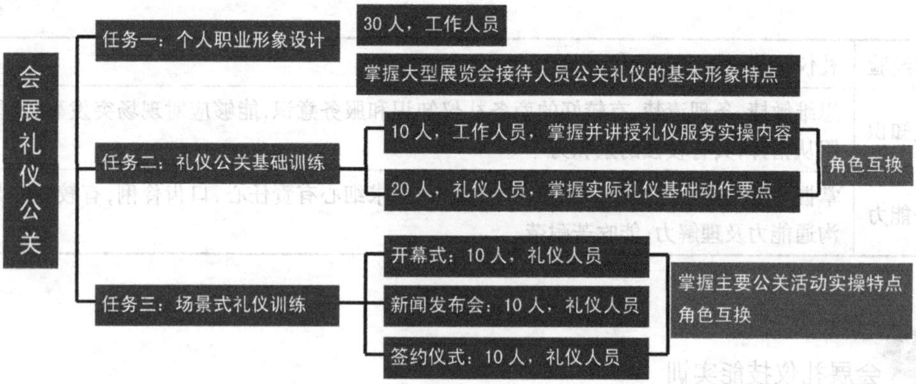
会展礼仪公关
任务一：个人职业形象设计
30 人，工作人员
掌握大型展览会接待人员公关礼仪的基本形象特点
任务二：礼仪公关基础训练
10 人，工作人员，掌握并讲授礼仪服务实操内容
20 人，礼仪人员，掌握实际礼仪基础动作要点
角色互换
任务三：场景式礼仪训练
开幕式：10 人，礼仪人员
新闻发布会：10 人，礼仪人员
签约仪式：10 人，礼仪人员
掌握主要公关活动实操特点
角色互换

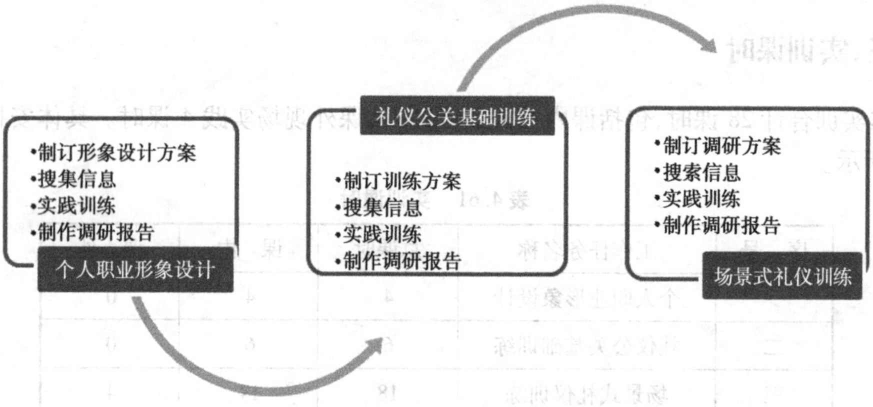
•制订形象设计方案
•搜集信息
•实践训练
•制作调研报告
个人职业形象设计
礼仪公关基础训练
•制订训练方案
•搜集信息
•实践训练
•制作调研报告
•制订调研方案
•搜索信息
•实践训练
•制作调研报告
场景式礼仪训练

图 4.77　会展礼仪公关实训流程图

任务一　个人职业形象设计

业务情景

中国—东盟博览会作为东盟国家进行商贸、文化交流的重要活动之一，每届吸引东盟 11 国创新科技、传统贸易等多种类型的企业参展。东盟 11 国国家首脑、政府主要官员等相应出席博览会开幕式、参观展馆、高峰论坛等活动。博览会期间所有礼仪接待工作都需要严格按照国际标准进行。

为了体现中国对东盟博览会的高度重视以及加强东盟各国的贸易、文化、科技等方面的交流目的，博览会会议接待部需要对礼仪接待人员进行严格的挑选。

✪请会议接待部组建一个礼仪接待工作小组，完成《礼仪接待人员职业形象设计自评表》。

完成本任务合计 4 课时，包括授课 4 课时及现场实践 0 课时。

业务知识

展览会礼仪接待人员的接待能力能够直接体现展览会主办单位的专业性,被接待的嘉宾和参观者可通过礼仪接待人员的素质对展览会进行评价。另外,礼仪接待人员的形象也能直接体现主办单位对与会嘉宾的情谊。

一、个人职业形象设计的重要性

个人职业形象是与之从事的职业环境、岗位特有形象相结合,也是个人的职业素养、仪容仪表的体现。职业形象包括服装服饰、发型、化妆、内在素养等具体内容,是一个整体、全面的设计。优秀的职业形象对职业发展产生良好的推动作用。

①体现个人的教养品位。

②塑造和维护个人形象,给初次见面的人以良好的第一印象。

③个人形象承担着一个组织的印象,并且是与外界沟通的重要工具。

二、个人职业形象构成因素

职业形象讲究内在修养和外在形象结合,外在形象的设计更能快速掌握和达到要求,而形象设计的好坏也同时反映内在修养的高低,两者相辅相成。在本任务中,我们主要从外在形象构成因素方面进行分析。

从个体外观上分析,职业形象的构成因素主要包括仪容仪表、面部表情、姿势动作等方面。

1. 职业形象因素一:面部礼仪

面部是与人交流最直观的部分,良好的妆容、亲切的笑容和清洁的五官都能反映人的精神状态和良好的职业素养。面部礼仪更强调细节问题的处理。

(1)面部清洁

为了更好地体现职业专业程度,面部需要保持洁净状态,体现在无汗渍、油渍等。面部清洁是职业形象设计最基础,也是最重要的步骤。

①眼睛:保持充足睡眠,避免眼睛充血,眼角有分泌物。

②耳朵:平时应及时清洁耳孔内的分泌物,若耳毛生长过快则需要进行修剪。

③鼻孔:避免在身体不适时让鼻涕或其他东西充塞鼻孔,经常修剪鼻毛避免外露。

④口腔:坚持一日 2 ~3 次刷牙,保持口腔无异味,牙齿洁白,无食物残留。

⑤胡须(男士):坚持每天修理胡须。

(2)表情礼仪

①目光,如图 4.78 所示。

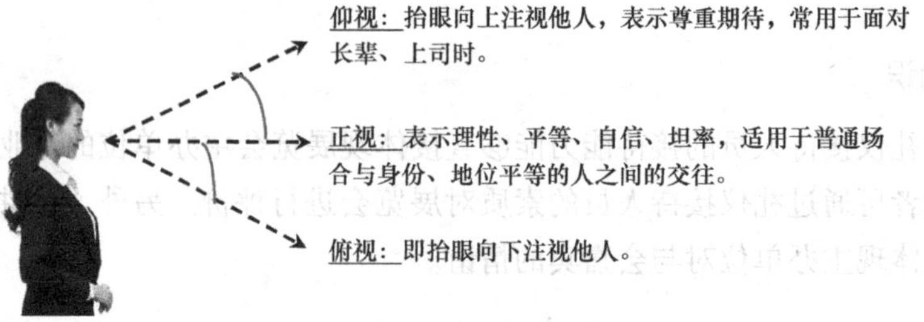
仰视：抬眼向上注视他人，表示尊重期待，常用于面对长辈、上司时。
正视：表示理性、平等、自信、坦率，适用于普通场合与身份、地位平等的人之间的交往。
俯视：即抬眼向下注视他人。

图 4.78　不同角度的目光注视

②面部笑容。在日常生活，有微笑、轻笑、大笑、尴尬的笑等多种，最能表现个人美态的当属微笑。在礼仪接待工作中，主要选择微笑和轻笑两种程度的笑。

a. 微笑。微笑是对人的尊重和理解。见面时面带微笑能够令人感受尊重、欢喜，包含着对人的关怀、热忱和爱心。微笑时应不露牙齿，嘴角的两端略向上翘起，眼神中有笑意。表示友好、尊重的意思。

b. 轻笑。轻笑时嘴唇微开，露出牙齿，眼神中笑意更深，表示对客人热情的欢迎、愉快的会谈等意思，如表 4.62 所示。

表 4.62　不同类型的面部笑容示意

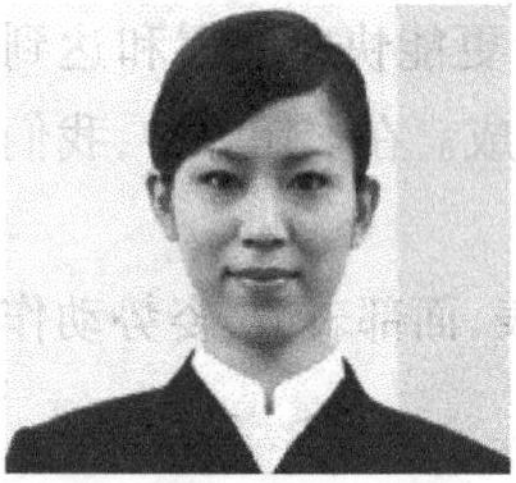		
小微笑	普通微笑	大微笑
把嘴角两端一齐往上提。给上嘴唇拉上去的紧张感。不露牙齿或稍微露出 2 颗门牙	慢慢使肌肉紧张起来，把嘴角两端一齐往上提。给上嘴唇拉上去的紧张感。露出门牙 6 颗，眼睛配合有笑意	一边拉紧肌肉，使之强烈地紧张起来，一边把嘴角两端一齐往上提，露出 10 个左右上门牙，也可以稍微露出下门牙

(3)妆容要求

在日常工作中，化淡妆上岗属于基本要求，体现对工作、客户的尊重。化淡妆的步骤相对简单，图 4.79 可以作为基本步骤参考。

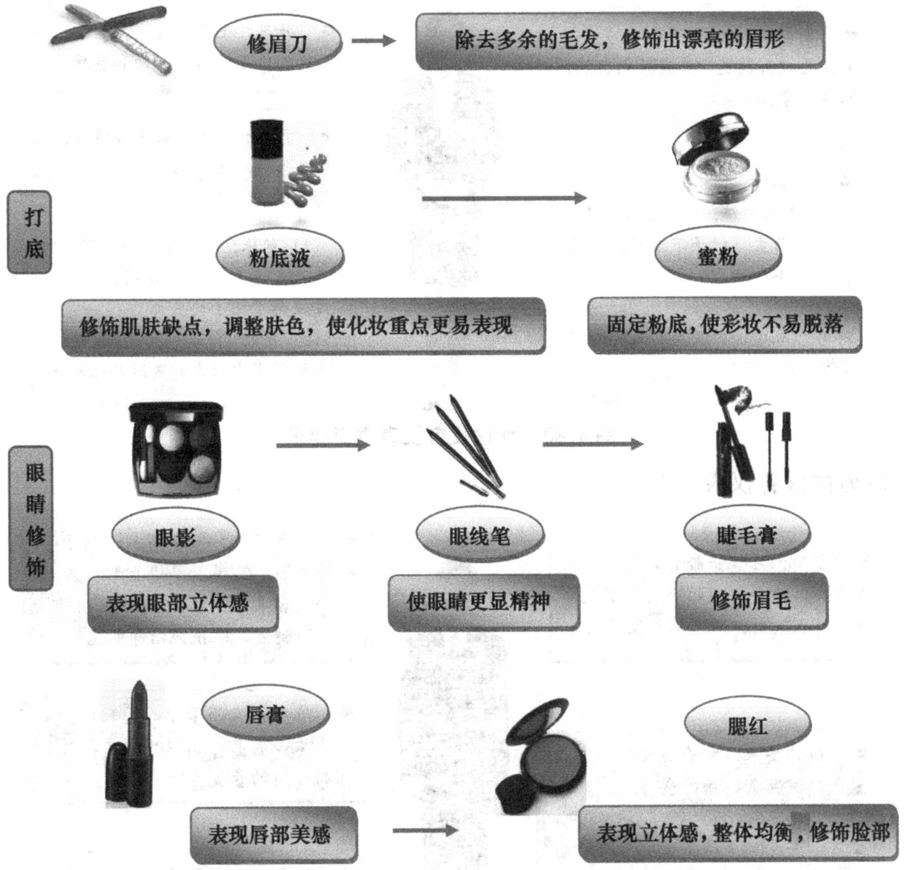
修眉刀
除去多余的毛发，修饰出漂亮的眉形
打底
粉底液
蜜粉
修饰肌肤缺点，调整肤色，使化妆重点更易表现
固定粉底，使彩妆不易脱落
眼睛修饰
眼影
眼线笔
睫毛膏
表现眼部立体感
使眼睛更显精神
修饰眉毛
唇膏
腮红
表现唇部美感
表现立体感，整体均衡，修饰脸部

图 4.79 常见的化妆流程

2. 职业形象因素二：仪容仪表

穿着礼仪是无声的礼仪，得体的穿着能够展现礼仪服务者的风格和自我品位。仪表包括人的姿态、服饰等。在职业形象设计中，仪表需要从内在自然美、外部修饰美两部分共同打造。男性和女性在仪容仪表职业设计方面大体相同，但在职业设计时女性和男性在细节上还是有所差异。

(1) 女性仪容仪表要求

总体目标是女性仪容仪表应表现出女性的柔美和干练。

● 发型：女性长发扎起来或盘起来，忌披头散发，头发颜色自然，保持干净
● 服饰：
(1) 上衣平整，纽扣全部扣上；以套裙为主，裙子下摆可以在膝盖以上3~6 cm
(2) 饰物不适宜佩戴过于复杂、浮夸；香水、护肤用品味道清淡为宜
● 妆容：化妆以清淡为主，主要化妆部位是眼睛、面颊和嘴唇
● 指甲：指甲内缝不藏污迹，不搽夸张颜色的甲油
(1) 丝袜：配合服饰一般穿着肉色或黑色丝袜，无破损，丝袜长度应高于裙子的底部
(2) 皮鞋：鞋跟不宜过高、过细，不选择露脚趾或后脚跟的凉鞋

图4.80　女性仪容仪表主要要求

(2)男性仪容仪表要求

● 发型：男性一般剪短发，保持清洁。具体要求为脑后头发不宜接触到衬衣领口，两边不盖住耳朵
● 服饰要求：穿着西装，一般以黑色、深蓝色、咖啡色为主，衬衫颜色与西装颜色相协调。裤线清晰笔直，长度应为裤脚前面盖住鞋面中央，后至脚跟中央
● 面部修饰：(1) 将胡子刮干净或修整齐，做到不留胡子 (2) 鼻孔干净，鼻毛不外露 (3) 眼睛精神，佩戴眼镜者，眼镜应洁净明亮
● 衣服：衣领干净、西装口袋不宜放太多物品，袖口干净，与衬衣保持合适的长度差
● 鞋子：皮鞋选择深色、单色，鞋面干净有光泽。绑带皮鞋系好绑带。一般要求袜子与皮鞋同色

图4.81　男性仪容仪表主要要求

3. 职业形象因素三：姿势动作

姿势动作是直接表现一个人的职业素养，因此需要了解常见的礼仪接待姿势动作。具体的训练内容见任务二。

(1)站姿(图4.82)

各种场合的服务都会涉及站姿(如迎宾、引导等)，良好的站姿能够给服务对象一种耳目一新、专业的感觉。服务过程中，需要保持身体立直、抬头挺胸、收腹，下颌微收、双目平视。由于男性和女性身体特点的差异，站姿在手势和脚步位置上有部分区别。

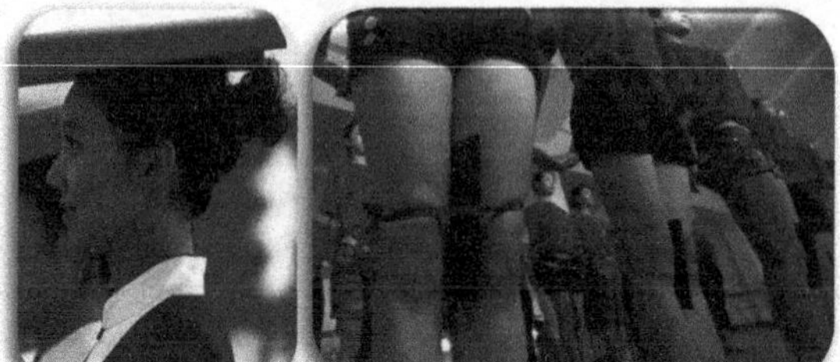

图4.82　站姿

√女性:为了表现女性的柔性美态,站立时两脚和脚后跟尽量靠拢,两脚尖分开,双手自然垂下或交叉叠放在腹部前。

√男性:男性接待人员则需要表现阳刚、正气的形象,因此站立时两脚需适当分开,但距离宽不过肩,双手自然垂下或交叉叠放于背后。

小提示:站姿需要礼仪人员身体、精神保持一定的紧张程度,但忌身体过于僵直硬化。

(2)走姿

走姿是礼仪服务中各种礼仪动作综合运用程度最高的姿势,特别是根据不同的接待环境配合的各种手势动作。走姿的一般要求为双肩平稳,目光平视,下颌微收和面带微笑,行走时手臂需伸直放松,前后摆动自然。

(3)坐姿

坐姿是一种静态的礼仪动作,具有站姿的部分动作要领,如图4.83所示。

√女性

由于女性在礼仪接待工作时一般穿着套裙或者西装,因此坐姿形式需要与服饰匹配。坐下时,两脚并拢,然后同时向左或向右,双手叠放方向与双脚摆放的方向一致。也可以双脚并拢、两脚交叉,置于一侧,脚尖朝向地面。

√男性

上体挺直、胸部抬起,两肩放松,下颌微收,双眼平视,两脚分开并与肩同宽,两手分别放在双膝上。

图4.83　坐姿

图4.84　蹲姿

(4)蹲姿

蹲姿虽然运用得比较少,但是蹲姿的礼仪动作则相对较难,对礼仪接待者的动作要领要求较高。一般而言,物品跌落在地上需要捡起来时,一脚在前、一脚在后,两腿向下蹲,前脚全着地,小腿基本垂直于地面,后脚跟提起,脚掌着地,臀部向下,如图4.84所示。

实战项目训练

请会议接待部组建一个接待工作小组,小组成员需识记前面相关业务基础知识,对照《个人职业形象设计的操作程序、标准及实训效果评估表》及个人形象设计注意事项,完成以下任务:

1. 了解个人职业形象设计的重要性,为自己设计一个职业形象。
2. 学会使用常用化妆用品,进行一次简单的化妆操作。

3. 可由实训指导教师自行指定其他展览会，进行信息及数据分析，制作《关于中国大型专业性展览会礼仪接待人员形象设计调研报告》，并作口头汇报。

任务二　礼仪公关基础训练

业务情景

中国—东盟博览会通过志愿者选拔挑选出一批优秀的礼仪接待人员，计划安排专业形象顾问指导开展各种礼仪公关的基本训练，并且对礼仪接待人员进行分组、分岗实操训练。

礼仪志愿者根据分配的岗位学习不同的礼仪公关要领，务求在东盟博览会期间出色地完成各项礼仪接待任务，使得来自东盟十国的领导和嘉宾感受到主办国的风采。

✪请会议接待小组建礼仪接待培训工作小组，完成《礼仪接待人员礼仪公关自评表》。

完成本任务合计 6 课时，包括授课 6 课时及现场实践 0 课时。

业务知识

会展礼仪公关一般从礼仪接待人员的面部表情、站姿、坐姿、走姿和手势等五个方面进行培训，务求令礼仪接待人员由内而外散发出积极向上、专业的特点。在具体工作环境中，礼仪动作不是单一存在的，是多个礼仪动作同时配合进行的。

一、面部表情礼仪训练

面部表情包含众多微表情，通过眼睛、鼻子、嘴巴、面部肌肉等的综合运用所反映的个人内部心理活动和情感信息。在礼仪公关工作中，优秀的礼仪人员能够在嘉宾、公众接待过程中，通过面部表情表现出热情、友好的感觉，优雅的面部表情更能让对方留下深刻的印象。

在本任务中，面部表情主要从目光和笑容两方面进行分析和训练。

1. 面部表情训练一：笑容(微笑、轻笑)

人的笑容能够在紧张、严肃的环境中缩短双方的心理距离，减轻紧张和距离感，从而创造和谐的气氛。笑容的形式多样，包括含笑、微笑、轻笑、浅笑和大笑。在礼仪接待工作中，为了保持礼仪人员的美态和专业性，在礼仪训练中一般选择微笑和轻笑进行训练。

√微笑：嘴唇向上移动，呈弧形，不露齿，表示自信、乐观和友好的神态。

√轻笑：嘴巴微张开，露出 8 颗上齿，不出声，表现愉快的感觉，如图 4.85 所示。

动作要领：先放松面部肌肉，然后使嘴角两端平均地，微微向上翘起，让嘴唇略呈弧形微笑时，目光柔和发亮，双眼略为睁大，眉头自然舒展，眉毛微微向上扬起。

图 4.85 轻笑

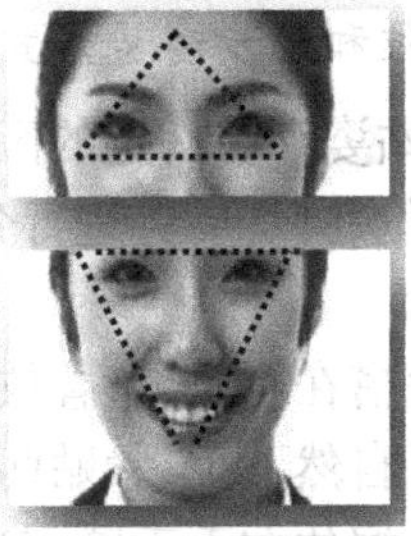

图 4.86 目光注视区

2. 面部表情训练二：目光

目光是面部表情的核心部分，礼仪接待通过目光交流能够使双方更有默契。良好的交际形象，礼仪接待人员的目光应该是亲切、友善和有神的。

√目光注视区域(图 4.86)：

在礼仪接待工作中，目光注视不是随意、无目的的，而是根据接待人员和接待任务的性质确定目光注视的最佳区域。因为注视对方部位的不同，传达的意思和营造的气氛也会有明显区别。

公务注视区域：以两眼为底线、额中为顶角形成的三角区(双眼及额头)。注视此部位能够给对方造成居高临下、牵制的感觉，常用于希望处于优势的商人、外交人员、指挥员等。

社交注视区域：以两眼为上线，唇心为下顶角所形成的大倒三角区(双眼及唇部)。注视此部位能够给对方感觉轻松自然、平等感觉，因此常用于舞会、联谊会等社交场合。

二、站姿礼仪训练

站姿是人静止状态下的姿势，同时也是其他礼仪姿势的基础，配合手势礼仪、走姿等运用。优秀的站姿能够突显个人的气质、自信、风度，给服务的宾客留下深刻的印象。站姿礼仪常见于迎宾、指引等情景中。

1. 站姿礼仪动作基本要领

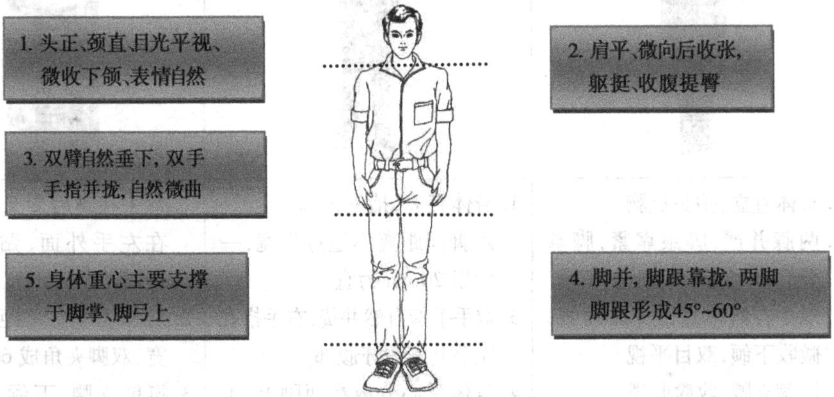
1. 头正、颈直、目光平视、
微收下颌、表情自然
2. 肩平、微向后收张，
躯挺、收腹提臀
3. 双臂自然垂下，双手
手指并拢，自然微曲
5. 身体重心主要支撑
于脚掌、脚弓上
4. 脚并，脚跟靠拢，两脚
脚跟形成45°~60°

图 4.87 站姿礼仪动作基本要领

2. 常见站姿的手位和脚步姿势形式

女性站姿和男性站姿存在一定的区别，主要体现在手位和脚步姿势的配合。以下将对站姿礼仪常见的手位、脚步姿势进行介绍。

√常见手位形式

前置叠放式：右手搭在左手上，叠放于体前。

自然垂放式：双手自然下垂，紧贴两脚大腿侧，手指中指与西裤大腿侧中线重合。

背后叠放式：右手握住左手手腕，双手叠放在体后，两臂中间。

前后交叉式：一手放于体前，手掌轻贴腹部；一手放于体后，手背轻贴背部。双手前后位置可互换。

√站姿常见脚步姿势

V 型：两脚尖分开，两脚跟紧并，分开角度呈 90°。

与肩同宽型：多用于男性。双脚平行分开，两脚间距不超过肩宽，与肩部同宽最为适合。

小丁字型：多用于女性。右脚在前，将右脚跟靠在左脚脚弓处。

3. 常见的基本站姿

本任务从男性礼仪人员和女性礼仪人员两个方面进行鉴赏分析，特别需要从手位和脚步姿势区分两者站姿的基本区别，从而更好地应用到实际工作中。

(1)男性基本站姿形式

表 4.63 男性基本站姿形式

	类型一	类型二	类型三
名称	垂手站姿	交手站姿	背手站姿（适用于男性）
手位	双手置于身体两侧	右手搭在左手上并置于腹前	双手在背后交叉
脚步	V 型	双脚平行分开，与肩同宽	双脚平行分开，与肩同宽
图片示例			
动作要领	1. 身体直立，抬头挺胸 2. 两膝并严，脚跟靠紧，脚掌分开呈 V 形 3. 双手自然垂直于身体两侧，微收下颌，双目平视 4. 挺髋立腰，收腹收臀	1. 身体直立，抬头挺胸 2. 两脚间距离不超过肩宽，一般以 20 cm 为宜 3. 双手手指自然并拢，右手搭在左手上，轻贴于腹部 4. 身体重心分散在两脚上，不要前倾或后仰	1. 双手在身后交叉，右手放在左手外面，贴在臀部中间 2. 双脚分开，间距与肩同宽，双脚夹角成 60° 3. 挺胸立腰，下颌微收，双目平视

(2)女性基本站姿形式

表4.64　女性基本站姿形式

	类型一	类型二	
名称	垂手站姿	交手站姿	
手位	双手置于身体两侧	右手搭在左手上并置于腹前	
脚步	V形	双脚平行分开,与肩同宽	
图片示例			
动作要领	1. 身体挺直,抬头沉肩 2. 双手自然垂直于身体两侧,微收下颌,双目平视 3. 双膝并拢,两腿绷直,脚跟靠拢,脚尖分开呈V形	1. 双脚直立,两脚尖略分开 2. 右脚在前,将右脚跟靠在左脚脚弓处,两脚呈小丁字形 3. 双手自然并拢,右手搭在左手上,请贴腹部前 4. 身体重心放在两脚,也可放在一脚上	判断优秀站姿,可从侧面进行考察: 1. 头部、躯干和脚在一条垂线上 2. 骨盘倾斜位置适合,忌骨盘前倾或后倾站姿

三、走姿礼仪训练

走姿动作是在站姿的基础上展示的动态,是站姿的延续动作。正确的走姿能体现人的活力。在引导、陪同等礼仪接待工作中,需要与接待嘉宾配合,因此要掌握走姿的基本动作要领和临场动作处理的要领。

1. 走姿礼仪动作基本要领

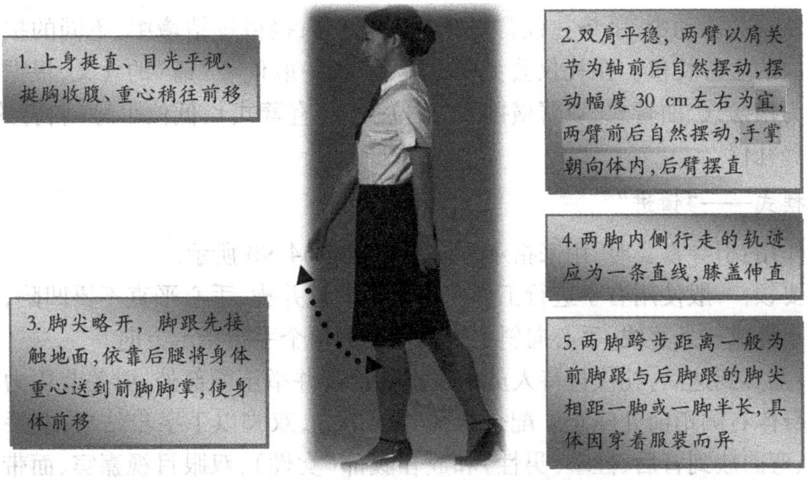
1. 上身挺直、目光平视、挺胸收腹、重心稍往前移
2.双肩平稳,两臂以肩关节为轴前后自然摆动,摆动幅度30 cm左右为宜,两臂前后自然摆动,手掌朝向体内,后臂摆直
4.两脚内侧行走的轨迹应为一条直线,膝盖伸直
3. 脚尖略开,脚跟先接触地面,依靠后腿将身体重心送到前脚脚掌,使身体前移
5.两脚跨步距离一般为前脚跟与后脚跟的脚尖相距一脚或一脚半长,具体因穿着服装而异

图4.88　走姿礼仪动作基本要领

2. 常见走姿礼仪接待情景

走姿礼仪接待常用于嘉宾陪同、引导的工作情境中，根据所到达的位置、空间不同，可分为走廊行走、上下楼梯、进出电梯、出入房门等工作环境。本任务挑选常见的工作情景进行走姿礼仪介绍。

(1)嘉宾陪同、引导——侧身步

常见于在路面、走廊、通道等环境中进行嘉宾陪同、引导工作，如图 4.89 所示。

双方并排行走：礼仪接待人员一般走在嘉宾左前方引导，髋部朝向前进方向，身体稍右偏侧，左肩稍前，右肩稍后，身体朝向嘉宾，与嘉宾保持两至三步的身体距离。

双方当行行走：礼仪接待人员一般走在嘉宾左前方引导，与嘉宾相距 1 m 左右为宜。

请对方向前行走时，要面向对方，稍微欠身。在行走时和对方交谈或答复问题时，把头部、上身转向对方。

(2)上下楼梯

上下楼梯时的引导，由于考虑到楼梯空间较少，为了突显嘉宾的尊贵地位，上楼梯一般让嘉宾走在前面，礼仪人员走在后面；相反地，如果是下楼引导，礼仪人员应走在嘉宾前面。

图 4.89 侧身

图 4.90 横摆式

四、手势礼仪训练

手部动作表达的含义丰富，能够满足不同场景的礼仪服务需要。在礼仪公关工作中，手势礼仪使礼仪服务更加立体、人性化。

在礼仪公关活动中，手势礼仪常见于迎宾、引导、接待等情境中，不同的接待情景需要配合相应的手势礼仪。在礼仪公关中，手势礼仪一般代表“请”的含义，根据工作情景可以细分为横摆式、曲臂式、双臂横摆式、高位手势(直臂式)、低位手势(斜臂式)等五种形式的手势礼仪。

1. 横摆式——“请进”

动作作用：引导嘉宾时，用来指示方向手势，如图 4.90 所示。

动作要领：一般使用右手进行工作。将手指伸直并拢，手心平直不要凹陷，手腕伸直使得手与小臂成一条直线，手心向斜上方。切忌用单个手指指示方向。

运用：嘉宾到达后，礼仪接待人员手从腹部抬起并举至腰部处，肘关节用力带动向右摆动并在身体右侧稍前处停止。配合身体其他部分，双脚以丁字步站立，左手可以选择自然垂下、弯曲放到背后、握拳(男性)和放在腹部(女性)，双眼目视嘉宾、面带微笑。待嘉宾离开后将手臂收回。

2. 曲臂式——“里面请”

动作作用:引导嘉宾进入电梯、楼梯或者房门时,用来指示方向手势。

动作要领:一般使用右手进行工作。将手指伸直、并拢,手心平直不要凹陷,手心微斜上方。

运用:嘉宾进入指定空间时,礼仪接待人员右手向上举起到身体侧前方,以肘关节为旋转点,手臂由体侧向体前摆动并与身体距离 20 cm 处停止。面向右侧,微笑目视嘉宾。

图 4.91　曲臂式

图 4.92　双臂横摆

3. 双臂横摆——“大家请”

动作作用:嘉宾人数较多,代表“诸位请”指引方向为两侧时手势使用。

动作要领:五指伸直并拢,双手同时举起,手心伸直并向上方,双手举至腹部并摆到身体两侧的侧前方。手指高度不能高于肩高,与肩高齐平或略低于肩。

运用:嘉宾到达指定区域后,手从腹部同时抬起,肘部举到腰部处。指向前进方向的手臂适当抬高并直线伸直或弯曲,手指指向引导的位置。与客人眼神交流,面带微笑并适当点头。

4. 高位手势(直臂式)——“往前面走”

动作作用:引导嘉宾往指示方向前进的引导手势。

动作要领:一般使用右手进行工作,男士使用较多。将手指伸直并拢,手心平直向上。将右手抬到与肩同高的位置,整个手臂直线伸直。

运用:嘉宾人数较多且指引方向较远时,手从腹部抬起并举到肩高位置,手掌、手臂需保持直线,左手轻贴于腹部。目光指向引导的位置。

图 4.93　高位手势

图 4.94　低位手势

5. 低位手势(斜臂式)——“请坐”

动作作用:引导嘉宾就座时用来指示座位方向手势。

动作要领:一般使用右手进行工作。右手举到腰部位置后向下摆动,使得大小臂成同一直线。

运用:引导嘉宾到达指定就座区域时,右手举到腹部位置后手指指向座位。指示较近座位时,右手臂呈90°~120°夹角;指示较远位置时,手臂伸直。目光向手指和座位处望去。

手势礼仪主要用于宾客引导和表示"请"的礼仪含义,但需要与实际礼仪情境匹配运用,本任务根据方向指引的距离作为划分指标,将手势礼仪分为三类:

①近距离:曲臂式。

②中距离:(双臂)横摆式。

③远距离:高位手势(直臂式)。

五、坐席安排礼仪训练

会议、宴会、会见、合影等领导、重要嘉宾出现的重要场合,都会碰到为领导排序的问题,学会为领导坐席排序是一位工作人员必须掌握的基本礼仪。

中国礼仪接待中讲究"右为大、左为小。"即主人安排在中间,主人右边的坐席为大,左边次之。

1. 会议主席台座次

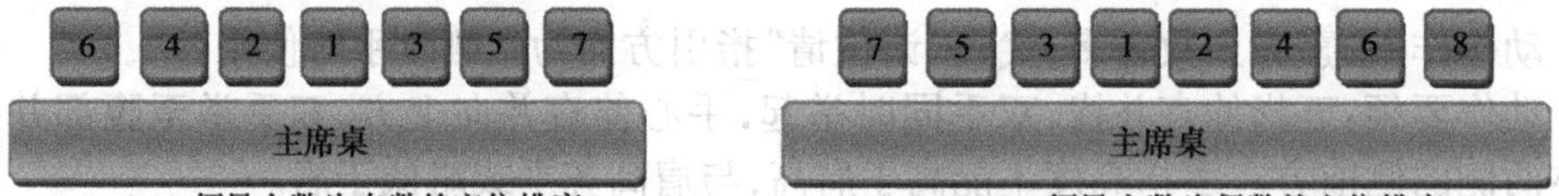
6 4 2 1 3 5 7
主席桌
7 5 3 1 2 4 6 8
主席桌

(a) 领导人数为奇数的座位排序　　(b) 领导人数为偶数的座位排序

图4.95　会议主席台座次

2. 会客室领导坐席

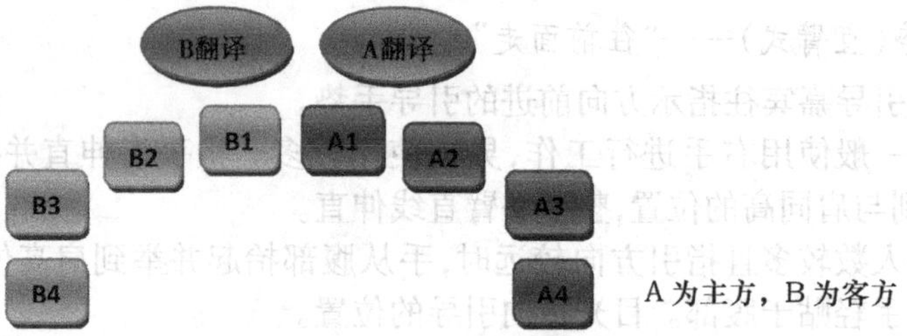
B翻译
A翻译
B2 B1 A1 A2
B3 A3
B4 A4
A为主方，B为客方

图4.96　会客室领导坐席

3. 会议室长桌领导坐席

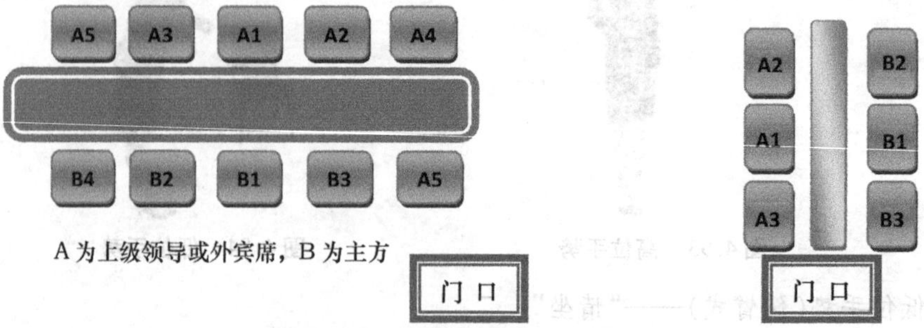
A5 A3 A1 A2 A4
B4 B2 B1 B3 A5
A为上级领导或外宾席，B为主方
门口
A2 B2
A1 B1
A3 B3
门口

图4.97　会议室长桌领导坐席

4. 宴会的座次

目前中式宴会的座次安排的规范一般是：通常每桌安排 10 人，嘉宾的位置以职务、身份重要性等安排。只有一位主人时，1 号嘉宾坐在主人右手的一侧，2 号嘉宾坐在主人左手一侧，其余的嘉宾依次分别坐在两侧。若有两位主人时（第一主人和第二主人），1 号嘉宾坐在 1 号主人右手的一侧、2 号嘉宾坐在左手的一侧；3 号嘉宾坐在 2 号主人左手的一侧、4 号嘉宾坐在右手的一侧，5，6 号嘉宾分别坐在 1，2 号嘉宾两侧，以此类推，如图 4.98 所示。

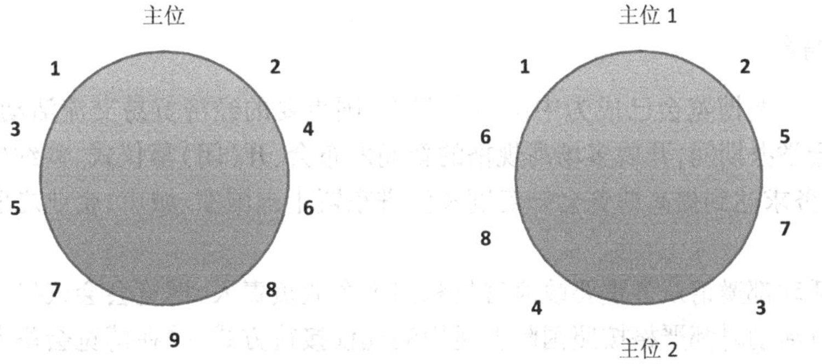
主位
1
2
3
4
5
6
7
8
9
主位 1
1
2
6
5
8
7
4
3
主位 2

（a）　（b）

图 4.98　宴会的座次

5. 车辆座位的安排

在接待重要嘉宾时主办单位一般会安排车辆在机场、酒店等地方安排接送，车辆座次的安排也非常重要，常见的商务车可以分为两排五座次和三排七座次两种。

①两排五座小轿车。根据驾驶者是否为主人，座位的安排，如图 4.99 所示。

主人	1	
4	3	2

（a）

司机	4	
2	3	1

（b）

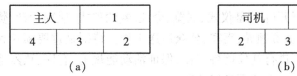

图 4.99　两排五座小轿车座次安排

②三排七座商务车，如图 4.100 所示。

主人	1	
6	5	
3	4	2

（a）

司机	6	
5	4	
2	3	1

（b）

图 4.100　三排七座商务车座次安排

实战项目训练

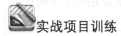

请会议接待部组建一个培训小组。小组成员需识记、掌握礼仪接待常见的基础知识，根据礼仪公关各种基本训练注意事项，由实训指导教师指定某个会展活动并完成以下情景模拟训练。情景模拟需要包括但不局限于现场迎宾、引导等礼仪接待工作，具体模拟内容如下：

(1)设计嘉宾进场、退场的行进线路。

(2)对高峰论坛的主席桌进行布置,如坐席安排、会议用品安排等。

(3)设计礼仪公关人员接待姿势。

任务三 场景式礼仪训练

业务情景

中国—东盟博览会已成为中国与东盟11国重要的经济贸易交流活动,主办单位从展前到展会举办期间,开展多场高规格的新闻发布会、开(闭)幕仪式、签约仪式等的礼仪公关活动,务求达到提高博览会知名度及促进东盟十国国家、城市、企业之前的合作和发展的目的。

每场活动都邀请众多重要政府官员和知名企业负责人,博览会会议接待部在安排各类礼仪接待活动时都严格按照国际上通用的礼仪接待方式,并在博览会举办前对所有接待活动礼仪服务进行安排和人员训练,以及负责现场礼仪服务监督工作。

✪请会议接待部组建一个礼仪接待服务小组,完成《××展礼仪接待服务工作计划》。

完成本任务合计18课时,包括授课14课时及现场实践4课时。

业务知识

现代会展活动在举行开(闭)幕仪式、展览、会议、签约仪式、谈判活动、赞助仪式等活动时,需要专业礼仪人员负责领导、嘉宾、公众迎送工作。特别是重要领导和嘉宾需要按照事前制订的计划和程序进行礼仪接待工作,保证活动能规范、有序、热烈地进行。务求给参加活动的嘉宾领导和公众留下良好的印象。

一、展览会活动中常见的礼仪公关接待活动

展览会活动中常见的礼仪公关接待活动,主要有开(闭)幕式、签约仪式、剪彩仪式、颁奖仪式等,如表4.65所示。

表4.65 展览会常见礼仪公关接待活动

接待活动	主要内容
开幕式	开幕式是展览会正式开始前的仪式典礼,是主办单位突出展览会主题、形象的宣传渠道,能提高现场气氛和聚集人气。开幕仪式一般热烈、隆重
签约仪式	签约仪式是展览会主办单位与合作伙伴、参展企业之间等组织经过会谈、协商,形成了某项协议、协定,通过互换正式文本的仪式确立合作关系
剪彩仪式	剪彩仪式一般是在展览会开幕式举行的隆重庆典。为表示仪式的重视程度,剪彩者多邀请政府官员、合作机构领导、社会名流、重要客户代表等担任

续表

接待活动	主要内容
颁奖仪式	颁奖仪式是展览会现场活动之一,通过举办颁奖仪式提高展览会在行业内的知名度,也成为业内精英聚集、开拓人脉的机会

礼仪接待活动形式多样,因此需要掌握每种场景的形式和接待注意事项,从而在具体服务中做到合情、合理。

√开幕式:开幕式礼仪接待较为全面,负责嘉宾的签到迎接、引导和礼送等接待工作。开幕式是嘉宾领导接触展览会的第一站,因此,礼仪接待的质量也直接代表展览会和主办单位的专业性,如图4.101和图4.102所示。

第二届中国四川(成都)中外名鸽博览会
签到处
CIHAF 2005
开幕典礼

图4.101　展览会开幕式

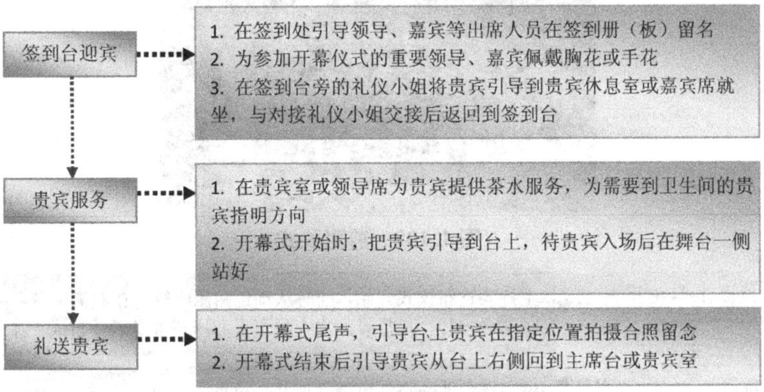
签到台迎宾
1. 在签到处引导领导、嘉宾等出席人员在签到册(板)留名
2. 为参加开幕仪式的重要领导、嘉宾佩戴胸花或手花
3. 在签到台旁的礼仪小姐将贵宾引导到贵宾休息室或嘉宾席就坐,与对接礼仪小姐交接后返回到签到台
贵宾服务
1. 在贵宾室或领导席为贵宾提供茶水服务,为需要到卫生间的贵宾指明方向
2. 开幕式开始时,把贵宾引导到台上,待贵宾入场后在舞台一侧站好
礼送贵宾
1. 在开幕式尾声,引导台上贵宾在指定位置拍摄合照留念
2. 开幕式结束后引导贵宾从台上右侧回到主席台或贵宾室

图4.102　开幕式接待流程图

√签约仪式:礼仪人员在签约仪式上除引导、礼送等服务外,还要充当主客双方助签人的角色。签约仪式比较庄严,因此现场布置有较为规范的要求,如图4.103和图4.104所示。

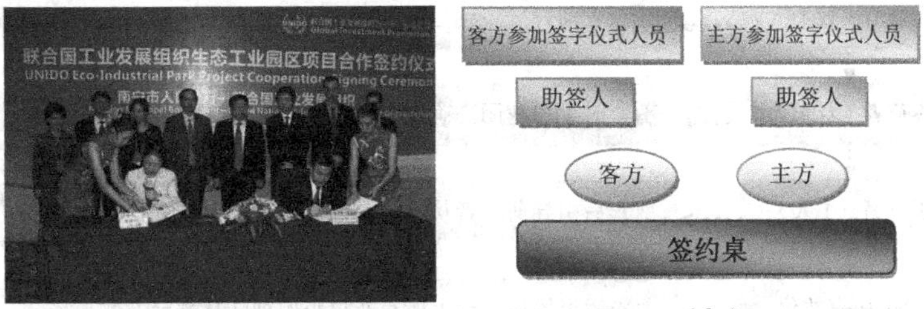
联合国工业发展组织生态工业园区项目合作签约仪式
客方参加签字仪式人员
主方参加签字仪式人员
助签人
助签人
客方
主方
签约桌

(a)　　(b)

图4.103　签约仪式座位示意图

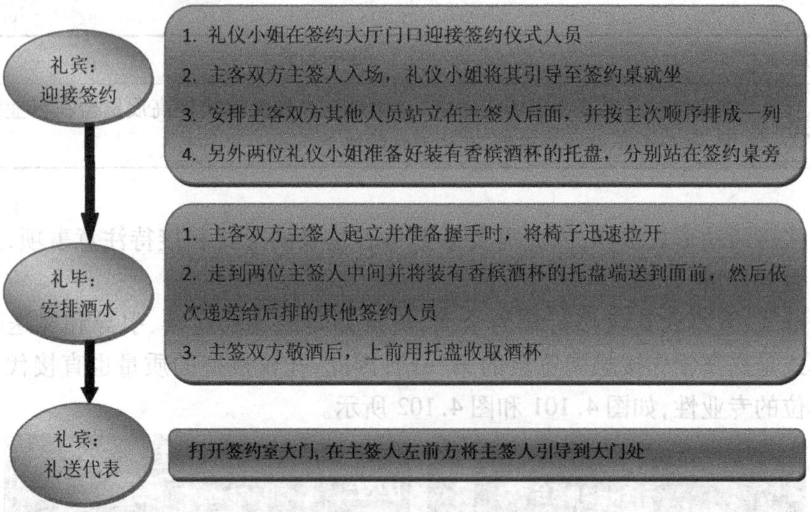
礼宾：
迎接签约
1. 礼仪小姐在签约大厅门口迎接签约仪式人员
2. 主客双方主签人入场，礼仪小姐将其引导至签约桌就坐
3. 安排主客双方其他人员站立在主签人后面，并按主次顺序排成一列
4. 另外两位礼仪小姐准备好装有香槟酒杯的托盘，分别站在签约桌旁
礼毕：
安排酒水
1. 主客双方主签人起立并准备握手时，将椅子迅速拉开
2. 走到两位主签人中间并将装有香槟酒杯的托盘端送到面前，然后依次递送给后排的其他签约人员
3. 主签双方敬酒后，上前用托盘收取酒杯
礼宾：
礼送代表
打开签约室大门，在主签人左前方将主签人引导到大门处

图 4.104 签约仪式接待流程图

√剪彩仪式：剪彩仪式一般在开幕仪式中进行，场面热闹、隆重。剪彩仪式的礼仪小姐根据工作内容可以分为引导者、服务者、拉彩者、捧花者和托盘者五类，如图 4.105 和图 4.106 所示。

FUJIAN BRAND PRODUCT EXPOSITION

图 4.105 剪彩仪式

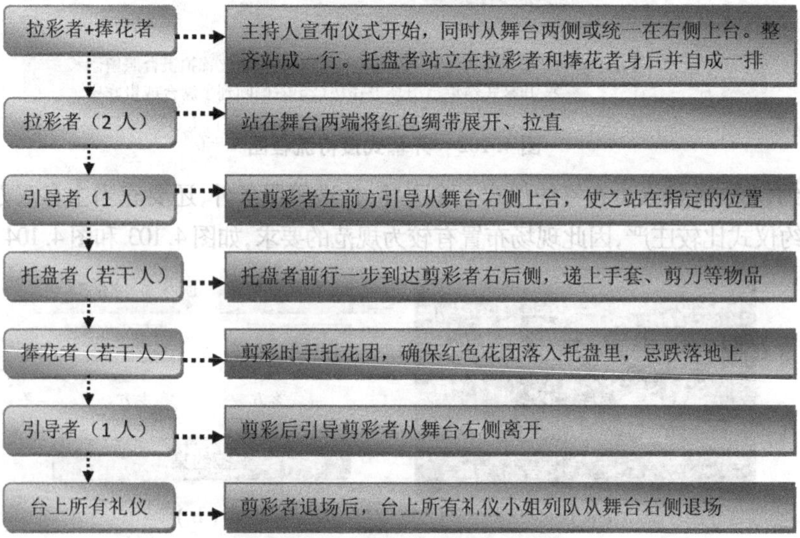
拉彩者+捧花者
主持人宣布仪式开始，同时从舞台两侧或统一在右侧上台。整齐站成一行。托盘者站立在拉彩者和捧花者身后并自成一排
拉彩者（2人）
站在舞台两端将红色绸带展开、拉直
引导者（1人）
在剪彩者左前方引导从舞台右侧上台，使之站在指定的位置
托盘者（若干人）
托盘者前行一步到达剪彩者右后侧，递上手套、剪刀等物品
捧花者（若干人）
剪彩时手托花团，确保红色花团落入托盘里，忌跌落地上
引导者（1人）
剪彩后引导剪彩者从舞台右侧离开
台上所有礼仪
剪彩者退场后，台上所有礼仪小姐列队从舞台右侧退场

图 4.106 剪彩仪式接待流程图

√颁奖仪式：礼仪小姐主要负责颁奖人、领奖人上台、回位引导，奖杯（证书、礼品等）的准备和展示。根据颁奖人、授奖人的位置和人数，礼仪接待流程，如图 4.107 和图 4.108所示。

（a）　（b）

图 4.107

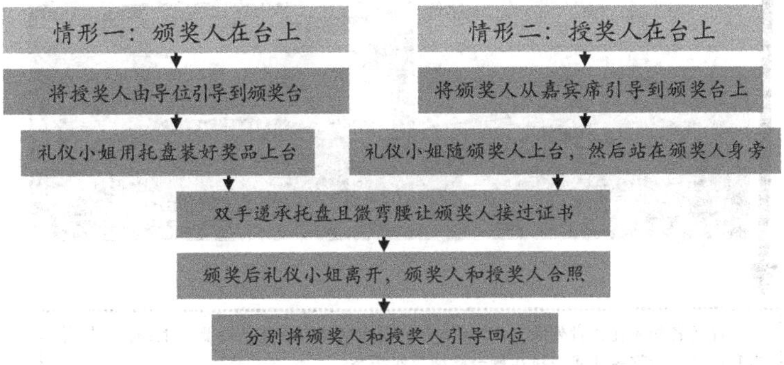
情形一：颁奖人在台上
将授奖人由导位引导到颁奖台
礼仪小姐用托盘装好奖品上台
情形二：授奖人在台上
将颁奖人从嘉宾席引导到颁奖台上
礼仪小姐随颁奖人上台，然后站在颁奖人身旁
双手递承托盘且微弯腰让颁奖人接过证书
颁奖后礼仪小姐离开，颁奖人和授奖人合照
分别将颁奖人和授奖人引导回位

图 4.108　颁奖仪式接待流程图

在展览会实际礼仪接待工作中，经常会出现多种礼仪接待搭配的情形，如开幕式＋剪彩仪式、开幕式＋新闻发布会、闭幕式＋颁奖仪式等。需要礼仪服务人员能够熟练地掌握各种礼仪接待的具体操作内容和流程，确保在操作中符合礼仪规范。

二、展览会礼仪公关活动接待标准

表 4.66　礼仪公关活动接待标准

接待活动类型	接待对象	礼仪服务标准	着装特点
参观交流 现场调研	政府官员 合作单位领导	迎接牌、欢迎横幅（电子屏）、投影、桌签、鲜花、茶杯（水、茶）、展览会宣传册、笔、记录纸等	正装 旗袍 地区特色服装
业务交流 工作交流	业务客户 政府部门	迎接牌、投影、鲜花、茶杯（水、茶）、展览会宣传册、笔等	
业务交流	合作客户 供应商	休息区、茶水等	

三、礼仪接待活动鉴赏案例

本任务以历届中国—东盟博览会的礼仪公关为例，鉴赏大型活动的礼仪接待工作。

【案例1】第八届中国—东盟博览会开幕式

礼仪接待活动简介：开幕式在广西南宁国际会展中心举行，开幕式接待中国与东盟10国领导及代表团嘉宾，接待规格按照国际级别进行。接待工作包括引导、剪彩等内容。

第八届中国—东盟博览会开幕式程序：

1.广西壮族自治区主席致辞 → 2.中国商务部国际贸易谈判代表兼副部长致辞 → 3.马来西亚总理致辞及观看短片 → 4.中国与东盟10国青少年上台作简单自我介绍

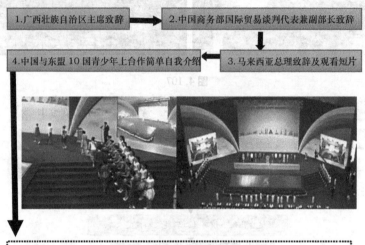

捧花者和捧礼物者列队与10国青年同时走向舞台，并从两侧走上舞台。捧花者和捧礼物者整齐站成一排在舞台楼梯等候指令

5.剪彩嘉宾在礼仪人员引导下走到剪彩台就位

引导嘉宾上台致辞：
(1)侧身引导，在嘉宾前方；
(2)与嘉宾距离2~3步；
(3)右手做出"请"的手势，左手弯曲放在背后；
(4)嘉宾走在内侧；
(5)嘉宾到达舞台后，礼仪小姐马上后退两步

6.11国青少年向剪彩嘉宾表达敬意

7.中国国务院总理温家宝宣布开幕

引导各国领导到舞台参加剪彩仪式的礼仪接待工作包括：
(1)走到领导席前方，邀请各国领导离席前进到中央舞台；
(2)侧身引导，走在领导前方，与嘉宾保持2~3步距离；
(3)右手做出"请"的手势，让嘉宾走在内侧；
(5)领导到达舞台后，礼仪小姐后退两步，排成一列离开舞台

8.献花少女向剪彩嘉宾送呈剪彩道具"花朵"

9.嘉宾将道具"花朵"放在台座，原地鼓掌

(1)捧花者手持道具"鲜花"，在各国领导身后站成一排；
(2)然后统一向前一步走到领导右侧，并面带微笑双手递上道具"鲜花"；
(3)领导接过道具后马上后退一步，待队伍排列整齐后从舞台两侧撤走

第八届中国东盟博览会开幕式详细视频，可参考凤凰视频：

http://v.ifeng.com/news/mainland/201110/055da14b-fb7e-4ca5-82c2-d06139c4fa22.shtml? ptag = vsogou

表4.67　第八届东盟博览会开幕式礼仪接待安排表

工作阶段	工作项目	工作主要内容
活动前	接机、接车	记录和确认各国领导到达会场的时间，确保每位领导专人、专车等候和礼仪服务
	会场现场安排	会场贵宾通道、贵宾室等的现场布置和接待人员安排
		开幕式展馆外签到、引导、接待人员的安排和卫生、环境的整理
	物品的安排	确认主席台物品、舞台灯光、音响设备、空调、剪彩用品、礼品、节目单等物品，确定礼仪小姐人员接待任务
活动中	迎宾	会场外礼仪小姐负责所有进场的普通嘉宾签到、入场引导工作，并维持会场外围秩序和环境卫生等工作
		主办单位指定人员负责一对一领导接待、讲解工作
		安排驾驶员将接待车辆停靠在指定位置并在休息室内休息
	引导	指定人员将各国领导引导到贵宾休息室或会场贵宾室内休息
	会务	现场礼仪小姐为各国领导提供倒茶、续茶、拍照、记录等服务
活动后	赠送礼物	会后将组委会安排的纪念品赠送给嘉宾
	会后交通	根据主次顺序安排各国领导回到贵宾室或从贵宾通道上接待车辆

【案例2】第六届中国-东盟博览会签约仪式

签约桌上摆放好签约企业的桌签、鲜花和桌布。
第六届中国—东盟博览会战略合作伙伴
签约仪式暨新闻发布会
配备两个礼仪小姐负责签约甲方和乙方的入场引导、递送文件和安排辅助签约其他人员的站位。

图4.109　第六届东盟博览会签约仪式暨新闻发布会

礼仪接待活动简介：每届博览会都举办多场签约仪式，包括“首席战略伙伴签约仪式”“集体签约仪式”等。礼仪接待工作主要包括嘉宾引导、文件准备等。

表4.68　第六届东盟博览会签约仪式暨新闻发布会接待安排表

工作阶段	工作项目	工作主要内容
会前	会场现场准备	嘉宾入场引导、签约主客双方引导和接待人员安排
	物品的准备	文件夹、签约笔、桌签、鲜花、灯光音响设备
	文本准备	签约文件的定稿、翻译、校对、装订等，标准合同各一份
会中	迎宾	在签约处准备嘉宾胸牌、活动指南，维持现场入场秩序
	引导	引导出席嘉宾到指定的位置就座
	会务	特定场合代表助签员协助签约活动
会后	欢送嘉宾	指引嘉宾离开现场到贵宾室或上车通道

实战项目训练

请会议接待部组建一个礼仪接待小组。小组成员需识记常见礼仪接待情景的基础知识和接待要领，对照《场景式礼仪训练的操作程序、标准及实训效果评估表》，完成以下情景模拟训练：

1. 接待工作进行中，高跟鞋跟突然断开，应如何处理？

2. 迎宾过程中，嘉宾向礼仪小姐提出疑问时，礼仪小姐没有听清楚问题，应如何处理？

3. 接待工作举行前，应该如何保证所负责的物品没有缺漏？

操作程序、标准及实训效果评估

“实训项目八　会展礼仪公关”的操作程序、标准及实训效果评估见表4.69。

表4.69　“实训项目八　会展礼仪公关”的操作程序、标准及实训效果评估表

业务操作步骤		标准与要求	实训效果评估		
			满分	得分	评语
个人职业形象设计	1. 制订形象设计方案	1）确定形象设计目的，形象设计必须与所代表的活动、单位、场合等相符； 2）确定具体的形象设计内容（服饰、形态、姿势动作等）和形象设计的预算费用； 3）选取形象设计方法，从观摩、对比、模仿、学习的方法选取合适的形象设计方法	4		
	2. 搜索信息	1）文献、新闻搜索，多种渠道对商务接待、展览会接待、政府公务接待、公司接待等常见接待工作基本信息进行搜集； 2）信息整理	5		

续表

业务操作步骤		标准与要求	实训效果评估		
			满分	得分	评语
个人职业形象设计	3. 实践训练	1)了解化妆工具,了解常见化妆用品的用途、使用顺序、使用技巧等; 2)模拟化妆,根据个人的形象特点和接待活动的规格,设计适合个人外貌特点、年龄特征、气质的妆容; 3)模拟姿势动作,根据接待活动的规格和特点,能够快速、纯熟地选择合适的动作姿势; 4)模拟服饰搭配,根据个人的形态特点选择合适的服饰	12		
	4. 制作调研报告	1)报告写作; 2)编排印刷; 3)口头汇报	8		
礼仪公关基础训练	1. 制订训练方案	1)确定礼仪训练项目,根据公关礼仪的接待规格、性质,确定礼仪训练的项目; 2)设计礼仪训练内容,具体的训练内容,一般包括站姿、手势、走姿等常见的礼仪动作姿势,训练内容由易到难、由简单到复杂; 3)选取合适的设计方法,根据训练目标选择合适的训练类型(集体训练、小组训练,一对一训练等)	6		
	2. 搜集信息	1)仪态礼仪基本信息; 2)新闻、网页搜索,通过大型、知名度高的礼仪接待活动的相关新闻、网页图片等,搜集最新的礼仪仪态; 3)归纳及整理信息	6		
	3. 实践训练	1)掌握面部表情,掌握微笑、目光等主要的面部表情要领,运用到不同的接待场合; 2)模拟各种姿势动作,掌握手势、站姿、走姿等动作要领,根据不同的接待环境,模拟对应的动作姿势; 3)模拟坐席安排,坐席安排细节要专业,符合不同国家、区域的一般习惯	18		
	4. 制作调研报告	1)报告写作; 2)编排印刷; 3)汇报结果	8		

续表

<table>
<tr><th colspan="2" rowspan="2">业务操作步骤</th><th rowspan="2">标准与要求</th><th colspan="3">实训效果评估</th></tr>
<tr><th>满分</th><th>得分</th><th>评语</th></tr>
<tr><td rowspan="4">场景式礼仪训练</td><td>1. 制订接待方案</td><td>1)确定礼仪接待内容,根据礼仪公关活动的性质和规格,选取合适的礼仪接待内容;
2)设计礼仪接待工作流程,设计的流程需包括活动前准备工作、活动举办时正式接待内容及活动结束后收尾工作;
3)选取合适的接待方案,能涵括接待活动中各个环节</td><td>5</td><td></td><td></td></tr>
<tr><td>2. 搜集信息</td><td>1)文献、新闻搜索;
2)礼仪接待信息搜索,借助新闻搜索、过往同类型接待活动信息,掌握礼仪接待的基本信息;
3)归纳及整理信息,包括各个环节的衔接内容、细节和突发事件的处理</td><td>6</td><td></td><td></td></tr>
<tr><td>3. 实践训练</td><td>1)了解礼仪接待活动类型;
2)掌握各类情节接待要领,熟悉礼仪接待重点(接待工作前、工作中、工作后期);
3)模拟各种接待情景</td><td>14</td><td></td><td></td></tr>
<tr><td>4. 制作调研报告</td><td>1)报告写作;
2)编排印刷;
3)汇报结果</td><td>8</td><td></td><td></td></tr>
<tr><td>说明</td><td colspan="2">以上业务操作满分共100分,得分在90分以上为优秀,80~89分为良好,70~79分为中等,60~69分为合格,60分以下为不合格</td><td>100分</td><td></td><td></td></tr>
<tr><td>反馈</td><td colspan="2">总分:
评语:</td><td colspan="2">考评员签名</td><td></td></tr>
</table>

第五部分
会展综合项目实训

实训项目九　组织展览

教学目标

✪熟练掌握组织展览的主要步骤及基本知识。

✪熟练掌握组织展览的策划、筹备、现场组织及总结等基本环节和技能。

✪熟练掌握组织展览的项目管理技能。

内容导读

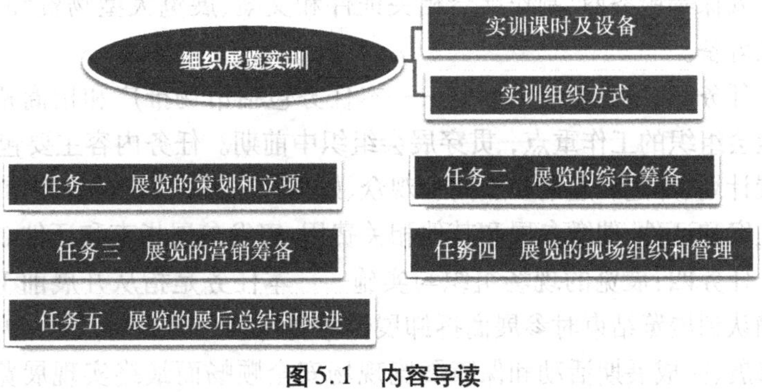

组织展览实训
实训课时及设备
实训组织方式
任务一　展览的策划和立项
任务二　展览的综合筹备
任务三　展览的营销筹备
任务四　展览的现场组织和管理
任务五　展览的展后总结和跟进

图 5.1　内容导读

组织展览实训(综合项目实训)

一、实训内容

展览会是指由单位和组织指导主办,另一些单位和组织承担整个展览期间的运行,通过宣传或广告的形式邀请或提供给特定人群和广大市民来参观、欣赏、交流的一个聚会。伴随着经济全球化和商品经济的发展,展览因其展示产品和技术、拓展渠道、促进销售和传播品牌的桥梁作用越来越受到企业、政府和行业的重视和青睐,而策划、组织和实施展览项目也将成为会展从业人员的重要工作内容。

从展出目的来分,展览可分为非盈利性和商业性两种,前者主要以展示文化和相关信息交流为目的,不涉及货币交易,后者则是指通过展示以收集市场信息并促成交易的展览。为进行更具针对性的训练,本实训中的展览只涉及商业性的展览项目。

展览组织的总体运作流程如图5.2所示。

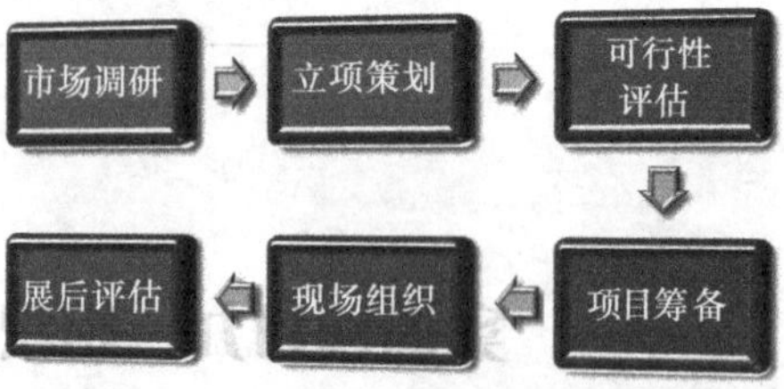
市场调研
立项策划
可行性评估
项目筹备
现场组织
展后评估

图5.2 展览组织的总体运作流程

组织展览实训以实际工作的总体运作过程为依据,紧紧围绕组织展览的各职业岗位的工作任务,为培养学生活动组织的基本操作技能,设计实训内容。本实训包括多个呈并列或连续性关系的教学模块,由整合或序化的若干项工作任务组成,共计包括5大工作任务,分别是:

任务一:展览的策划和立项——该任务处于办展初期阶段,主要包括信息收集、项目构思、申请立项、综合评估以及修订展览策划方案。

任务二:展览的综合筹备——该任务是指展会的承办单位通过协调协办和支持单位完成开展前的各项筹备工作,确保展会正常开展,处于办展中前期。任务内容主要包括考察和租赁场馆、展区划分、确定合作办展单位机构和人员分工、确定物流、餐饮、主场搭建和安保等服务商、制作展会相关证件和文案、展览大型物资和设备准备以及展会配套活动筹备。

任务三:展览的营销筹备——本任务包括市场推广和招商招展两大工作主题,是整个展会组织的工作重点,贯穿展会组织中前期。任务内容主要包括制订市场推广和招商招展计划、筛选和邀请参展商和观众、媒体广告推广、设计制作市场推广和招商招展相关的文案和证件、催缴参展和其他相关费用、寄发参展指南和证件。

任务四:展览的现场组织与实施——本任务是指从开展前1~3天展馆展位最终布置确认到展览结束时参展商拆卸展位并离场这一段时期,承办单位通过帮助参展商布展和参展、完成展期活动和保障展览现场安全顺畅而最终实现展览策划目标,主要任务有展位搭建和布置(参展商)与主场搭建(办展机构)、开幕前总布置和检查、入场接待、组织和实施开幕式(展期活动)、提供翻译及礼仪有偿服务及展具租赁等服务和参展商撤展离场等。

任务五:展览的展后总结和跟进——本任务是指从展览闭幕当天搜集参展人员建议到展览活动结束后办展单位完成对展览效果进行评析这一段时间,主要任务有搜集参展人员建议、更新参展商和观众信息库、对展览成效进行评析和对下轮展览进行预宣传等。

二、实训课时安排

本实训各工作任务所需学时要根据具体的项目实况来估算,最后得出能适应实际的实训总学时。供参考的实训项目所需学时及设备如表5.1所示。

本实训合计148课时,包括课内授课100课时及课外现场实践48课时,4—5周内完成。

表5.1 实训课时安排

序号	工作任务名称	总课时	课内	课外
一	展览的策划和立项	36	24	12
二	展览的综合筹备	30	20	10
三	展览的营销筹备	36	26	10
四	展览的现场组织和管理	24	16	8
五	展览的展后总结和跟进	22	14	8
	合计	148	100	48

三、实训组织方式

为营造真实企业项目氛围,确保本次实训的组织严格按照业内常规的项目运营模式进行,本实训将在学生内部组成会展服务公司,并对公司结构、部门职能和各负责人职责进行设定,学生按照工作流程和组织阶段任务进行职能分组,根据展览项目要求自主组织实施展览项目,实训老师起组织、指导、监督和评估作用。

(一)公司架构

展览服务公司共分总务部、营销部、运营部、策划部四个部门,总务部分项目经理和项目副经理,其下各部门和工作组分设部长和组长,如图5.3所示。

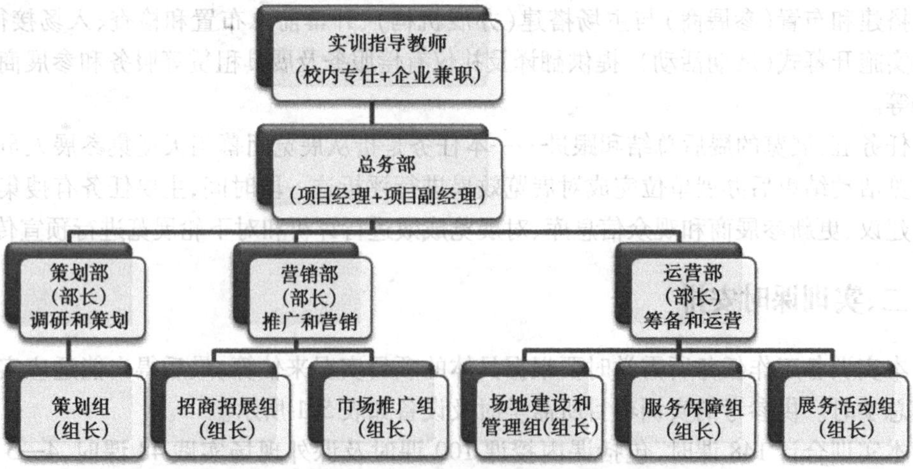

实训指导教师
(校内专任+企业兼职)
总务部
(项目经理+项目副经理)
策划部
(部长)
调研和策划
营销部
(部长)
推广和营销
运营部
(部长)
筹备和运营
策划组
(组长)
招商招展组
(组长)
市场推广组
(组长)
场地建设和
管理组(组长)
服务保障组
(组长)
展务活动组
(组长)

图 5.3　组织展览(综合项目实训)组织分工图

(二)部门业务职能介绍

表 5.2　展会服务公司部门业务职能表

部门/工作组		职　能
总务部	项目正/副经理	人员分工和协调;把握展会组织工作的整体进度;展览总收入及部门费用核算和支出
策划部	策划组	行业和市场信息收集、整理和分析;展会项目和相关执行方案设计和策划
营销部	招商招展组	搜索和筛选目标参展商和专业观众;开发和联络潜在参展商和专业观众,确保其参展和到场;联络和维系客户关系并进一步开发其他展会相关业务
	市场推广组	设计和制作媒体广告和相关文案;确保广告投入和实施;监督和促进广告实施效果;开发展会广告业务并跟踪完成业务
运营部	场地建设和管理组	展馆和展位的搭建和布置;开幕式和展期活动场地的搭建和布置;展馆内外大型广告布置;展览场地及设施的安全管理和维护
	服务保障组	确定物流、安保、酒店、清洁和餐饮服务供应商;负责展会前后大型展品和展架等设施的物流运输工作;筹备展览期间可租赁展架、展具或其他物品和设备;准备展位配备的基本设施(谈判桌、椅和储物柜);协助其他部门准备大宗物品和资料以及大型设备
	展务活动组	邀请和接待开幕式和展期活动嘉宾;组织和接待参展商和观众入场;处理展会期间突发事件;组织和落实开幕式和展期其他活动

(三)管理岗位的职责描述

表5.3　管理岗位的职责描述

管理岗位	职责描述
项目经理	把握展览项目总体进程,对项目整体筹备实施进行监督和调控,负责各工作项目资金预算和核发,负责营运和营销工作中的重大决策,并就相关工作向实训指导老师汇报
项目副经理	把握展览项目总体进程,对项目整体筹备实施进行监督和调控,负责部门之间工作协调和人员调整,参与营运和营销工作的重大决策,并就相关工作向实训指导老师汇报
部长	把握本部门工作整体进度,对本部门工作进行监督和调控,负责部门内工作协调和人员调整,负责部门与总务部及其他部门工作沟通
组长	把握本组工作进度,对本组工作进行监督和调控,负责组内分工和人员协调,负责工作组与上级部门和其他小组工作沟通

(四)职能分组方法

为实现学生参与程度最大化和保证实训效果及可操作性,本实训实行弹性分组方法,即在展览组织工作的不同阶段中,学生分组、对应的工作任务和组员人数相应变化。本实训总体为项目策划、筹备实施两个阶段,各阶段对应分组方法如表5.4所示。

表5.4　组织展览(综合项目实训)

分组法	适用任务	分组内容
分组一 项目策划阶段	实训任务一 校园展览的策划和立项	实训班级依据组织分工图5.3划分若干策划工作小组构成展览公司的策划部门,建议小组成员3~4人。实训班级内选出两名项目经理(项目经理和项目副经理)组成总务部,正副项目经理分别以个人身份加入任一工作小组,参与具体任务的实施工作,项目经理兼任策划部门部长一职
分组二 项目筹备 实施阶段	实训任务二 校园展览的综合筹备 实训任务三 校园展览的营销筹备 实训任务四 校园展览的现场组织和实施 实训任务五 校园展览的总结和跟进	实训班级依据组织分工图5.3划分若干招商招展和市场推广工作小组组成营销部,同时划分若干场地建设和管理、服务保障和展务活动工作小组组成运营部,建议小组成员2~5人,各部门工作小组个数和组成人员数量根据具体工作任务量进行调整确定。项目经理和项目副经理人选不变,分别以个人身份加入任一工作小组,参与具体任务的实施工作,同时兼任运营部和营销部部长职务

任务一　展览的策划和立项

业务情景

你所在的展览服务公司得知某大学校学生会有意举办一场主题校园展览，并就展览承办单位进行公开招标，你所在的展览服务公司完全符合竞标单位资质要求，因而公司有意参与竞标。

✪教师组织全班学生成立公司，分小组扮演策划立项小组，对指定项目题材进行立项策划和评估分析。

业务流程

展览策划立项的业务流程如图5.4所示。

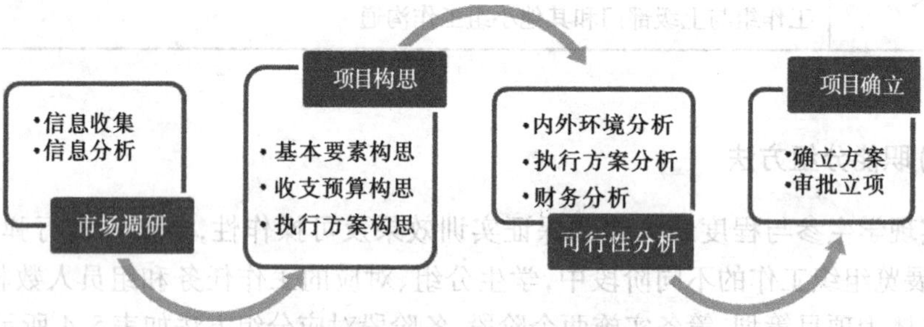
•信息收集
•信息分析
市场调研
项目构思
•基本要素构思
•收支预算构思
•执行方案构思
•内外环境分析
•执行方案分析
•财务分析
可行性分析
项目确立
•确立方案
•审批立项

图5.4　展览策划立项业务流程图

业务知识

校园展览项目的策划和立项需要事先进行市场调研，通过整理分析市场和行业信息就展览的基本内容、收支和执行方案进行构思策划，然后通过项目综合评估判断策划内容是否具有可行性，最后修改确定最终策划方案并通过相关部门审批。

一、展览的市场调研

展览的市场调研是指办展机构为全面认识市场和行业进行的展览项目的各项信息搜集和分析工作，它为展览立项策划、可行性分析和展会成效评估等工作提供了科学依据。进行市场调研的步骤如图5.5所示。

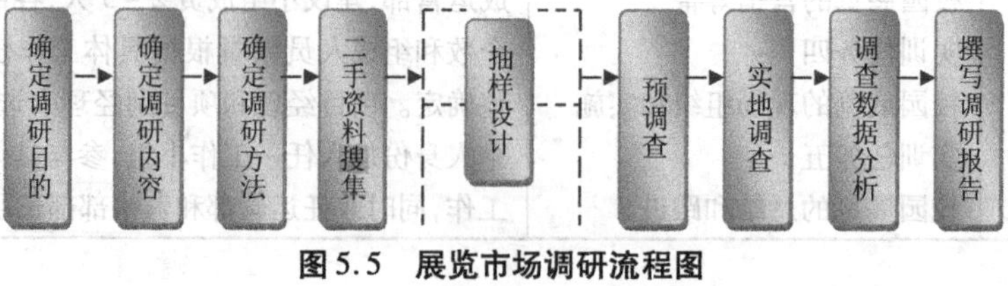
确定调研目的
确定调研内容
确定调研方法
二手资料搜集
抽样设计
预调查
实地调查
调查数据分析
撰写调研报告

图5.5　展览市场调研流程图

市场调研内容、途径、方法、调研问卷设计以及撰写调研报告可参看“实训项目五 会展营销”相关业务知识点。

二、展览的项目策划

通过市场调研,办展机构对展览项目相关的各种信息进行分析研究后,进一步对展览相关事宜进行构思,即项目策划。这些相关事宜主要包括展览基本内容、展览的收支预算和相关执行方案三大模块。可参考“实训项目四 会展策划”相关业务知识点。

三、校园展览的综合评估

一般情况下,展览项目经过构思策划后还需要从市场环境、项目生命力和财务收支三方面进行分析评估,以判断展览项目是否具有市场价值并为展览策划和实施提供建议。

(一)市场环境分析

展览市场环境分析的主要方法为态势分析法,即分析法,就是把办展单位所面临的宏观和微观市场环境各要素综合起来进行分析。

(二)展览执行方案分析

展览执行方案分析是从计划举办展览项目本身出发,分析该展览项目立项计划准备实施的各种执行方案是否完备,是否能保证该展览计划目标的实现。分析展览执行方案的可行性,要对计划举办的展览的基本框架和各执行方案进行评估。执行方案分析可以按以下步骤进行:

- 第一步:在对计划举办的展览总体了解的基础上,参考展览执行方案分析表中各项目细致划分出需要收集信息的目标内容,搜集相关各种基础数据。
- 第二步:对搜集的数据进行分析和预测,判断展览项目基本框架和执行方案是否可行,填写《展览执行方案分析表》。
- 第三步:根据执行方案分析和预测,对展览的执行情况提出恰当建议。

(三)财务分析

展会项目财务分析是从办展机构财务的角度出发,按照国家现行的财政、税收、经济、金融等规定,在筹备举办展会时确定的价格的基础上,分析测算举办该展会的费用支出和收益,并以适当的形式组织和规划好举办展会所需要的资金。它所需要的基础数据,如投入资金的多少、成本、收益和利润等,都是来源于前期的市场调查和基于这种调查而作出的预测。另外,展会项目的各个实施方案对项目财务分析也有重大影响,不同的实施方案会产生不同的财务分析结果。

项目财务分析可以按以下步骤进行:

- 第一步:在对计划举办的展会总体了解的基础上,参考展览项目收支费用预算表中各项目,细致划分出需要收集信息的目标内容,并预测项目财务分析所需要的各种基础数据。

•第二步:根据财务分析的数据及其预测,填写展览项目收支费用预算表(表5.5),计算展会项目的财务盈利性如何。

•第三步:根据展览项目收支费用预算表填写结果对项目策划的财务情况进行分析和预测,筹措和安排举办展会所需要的资金投入量,为展览的前期资金投入提供保障。

表5.5 展览项目收支费用预算表

预计支出			预计收入		
项　目	金额/元	百分比/%	项　目	金额/元	百分比/%
场地租赁			展位租金		
展出现场装修费用			门票收入		
宣传推广费用			广告收入		
招展招商费用			企业赞助		
开幕式及配套活动费用					
展期活动费用					
工作人员费用					
不可预计费用					

四、校园展览策划方案的确定和项目报备

展览策划经过综合评估之后,根据评估建议逐项修改策划内容,确定展览最终策划方案,展览策划方案的内容和格式如下:

办展机构在确定最终方案之后还需相关部门进行报备,通常会向当地工商部门报备展览会的名称、主办机构、承办机构、举办地点、时间、展品范围等,如果展览规模较大或者涉及特殊展览题材等还需向公安、交通和知识产权等机构报备。

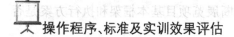

操作程序、标准及实训效果评估

一、实训步骤

步骤1 成立展会服务公司

指导教师组织全班共同组建了一间展会服务公司,学生通过分组头脑风暴,讨论并给出针对公司名称、规模等基本信息的建议方案,填写表5.6。

表5.6 建议方案

你的公司名称是?	
公司规模多大? 包括哪些部门?	
公司业务有哪些?	
简介你的公司	

各小组发言，全班共同选出最佳方案。

步骤 2　划分职能工作小组

公司成立后，教师按图 5.3 对全班进行合理分组，确定各级负责人，解释本实训项目管理制度（参考三、实训组织方式）。

步骤 3　业务知识培训

指导教师以集中授课形式讲授关于展会策划的重点业务知识，包括展览的类型、内容和组织方法等；展览服务公司的类型和主要业务类别；展览立项和策划的步骤、方法和注意事项等。

步骤 4　确定实训主题

指导教师扮演客户，从以下两项中指定展会类别和展览主题作为本次实训的主题内容，并向各组说明项目背景、投标方案要求、征集过程等，全面征集立项策划案。

1）展览类别

□组织一次校园综合展览　□组织一次校园专业性展览　□组织一次校园消费展览

2）展览主题

□潮流服饰　□地方土特产　□校园文化

□二手物品/旧物　□书籍　□旅游休闲用品

□电子电器　□求职招聘　□其他自拟题材______

展会名称参考，如：××（年）××（地区）大学生校园旧物交易会（消费展览会）。

步骤 4　市场调研和信息收集

各小组根据展览主题和方案要求自行确定调研内容和方式，制作调研问卷，收集市场和行业信息，分析整理并制作展览市场调研报告，实训指导老师进行点评。

步骤 5　展览立项要素构思

各小组根据市场调研报告和收集的相关信息，针对项目基本框架（展览基本信息）、展览收支和执行思路自主展开分组讨论进行初步构思，并完成展览立项策划要素提纲（表 5.7）。

表 5.7　展览立项策划要素提纲

策划内容		______________________（展览名称）	
类别	要素	策划内容	策划依据
基本框架	1）展会名称 2）主题和定位 3）组织机构 4）展出地点 5）展出时间和频率 6）展品范围和展出规模		

续表

策划内容		________________(展览名称)	
类别	要素	策划内容	策划依据
预计支出	1)场地租赁 2)展出现场装修费用 3)宣传推广费用 4)招展招商费用 5)开幕式及配套活动费用 6)展期活动费用 7)工作人员费用 8)不可预计费用		
预计收入	1)展位租金 2)门票收入 3)广告收入 4)企业赞助		
执行思路	1)市场推广 2)招商招展 3)展览筹备进度 4)展览会开幕式 5)现场管理和展期活动计划		
填写说明:以上内容,如因填写需要,可另附纸张			

步骤6　立项竞标大会

教师组织立项策划案竞投大会,总务处负责竞投大会的流程组织,各小组互相竞投方案,进行PK。

各小组根据表5.7中完成的内容,结合文字、图形、多媒体手段等制作PPT进行汇报,每组汇报时间为10分钟。由教师评分结合小组投票,选出最佳方案作为本实训的项目实施方案。

步骤7　展会立项策划可行性分析

针对竞标大会所选出的最佳方案,各小组根据评估项目自行搜集材料或结合已有的信息从市场环境、展览执行方案和财务收支三方面对策划项目进行分析评估,并将评估结果通过图表配以文字说明制作成PPT进行总结展示,每小组不超过10分钟,由教师与企业共同完成评价。

步骤8　总结并制作策划方案

学生根据评估的结果,修改并制作立项策划书,并最终打印成册,书册包括封面、目录和具体内容。校内指导教师总结本次任务情况,指导全班部署下一阶段任务的实施。

二、展览立项策划的操作程序、标准及实训效果评估

表 5.8 展览立项策划的操作程序、标准及实训效果评估表

业务操作步骤		标准与要求	实训效果评估		
			满分	得分	评语
信息收集	1. 方法和途径设计	1)符合实际情况,可操作 2)内容具体详细 3)目标指向明确 4)方法设计综合多样	10		
	2. 制作调研问卷	1)调研目标明确 2)内容细致具体 3)格式完整 4)表达清晰	10		
	3. 资料收集	1)完整 2)有效	5		
项目策划	1. 基本信息构思	1)展览名称通顺且主题突出 2)展览会标记呼应主题,图案鲜明易于传播 3)举办地点适宜,顺应当地优势产业 4)展出时间符合行业季节性 5)办展机构间合作密切,分工合理 6)展览规模目标设计符合实际情况,具有可实现性 7)展品范围与主题和展览名称一致 8)办展周期符合产品开发和技术更新周期	30		
	2. 效益预测	1)收支项目分类合理且覆盖全面 2)收支金额估算符合行情 3)计算准确	10		
	3. 执行思路设计	1)招商招展计划配合展览规模策划并切实可行 2)市场推广计划配合招展招商工作并切实可行 3)配套活动计划突出展览主题,安排周密,切实可行 4)展览会进度管理计划合理准确,切实可行 5)现场服务和管理计划内容细致,切实可行 6)人员分工合理并突出阶段工作特点	15		

续表

业务操作步骤		标准与要求	实训效果评估		
			满分	得分	评语
项目评估	1. 办展环境分析	1)分析内容全面 2)数据资料准确 3)结论合理	15		
	2. 展览基本要素和执行方案分析	1)分析内容全面 2)数据资料准确 3)结论合理			
	3. 财务分析	1)分析内容全面 2)数据资料准确 3)结论合理			
	4. 评估结果	1)分析内容全面 2)数据资料准确 3)结论合理			
策划方案制作	1. 修改方案	1)内容完整细致 2)表达通畅 3)思路清晰	5		
	2. 打印成册	排版美观、内容完整			
说明	以上业务操作满分共100分，得分在90分以上为优秀，80～89分为良好，70～79分为中等，60～69分为合格，60分以下为不合格。		100分		
反馈	总分： 评语：		考评员签名		

实战项目训练

1. 指导老师指定另一展览主题，学生写出相关主题展览策划活动时所需进行的信息搜集的各项具体内容和搜索途径。

2. 指导老师指定另一展览主题（与实战项目训练相同），学生根据相关主题进行市场调查，并制作展览策划方案。

任务二　展览的综合筹备

业务情景

通过完成任务一，你所在的展会服务公司顺利通过立项招标，取得该大学学生会主办的校园展览的承办资格，并且通过市场调研和综合评估制订了最终的展会策划方案，展会组织工作进入到前期筹办阶段。

✪教师组织各个学生小组扮演运营部各工作组，根据展览项目策划方案细化综合筹备工作内容，制定综合筹备工作日程表，实施具体筹备活动。

注：本项目与任务三展览的营销筹备同时进行。

业务流程

展览综合筹备的业务流程如图 5.6 所示

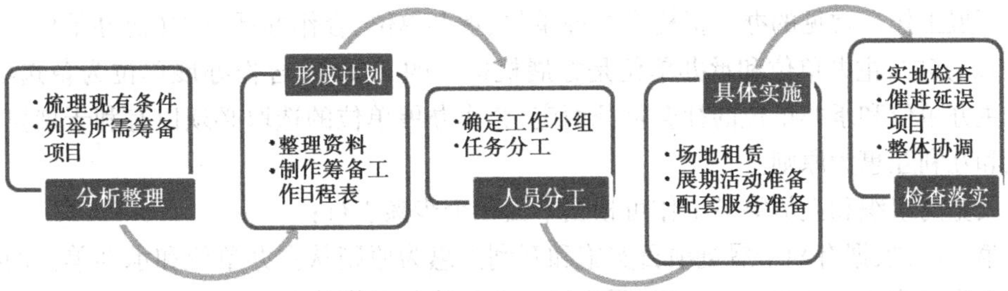

·梳理现有条件
·列举所需筹备项目
分析整理
形成计划
·整理资料
·制作筹备工作日程表
·确定工作小组
·任务分工
人员分工
具体实施
·场地租赁
·展期活动准备
·配套服务准备
·实地检查
·催赶延误项目
·整体协调
检查落实

图 5.6 展览的综合筹备业务流程图

业务知识

展览项目在经过可行性分析与研究之后，如果确实具备一定的发展空间，且可以创造一定的社会效益和经济效益，办展机构就进入到了前期筹备工作的组织和实施阶段。整个筹备工作内容细琐繁多，筹备项目之间呈现并行、串行和交错关系。

通常，从工作范畴来看，展览的筹备工作大致分为五大类：组织和人员筹备、场地前期筹备、展期活动筹备、展览营销筹备和配套服务筹备，其间关系和详细内容如图 5.7 所示。

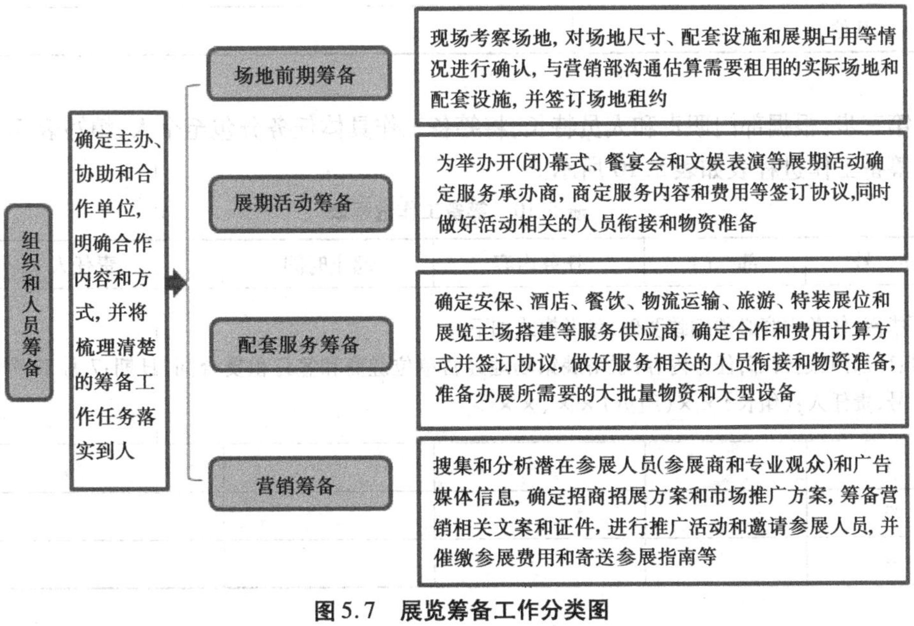

组织和人员筹备
确定主办、协助和合作单位，明确合作内容和方式，并将梳理清楚的筹备工作任务落实到人
场地前期筹备
现场考察场地，对场地尺寸、配套设施和展期占用等情况进行确认，与营销部沟通估算需要租用的实际场地和配套设施，并签订场地租约
展期活动筹备
为举办开(闭)幕式、餐宴会和文娱表演等展期活动确定服务承办商，商定服务内容和费用等签订协议，同时做好活动相关的人员衔接和物资准备
配套服务筹备
确定安保、酒店、餐饮、物流运输、旅游、特装展位和展览主场搭建等服务供应商，确定合作和费用计算方式并签订协议，做好服务相关的人员衔接和物资准备，准备办展所需要的大批量物资和大型设备
营销筹备
搜集和分析潜在参展人员(参展商和专业观众)和广告媒体信息，确定招商招展方案和市场推广方案，筹备营销相关文案和证件，进行推广活动和邀请参展人员，并催缴参展费用和寄送参展指南等

图 5.7 展览筹备工作分类图

其中,组织和人员筹备、场地筹备、展期活动筹备和配套服务筹备又可称为非营销筹备,即展览的综合筹备。本实训任务只涉及展览的综合筹备工作,营销筹备工作将单独在实训任务三展览的营销筹备中讲述。

一、组织和人员筹备

展览项目通过立项策划,正式进入项目筹备实施阶段。本阶段首先必须清楚筹备工作主体,即明确办展机构,再将筹备工作内容分解成具体任务落实到各办展机构和个人以便开展工作。常见的办展机构有主办单位、承办单位、合作办展单位(协办单位和支持单位)。其中,主办单位和承办单位是办展机构中的必要项,合作办展单位为备选项,通常由主办单位和承办单位的社会资源而定,合作办展单位的选取必须以有利于展览项目实施和互利互惠为原则。

展览的组织和人员筹备工作可根据下面三个步骤进行:

第一步:根据有利于展览项目实施和互利互惠为原则从主办单位和承办单位的社会资源中确定协办单位和支持单位,明确具体参与筹备工作的人员。

第二步:根据图5.7,逐项分析以明确具体筹备工作任务,完成表5.9。

表5.9 展览筹备工作任务分析表

________展会筹备工作任务分析		
	现有状况	待建目标
人员和组织筹备		
场地前期筹备		
展期活动筹备		
配套服务筹备		
其他		

第三步:根据部门职责和人员特长,将筹备工作具体任务分包至个人,填写表5.9。

筹备工作进程表如表5.10所示。

表5.10 筹备工作进程表

序 号	部 门	任务内容	起止时间	责任人
填写指南:任务内容必须细致明确,参考模式如下: 序号:1.部门:运营部;任务内容:联络展馆场地经营单位磋商和签订租赁合同;日期:7月13号到8月2号;责任人:(组长)××(组员)××、××				
1				
2				
…				

二、场地前期筹备

场地的前期筹备，即展出场地的落实，它是展览筹备工作的先行工作之一，办展机构必须在展览策划之初就要考虑展览的展出地点，在各种资料印刷之前必须确定好展出场馆，与场馆方签订正式合同，以落实展出场地，保障其他筹备工作顺利进行。

场地前期筹备可按照如下三个步骤进行：

第一步：实地考察了解场地和场地周边情况，确定举办场地的基本情况和配套设施，填写表5.11。

表5.11　场地设施和布局调查表

<table>
<tr><th colspan="6">场地基本情况及设施</th></tr>
<tr><td rowspan="2">场地基本情况</td><td>室内可展出场地</td><td>室外可展出场地</td><td>展馆楼层和展厅个数</td><td colspan="2">最近三年举办过的主要展览</td></tr>
<tr><td>尺寸：___长___宽___高
面积：__ m^2</td><td>尺寸：__长__宽
面积：__ m^2</td><td>楼层：__层
展厅：__个</td><td colspan="2">1. ____________
2. ____________</td></tr>
<tr><td rowspan="4">场地设施</td><td>室内停车场</td><td>露天停车场</td><td>银行</td><td>会议厅</td><td>电梯</td></tr>
<tr><td>层高：__ m；
小型车位：__个；
大型车位：__个；尺寸：</td><td>尺寸：__长__宽
单位：__ m
设施：</td><td>名称：
类型：</td><td>设施：
容纳人数：____人</td><td>数量：
类型：
位置：</td></tr>
<tr><td>餐厅及酒吧</td><td>商务中心</td><td>卫生间</td><td colspan="2" rowspan="2">备注：</td></tr>
<tr><td>类型：
主要设备：__
人数：__个</td><td>设备：
类型：</td><td>位置：
人数：</td></tr>
<tr><td>场地分布平面图</td><td colspan="5">（可另附图）</td></tr>
<tr><th colspan="6">场地周边配套设施情况</th></tr>
<tr><td rowspan="2">交通</td><td>地铁</td><td>公交</td><td>公路连接</td><td>火车站连接情况</td><td>机场连接情况</td></tr>
<tr><td>地铁线路：
出站口__个；
名称：</td><td>公交路线：
停车站__个；
名称：</td><td>快速公路：
普通公路：</td><td>是否直达：
是□　否□
具体连接路线：</td><td>是否直达：
是□　否□
具体连接路线：</td></tr>
<tr><td rowspan="2">配套设施</td><td>附近酒店</td><td>附近餐饮</td><td>附近购物中心</td><td colspan="2" rowspan="2">备注：</td></tr>
<tr><td>名称：
星级：</td><td>名称：
就餐人数：__个</td><td>名称：
类型：</td></tr>
<tr><td>周边交通配套平面图</td><td colspan="5">（可另附图）</td></tr>
</table>

第二步:根据办展规模、展品类别和特点及展期活动等因素确定需要租用的场地面积、位置和配套设施。

第三步:向场地方就需租赁的具体场地、配套设施和其他需提供的条件商谈细节和价格,拟订并签订租赁合同。

三、展期活动筹备

(一)展期活动分类和组织方式

为了吸引目标受众、提高展会效果,进一步实现展会的贸易、展示、信息发布等功能,展会组织机构在展览期间往往举办一些相关活动,这些相关活动按其内容可分为以下几类:

①礼宾活动:如开幕式、闭幕式、招待酒会、领导会见等。

②交流活动:如行业会议、技术交流会、学术讲座、学术报告、行业会议、研讨会、论坛等。

③贸易活动:如贸易洽谈、产品推介、意向签约仪式等。

④娱乐活动:如旅游活动、参观访问、文艺汇演、现场表演活动等。

其组织方式可分以下三大类:

①服务外包:办展机构将展期活动外包给专业的服务提供商(如庆典公司、礼仪公司、演艺娱乐公司和旅游服务公司等)来组织和实施,办展机构只需做好协调和配合工作。此类方式适用于筹办专业性较强的活动(如文娱表演、旅游活动和自助餐会等),这样既可减少办展机构的工作负担,又能提高展期活动水平。

②独立组织:办展机构独立完成活动策划、筹备和实施工作。此种方式主要适用于筹办活动专业性不强,且办展机构拥有相关人脉物力资源并熟悉活动题材, 如行业论坛、学术讲座和产品推介会等。

③综合组织:办展机构将活动服务部分任务外包给服务商,与之协调并共同筹办。此种方式多见于活动内容多样化,办展机构和服务提供商各具优势的情况,如,举办餐宴会,餐宴会活动含嘉宾发言和歌舞表演,办展机构可将餐宴服务和歌舞表演分别外包给餐饮公司和演艺公司,自己只需筹办嘉宾发言即可。

本实训中主要讲述采用综合组织方式的展期活动筹备,展期活动独立组织的(如筹办论坛、会议和讲座等)具体方法可参见本书“实训项目十二　会议组织”。

(二)展期活动筹备步骤

第一步:根据展会策划中确定的展期活动类型,通过网络搜索、实地走访和咨询其他展会同行公司等方法(信息搜索方式参见实训项目五展览策划中任务一市场调研)搜集初步筛选出相应活动承办商信息,填写表 5.12。

表 5.12 展期活动承办商信息表

序　号	承办商名称	联系方式	业务范围	典型案例	详情/其他
填写指南:典型案例应为近三年来承办的典型展会活动,应写明具体展会名称和活动名称,如:承办 2013 年广州国际汽车展开幕式;详情/其他一栏填写典型案例相关的其他所有信息,包括价格、活动效果、活动亮点、服务发包方的反馈意见等。同类活动需采集三家及以上服务商信息					
1					
2					
…					

第二步:向活动承办商们告知活动时间、场所、活动目的和经费预算,要求对方给出详细报价并提供活动方案和策划细节,综合评价得出最佳方案和活动承办商。

第三步:准备活动嘉宾的食宿、交通条件和举办活动相关的文案证件。

第四步:通过电话、邮件和当面邀请等方式邀请活动嘉宾,确定到场嘉宾并寄送活动资料。

(三)活动相关文案资料和证件

①合同类:与活动承包商签订的合作或购买服务协议。

②指导类:活动流程或指南、活动接待方案、活动报名表和嘉宾邀请函等。

③证件类:展期活动场地施工员证、嘉宾入场证、活动提示牌等。

④宣传类:适合媒体刊登的展期活动介绍广告、新闻通讯、场地宣传张贴海报和部门通讯等。

三、配套服务筹备

(一)配套服务分类和组织方式

为协助参展商、观众和媒体工作者等参展和配合办展机构内部工作人员筹办和组织展览,办展机构还需要提供全方位多样化的配套服务。服务对象不同,相应的配套服务的内容也不同,主要内容如图 5.8 所示。

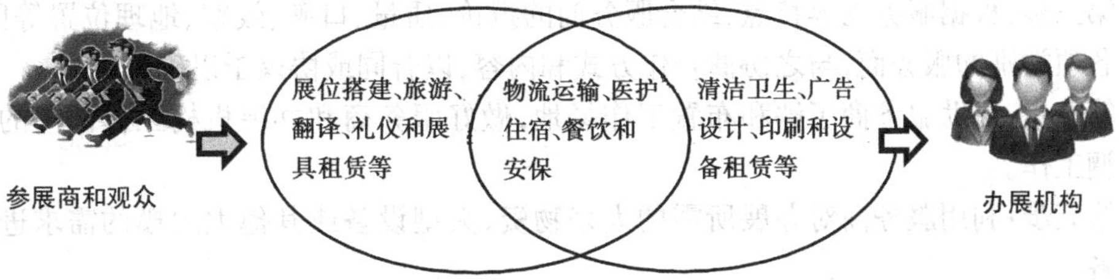

展位搭建、旅游、翻译、礼仪和展具租赁等
物流运输、医护住宿、餐饮和安保
清洁卫生、广告设计、印刷和设备租赁等
参展商和观众
办展机构

图 5.8 配套服务

通常办展机构通过付费、合作办展或用场地广告或展位顶替酬劳等方式与专业的服务提供商合作来提供配套服务,不同服务领域采取的合作方式不同,合作方式和具体内容可以与服务提供商商榷后以合同形式予以确认。

(二)配套服务筹备步骤

第一步:根据展会规模、展品类别和性质、展览地点、展期活动内容等各种因素大致确定所需服务种类和服务内容,并搜集已经明确的配套服务需求,汇总起来填写表5.13。

表5.13 配套服务计划表

序 号	种 类	服务详情	预计数量/规模	完成时间
填写指南:服务种类有物流、餐饮、住宿、安保、展位代装、礼仪、翻译、设备租赁、物资准备和其他;服务详情需要填写具体,包括时间、地点、服务内容和目的;数量和规模指所需服务的数量和规模;完成时间填写服务准备工作完成的最后期限,以“年、月、日”形式表示。如:种类;安保;服务详情:布展期间(2014年9月12日—2014年9月15日)管理参展商进出场地和协助场地组维护施工场地安全;预计数量/规模:保安员10名;完成时间:2014年3月24日;每种类别需提供三家及以上服务商信息				
1				
2				
…				

第二步:根据服务类别,通过网络搜索、实地走访和咨询其他展会同行公司等方法(信息搜索方式参见实训项目五展览策划中任务一市场调研)搜集各种服务提供商信息,汇总完成表5.14。

表5.14 配套服务商信息表

序 号	服务商名称	联系方式	业务范围	典型案例	详情/其他
填写指南:典型案例应为近三年来承办的典型展会服务项目,应写明具体展会名称和服务内容,如:提供2013年广州国际汽车展物流运输业务;详情/其他一栏填写服务业务相关的其他所有信息,包括价格、服务方式、业务优势、服务发包方的反馈意见等					
1					
2					
…					

第三步:根据服务内容特点,结合服务商的报价、质量、口碑、效率、地理位置等因素,确定各项类别的服务商,与之协商合作方式和内容,以合同或协议予以确认。

第四步:协助服务商了解和布置工作场地,做好服务商和办展机构工作部门的沟通和协调工作。

第五步:利用服务商对办展所需的大宗物资、大型设备或其他大规模的需求进行提前准备。

✪教师组织和指导学生梳理既有资源并进行分组分工,学生以工作小组为单位分别展开场地前期筹备、展期活动筹备和配套活动筹备。

操作程序、标准及实训效果评估

一、实训步骤

步骤1 业务知识培训

指导教师以集中授课形式讲授筹备工作范畴、主要内容和工作重点和注意事项。

步骤2 明确具体的筹备工作任务

根据业务知识中图5.7中所示各项筹备工作内容,各工作小组分组讨论分析综合筹备工作各项工作,总结出现有资源和条件,并列出相应待建目标,填写展览筹备工作任务分析表,并制作PPT展示,每小组不超过10分钟,指导老师分析点评。

步骤3 根据工作任务重新分组

实训指导老师组织同学重新分组,各小组数量和人数参照展览筹备工作任务分析表中的工作内容决定,可采取竞选和民主投票形式决定各组组长、部长和项目经理,具体分组方式参看本章实训分组法二。

提示:分组避免呆板均化,考虑实际工作任务的多寡决定小组人数,应尽量根据学生的特长和兴趣安排,并随工作进度和工作变化及时调整各小组人员数量。

步骤4 形成筹备工作日程表

各部门部长和下属小组长认领步骤2中展览筹备工作任务分析表所对应的工作任务,讨论划分各小组任务并确定具体完成时间和工作责任人,完成本部门筹备工作进程安排(填写筹备工作进程表),最后上交总务部,由项目经理和项目副经理汇成总表。

提示:具体的筹备工作往往因为各种原因需要进行人员调整,如:小组成员不适应本组工作任务、工作开展的实际情况导致的小组人手不足或富余和上游工作项目延误引起下游工作任务组的暂时性人手过剩等,因而项目经理和项目副经理需要及时做好人员调整以保持筹备工作的总体进度,并且在调整之后必须对筹备工作进程表进行相应修改。

步骤5 场地前期筹备

场地建设和管理组(简称场地组)完成如下筹备工作:

①实地走访展出场地,落实场地具体情况。

②与营销部沟通确定租用的场地面积和配套设施。

③签订场地租赁合同。

步骤6 展期活动筹备

活动筹备组(简称活动组)完成如下筹备工作:

①筛选出合适的活动承包商,并签订服务合同。

②协助承包商布置场地并做好其与办展机构内部的工作衔接。

③邀请活动嘉宾。

④准备活动相关的物资。

步骤7 配套服务筹备

服务保障组(简称服务组)完成如下筹备工作:

①筛选出合适的服务商,并签订服务合同。

②协助服务商布置场地并做好其与办展机构内部的工作衔接。

③协助办展机构内部各部门进行大宗物资、大型设备或其他大规模需求的准备。

步骤 8　检查和督促展览筹备工作进度

各筹备工作组组长掌握本组工作情况，根据工作日程表对本工作组工作任务进行督促，及时向本部门部长汇报，各部长在部门工作任务的完成期限内及时向项目经理、项目副经理和实习指导老师汇报。

项目经理、项目副经理和实习指导老师根据工作任务的紧急程度和工作进度情况召开周会、每日例会或指定时间会议，各部门部长总结本部门工作完成情况制作 PPT 报告向全班人员展示筹备工作完成进度和具体情况，实训指导老师指导和协助项目经理、项目副经理进行人员调整和工作协调以保持计划工作进度和完善筹备工作。

步骤 9　任务总结

教师总结本次任务情况，指导全班部署下一阶段任务的实施。

二、展览综合筹备的操作程序、标准及实训效果评估

表 5.15　展览综合筹备（场地前期筹备）的操作程序、标准及实训效果评估表

场地建设和管理组成员考核表					
业务操作步骤		标准与要求	实训效果评估		
			满分	得分	评语
既有资源整理	1. 梳理现有条件	1）条件分类全面	4		
		2）引用数据准确	4		
		3）内容表述详细	4		
	2. 列举筹备项目	1）项目分类全面	4		
		2）引用数据准确	4		
		3）内容表述详细	4		
		4）项目间逻辑关系清楚	4		
形成筹备计划	1. 制作筹备日程表	1）筹备项目之间时间衔接得当	4		
		2）责任人、任务和时间三者结合	4		
		3）工作内容描述准确细致	4		
场地考察	1. 场地和设施确认	1）场地尺寸计量准确	4		
		2）配套设备设施记录详细准确	4		
		3）场地周边交通情况清楚了解	3		
		4）场地占用情况准确了解	3		
确定租赁范围	1. 展区规划	1）展位、干道和办公区分布协调	10		
		2）配合展览规模	8		
	2. 展位计算	1）计算准确	6		
		2）展位分类具体详细	6		

续表

业务操作步骤		标准与要求	实训效果评估		
			满分	得分	评语
租赁场地	1. 商谈租赁条件	1)利益双赢 2)条件准确细致	2 6		
	2. 签订合同	1)合同结构完整 2)合同内容准确细致 3)签订有效合同	2 4 2		
说明	以上业务操作满分共100分,得分在90分以上为优秀,80~89分为良好,70~79分为中等,60~69分为合格,60分以下为不合格		100分		
反馈	总分: 评语:		考评员签名		

表5.16　展览综合筹备(展期活动筹备)的操作程序、标准及实训效果评估表

展期活动组成员考核表					
业务操作步骤		标准与要求	实训效果评估		
			满分	得分	评语
既有资源整理	1. 梳理现有条件	1)条件分类全面 2)引用数据准确 3)内容表述详细	4 4 4		
	2. 列举筹备项目	1)项目分类全面 2)引用数据准确 3)内容表述详细 4)项目间逻辑关系清楚	4 4 4 4		
形成筹备计划	1. 制作筹备日程表	1)筹备项目之间时间衔接得当 2)责任人、任务和时间三者结合 3)工作内容描述准确细致	4 4 4		
搜集信息	1. 活动承办商基本信息	1)类别齐全 2)内容详细 3)数据准确	3 3 2		
	2. 市场行情	1)类别齐全 2)内容详细 3)数据准确	3 3 2		
确定活动承办商	1. 商谈活动条件	1)利益双赢 2)条件准确细致	2 4		
	2. 签订合同	1)合同结构完整 2)合同内容准确细致 3)签订有效合同	2 4 2		

续表

业务操作步骤		标准与要求	实训效果评估		
			满分	得分	评语
具体实施	邀请嘉宾	1)邀请方式选择恰当	4		
		2)邀请流程清楚明了	3		
		3)用词恰当,表达清晰	3		
		4)有礼有节	3		
	准备文案资料	1)资料种类齐全	2		
		2)实用	4		
		3)表达通畅准确	2		
	交通食宿条件准备	1)符合展期活动(时间、地点条件标准)要求	3		
		2)安全卫生	3		
		3)价格合适	3		
说明	以上业务操作满分共100分,得分在90分以上为优秀,80~89分为良好,70~79分为中等,60~69分为合格,60分以下为不合格		100分		
反馈	总分: 评语:		考评员签名		

表5.17 展览综合筹备(配套服务筹备)的操作程序、标准及实训效果评估表

配套服务组成员考核表					
业务操作步骤		标准与要求	实训效果评估		
			满分	得分	评语
既有资源整理	1.梳理现有条件	1)条件分类全面	4		
		2)引用数据准确	4		
		3)内容表述详细	4		
	2.列举筹备项目	1)项目分类全面	4		
		2)引用数据准确	4		
		3)内容表述详细	4		
		4)项目间逻辑关系清楚	4		
形成筹备计划	1.制作筹备日程表	1)筹备项目之间时间衔接得当	4		
		2)责任人、任务和时间三者结合	4		
		3)工作内容描述准确细致	4		
确定配套服务内容	1.制订配套服务计划	1)时间、任务和责任人统一	4		
		2)服务分类完整	3		
		3)内容描述准确具体	4		
		4)表达通畅,无语法问题	2		

续表

业务操作步骤		标准与要求	实训效果评估		
			满分	得分	评语
搜集信息	1. 活动承办商基本信息	1)类别齐全	3		
		2)内容详细	3		
		3)数据准确	2		
	2. 市场行情	1)类别齐全	3		
		2)内容详细	3		
		3)数据准确	2		
确定活动承办商	1. 商谈活动条件	1)利益双赢	2		
		2)条件准确细致	4		
	2. 签订合同	1)合同结构完整	2		
		2)合同内容准确细致	4		
		3)签订有效合同	2		
具体实施	1. 协助服务商开展工作	1)有效协调	2		
		2)衔接恰当	2		
	2. 协助其他部门进行物资准备	1)及时	3		
		2)保质保量	3		
说明	以上业务操作满分共100分,得分在90分以上为优秀,80~89分为良好,70~79分为中等,60~69分为合格,60分以下为不合格		100分		
反馈	总分: 评语:		考评员签名		

实战项目训练

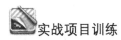

请认真学习本任务相关的业务知识,按实训步骤进行分组实践。

任务三　展览的营销筹备

业务情景

通过完成任务一,你所在的展会服务公司顺利通过立项招标,取得该大学学生会主办的校园展览的承办资格,并且通过市场调研和综合评估制订了最终的展会策划方案,展会组织工作进入到前期筹办阶段。

✪教师组织全班学生成立营销工作小组,制订营销工作计划、进行招展招商和市场推广活动,本实训任务与实训任务二同时交叉进行。

业务流程

展览营销筹备业务流程如图5.9所示。

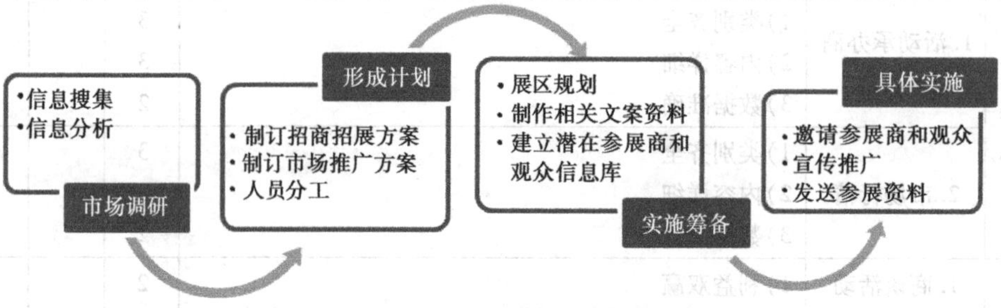

·信息搜集
·信息分析
市场调研
形成计划
·制订招商招展方案
·制订市场推广方案
·人员分工
·展区规划
·制作相关文案资料
·建立潜在参展商和观众信息库
实施筹备
具体实施
·邀请参展商和观众
·宣传推广
·发送参展资料

图5.9 展览营销筹备业务流程图

业务知识

一、展览营销筹备工作概述

展览营销也是展览筹备的重要工作内容，它可分为市场推广活动和招商招展活动两大类，前者主要是指针对参展商、观众和代理商的展览宣传，后者则主要是定位和邀请参展商和专业观众。两者相辅相成，相互促进。良好的品牌推广活动和广告攻势将促使更多参展商和专业观众参展，众多行业认可的重量级企业和高质量的专业观众参展也会有利于展会品牌的树立和推广。

从工作方式看，目前国内展览的营销工作方式主要有两类：一是办展机构独立进行市场推广和招展招商；二是办展机构发包部分招商招展和市场推广任务给第三方服务公司。本实训任务只涉及第一类营销工作方式。

二、展览营销市场调研

展览营销市场调研的目的是通过了解展览目标地区的参展商、观众和覆盖目标地区的广告媒体情况以制定恰当的招商招展和市场推广策略。市场调研方法、途径和制作调研问卷等详细内容参见实训项目五会展营销中的任务一会展市场调研，本处侧重讲述为实现营销目的而进行的市场调研的具体步骤和内容。

第一步：展览策划阶段已经搜集了详细细致的市场和行业信息，在具体营销阶段还需要首先着重搜集以下两方面的信息：

1. 参展商和专业观众的信息

潜在参展商和观众是招商招展和市场推广的目标群体，因而分析参展商和观众是整个招商招展和市场推广的首要工作，是制订工作计划的重要依据，关系整个营销工作的成败。潜在参展商和观众分析的主要内容和分析目标如表5.18所示。

表 5.18 潜在参展商和观众信息分析一览表

类别	主要内容	分析目标
企业规模	员工人数、产量场地面积	了解参展需求、判断经济实力和推介合适的展位
赢利状况	毛利润或总利润	了解参展需求、判断经济实力、推介合适的展位
发展阶段	近期发展势头和发展目标	了解参展需求、判断参展意向
联系人信息	名称、工作部门、职位和联系方式等	为邀请企业参展做准备、提高邀请企业参展的成功率
产品信息	产品种类、主打产品和产品研发情况	了解参展需求、判断展位类别、推介合适的展位
地区信息	企业所处地区以及展览举办地交通情况	选择合适的区域推广方式和细化招展筹备工作
决策者信息	决策者的教育经历、社会背景、性格和个人喜好	选择合适的媒体广告渠道、确定合适的招展招商方式以及施加影响提高招展招商成功率

2. 广告媒体公司(含电视台)信息

表 5.19 推广渠道信息分析一览表

类别	主要内容	分析目标
基本信息	公司名称、地址、联系方式和联系人	联系公司,开展合作
公司规模	员工人数、注册资金和年营业额等	判断公司实力,选择合作广告媒体公司
推广方式	具体推广渠道	了解公司优势推广模式,制作推广组合模式
覆盖范围	广告媒体覆盖的地区或人群	了解广告媒体覆盖对象,选择合作广告媒体公司
价格	对应服务的具体价格	预算成本,综合比较选择合作广告媒体公司
服务优势	广告服务的特色和优势	了解公司优势项目,制作推广组合模式,选择广告媒体公司

第二步:分类统计和整理潜在参展商、专业观众信息和广告媒体信息。

第三步:根据统计结果和具体数据进行分析,就招商招展和市场推广活动策略、方式和计划安排等进行构思,并制作市场调研报告或总结(调研报告的格式可参见“实训项目五 展览营销”中的任务一市场调研)。

三、制订招商、招展和市场推广计划

通过市场调研,办展机构对涉及市场调研的各种数据和资料有了清晰明确的了解,并根据调研报告和总结,制作具体的招商招展方案和市场推广方案,具体格式和内容详见“实训项目五 展览营销”中的任务一和任务二。

四、实施前的筹备

(一)划分展区、计算展位数和展区面积以及制作展区平面图

展区和展位的划分是会展招展策划与展位营销的一项重要的基础性准备工作，关系到招展和会展的整体形象，因此，展区和展位在会展招展工作进行之前就应该划分好。展区划分包括展示区、通道、功能服务区(展期活动区、办展机构办公区和展览配套服务区)的划分。

1. 划分展区

(1)按专业题材划分展区

所谓按专业题材划分展区，就是在满足展品对场地要求的基础上，将同类展品安排在一个区域内展出。按专业题材划分展区，可以使展会条理清楚、秩序井然。目前绝大多数的展会都按商品的展出类别划分展区，实行分类展出。

(2)按地区划分展区

为了突出某个国家或地区的参展商品，常采用这种分类方法。这种方法适合综合性的展会或国际参展商较多的展会，比如世博会、中博会等。

(3)按展品的相关性划分展区

将与某些展品相关联的展品类别划分在相邻展区，以便于观众的参观。

2. 展区划分的注意事项

(1)合理分配标准展位和特装展位

既要注意特装展位的分配，也不能忽视标准展位的分配，结合展品的特性，合理安排两种展位的比例，满足大多数参展商的需求。同时在实际划分中，为了最大程度利用场地，办展机构会尽量将特装展位尺寸设为标准展位的倍数，如3 m×6 m、3 m×9 m或6 m×6 m等。

(2)合理安排展览的功能服务区域和通道

一个展览除展示区域外，还应合理地安排好功能服务区域和主(辅)通道，根据国际惯例，展场内主通道宽度不少于8 m，辅道宽度不少于3 m，办展工作人员可在保障展区通行功能情况下充分考虑功能服务区如登记处、咨询处、洽谈区、休息区、新闻中心、餐饮区等的安排，要做到统筹兼顾、因地制宜，提高场地的利用率。

(3)要考虑现场管理和服务的方便

展区和展位的划分要注意消防安全，遇到紧急情况便于疏散人群，最好不要有闲置死角，要方便展台的搭建、拆装与运输，易于现场的管理与服务。

(4)要适应参观人流的规律

为保证参展的效果，便于现场管理，一般按照人流在整个会场的移动方向来考虑合理间隔区间，分流人群。展会参观人流的形成和流动有其自己的规律，一般人们进入展馆后习惯于直接向前走，如果不能直接向前，就习惯于向右转；在展馆的入口处、主通道、服务区和大的展位前的人流比较多，容易形成大量的人群围观某一展位和展品等，因此需要注意在交叉通道、服务区、大的展位前此类地方前面预留较大的空闲面积。

中国长沙第二届房地产交易展览会红星国际会展中心一楼展厅展区划分如图 5.10 所示。

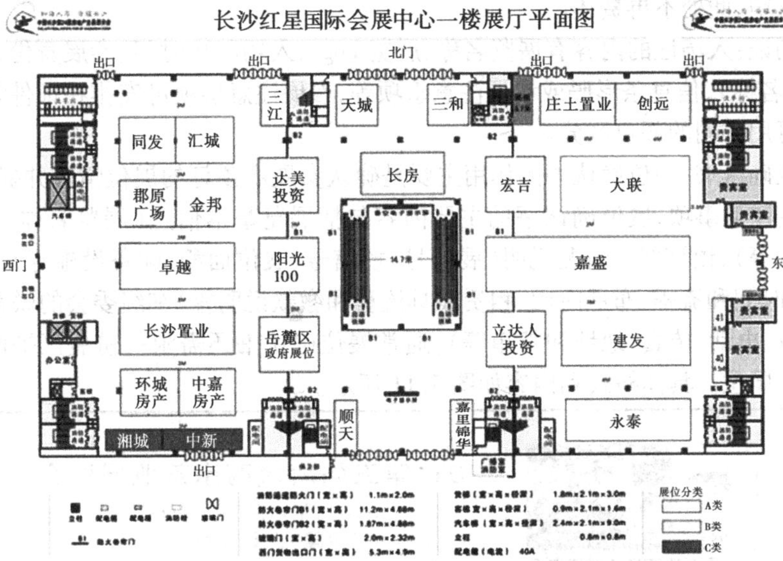
长沙红星国际会展中心一楼展厅平面图
北门
出口
出口
出口
出口
西门
东门
出口
三江
天城
三和
庄士置业
创远
同发
汇城
达美投资
长房
宏吉
大联
郡原广场
金邦
阳光100
嘉盛
卓越
长沙置业
岳麓区政府展位
立达人投资
建发
环城房产
中嘉房产
顺天
嘉里锦华
永泰
湘城
中新
办公室
展位分类
A类
B类
C类

图 5.10　中国长沙第二届房地产交易展览会展厅平面图

3. 计算展位数量和展出面积

确定展位数量和展出面积是执行营销工作的必要内容，工作人员可以通过测量展览场地的长宽尺寸后计算出场地面积，再除去办公、通道、服务和活动区域面积之和，剩余就是场地的展出面积。

4. 制作展区平面图

展区平面图是展区展位、通道和各功能服务区划分的图面表达，是开展招商招展工作的重要资料，也是场地前期筹备工作的重要内容和成果。展区平面图必须标明展览场馆与展览有关的数据，包括展位尺寸、室内净空高度和限制高度、地面承重性能、标准展位之间的通道、人员及货物进出通道、卫生间位置、消防设施位置等。展位需进行编号，通常一个展厅可布置上百个标准展位，故展位号至少是按三位数编排，如 001、002 直至 101、102；如展览会所有展厅较多，则在三位数的展位号前加上汉语拼音或英文的字母以示区别，如 A001、B001 等，展区平面图通常使用 Photoshop 和 CAD 等制图软件制作，其具体格式如图 5.9 所示。

（二）筹备相关文案资料

表 5.20　筹备相关文案资料

招商招展	市场推广
招商和招展方案	宣传推广方案
邀请函（参展商和观众）	广告（电视、电台和报刊等）
参展指南	新闻（电视、电台和报刊等）
入场证（参展商、观众、记者和承建商）	海报（展期活动和展览宣传）
展位确认书	网络软文

招商和招展方案、邀请函、参展指南、广告、新闻、海报和软文内容和样式详见实训项目五会展营销，此处不再赘述。

● 入场证：入场证的内容有展览名称、展览 Logo、入场起止时间、参展身份、照片和名字（或公司名称）、信息条形码或参展注意事项等，参展注意事项可安排在证件背面，不同的入场证可用不同的颜色区分。

● 展位确认书：展位确认书的作用主要是确认参展商预订的展位情况并提请参展商参展的一些注意事项，展位确认书的主要内容包括展览基本信息（展览名称、Logo、展出时间和地点等）、预订展位情况说明（展位号、场馆号、展位面积、配备设施等）、参展注意事项（报到时间和流程、布展时间、租赁展具流程和缴款说明等）和组委会的联系方式（联系人或单位、电话、传真、地址和邮箱等），通常展位确认书还需附一份展区平面图，以便参展商确认展位。具体格式和内容如图 5.11 所示。

5TH
The Fifth Tea Exposition Between Cross straits
TEC-S
第五届海峡两岸茶业博览会

2011第五届海峡两岸茶业博览会
2011年11月25—27日
中国 福建 武夷山

展位确认书

欢迎贵单位参加第五届海峡两岸茶业博览会，我们将为你安排如下展位：

单位名称：××贸易有限公司

英文名称：略

展馆：武夷山风景国际会议中心　展位号：A032/A033/A037/A038（茶保健展区）展位面积：36 m^2

为使您顺利参展，敬请仔细阅读以下内容并配合做好相关工作：

一、确认展位

请根据展区平面图确认展位和单位的中英文名称（附件展馆平面图）

二、展商报到

报到时间：略；特装展位布展时间：略；标准展位布展时间：略

凭此确认书和缴款凭证领取参展证，具体详情请参阅《参展指南》

三、重要须知：略

四、其他：略

已阅，并同意，代表人签字（单位盖章）

展务资讯电话：0592-5922395　联系人：略　传真：略

（组委会盖章）

图 5.11　展位确认书

五、邀请参展商和观众

邀请参展商和专业观众的流程如图 5.12 所示。

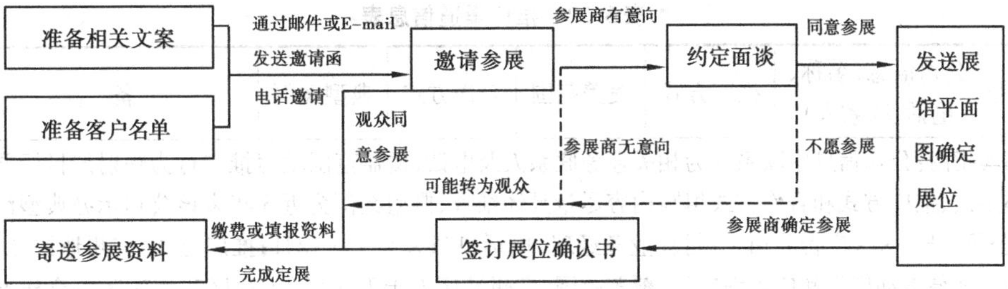
准备相关文案
准备客户名单
通过邮件或E-mail
发送邀请函
电话邀请
邀请参展
参展商有意向
约定面谈
同意参展
发送展馆平面图确定展位
观众同意参展
参展商无意向
不愿参展
可能转为观众
寄送参展资料
缴费或填报资料
完成定展
签订展位确认书
参展商确定参展

图 5.12　邀请参展商和观众工作流程图

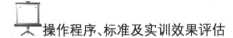

操作程序、标准及实训效果评估

一、实训步骤

步骤 1　业务知识培训

指导教师以集中授课形式讲授营销筹备工作范畴、主要内容、工作重点和注意事项。

步骤 2　筹备工作任务分析和分组

参照实训任务 2:展览的综合筹备步骤 2,3 和 4 进行营销任务分析,并重新分组形成营销部门的工作日程表。

步骤 3　搜索整理目标参展商和专业观众信息

招商招展组(以下简称商展组)和市场推广组(以下简称市场组)通过各种途径搜集参展商和专业观众信息及市场推广渠道信息,分别填写表 5.21 和表 5.22。

表 5.21　潜在参展商和观众信息表

序　号	公司名	地区/地址	联系方式	业务范围（产品/服务）	联系人（职位/电话）	公司网址	备　注
1							
2							
…							

提示:参展商和专业观众的界限较难区分,具有参展销售需求的具体商家也可能成为展览中其他展品的购买方,因而也是潜在观众,工作组可根据搜索信息初步判断其倾向,在备注中说明。

表 5.22 推广渠道信息表

序　号	公司信息(名称、电话、联系人)	推广方式	覆盖范围	合作方式	典型案例	备　注
填写指南:公司信息中联系人为相关业务联系人及电话,覆盖范围填写推广行为辐射的目标群体;媒体形式、推广方式和合作方式填写内容尽量具体细致,典型案例为近 3 年来该公司承办典型活动,如:公司信息:××广告公司　刘毅(业务经理)电话:136××××1241;推广方式:广州地铁二号线车厢内屏幕滚动广告和广告牌广告;覆盖范围:广州城区五十万居民(天河区和海珠区);合作方式:付费;典型案例:2010 年广州亚运会广告						
1						
2						
…						

步骤 4　分析目标群体和广告媒体构思招展招商和市场推广方案

商展组:统计潜在参展商和观众信息,分析表 5.21 并对招商和招展方案进行构思。

市场组:统计潜在参展商和观众信息,分析表 5.22,并对市场推广计划进行构思。

步骤 5　制作招展招商和市场推广方案

商展组和市场组分别制作招展招商和市场推广方案。

步骤 6　联络目标媒体和广告商

市场推广组(以下简称市场组)通过电话、登门拜访、邮件和传真等方式联络到目标地方或校内媒体,如电台、电视台、报刊、杂志和网站等,与媒体广告商商谈以确定广告合作模式、费用和广告要求,并以合同形式予以确认。

提示:如果牵涉到费用、合作模式和广告要求等重要内容,市场组需提交相关商谈内容给项目经理和副经理,予以核准才能与广告商确定并签订合同。

步骤 7　制作相关文案

商展组和市场组根据工作任务需要,设计制作相关文案资料的版式和内容,如果牵涉大批量的资料准备,可将设计好的文案版式交由服务保障组完成,具体分类和格式请参看表 5.20 筹备相关文案资料。

步骤 8　发布新闻和广告

市场组根据筹备工作日程表的安排,联系指定媒体或电视台,提交广告要求或新闻稿,跟踪落实新闻发布和广告活动的实施。

步骤 9　邀请参展商和观众

商展组根据步骤 1 中的潜在参展商和观众信息表,通过电话、电邮或邮寄资料等方式邀请对方参展,具体流程见图 5.12。

步骤 10　催款和信息输入

商展组跟踪查看参展商付费情况,催促参展商缴纳剩余费用,并将确认后的参展商(缴纳足额参展费用)和确认参展的观众的名单信息录入信息库。

步骤 11　邮寄参展商和观众参展资料和证件

商展组向确定参展的参展商和观众通过发送电子邮件或挂号信等寄送参展指南、加盖公章的展位确认书、入场证和参展指南。

二、展览营销筹备的操作程序、标准及实训效果评估

表 5.23 展览营销筹备(招商招展)的操作程序、标准及实训效果评估表

<table>
<tr><th colspan="6">招商招展组成员考核表</th></tr>
<tr><th colspan="2" rowspan="2">业务操作步骤</th><th rowspan="2">标准与要求</th><th colspan="3">实训效果评估</th></tr>
<tr><th>满分</th><th>得分</th><th>评语</th></tr>
<tr><td rowspan="2">信息搜集</td><td>1. 市场调研</td><td>1)确定调研主题
2)找准适应的调研方法</td><td>10</td><td></td><td></td></tr>
<tr><td>2. 题材构思</td><td>1)规划调研的内容,思路清晰
2)整合所搜集的信息</td><td>10</td><td></td><td></td></tr>
<tr><td>形成计划</td><td>3. 招商招展方案</td><td>1)格式正确
2)表述流畅,无文法错误
3)项目完整
4)内容清楚详细
5)实用、可操作</td><td>20</td><td></td><td></td></tr>
<tr><td rowspan="3">实施筹备</td><td>4. 人员分工</td><td>1)分工合理
2)人、时间、任务统一
3)任务描述准确清楚</td><td>10</td><td></td><td></td></tr>
<tr><td>5. 方案的整体内容</td><td>1)项目完整
2)信息准确
3)覆盖目标群体</td><td>10</td><td></td><td></td></tr>
<tr><td>6. 文案准备</td><td>1)资料齐全
2)格式正确
3)排版鲜明美观
4)内容准确详细
5)实用</td><td>10</td><td></td><td></td></tr>
<tr><td rowspan="3">具体实施</td><td>7. 邀请参展商和观众</td><td>1)邀请方式恰当
2)联络目标群体整体无遗漏
3)工作流程清楚准确</td><td>10</td><td></td><td></td></tr>
<tr><td>8. 催款和信息录入</td><td>1)及时
2)准确</td><td>10</td><td></td><td></td></tr>
<tr><td>9. 寄送参展资料</td><td>1)及时
2)资料完整、无遗漏</td><td>10</td><td></td><td></td></tr>
<tr><td>说明</td><td colspan="2">以上业务操作满分共 100 分,得分在 90 分以上为优秀,80 ~ 89 分为良好,70 ~ 79 分为中等,60 ~ 69 分为合格,60 分以下为不合格</td><td>100 分</td><td colspan="2"></td></tr>
<tr><td>反馈</td><td colspan="2">总分:
评语:</td><td colspan="2">考评员签名</td><td></td></tr>
</table>

表 5.24 展览营销筹备(市场推广)的操作程序、标准及实训效果评估表

<table>
<tr><th colspan="6">市场推广组成员考核表</th></tr>
<tr><th colspan="2" rowspan="2">业务操作步骤</th><th rowspan="2">标准与要求</th><th colspan="3">实训效果评估</th></tr>
<tr><th>满分</th><th>得分</th><th>评语</th></tr>
<tr><td rowspan="2">信息搜集</td><td>1. 市场调研</td><td>1)调查相关媒体的情况
2)确定调研对象</td><td>10</td><td></td><td></td></tr>
<tr><td>2. 题材构思</td><td>1)制订合适的调研方法
2)完成调研执行方案</td><td>10</td><td></td><td></td></tr>
<tr><td>形成计划</td><td>市场推广方案</td><td>1)格式正确
2)表述流畅,无文法错误
3)项目完整
4)内容清楚详细
5)实用、可操作</td><td>25</td><td></td><td></td></tr>
<tr><td rowspan="3">实施筹备</td><td>人员分工</td><td>1)分工合理
2)人、时间、任务统一
3)任务描述准确清楚</td><td>10</td><td></td><td></td></tr>
<tr><td>疏通推广渠道</td><td>1)项目完整
2)信息准确
3)覆盖目标群体</td><td>10</td><td></td><td></td></tr>
<tr><td>文案准备</td><td>1)资料齐全
2)格式正确
3)排版鲜明美观
4)内容准确详细
5)实用</td><td>10</td><td></td><td></td></tr>
<tr><td rowspan="3">具体实施</td><td>广告推广和新闻宣传</td><td>1)邀请方式恰当
2)联络目标群体整体无遗漏
3)工作流程清楚准确</td><td>10</td><td></td><td></td></tr>
<tr><td>催款和信息录入</td><td>1)及时
2)准确</td><td>5</td><td></td><td></td></tr>
<tr><td>寄送参展资料</td><td>1)及时
2)资料完整、无遗漏</td><td>10</td><td></td><td></td></tr>
<tr><td>说明</td><td colspan="2">以上业务操作满分共100分,得分在90分以上为优秀,80~89分为良好,70~79分为中等,60~69分为合格,60分以下为不合格</td><td colspan="3">100分</td></tr>
<tr><td>反馈</td><td colspan="2">总分:
评语:</td><td colspan="3">考评员签名</td></tr>
</table>

实战项目训练

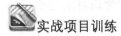

请认真学习本任务相关的业务知识，按实训步骤进行分组实践。

任务四 展览的现场组织和管理

业务情景

通过完成任务二和任务三，你所在的展会服务公司已基本完成展览前期筹备工作：

✪场地租赁合同已经签订，场馆展区平面图已经绘制出来，场地配套设备也已经落实到位。

✪展期活动准备就绪。展期活动所需的设备和用具基本到位，活动相关的嘉宾已经入住指定接待的酒店并完全清楚接待流程，活动服务提供商的工作人员已经实地考察活动地点，做好相应的准备工作。

✪安保和物流公司已经准备就绪，酒店、会议场所也已预订并布置好，展览所需要的大宗物资和大型设备已经到位。

✪展位的销售目标基本完成，参展商和观众已经做好参展准备。

目前距离展会正式开幕还有 3 天左右，公司将继续进行展前的短期准备工作，准备迎接展览开幕。

业务流程

展览现场组织和管理业务流程如图 5.13 所示。

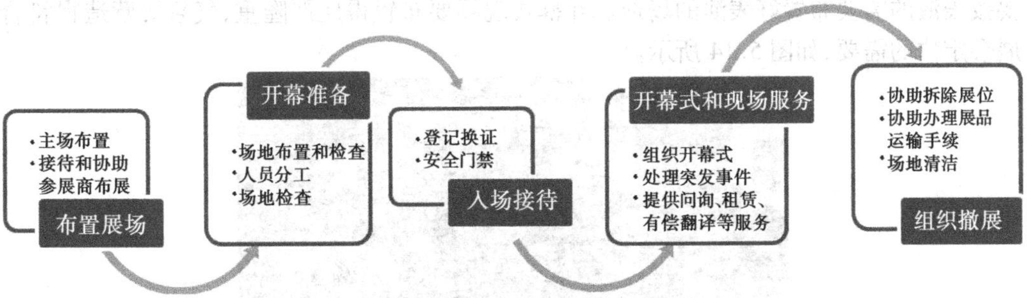
·主场布置
·接待和协助参展商布展
布置展场
开幕准备
·场地布置和检查
·人员分工
·场地检查
·登记换证
·安全门禁
入场接待
开幕式和现场服务
·组织开幕式
·处理突发事件
·提供问询、租赁、有偿翻译等服务
·协助拆除展位
·协助办理展品运输手续
·场地清洁
组织撤展

图 5.13 展览现场组织和管理业务流程图

业务知识

一、现场组织和管理工作任务的说明和分类

展览现场组织和管理贯穿展览会从进入到撤出展出场馆的全过程，主要包括布展、

展出、撤展、展期活动和现场服务等组织管理工作。展览现场组织和管理对象主要包括参展商、观众、展位承建商、展品运输代理和指定酒店等。优质的展出现场服务和良好的现场管理是展览会成功举办的重要保证，也是展览会取得竞争优势的重要环节。

展会现场组织和管理工作按照工作流程和工作内容来看主要分为5个模块，它们分别是布展、展览开幕准备、入场接待、开幕式和现场服务及组织撤展。

二、场馆布置

场馆布置包括两方面内容：一是主场布置，即办展机构布置展出现场各功能区和公共区域以及搭建标准摊位；二是参展商布展，即办展机构协助参展商搭建展位、运输和布置展品以及提供租赁展具等活动。

通常场馆布置开始于展览开幕前1～3天。展览规模越大，布置时间越长，不同题材的展览会，布展时间长短不同，主要取决题材和展品的复杂程度。标准摊位由办展机构搭建，由展商布置和摆放展品，而特装展位则参展商完全搭建和布置。布展期间，办展机构需要对特装展位装修施工实行预批，并对其现场施工全程监管，对于参展商在布展过程中出现的问题予以协助解决。

(一)主场布置

主场布置的内容主要包括标准展位区、登记换证区、嘉宾休息区和开幕式等活动区搭建和布置。通常由办展单位指定的场地承建单位根据设计方案进行施工，办展单位只需对施工结果进行验收并对场地布置进行细化完善。

1. 开幕式场地

开幕式要布置好开幕背板、门楼或展会横幅，并在背板上写上展会名称，开放时间，展会的主办、承办、支持单位等办展单位的名称等。如果有单位祝贺展会开幕或有企业做现场广告，还要布置好现场空飘气球或其他广告牌等。如果展会开幕现场有表演，还要按表演的需要布置好表演的场地。开幕式现场要布置得庄严隆重，气氛要营造得符合展会定位的需要，如图5.14所示。

第14届中国汽车用品暨改装汽车展览会
开幕典礼
Opening Ceremony
2012.2.14 — 2.17

图5.14 开幕场地

2. 登记换证处

登记换证处设施包括背板、工作台、指示牌、展会条幅和隔离带等。可根据功能划分登记换证服务台，服务台背后的背板写明服务台功能、换证流程和时间以及注意事项等，指示牌布置在换证处前人流交汇处，背靠门厅或墙壁以便人群及时看见；排队导向带在服务台正前方，隔离分流不同需求的办证人群。

3. 嘉宾休息区

嘉宾休息区除配备一些茶水、咖啡和小点心等以外，还可以放一些有关展会的介绍资料，并在休息区附近的人流交汇处放置休息区指示牌。如果休息区安排在室外，需要搭建顶棚或租赁帐篷。如果有必要，还可以为该休息室或会客室配备专门的服务人员或翻译。

4. 标准展位搭建和布置

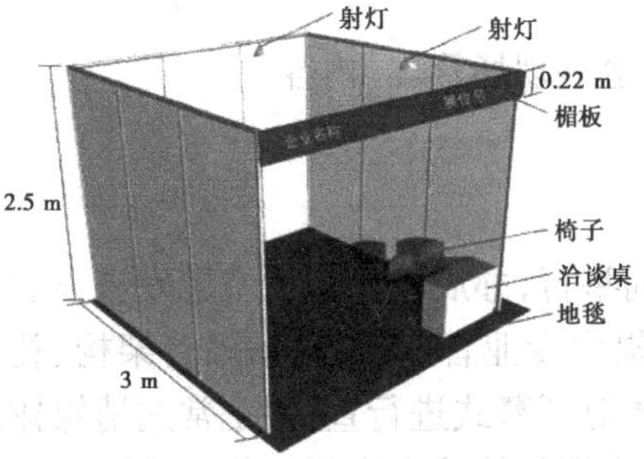
射灯
射灯
0.22 m
楣板
2.5 m
椅子
洽谈桌
地毯
3 m

图 5.15　标准展位

图 5.16　展厅

通常标准展位都会集中布置在同一个展厅或展厅的某个固定区域，标准展位都是按 3 m 长、32 m 宽、2.5 m 高的规格来设计，配上统一的桌子和椅子，并提供两个射灯和一个电源插座，展位的楣板上写出参展企业的中英文名称，如图 5.15 和图 5.16 所示。

5. 信息服务台或现场服务处

现场服务处可以向参展者提供咨询和参展协助服务，如翻译、租赁展具和礼仪等，需要准备常用的办公设备，如复印机、传真机、电话、验钞机等，此外还需准备相关的服务宣传资料和笔、服务申请表和空白纸张等。服务台的背景板上可以张贴办理服务的流程和注意事项等，如图 5.17 所示。

现场服务处
Construction service

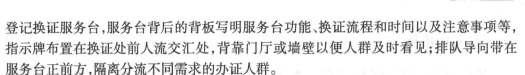

图 5.17　现场服务处

(二) 协助参展商布展

详情可参照“实训项目六　会展现场管理”内容。

三、入场接待

随着互联网技术的发展，现代展览会都会开设网上参展预登录服务，观众和参展商提前在网站上注册和填报信息，在开幕现场，他们只要提交名片或告知注册账号等信息，工作人员就能很快搜索到填报信息，这样大大减少了展览接待现场登记换证的工作量，提高了展览工作效率和服务质量。针对不同参展主体，展览会现场入口通常设有相应接待处，主要有参展商接待处、观众接待处和媒体接待处。办展机构工作人员通过验看参展商、专业观众名片和媒体采访证等资料并搜索其参展注册信息，向对方发放专门的入场证和展览宣传资料。办展机构往往会将不同种类入场证设计成不同颜色的胸卡，方便工作人员识别。

具体流程和接待技巧参照“实训项目六　会展现场管理”内容。

四、开幕式和现场服务

开幕式通常由办展机构和活动服务商共同举行，办展机构邀请主题发言人和与会嘉宾、提供场地和部分用品设施，而活动服务商提供专业音响设备、活动台架构、礼仪主持和娱乐表演等。许多办展机构会事先通过媒体对开幕式进行宣传，也常邀请媒体对开幕活动进行采访报道，因而开幕式准备要做好相应媒体接待和安保工作。典型的开幕式程序是由工作人员或礼仪主持人引导嘉宾到主持台发言，主持人宣布开幕式开始，介绍嘉宾，邀请有关领导或嘉宾致辞、剪彩，随后进行表演、燃放烟花、开幕酒会等节目。

提供现场服务是指办展机构提供场地信息咨询、处理突发事件、维持现场秩序、发放展会资料和用具及提供预订酒店、餐饮、翻译和礼仪等其他有偿服务。办展机构通常都在展厅交汇处或入口显眼处设立展会服务中心，为参展者提供信息咨询、问询引路、发放资料等服务，很多展览会还在具体展厅内设立独立信息服务台提供同类服务；展会信息突发事件主要有医疗救护、火灾、卫生安全、自然灾害、恐怖袭击和示威游行，办展机构可事先做好预防措施和应对方案，并让工作人员做好事先排练，熟记各种事件的处理流程；现场秩序维持包括管理参展商的参展活动，避免其打搅损害其他展商参展利益，维持展场公共区域的清洁卫生和展会安全；展馆内通常还设有商务中心提供翻译、礼仪、酒店住宿、打字文印和旅游等有偿服务。

五、组织撤展

展览会的撤展工作主要包括展位拆除、参展商退还租用展具、展品整理和回运、展场的清洁、撤展安全保卫和撤展后续工作。办展机构通常向参展商提前发放《撤展通知》或《撤展指南》，参展商按照通知或指南规定撤展，场馆进出人员和车辆必须出示撤展证。撤展后续工作包括费用结算、致谢、巩固客户关系和媒体宣传，本任务只涉及部分费用结算和媒体宣传，致谢和巩固客户关系将在“任务四　展览的评估总结和跟进”中体现。

操作程序、标准及实训效果评估

一、实训步骤

步骤1 业务知识培训

指导教师以集中授课形式讲授现场组织和管理的工作范畴、主要内容、工作重点和注意事项。

步骤2 根据工作重心重新分组

此阶段所有工作集中在运营部,因而实训老师需协助项目经理和项目副经理对全班学生重新分组,分组时尽量根据学生的特长和兴趣安排,考虑实际工作任务的多寡决定小组人数,并随工作进度及时调整各小组人员数量,具体分组方法参照实训分组中分组二。

步骤3 主场布置

场地建设和管理组(场地组)引导主场承建商入场,告知施工要求和施工时间,监督工程施工和验收结果。

步骤4 接待参展商和特装展位施工方

展期活动组(活动组)准备好《参展商入场证》《承建商入场证》《场地施工指南》和《施工车辆通行证》等资料,在参展商和承建商报名处的接待台等待参展商和施工单位。接待的具体流程为:

①参展商:收取名片或索要公司信息→登录信息库搜索参展商信息→发放参展商入场证。

②施工方:查验施工单位资质证书和展位承建合同→收存相关复印件→填写承建商信息表→发放承建商通行证、车辆通行证和施工指南等资料。

步骤5 管理展会现场展位搭建和布置

场地组根据展会现场施工面积和施工规模分派人员巡视各场馆展位施工情况,对于损害公共安全和侵犯其他参展商权益的施工行为予以遏止,提出整改要求并督促施工方在指定的施工时间按照施工指南所规定的要求进行施工。

步骤6 准备展览接待用物资

本步骤参与主体为全体学生。根据展览招商招展的具体情况,结合场馆已有的实施设备,具体分析展会开始时需要的设备、文件、宣传资料和证件,实习老师组织学生按组讨论,并按照表5.25分组制作展会接待准备物资列表,结合文字、图形、多媒体手段等制作PPT进行汇报,老师点评各小组成果。活动组收集和参考各组作品,制作出最终的展会接待准备物资列表,并根据列表准备相关的设施、资料和证件等。

表5.25 展览接待准备物资列表

序 号	名 称	规 格	数 量	用 途	备 注
1					
2					
…					

提示:可根据展会接待时具体功能区所需物资考虑准备物资,主要功能区有参展商换证处、观众换证处、展览服务中心和场馆服务台等。

步骤 7　进行展览期间工作人员分工

本步骤参与主体为全体学生。实训指导老师根据展览的具体情况指导并协助项目经理和项目副经理对整个运营部工作组重新调整,确定场地的各个功能区工作人员和其工作职责。此分工由总务部制作成 PPT 展示给全班学生,确保任务落实到个人。

步骤 8　开展前展出现场布置整体检查

场地组和活动组对开展前的场馆进行整体检查,以确保展会顺利开幕。检查内容包括展览场地是否整洁、展位装修和布置是否完成、活动仪器能否正常使用、配套公共设施是否可用、接待处或服务台是否布置好等。

步骤 9　参展商和观众登记换证

根据步骤 8 中展期工作人员分工安排,负责登记换证的活动组成员提前到达工作地点测试二维码信息扫描仪,登录测试展览会信息系统,并将入场证、宣传资料和其他用品归类。换证接待的具体流程为:

参展商接待:收取名片或索要公司信息→登录信息库搜索参展商信息→发放参展商入场证和宣传资料。

观众换证:①没有在展览预登录系统登记过的,收取名片→登记信息输入电脑→发放观众入场证和宣传资料;②在展会网站上完成观展预登记的,索要确认函→登入信息库搜索观众信息→发放观众入场证和宣传资料。

提示:如有参展商和观众事前已经拿到入场证,只需要在入场处进行确认就好。

步骤 10　准备开幕式

根据展期工作人员分工安排表,负责开幕式的活动组成员提前到场分工进行开幕准备工作,准备事项由工作人员分工同时进行:①从酒店迎接嘉宾到展览现场,安排其在休息室入座等待开幕;②测试麦克风、投影仪和电脑等设备;③与礼仪公司工作人员会合就开幕式过程进行沟通,如时间充裕,可简单预演一遍开幕过程;④安排媒体采访工作人员在休息室入座等待开幕;将开幕式活动资料、水和纪念品等分发到各个座位。开幕式正式开始后,活动组则主要提供一些配合活动,如引导贵宾入座、补发纪念品和人员协调工作等。

步骤 11　提供展具租赁、有偿翻译和礼仪等服务

根据展期工作人员分工安排表,活动组成员提前到达展览会各服务中心,准备好服务申请表、空白收据、服务费用说明、笔和空白纸张等,测试工作电脑、电话、对讲机、POS 刷卡机、验钞机和打印机等工作用设备,等待参展商入场。提供展具租赁、有偿翻译和礼仪等服务的具体流程为:

问询需求→填写服务申请表→预交费用→服务实施(领取展具、分派礼仪人员或接受翻译任务等)→费用结算(退还展具、礼仪活动或翻译任务完成)。

步骤 12　组织参展商撤展

组织撤展需要活动组、场地组联合服务保障组等多方配合进行,组织撤展的具体流程为:

活动组提前向参展商分发《撤展指南》→场地组现场管理和监督展位拆除→活动组

查验运输展品发放展品出馆通行证→服务组协调物流公司对大宗物品进行托运→场地组清洁展场。

步骤13　退还租用设施和清洁场地

场地组协助活动组将租用来的展具、装饰用品和展架等分类打包，交由服务组退还并结算费用。场地组负责场地整体清洁和归整。

步骤14　与指定服务提供商结算费用

经由活动组或场地组确认业务量，服务组与服务提供商（入驻餐饮公司、指定物流公司或安保公司等）收取或结算相关费用。

二、展览现场组织和管理的操作程序、标准及实训效果评估

表5.26　展览现场组织和管理业务的操作程序、标准及实训效果评估表

展览现场组织和管理业务考核表					
业务操作步骤		标准与要求	实训效果评估		
			满分	得分	评语
布置展场	主场布置	1）功能区域划分合理 2）功能服务区配套完善	5		
	接待和协助参展商布展	1）分工合理 2）服务到位	5		
开幕准备	场地布置和检查	1）设备配套齐全、有效 2）物料准备齐全	15		
	人员分工	1）分工合理 2）人、时间、任务统一 3）任务描述准确清楚	10		
入场接待	登记换证	1）引导有序 2）信息清晰	10		
	安全门禁	1）仪容、仪表统一规范 2）操作动作标准	5		
开幕式和现场服务	组织开幕式	1）接待服务人员到位 2）流程清晰可执行 3）严格按照计划执行方案	15		
	处理突发事件	1）及时采取有效解决方案 2）反应灵敏，思维清晰	10		
	提供咨询、租赁、有偿翻译等服务	1）服务指引清晰 2）信息准确 3）发音标准、流畅	5		

续表

<table>
<tr><th colspan="2" rowspan="2">业务操作步骤</th><th rowspan="2">标准与要求</th><th colspan="3">实训效果评估</th></tr>
<tr><th>满分</th><th>得分</th><th>评语</th></tr>
<tr><td rowspan="3">组织撤展</td><td>协助拆除展会</td><td>1)操作规范
2)安全
3)有序</td><td>10</td><td></td><td></td></tr>
<tr><td>协助办理展品运输手续</td><td>1)登记信息清晰
2)手续完整</td><td>5</td><td></td><td></td></tr>
<tr><td>场地清洁</td><td>卫生清洁</td><td>5</td><td></td><td></td></tr>
<tr><td>说明</td><td colspan="2">以上业务操作满分共100分,得分在90分以上为优秀,80~89分为良好,70~79分为中等,60~69分为合格,60分以下为不合格</td><td>100分</td><td></td><td></td></tr>
<tr><td>反馈</td><td colspan="2">总分:
评语:</td><td colspan="2">考评员签名</td><td></td></tr>
</table>

实战项目训练

请认真学习本任务相关的业务知识,按实训步骤进行分组实践。

任务五　展览的展后总结和跟进

业务情景

展览进入尾声，观众逐渐减少,办展机构将组织参展商撤展并对展会整体效果进行评估。

✪教师引导各个学生小组组织撤展,搜集展览信息对展览效果进行评估,并对下期展览预先安排。

业务流程

展览的展后总结和跟进业务流程如图5.18所示。

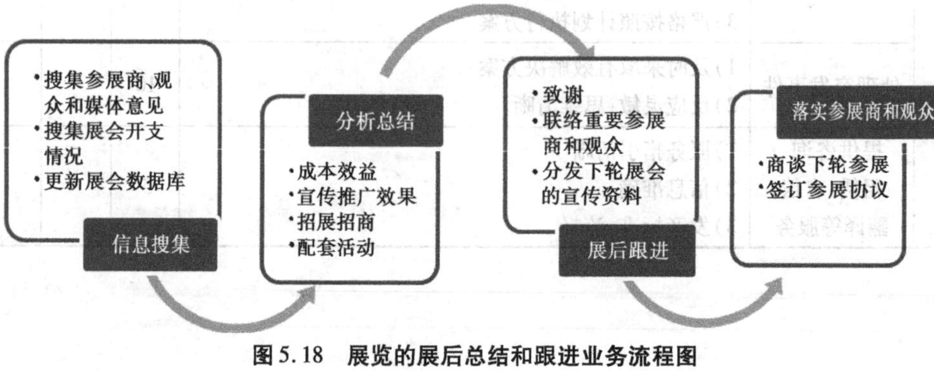
·搜集参展商、观众和媒体意见
·搜集展会开支情况
·更新展会数据库
信息搜集
分析总结
·成本效益
·宣传推广效果
·招展招商
·配套活动
·致谢
·联络重要参展商和观众
·分发下轮展会的宣传资料
展后跟进
落实参展商和观众
·商谈下轮参展
·签订参展协议

图5.18　展览的展后总结和跟进业务流程图

业务知识

展览成效分析和客户跟进是指办展机构从撤展阶段到展会结束后一段时间内进行的工作，目的是分析本届展会的效果以总结经验教训，并锁定一些重要参展商和观众，为下一届展览会召开做铺垫工作。主要内容有搜集参展建议、更新展会数据库、展会分析总结、跟进参展商和观众以及宣传推广下届展会等。

一、搜集意见

搜集意见是办展机构应该立体全方位、多渠道听取或搜集对展览会的建议和意见，它既有利于办展机购搜集信息正确分析总结展会效果，也能帮助办展机构更好地跟踪服务参展商和观众，提高办展水平。

征询意见的对象主要有参展商、观众、合作单位、采访媒体、与会嘉宾和社会公众；搜集信息的方法有问卷调查、走访、网络调查、咨询台工作人员搜集和工作人员现场搜集；办展机构采取的搜索方法不同，搜索时间也不同，如问卷调查、工作人员现场搜集和走访必须在展览会开幕期间进行，而通过网络调查和咨询台工作人员搜集则在时间选择上相对弹性，展会期间和结束后一段时间都可进行。

二、更新参展商和观众数据库

展会数据库主要由参展商数据库和专业观众数据库构成，它是展览会举办成功的重要条件，也是办展机构的宝贵资产。由于参展商和观众具有一定流程性，随时都有可能改变，办展机构需要对自己的数据库信息及时更新，以保证数据库信息的有效性和时效性。展会数据库可以帮助办展机构直观了解展会的展出成效，并分析出市场构成、需求及变化趋势。每次展览结束后，办展机构都会从各个渠道搜集到相关信息，如通过换证登记处收集到的展商和观众的名片和信息表等数据资料，办展机构必须及时将信息内容按所属行业、地区、产品兴趣、公司规模等标准进行归类并录入数据库。

三、展览成效分析

展览分析总结是展览组织实施的一个必要程序，也是办展机构内部管理的一个重要组成成分。办展机构通过系统地对展览会各个策划方案的执行情况进行分析总结，有利于办展机构发现问题，改进工作和提高效率。展览分析总结的内容主要包括展览成本效益分析、宣传推广和招商招展效果分析、配套活动完成情况分析和主要的经验教训等。

四、跟进服务参展商和观众

跟进服务参展商和观众是指展览会结束后对参展商和观众跟踪服务的相关内容，这一阶段的工作既是本届展览会的结束，又是下届的开始，具有承上启下的作用。跟进服务的主要内容有致谢、解决展期遗留问题和联络客户增进感情等。

五、宣传推广下届展会

宣传推广下届展会是办展机构从撤展时期到展览结束后一段时间内,充分利用现有条件对外发布下届展会信息和提前锁定潜在参展商和观众的行为。宣传推广下届展会主要内容有发布下界展会信息、征询现有参展商和观众下界展会参展意向、跟踪锁定潜在参展商和观众等。发布下届展会信息的对象主要有新闻媒体、现场参展商和观众,办展机构工作人员可以充分利用撤展时期三方齐聚的有利机会,通过媒体报道、会场广播和派发宣传资料等方式宣传下届展会信息,为下届展会起到铺垫作用。

展览的宣传资料种类较多,有会展招展函、参展商和观众邀请函、展会举办意向说明等。如果展览会是首次举办,下届展会的宣传资料可以只是简单的展会举办意向说明。如果展览已经举办多届,下届展览的宣传资料可以是较为完整的展览邀请函,办展机构可将往届办展成效以数据、表格形式附上。

操作程序、标准及实训效果评估

一、实训步骤

步骤1　业务知识培训

指导教师以集中授课形式讲授展后总结的工作范畴、主要内容、工作重点和注意事项。

步骤2　准备调研问卷、下轮展会宣传资料和感谢信

活动组设计好参展商调查问卷、观众调查问卷、下届展会宣传资料和感谢信内容和格式,估算各项资料所需数量,交由服务组负责批量准备。

步骤3　搜集参展商、观众和媒体等参展意见和分发展会宣传资料

活动组在展会结束当天向参展商、观众和媒体分发调研问卷和分发展会宣传资料,并及时回收调研问卷;如果条件允许,分发问卷的同时工作人员也可以适时问询对方在展会中遇到的问题和征询其对展会的看法,作好记录。

步骤4　更新展会数据库

各工作小组搜集整理参展商、观众和媒体名片或登记表等资料,交给信息组汇总,由信息组负责输入电脑和更新数据库。

步骤5　小组工作报告和数据统计

各部门组织人员搜集本部门工作效果相关信息并进行数据统计,如营销部整理市场推广和招商招展方面的信息和资料,而运营部则需要搜集展期活动实施、配套服务准备、场地和展会信息数据库建设相关信息,各部门部长可将任务分包给各个任务工作组,由任务组根据相关信息和资料,交给部长汇总填写展览成效数据统计表(表5.27);同时各工作小组根据自己在展会组织过程中所做的工作内容进行总结,撰写小组工作报告,报告要求多使用数据、图表和照片等事实参考依据。

表 5.27　展览成效数据统计表

<table>
<tr><th>序　号</th><th>项　目</th><th colspan="3">统计内容</th></tr>
<tr><td>1</td><td>展会基本信息</td><td colspan="3">时间:________;地点:________;主办单位:________;
承办单位:________;协办单位________;展期活动________</td></tr>
<tr><td>2</td><td>收支</td><td>广告______(元);
展位______(元)
展具租赁______(元);
其他______(元)</td><td>支出</td><td>场地租金______(元);
活动花费______(元)
广告推广______(元);
招展招商______(元)
其他______(元)</td></tr>
<tr><td>3</td><td>参展商</td><td colspan="3">总人数______(人);来源:地区 1 ______人数______(人);
地区 2 ______人数______(人);地区…______人数______(人)
满意度:满意______(人)基本满意______(人)不满意______(人)
原因 1 ________________________人数(人);
原因 2 ________________________人数(人);
原因…________________________人数(人);
参展目的:销售______(个);市场推广______(个);了解行情______(个)
寻找合作伙伴______(个);寻找代理商______(个)
所属行业:行业 1 ______(个); 行业 2 ______(个);行业…______(个)
是否愿意下届参展:会______(个);不会______(个);有可能______(个)</td></tr>
<tr><td>4</td><td>观众</td><td colspan="3">总人数______(人);来源:地区 1 ______人数______(人);
地区 2 ______人数______(人);地区…______人数(人)
满意度:满意______(人)基本满意______(人)不满意______(人)
原因 1 ________________________人数(人);
原因 2 ________________________人数(人);
原因…________________________人数(人);
感兴趣的产品:产品 1 ______人数______(人); 产品 2 ______人数______(人);
产品…______人数______(人)
所属行业:行业 1 ______(个) 行业 2 ______(个) 行业…______(个)
是否愿意下届观展:会______(个);不会______(个);有可能______(个)</td></tr>
</table>

步骤 6　展后部门工作总结大会

指导老师协助项目经理和项目副经理召开展后工作总结大会,并指定两名书记员。部门部长根据步骤 5 中各工作组提交的工作报告,参考展览成效统计数据表中内容,总结本部门工作总体目标实现情况和分析工作中出现的主要问题,结合文字、图形、多媒体手段等制作 PPT 进行部门工作汇报。汇报内容应多使用数据、图表和照片等客观依据。

各部门汇报时间不超过 15 分钟。各小组根据汇报内容,进行讨论并提出改进意见和方法,由书记员负责整理记录。

步骤 7　整理和制作总结报告

项目经理和项目副经理根据展览成效统计数据表的内容,结合部门工作报告和相关建议撰写展会总结报告，报告内容主要包括：展会基本信息、展会收支效益分析、参赞商分析、观众分析以及经验和教训。

步骤 8　致谢合作单位、主要参展商、重要观众和嘉宾等

活动组在展会结束后向合作单位、主要参展商、重要观众和嘉宾寄送感谢信，如果是重要参展商、专业观众和嘉宾，活动组还需亲自打电话致谢。

步骤 9　持续联络重点参展商、广告客户和专业观众

活动组通过电话、传真、发送电子邮件等方式联络重点参展商、广告客户和专业观众，了解对方下届展会参展意图，跟进解决与之相关的展期遗留问题，以提高对方对展览的忠诚度。

步骤 10　签订下轮参展协议

如果有参展意图明显的参展商、广告客户和专业观众，活动组向总务部汇报，取得答复后与之签订下轮参展协议。

二、展览的展后总结和跟进的操作程序、标准及实训效果评估

表 5.28　校园展览的展后总结和跟进的操作程序、标准及实训效果评估表

业务操作步骤		标准与要求	实训效果评估		
			满分	得分	评语
信息搜集	搜集意见	1）符合实际情况，可操作 2）内容具体详细 3）目标指向明确	5		
	搜集展会开支情况	1）内容细致具体 2）格式完整 3）表达清晰	5		
	更新展会数据库	1）完整 2）有效	5		
分析总结	成本效益	1）分析内容全面 2）数据资料准确 3）结论合理	10		
	宣传推广效果	1）分析内容全面 2）数据资料准确 3）结论合理	10		
	招展招商	1）分析内容全面 2）数据资料准确 3）结论合理	15		
	配套活动	1）分析内容全面 2）数据资料准确 3）结论合理	10		

续表

业务操作步骤		标准与要求	实训效果评估		
			满分	得分	评语
展后跟进	致谢	1)思路清晰 2)表达通畅	5		
	联络重要参展商和观众	1)联络方式选择恰当 2)用词恰当,表达清晰 3)有礼有节	10		
	分发下轮展会的宣传资料	1)资料种类齐全 2)实用 3)表达通畅、准确	5		
落实参展商和观众	商谈下轮参展	1)联络方式选择恰当 2)用词恰当,表达清晰 3)有礼有节	10		
	签订参展协议	1)合同结构完整 2)合同内容准确细致 3)签订有效合同	10		
说明	以上业务操作满分共100分,得分在90分以上为优秀,80~89分为良好,70~79分为中等,60~69分为合格,60分以下为不合格		100分		
反馈	总分: 评语:		考评员签名		

实战项目训练

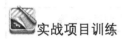

请认真学习本任务相关的业务知识,按实训步骤进行分组实践。

实训项目十　组织会议

教学目标

- 根据不同的会议主题及侧重点,掌握会议策划的基本流程及步骤。
- 掌握会议实施方案的设计。
- 掌握会议的不同布置、会议的组织及成本。
- 根据会议内容组织实施。

内容导读

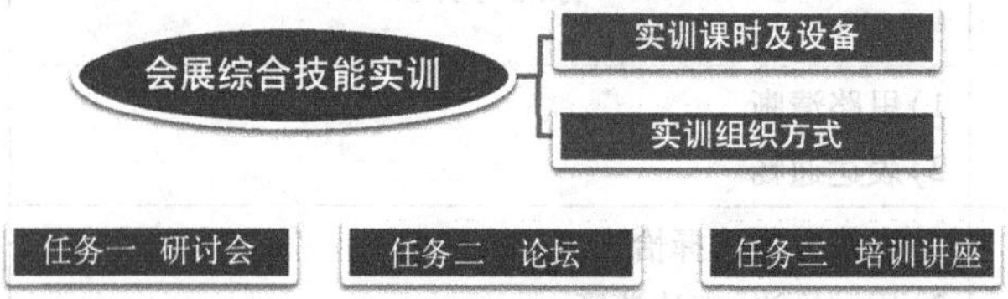
会展综合技能实训
实训课时及设备
实训组织方式
任务一　研讨会
任务二　论坛
任务三　培训讲座

图 5.19　内容导读

会议组织(综合项目实训)

一、实训内容

1. 常见的会议类型

会议作为重要的现代商业活动之一,已经成为地区、行业信息交流、产品展示的主要平台。会议组织工作具有周期长、操作环节多、任务关联性强的特点,因此,会展专业学生必须培养良好的会议策划、组织、实施和评估能力。

国内习惯用“会议”统称所有会议,但实际上会议的种类非常多,因此我们需要掌握不同类型的会议形式,以便更好地开展会议组织工作,如表 5.29 所示。

表 5.29　常见会议类型

类型划分	会议形式
根据会议规模划分	小型会议、中性会议、大型会议和特大型会议等
根据会议组织者划分	公司会议、协会会议和其他组织者会议等
按照会议性质和内容划分	年会、专业会议、论坛、讲座、研讨会、培训会议、专题讨论会等
按照会议活动特征划分	商务型会议、政治型会议

为了使实训项目更具操作性,本实训任务所指的“会议”选择按照会议性质和内容划分的会议类型进行。

2. 会议组织工作的基本流程

会议组织工作内容繁多,为了更好地开展组织工作,会议组委会可以从“会前”“会中”和“会后”3 个阶段开展组织工作。会议组织工作的基本流程和主要工作任务如图 5.20所示。

会议组织(综合项目实训)旨在培养学生的会议组织基本操作技能,结合目前常见会议的组织形式和工作任务内容模拟一个会议活动的整体工作过程。本实训项目挑选了常见的会议形式,设计各个具有独立性和关联性的教学模块,并由此整合为完整的会议组织工作。会议组织综合实训选取了 3 种不同类型的会议形式开展实训,分别是:

任务一:研讨会——会议主题及议题策划、会议工作时间计划、发布会议通知、会议室的布置、餐饮安排。

任务二:论坛——包括嘉宾及主持人邀请、会议晚宴安排、会议参观活动设计和危机事件处理。

任务三:培训讲座——包括会议主题及议题策划、嘉宾的邀请、会议室布置、酒店住宿和接站服务、会后评估。

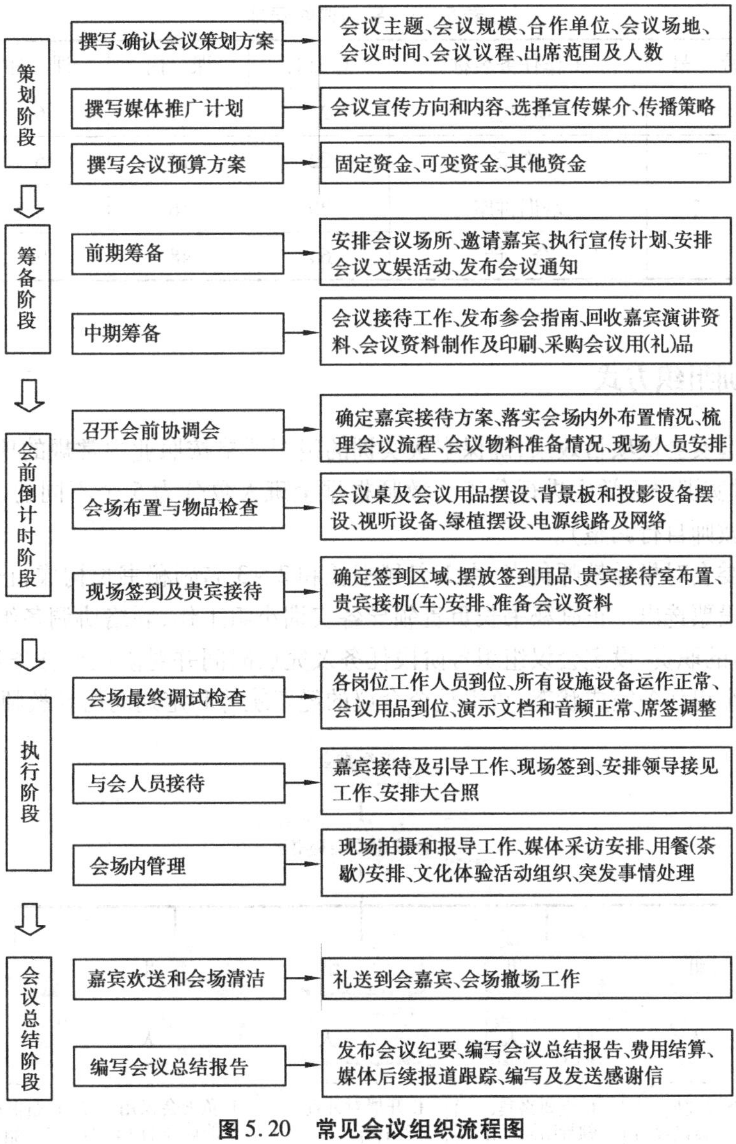
策划阶段
撰写、确认会议策划方案
会议主题、会议规模、合作单位、会议场地、会议时间、会议议程、出席范围及人数
撰写媒体推广计划
会议宣传方向和内容、选择宣传媒介、传播策略
撰写会议预算方案
固定资金、可变资金、其他资金
筹备阶段
前期筹备
安排会议场所、邀请嘉宾、执行宣传计划、安排会议文娱活动、发布会议通知
中期筹备
会议接待工作、发布参会指南、回收嘉宾演讲资料、会议资料制作及印刷、采购会议用(礼)品
会前倒计时阶段
召开会前协调会
确定嘉宾接待方案、落实会场内外布置情况、梳理会议流程、会议物料准备情况、现场人员安排
会场布置与物品检查
会议桌及会议用品摆设、背景板和投影设备摆设、视听设备、绿植摆设、电源线路及网络
现场签到及贵宾接待
确定签到区域、摆放签到用品、贵宾接待室布置、贵宾接机(车)安排、准备会议资料
执行阶段
会场最终调试检查
各岗位工作人员到位、所有设施设备运作正常、会议用品到位、演示文档和音频正常、席签调整
与会人员接待
嘉宾接待及引导工作、现场签到、安排领导接见工作、安排大合照
会场内管理
现场拍摄和报导工作、媒体采访安排、用餐(茶歇)安排、文化体验活动组织、突发事情处理
会议总结阶段
嘉宾欢送和会场清洁
礼送到会嘉宾、会场撤场工作
编写会议总结报告
发布会议纪要、编写会议总结报告、费用结算、媒体后续报道跟踪、编写及发送感谢信

图 5.20　常见会议组织流程图

二、实训课时安排

本实训的课内计划为 48 课时(建议另外安排 16 课时作为课外实训),持续时间为 1.5周。由于 3 个任务部分任务具有交叉性和相似性,为了更充分运用实训时间和资源,部分任务可以同步进行。如会议主题及议题策划、会议流程设计、会议室摆台、会议现场

注册、会议通知和会后评估等内容可同步进行。

各工作任务所需学时需要根据选定的会议背景和内容的实际情况进行估算，以下为供参考的实训学时及实训工具。

本实训合计64课时，包括课内授课48课时及课外现场实践16课时。具体安排如表5.30所示。

表5.30 实训课时安排

序　号	工作任务名称	总课时	课　内	课　外
一	研讨会	22	16	6
二	论坛	22	16	6
三	培训讲座	20	16	4
	合　计	64	48	16

三、实训组织方式

为营造真实会议项目效果，确保本次实训的组织严格按照业内常规的项目运营模式进行，需要对实训班级学生进行分工。教师根据全班人数分为5个不同的部门（具体组别数可以由教师自行调整）。

会议组委会对指导教师负责，由1名秘书长和2～3名副秘书长构成，正副秘书长由全班协商或投票选出。正副秘书长负责领导各实训小组工作，联络协调各组中的具体事宜，明确各组的职责，设定会议组织各阶段任务及完成时间并对阶段性任务进行总结，旁听及监督各小组任务完成状态，负责整个会议的经费统筹和定期向指导教师汇报。

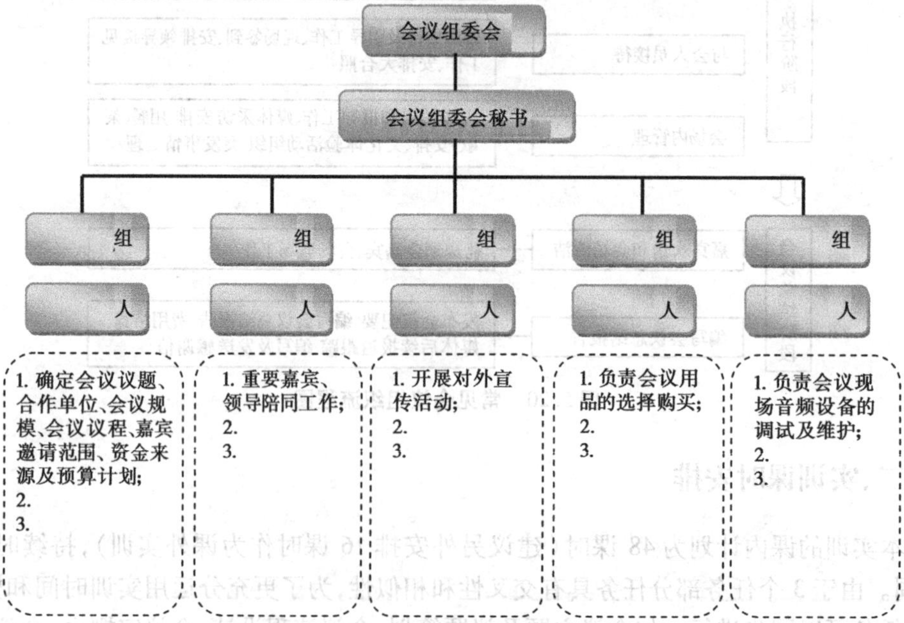
会议组委会
会议组委会秘书
组
组
组
组
组
人
人
人
人
人
1. 确定会议议题、合作单位、会议规模、会议议程、嘉宾邀请范围、资金来源及预算计划;
2.
3.
1. 重要嘉宾、领导陪同工作;
2.
3.
1. 开展对外宣传活动;
2.
3.
1. 负责会议用品的选择购买;
2.
3.
1. 负责会议现场音频设备的调试及维护;
2.
3.

图5.21 实训小组安排

图 5.21 将全班分为 5 个小组，秘书长需要根据 5 个小组的主要工作任务成立相应的工作小组，并根据所设计的会议规模分配人员（必要时指导教师可适当调整），每个小组选出 1 名组长，各组组长负责对应小组工作任务，并负责组织、执行、汇报和总结职能。请各小组根据分配情况填写图 5.21。

任务一　研讨会

业务情景

设定全班组建一间会议策划及运营公司，协助会议组委会，提供会议的策划、筹备、组织与执行、总结评估等工作。指导教师可作为研讨会组委会人员，对会议公司布置任务和提出相应的要求。

✪教师组织各个学生小组扮演会议组委会下各小组，对所选会议题材开展策划、前期组织和现场执行等工作，并组织学生进行场景模拟演示。

完成本任务合计 22 课时，包括授课 16 课时及现场实践 6 课时。

业务知识

一、研讨会基本介绍

研讨会是指针对行业领域或独特主题，通常是专业性较强的会议，一般由行业或专业人士参加，针对面较窄，参加会员数量不多。研讨会一般具有以下特点：

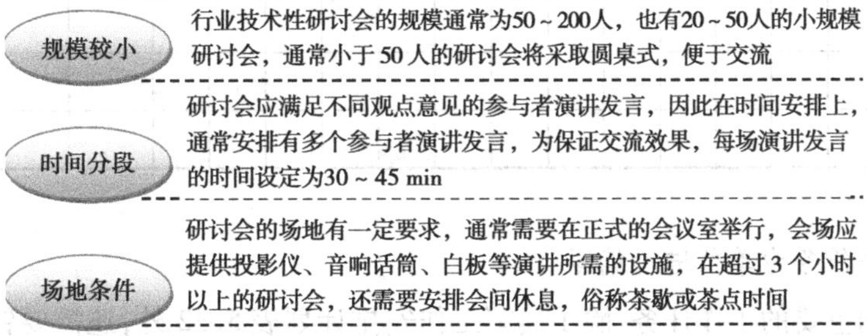
规模较小
行业技术性研讨会的规模通常为50～200人，也有20～50人的小规模研讨会，通常小于 50 人的研讨会将采取圆桌式，便于交流
时间分段
研讨会应满足不同观点意见的参与者演讲发言，因此在时间安排上，通常安排有多个参与者演讲发言，为保证交流效果，每场演讲发言的时间设定为30～45 min
场地条件
研讨会的场地有一定要求，通常需要在正式的会议室举行，会场应提供投影仪、音响话筒、白板等演讲所需的设施，在超过 3 个小时以上的研讨会，还需要安排会间休息，俗称茶歇或茶点时间

二、会议主题和议题的策划

会议的主题和议题是整个会议策划阶段的重要部分，也是会议最主要的卖点。会议主题是议题的集中体现，表达上更概括。会议议题是会议所要讨论的题目、研究的课题或者是解决的问题。议题必须具有必要性和重要性，又必须具有明确性和可行性。主题统率议题，主体通过议题具体化。

会议主题和议题的产生和确立，需要考虑社会、行业或组织单位的需要，以及会议市场供求现状。并且根据会议规模、与会者情况对议题进行细分和拓展，还要准备备选议题，如图 5.22 所示。

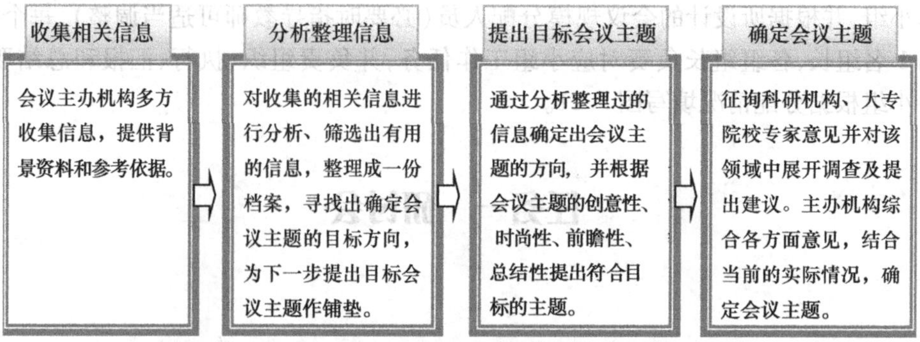
收集相关信息
会议主办机构多方收集信息，提供背景资料和参考依据。
分析整理信息
对收集的相关信息进行分析、筛选出有用的信息，整理成一份档案，寻找出确定会议主题的目标方向，为下一步提出目标会议主题作铺垫。
提出目标会议主题
通过分析整理过的信息确定出会议主题的方向，并根据会议主题的创意性、时尚性、前瞻性、总结性提出符合目标的主题。
确定会议主题
征询科研机构、大专院校专家意见并对该领域中展开调查及提出建议。主办机构综合各方面意见，结合当前的实际情况，确定会议主题。

图 5.22　会议主题和议题策划的一般流程和工作内容

三、会议工作安排计划表

由于整个会议筹备、执行到总结阶段所涉及的环节、人员都非常多，为了便于工作的统筹，一般要编写会议工作安排表。

1. 以整个项目为单位进行编写

整个工作安排计划表可以分为三部分，分别是工作任务、时间计划和负责人员。整个表格的重点部分是时间计划部分，通过线条直观地表示任务计划在什么时候进行和实际进展以及两者对比。需要特别注意的是，执行时间的单位需要统一而且间隔时间长度相等，如日（每 5 日一阶段）、月（正常月、隔月）、季度和年，具体可参考表 5.31。

表 5.31　以整个项目为单位的工作安排计划表

一级任务	二级任务	执行时间（月）												工作天数	负责小组	负责人
		1	2	3	4	5	6	7	8	9	10	11	12			

2. 以某个任务为单位进行编写

部分特别重要的工作任务，除了编写工作安排计划表 5.32 外，还需要针对这项工作列出各个环节的内容和工作负责人，以达到督促工作完成状况目的。

表 5.32　以某个任务为单位的工作安排计划表

会议名称			
会议时间		会议地点	
工作项目	工作时间	相关负责人	
会前通知安排	DD/MM/YY—DD/MM/YY	落实人	
会议室桌椅安排		落实人	

续表

工作项目	工作时间	相关负责人	
会议资料准备		落实人	
会场音频设备和植物布置		落实人	
会议餐饮安排		落实人	

四、会议通知的编写

大型会议由于组织时间较长(2~3 年或更长)、邀请的与会人员数量较大,一般会安排 2~4 轮发放会议通知,目前我国多数会议仅发放两轮通知。随着网络通信的广泛应用,大部分只发 1~2 轮会议通知。下面按照发 2 轮会议通知进行分析:

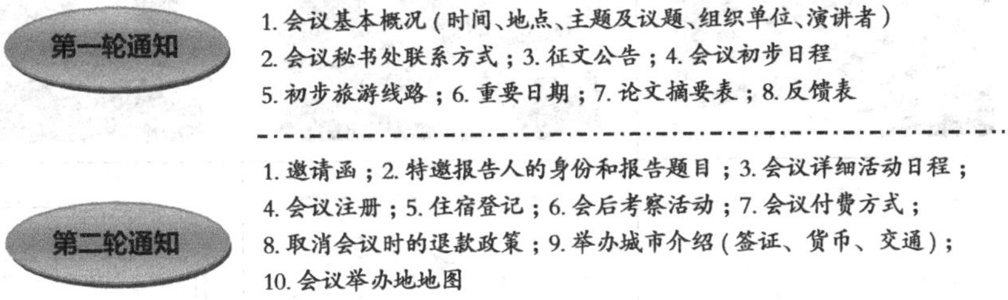
第一轮通知
1. 会议基本概况(时间、地点、主题及议题、组织单位、演讲者)
2. 会议秘书处联系方式;3. 征文公告;4. 会议初步日程
5. 初步旅游线路;6. 重要日期;7. 论文摘要表;8. 反馈表
第二轮通知
1. 邀请函;2. 特邀报告人的身份和报告题目;3. 会议详细活动日程;
4. 会议注册;5. 住宿登记;6. 会后考察活动;7. 会议付费方式;
8. 取消会议时的退款政策;9. 举办城市介绍(签证、货币、交通);
10. 会议举办地地图

五、会议室的布置

会议室的布置形式非常多,进行布置时需要根据会议性质、会议规模和场地来决定。表 5.33 将简单介绍常见的会议室布置形式:剧院式、中空椭圆形(长方形)、课桌型、马蹄形等。

绘制会议室或其他区域简易平面图,可以使用 OFFICE VISIO 软件,该软件能提供常用的家具、植物、音频设备等图标,操作方便。

表 5.33 常见会议室布置示意图

实景图			
平面图	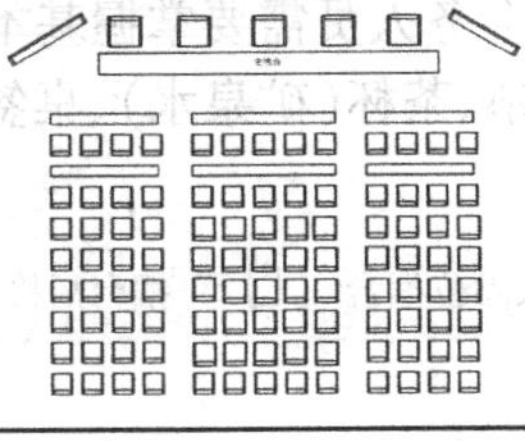	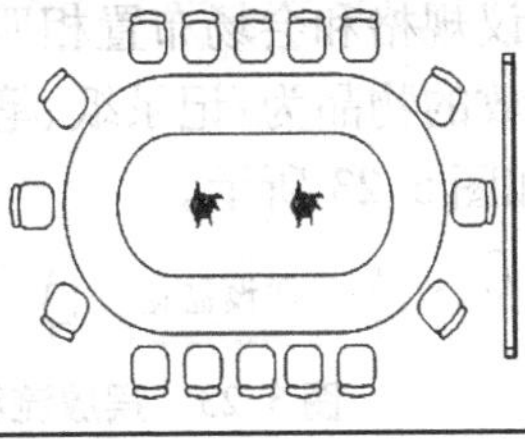	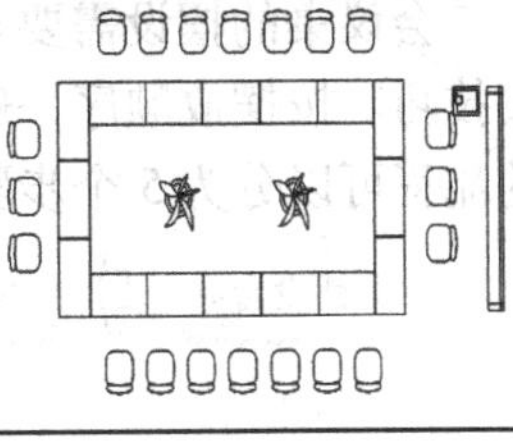

续表

名称	剧院式(礼堂式)	中空椭圆形/长方形	
特点	(1)主席台设在最前面并有若干个座位;听众座位:面向或围绕主席台,有正面向、左面向和右面向座位之分,也可在楼上设置位置 (2)听众席一般没有桌子,只有靠近主席台前几排的位置配备有桌子	(1)具体布置:将主席台和与会者桌子连接在一起,形成圆形、正方形或多边形,中间留有空隙 (2)适用范围:人数不多、规格较高、与会者身份都重要的讨论会	
实景图			
平面图	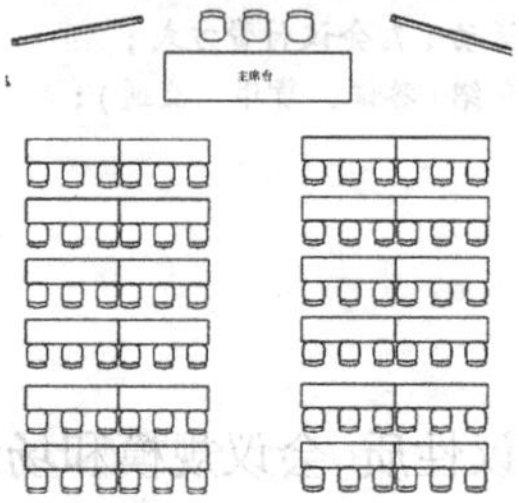	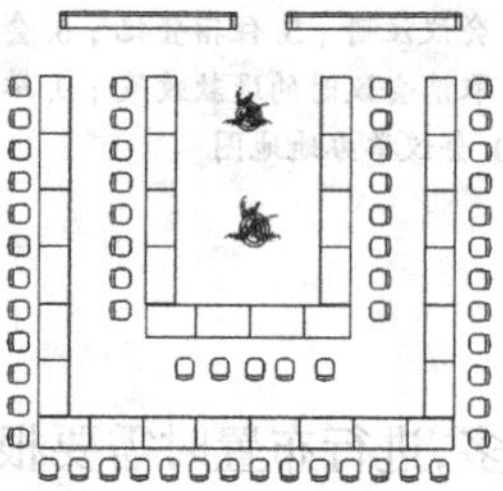	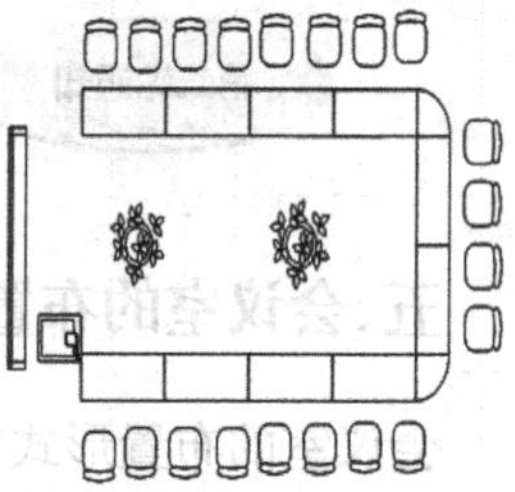
名称	课桌式	叠层U形(复合型)	马蹄形(U形)
特点	(1)布置形式:课桌式与剧院式相似,区别是课堂式的座位前方会摆放长桌以方便参会人员书写 (2)适用范围:课堂式的布置适合用于专业学术机构举办的、具有培训性质的会议	(1)将主席台设置在叠层U形的开口上方,里边的U形安排较重要的与会者,外边的U形安排普通与会者 (2)比单层U形布置形式安排更多的与会者	(1)布置形式:将桌子连接着摆放成长方形或椭圆形,但空出一个边,椅子可摆放在外围或内外两边同时摆放 (2)主席台设置在开口处上方,开口处摆放讲台、屏幕

六、会议桌摆台

会议桌的摆设需要与会议规格和会场布置相匹配,会务人员需要掌握基本的会议摆桌技巧。按摆放顺序一般摆放的物品为:记录纸、笔、杯垫、茶杯(矿泉水)、桌签等。摆放的流程可以分为5个步骤,如图5.23所示。

铺设台布
拉椅定位
摆设盆花
个人席位摆台
摆台后检查

图5.23 摆放流程

会议桌摆台的形式多样，用品摆设从简单到复杂，常见的形式如图 5.24 所示。

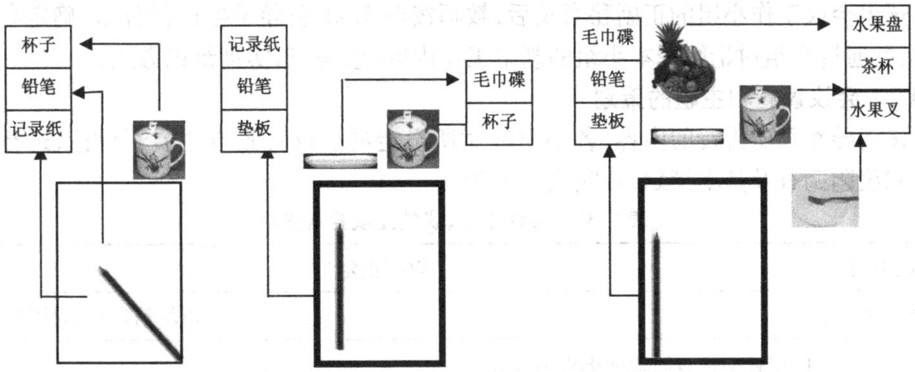
杯子
铅笔
记录纸
记录纸
铅笔
垫板
毛巾碟
杯子
毛巾碟
铅笔
垫板
水果盘
茶杯
水果叉

注意:水杯可以用矿泉水替代

图 5.24　会议桌摆台常见样式

完成会议室布置和会议桌摆台后，工作人员需要根据检查表（表 5.34）进行自查，确认会议室布置没有遗漏任何物品。

表 5.34　会议室布置检查表

主席台摆放	是( )否( )	位	演讲台摆放	是( )否( )	台
主席台鲜花	是( )否( )	盆	演讲台鲜花	是( )否( )	盆
桌签摆放	是( )否( )	个			
投影仪	是( )否( )	台	激光笔	是( )否( )	支
有线麦克风	是( )否( )	个	无线麦克风	是( )否( )	个
传递麦克风	是( )否( )	个			
电脑控制播放	是( )否( )	台	搜集播出资料	是( )否( )	
饮料摆放	是( )否( )	瓶	资料摆放	是( )否( )	本
展架摆放	是( )否( )	个	舞台背景板	是( )否( )	个

操作程序、标准及实训效果评估

实训步骤

在实训练习前，指导教师需要从以下因素中指定本次实训的会议基本背景：

会议持续时间　□半天　□一天　□两天　□多天

会议规模　□小型（100 人以内）　□中型（100～1 000 人）　□大型（1 000～10 000 人）　□特大型（10 000 人以上）

会议性质□ 商业型　□ 政府型　□ 专业型　□ 大众型

会议支付方式　□ 付费　□ 免费　□ 其他自拟会议背景______

步骤 1　划分职能小组

选出会议工作小组的正副秘书长后，教师按图 5.21 引导学生进行分组，确定各小组组长，并通过小组讨论解释本小组的基本工作内容（参考三、实训组织方式）。

步骤 2　会议议题和主题的策划

按指导教师所讲授的内容，各小组针对所设定的会议背景自主展开讨论，进行会议主题和议题调查及基本策划，并完成表 5.35。

表 5.35　会议主题、议题立项要素提纲

会议类型	（教师指定）	
要　素		市场信息/策划依据
议题思路	□以社会热点问题和事件为议题 □以社会上存在争议的问题为议题 □以行业内共同关心的或有争议的问题为议题 □以特定人群所关心、需要、正在议论的话题为议题 □以新产品、新技术的出现为议题	
议题内容		
会议主题		
注：会议主题及议题策划，首要明确的是会议类型。实训开始指导教师指定的会议题材（会议名称）则已经对主题进行限制。会议议题和主题策划要与会议组织机构和参与人员的行业特点、兴趣需要、研究范围等进行精心设计。		

步骤 3　设计会议工作计划进度表

根据所设计的研讨会，会议组委会需要以整个会议项目为单位设计工作计划表（参考表 5.31），在此基础上每个工作小组围绕工作职能，挑选 2 ~ 3 个重要任务编写对应的工作计划表（参考表 5.32）。指导教师需要和学生共同讨论工作计划是否符合项目特点。

步骤 4　编写和发放会议通知

确定工作计划进度表后，需要编写会议通知，发放会议通知的轮数规定在 1 ~ 2 轮（含征文公告）。发送会议通知时，需要从经济和效率的角度考虑发放渠道和持续时间，可以参考表 5.36 进行会议通知发放工作。

表 5.36　会议通知工作计划表

发放轮数	会议通知内容	发放对象	发放数量	发放渠道	发放时间
第一轮	1. 2.	国内： 国外：	国内： 国外：	邮寄、电子邮件、传真……	DD/MM/YY— DD/MM/YY
第二轮	1. 2.				

步骤 5　布置会议室及摆放会议用品

根据会议规模和类型，会务小组需选择会议室进行布置。实训小组可借助以下会议室平面图及设备数据，或由实训指导教师指定会议室进行布置。具体的会议室布置可参考业务知识五会议室的布置和业务知识六会议桌摆台。

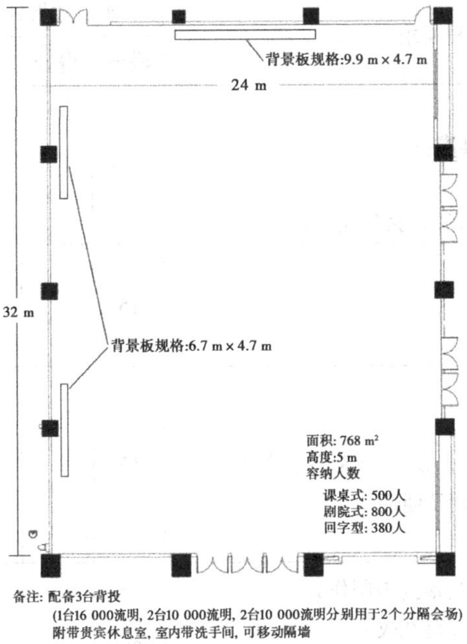
背景板规格:9.9 m×4.7 m
24 m
32 m
背景板规格:6.7 m×4.7 m
面积: 768 m²
高度:5 m
容纳人数
课桌式: 500人
剧院式: 800人
回字型: 380人
备注: 配备3台背投
(1台16 000流明, 2台10 000流明, 2台10 000流明分别用于2个分隔会场)
附带贵宾休息室, 室内带洗手间, 可移动隔墙

(c)会议室设备数据

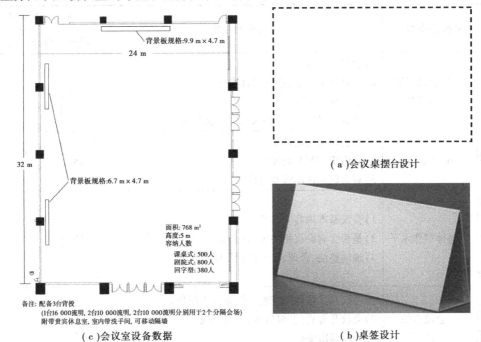

(a)会议桌摆台设计

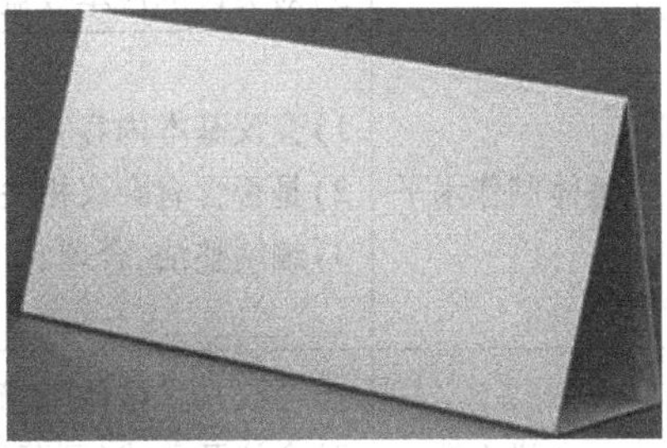

(b)桌签设计

图 5.25　会议室布置及用品摆放

根据图 5.25,实训小组需要完成表 5.37 清单内容的工作任务。

表 5.37　清单内容

序　号	工作任务	工作具体内容
1	会议室布置	绘制会议室布置图(包括音频设备、植物等)
2	会议桌摆台	绘制出与会议性质、规格一致的会议桌摆台图
3	设计桌签	设计并绘制出会议桌签样式和内容

表 5.38　研讨会策划与组织操作程序、标准及实训效果评估表

业务操作步骤		标准与要求	实训效果评估		
			满分	得分	评语
研讨会策划与组织	1. 确定研讨会目标	1)根据研讨会背景研究和确定研讨会目标 2)根据目标确定会议主题	10		
	2. 会议筹备	1)确定研讨会内容 2)根据研讨会内容确定会议地点、嘉宾、主持人 3)落实研讨会相关设施及服务 4)确定会议日程	20		

续表

业务操作步骤		标准与要求	实训效果评估		
			满分	得分	评语
研讨会策划与组织	3. 会议组织与服务	1)会议室选择 2)会议视听器材、会议家具准备 3)会议材料准备 4)会议人员安排(主持人、嘉宾、服务人员)	20		
	4. 会后评估	1)对会议实施的评估 2)对组织与服务的评估 3)对会议的成本效益评估	15		
研讨会筹备方案	整体制作水平	1)会议基本内容完整性 2)是否含有会议相关表格(邀请函、签到等相关服务) 3)编制整洁、合理、易于阅读及使用	15		
模拟(拓展)	会议组织与服务	1)会议来宾接待(签到方式、签到表制作) 2)会议开幕式(开幕致辞、开幕礼仪) 3)会议座次安排 4)会议主持	20		
说明	以上业务操作满分共100分,得分在90分以上为优秀,80~89分为良好,70~79分为中等,60~69分为合格,60分以下为不合格		100分		
反馈	总分: 评语:		考评员签名		

实战项目训练

请组建会议策划组织团队。小组成员需识记前面相关业务基础知识,对照《研讨会策划与组织的操作程序、标准及实训效果评估表》及业务流程,完成研讨会筹备方案制作,进行模拟研讨会组织,制作系列会议材料,并作口头汇报。

任务二　论　坛

业务情景

全班组建一间会议策划及运营公司，协助会议组委会进行会议的策划、筹备、组织与执行、总结评估等工作。指导教师可作为论坛组委会人员，对会议公司布置任务和提出相应的要求。

✪教师组织各个学生小组扮演会议组委会下各小组，对所选会议题材开展策划、前期组织和现场执行等工作，并组织学生进行场景模拟演示。

完成本任务合计22课时，包括授课16课时及现场实践6课时。

业务流程

论坛组织业务流程如图5.26所示。

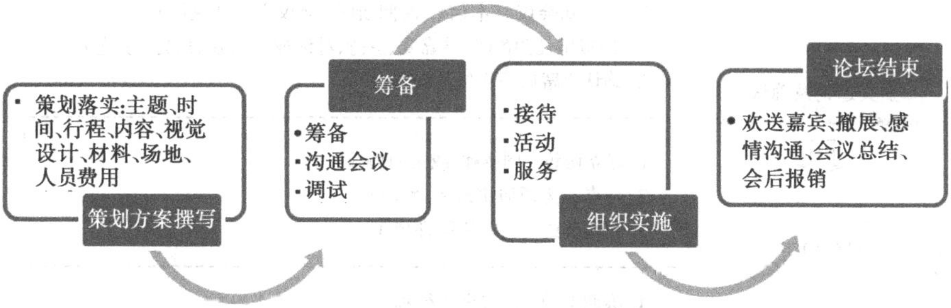
策划落实:主题、时间、行程、内容、视觉设计、材料、场地、人员费用
策划方案撰写
筹备
•筹备
•沟通会议
•调试
•接待
•活动
•服务
组织实施
论坛结束
•欢送嘉宾、撤展、感情沟通、会议总结、会后报销

图5.26　论坛组织业务流程图

业务知识

一、论坛的基本概况

论坛式会议既可以是学术会议，也可以是商业性会议，还可以是学术性和商业性相结合的会议，论坛式会议的特点是反复深入的讨论。在策划论坛主题时，需要注意以下三点内容：

①会议主题必须贴近形势需要或主办方需要。项目根据市场(形势)或主办方需要而产生，常规化的论坛需要按年/届创意会议主题。

②围绕主题分别设定相关议题进行交流。若与会人数较多，主办单位需要设置专题会议以求细化论坛主题内容，在满足权威性演讲者专业性交流需求的同时，也能满足与会者的不同兴趣。与会者可以阐发个人性意见，推崇意见交流而不强调统一认识的讨论。

③讲求商业运作和市场营销。除政府可能提供资助外，与会代表的注册费和企业的

广告赞助费是主办方不可或缺的收入来源,因此论坛的主题创意需有利于论坛的营销。

二、嘉宾及演讲人员邀请

1. 嘉宾及演讲人邀请工作

优秀的会议主题和议题的设计是会议成功举办的基础,而嘉宾人选的搭配是否恰当在一定程度上决定了论坛式会议的价值和影响力。嘉宾和演讲人员主要分为两类:第一类为参与性嘉宾,担任会议主持、演讲、对话或颁奖;第二类为礼节性嘉宾,出席会议开闭幕式或颁奖仪式但不发表演讲。会议嘉宾及演讲员主要邀请学术权威、政府官员、行业著名人士、相关组织负责人和主办方负责人担任。其中,邀请参与性嘉宾是会议嘉宾邀请工作中的重点。

2. 邀请的一般流程

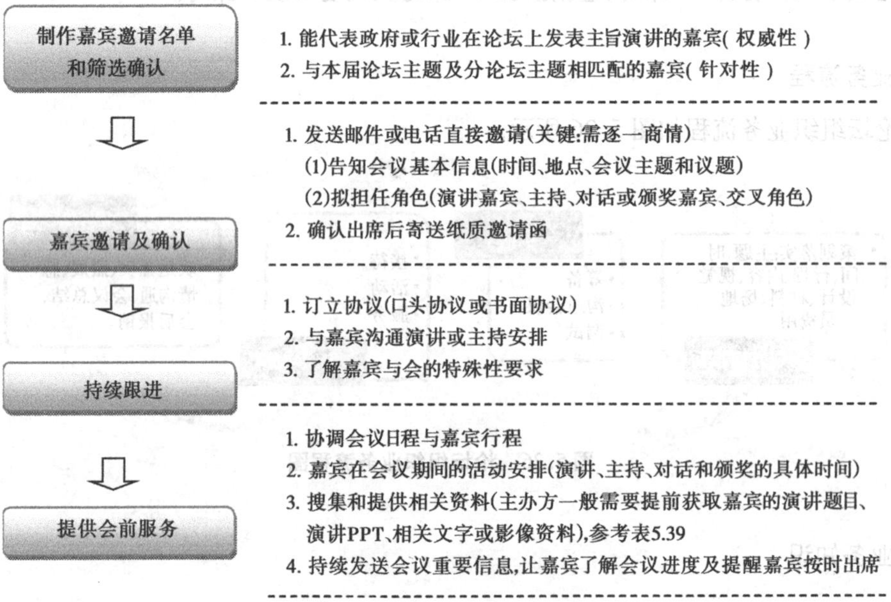
制作嘉宾邀请名单和筛选确认
1. 能代表政府或行业在论坛上发表主旨演讲的嘉宾(权威性)
2. 与本届论坛主题及分论坛主题相匹配的嘉宾(针对性)
1. 发送邮件或电话直接邀请(关键:需逐一商情)
(1)告知会议基本信息(时间、地点、会议主题和议题)
(2)拟担任角色(演讲嘉宾、主持、对话或颁奖嘉宾、交叉角色)
2. 确认出席后寄送纸质邀请函
嘉宾邀请及确认
1. 订立协议(口头协议或书面协议)
2. 与嘉宾沟通演讲或主持安排
3. 了解嘉宾与会的特殊性要求
持续跟进
1. 协调会议日程与嘉宾行程
2. 嘉宾在会议期间的活动安排(演讲、主持、对话和颁奖的具体时间)
3. 搜集和提供相关资料(主办方一般需要提前获取嘉宾的演讲题目、演讲PPT、相关文字或影像资料),参考表5.39
4. 持续发送会议重要信息,让嘉宾了解会议进度及提醒嘉宾按时出席
提供会前服务

图 5.27 会议嘉宾邀请流程图

表 5.39 演讲嘉宾跟踪表

序 号	姓名职位	联系方式	座位号	是否已到会	演讲主题	演讲时间	是否需要音频	是否需要视频	是否有 PPT	是否允许提问	备 注
1											
2											

三、会议日程表安排

由于论坛召开天数较长、分论坛和会议室数量较多,会议组委会需要根据会议主题和议题、演讲嘉宾和会议室概况编写会议日程表,如表 5.40 所示。

表 5.40　会议日程表

<table>
<tr><td colspan="4">2012 年应用生物技术国际会议</td></tr>
<tr><td colspan="4">注册
• 10 月 17 日：8:00—20:30，泰达中心酒店
• 10 月 18 日：8:00—12:00，天津国际生物医药联合研究院</td></tr>
<tr><td>10 月 18 日
08:00—08:20</td><td colspan="3">从泰达中心酒店乘车前往
天津国际生物医药联合研究院</td></tr>
<tr><td>10 月 18 日
08:30—09:30</td><td colspan="3">开幕式
（C303 会议室）</td></tr>
<tr><td>10 月 18 日
09:40—12:00</td><td colspan="3">大会报告
（C303 会议室）</td></tr>
<tr><td>10 月 18 日
13:30—17:30</td><td>第一会场
工业发酵与食品
生物技术
（C303 会议室）</td><td>第二会场
医药生物技术
（C308 会议室）</td><td>第三会场
生物材料与生物
添加剂
（C312 会议室）</td></tr>
<tr><td>10 月 18 日
17:40—18:00</td><td colspan="3">从天津国际生物医药联合研究院
乘车返回泰达中心酒店</td></tr>
<tr><td>10 月 18 日
18:30-20:30</td><td colspan="3">欢迎晚宴
（泰达中心酒店）</td></tr>
<tr><td>10 月 19 日
08:00—12:00</td><td>第一会场
工业发酵与食品
生物技术
（C303 会议室）</td><td>第二会场
医药生物技术
（C308 会议室）</td><td>第三会场
生物材料与生物
添加剂
（C312 会议室）</td></tr>
<tr><td>10 月 19 日
13:30—17:00</td><td colspan="3">参观：天津科技大学
中国科学院天津工业生物技术研究所</td></tr>
<tr><td>10 月 19 日
18:00—20:00</td><td colspan="3">答谢晚宴</td></tr>
</table>

一、注册时间和地点
注册是会议日程安排的第一步，需要清晰写明注册日期、时间和地点。

二、会议举办信息
由于论坛在同一时间内在各个分会场同时举办，因此需要明确列出各个分会场的议题、会议室，同时也应该列出演讲者姓名。清晰的会议信息能够方便与会代表选择感兴趣的会场参加会议。

三、会议相关活动
会议日程表也需要将相关的接待活动：晚宴、参观考察活动等列出。

四、会议活动安排

1. 晚宴

大型会议一般安排在会议正式举办的第一天晚上举办欢迎晚宴，实现会议组委会与重要嘉宾交流的目的，晚宴规格一般比较高，有正式的活动流程。因此会议组委会组织欢迎晚宴前需要从以下几个方面考虑，如表 5.41 所示。

表 5.41　晚宴前期准备工作提纲

晚宴邀请谁参加	
晚宴设计的主题、内容和流程	

续表

会议邀请函如何发送	
会场布置应该是怎样的	
需要哪些设备支持	
是否需要设计特别环节（颁奖、表演、讲话等）	

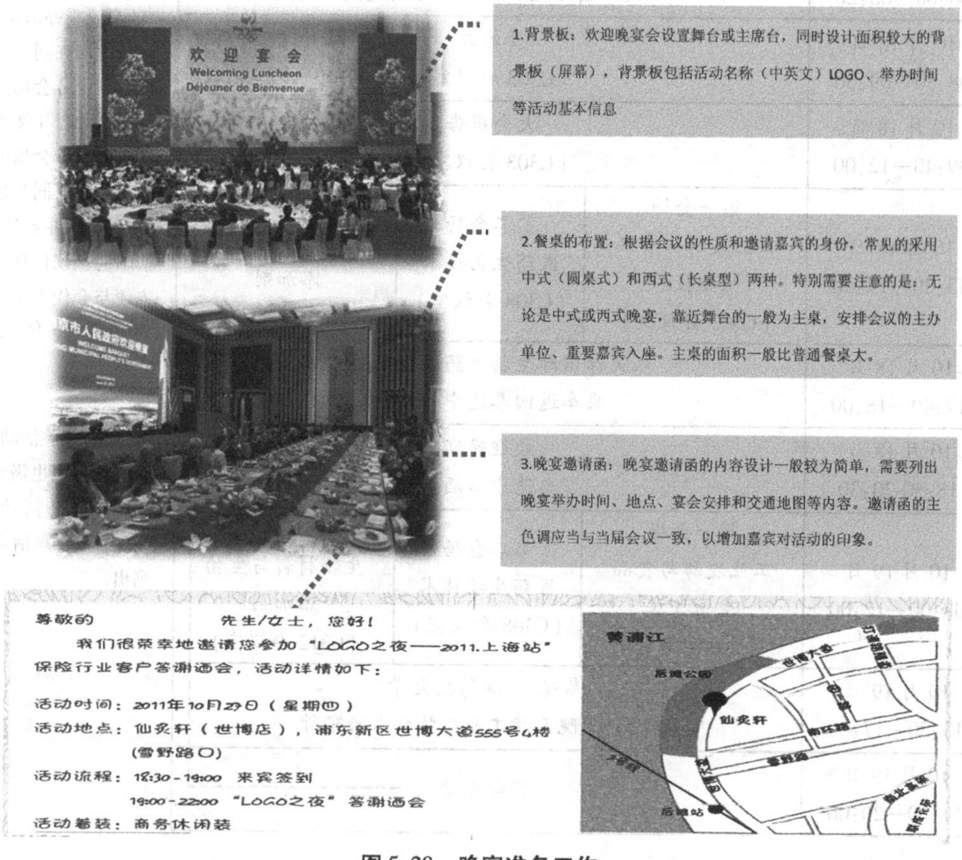
欢 迎 宴 会
Welcoming Luncheon
Déjeuner de Bienvenue
1.背景板：欢迎晚宴会设置舞台或主席台，同时设计面积较大的背景板（屏幕），背景板包括活动名称（中英文）LOGO、举办时间等活动基本信息
2.餐桌的布置：根据会议的性质和邀请嘉宾的身份，常见的采用中式（圆桌式）和西式（长桌型）两种。特别需要注意的是：无论是中式或西式晚宴，靠近舞台的一般为主桌，安排会议的主办单位、重要嘉宾入座。主桌的面积一般比普通餐桌大。
3.晚宴邀请函：晚宴邀请函的内容设计一般较为简单，需要列出晚宴举办时间、地点、宴会安排和交通地图等内容。邀请函的主色调应当与当届会议一致，以增加嘉宾对活动的印象。
尊敬的 先生/女士，您好！
我们很荣幸地邀请您参加"LOGO之夜——2011.上海站"保险行业客户答谢酒会，活动详情如下：
活动时间：2011年10月27日（星期四）
活动地点：仙炙轩（世博店），浦东新区世博大道555号4楼（雪野路口）
活动流程：18:30-19:00 来宾签到
19:00-22:00 "LOGO之夜"答谢酒会
活动着装：商务休闲装
黄浦江
世博大道
后滩公园
仙炙轩
南环路
雪野路
后滩站

图 5.28 晚宴准备工作

2. 会议考察、旅游活动

会议期间的考察、旅游活动也是判断会议举办是否成功的因素之一，主要体现在两个方面：第一，越来越多的与会者愿意带上家属参加会议；第二，单一的会议形式已经无法满足与会者对该主题、行业更加深入了解的需求。请会议组委会参考图 5.29 中的因素并找出匹配的因素，进行会议考察和旅游活动的策划与组织。

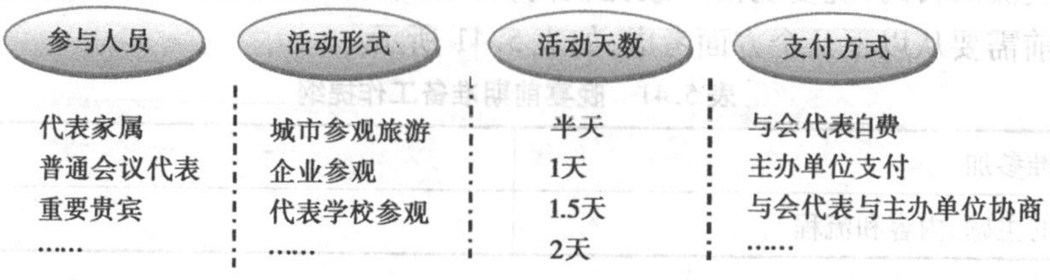
参与人员
活动形式
活动天数
支付方式
代表家属
普通会议代表
重要贵宾
……
城市参观旅游
企业参观
代表学校参观
……
半天
1天
1.5天
2天
与会代表自费
主办单位支付
与会代表与主办单位协商
……

图 5.29 判断因素

五、会议突发事件处理

会议在短时间内积聚大量与会者，难免会发生不同程度的突然事件，突发事件的处理手段能够降低事件发生时与会者的恐惧心理，同时也是考验主办单位的前期准备能力和现场反应、处理能力。会议现场常见的突发事件如图 5.30 所示，请实训小组开展讨论并提出对应的解决措施。

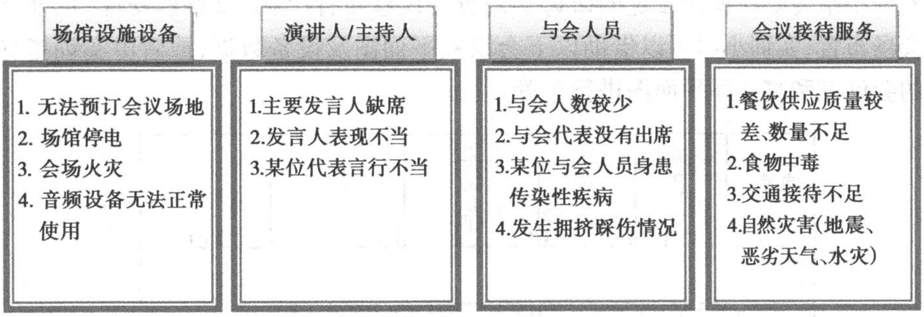
场馆设施设备
1. 无法预订会议场地
2. 场馆停电
3. 会场火灾
4. 音频设备无法正常使用
演讲人/主持人
1.主要发言人缺席
2.发言人表现不当
3.某位代表言行不当
与会人员
1.与会人数较少
2.与会代表没有出席
3.某位与会人员身患传染性疾病
4.发生拥挤踩伤情况
会议接待服务
1.餐饮供应质量较差、数量不足
2.食物中毒
3.交通接待不足
4.自然灾害(地震、恶劣天气、水灾)

图 5.30　会议常见突发事件形式

面对会议突发事件，会议组委会需要从 3 个方面采取措施，避免突然事件发生或降低突发事件所带来的负面影响：

√会前：制订会议突发事件应急预案，反复讨论和对发生概率较高的事件进行应急演练。

√突发事件发生时：根据应急预案指示和结合实际情况，开展处理工作。

√突发事件发生后：处理负面报道，扭转负面报道和留言，以及引导媒体焦点。

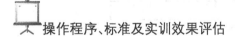

操作程序、标准及实训效果评估

实训步骤

在实训练习前，指导教师可以参考如下内容作为本次实训论坛的基本背景：

论坛为期 2 天，其中会期 1 天半，半天为城市游览考察。论坛主题自拟，邀请来自政府、旅游企业及学术界人士参加，来宾规模约 200 人，分别安排在市区的 5～8 家酒店入住。

步骤 1　划分职能小组

选出会议工作小组的正副秘书长后，教师引导学生进行分组，确定各小组组长，并通过小组讨论解释本小组的基本工作内容（参考三、实训组织方式）。

步骤 2　会议议题和主题的策划

按指导教师所讲授的内容，各小组针对所设定的会议背景自主展开讨论，进行会议主题和议题调查及基本策划，并完成《会议主题、议题立项要素提纲》（参考表 5.35《会议主题、议题立项要素提纲》）。

步骤3　邀请嘉宾及安排主持人

在步骤2的基础上,编写会议嘉宾和主持人邀请计划(参考业务知识2.嘉宾及演讲人员邀请),邀请的嘉宾需要是不同行业、学术背景的著名人士(不得虚构人物)。指导老师需要扮演其中一名拟邀请的演讲嘉宾,和学生扮演的主办单位人员模拟电话邀请对话。

步骤4　会议室和欢迎晚宴会场布置

实训小组需要根据所设定的研讨会进行会议室布置(含会议茶歇安排)以及欢迎晚宴的会场布置,实训小组可以借助以下会议室平面图及设备数据,或者由实训指导教师指定的会议室和宴会厅平面图进行布置。

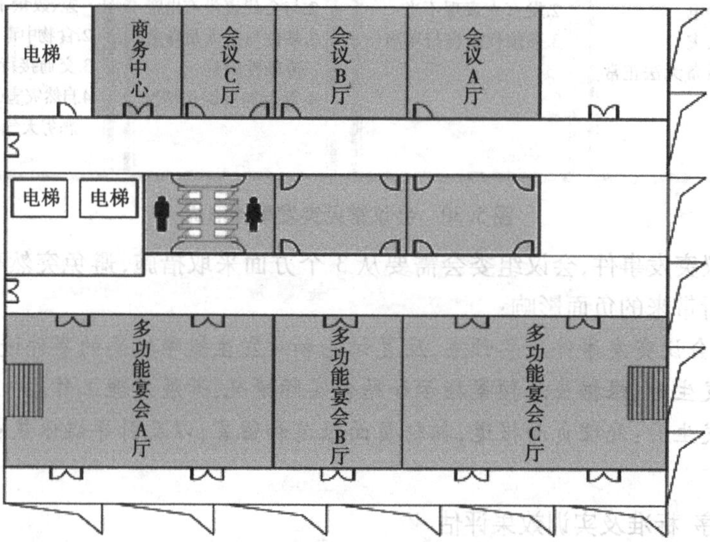
电梯
商务中心
会议C厅
会议B厅
会议A厅
电梯
电梯
多功能宴会A厅
多功能宴会B厅
多功能宴会C厅

图5.31　某楼层会议室楼层平面图

表5.42　会议室设备数据

名　称	尺寸/m				容纳/人数				
	长度	宽度	层高	面积/m²	宴会式	鸡尾酒会	课桌式	剧院式	U形
多功能A	16	11.5	3.2	184	120	140	80	120	30
多功能B	8	11.5	3.2	92	60	100	40	80	20
多功能C	16	11.5	3.2	184	120	140	80	120	30
多功能A+B	24	11.5	3.2	276	140	220	130	150	45
多功能B+C	24	11.5	3.2	276	140	220	130	150	45
会议室A	8	8	3.2	64	40	50	30	50	26
会议室B	8	8	3.2	64	40	50	30	50	26
会议室C	5.5	8	3.2	44	/	/	/	/	/

根据以上平面图及会议室设备数据,实训小组需要完成以下清单内容的工作任务:

序　号	工作任务	工作具体内容
1	会议室布置	绘制会议室布置图(包括音频设备、植物等)
2	茶歇区域布置	根据平面图绘制茶歇区域,并画出摆放食物桌子的区域
3	茶歇餐单设计	根据会议特点和预算,设计茶歇的具体餐单
4	欢迎晚宴布置	绘制晚宴座位平面图,并圈出会议现场的接待人员接待区域

步骤5　会议参观考察活动安排

实训小组需要根据会议邀请设计半天的参观考察活动,活动参与对象和类型自拟(院校参观、企业参观、城市旅游等)。另外设计实训小组需要为所自拟的活动类型,编写会议参观考察活动日程表。实训指导老师扮演其中一名与会代表,与实训小组成员进行模拟对话,对话内容包括介绍考察活动线路和说服与会代表报名。

步骤6　会议突发事件处理

请实训小组编写会议突发事件应急预案,参考"业务知识五　会议突发事件处理"进行处理,也可以参考如下情景进行模拟或由指导教师另外提出。

①会议进行中某客人突然晕倒却不知道原因。

②会议过程中,与会人员发现演讲嘉宾 PPT 出现较明显错误(通俗性知识错误、引用例子错误、表达错误等)并被当众指出。

③某与会人员用餐期间插队导致其他代表不满,双方发生口角冲突。

④会议举办的会议室附近传来明显的噪声(其他会议室装修噪声、其他会议噪声等)影响会议正常举行。

论坛组织与实施的操作程序、标准及实训效果评估见表5.43。

表5.43　论坛组织与实施的操作程序、标准及实训效果评估表

业务操作步骤		标准与要求	实训效果评估		
			满分	得分	评语
论坛前期	1.了解论坛背景	1)确定项目内容及背景 2)初步确定论坛目标	4		
	2.论坛策划	1)确定论坛主题 2)确定论坛时间、行程及内容 3)确定论坛所需场地、材料 4)确定论坛的人员及费用	10		
	3.论坛筹备	1)确定论坛前期宣传(媒体选择、内容) 2)筹备沟通会议 3)材料准备 4)车辆及接待事项落实 5)会议配套活动 6)操作细节	20		

续表

业务操作步骤		标准与要求	实训效果评估		
			满分	得分	评语
论坛前期	4. 总体方案撰写	1)论坛名称正确、有目标及指导思想 2)论坛主题议题及议程合理 3)论坛对象规模 4)论坛时间地点 5)论坛服务、宣传及经费 6)论坛其他应当说明的事项	14		
论坛执行期	1. 物料	物料完全、有负责人员、调试正常	8		
	2. 人员	人员分工合理,负责事项清晰	5		
	3. 执行	1)服务 2)场地布置 3)其他细节	20		
论坛后	论坛后续服务	1)物资撤离 2)答谢沟通 3)总结报销	19		
说明	以上业务操作满分共 100 分,得分在 90 分以上为优秀,80 ~ 89 分为良好,70 ~ 79 分为中等,60 ~ 69 分为合格,60 分以下为不合格		100 分		
反馈	总分: 评语:		考评员签名		

实战项目训练

请会议组委会各个小组成员需识记前面相关业务基础知识,对照《论坛组织与实施的操作程序、标准及实训效果评估表》及相关业务流程,完成论坛营运方案制作,进行模拟论坛组织,制作相关会议材料,并作口头汇报。

任务三　培训讲座

业务情景

设定全班组建一间培训讲座会议策划及运营公司,协助会议组委会,提供会议的策划、筹备、组织与执行、总结评估等工作。指导教师可作为培训讲座组委会人员,对会议公司布置任务和提出相应的要求。

✪教师组织各个学生小组扮演会议组委会下各小组，对所选会议题材开展策划、前期组织和现场执行等工作，并组织学生进行场景模拟演示。

完成本任务合计 20 课时，包括授课 16 课时及现场实践 4 课时。

业务流程

培训讲座业务流程如图 5.32 所示。

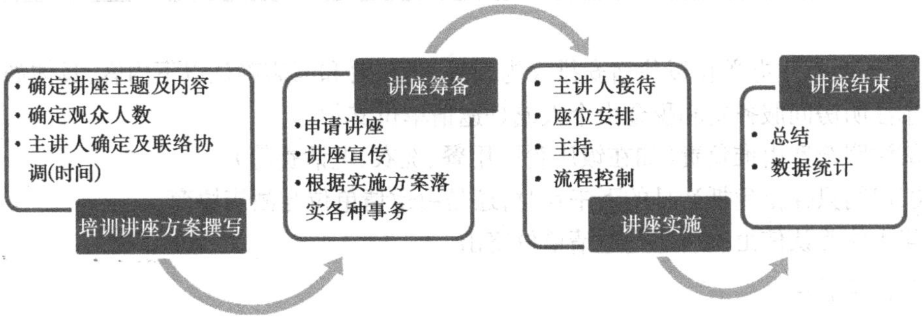
· 确定讲座主题及内容
· 确定观众人数
· 主讲人确定及联络协调(时间)
培训讲座方案撰写
讲座筹备
·申请讲座
·讲座宣传
·根据实施方案落实各种事务
· 主讲人接待
· 座位安排
· 主持
· 流程控制
讲座实施
讲座结束
· 总结
· 数据统计

图 5.32　培训讲座组织业务流程图

业务知识

一、培训师邀请

培训讲座邀请的演讲嘉宾一般被称为培训讲师。培训讲师分为专职讲师和兼职讲师两类，专职讲师是主办方以合同形式长期聘请的讲师，兼职讲师是主办方临时聘请的，多以口头约定。无论选择何种培训讲师，主办单位都需要约定课程的授课内容且某些课程需要准备后备讲师人选。会议主办方聘请讲师需要注意以下问题：

√主办方先围绕会议主题设定课程，然后再根据课程内容选定培训讲师。

√培训讲师的行业、学术背景需多元化，较为理想状态是涉及政界、学术界和企业界。

二、酒店住宿、接站、餐饮和拍照安排

1. 会议酒店住宿安排

大型会议主办单位考虑到会议期间(特别是酒店旺季)与会人员无法预订酒店，一般提前与当地酒店签订合作协议，以保证与会人员的住宿需求。常见的房间预订方式如图 5.33 所示。

1.与会者住宿经由团体(主办单位)订房卡或申请为凭
2.所有订房以主办单位的住宿表为凭证
3.经由专业会议服务公司代为处理
4.经由主办单位的住宿组人员负责

图 5.33　客房预订方式

为了更好地统计与会人员住宿情况，一般需要事先编制住宿安排表，住宿安排表可

以随会议通知一同寄给与会人员，并根据表格提示填写相关信息，如表 5.44 所示。

表 5.44　与会人员住宿安排表

序号	姓名	性别	单位	职务	手机号码	入住日期	退房日期	入住晚数	房型要求	同房人员姓名	房间特殊要求	房费金额	房费支付	备注
1											无烟楼层		自费	
2											吸烟楼层		VIP	

另外，会议主办单位以住宿安排表为前提，仍需要和酒店确认以下内容，具体如下：

①注明房间服务费和税金由个人或是邀请单位支付。

②注明杂费由谁负责（如在饭店餐厅用餐、洗衣、电话费等）。

③房间只保留到抵达日的下午 6 时，还是由邀请单位与酒店协商。

④入住确认信由酒店还是邀请单位寄出。

2. 接站服务

前期的会议接待工作包括与会者接站、报到、签到和引导工作，这一系列的接待工作有助于会议活动的顺利进行，也使得会议主办单位在与会者心目中建立良好的外部形象。一般跨地区、国际性和全国性会议需要提供接站服务，特别对初次到访的与会者，接站服务提供了极大的方便。接站服务工作人员可以根据表 5.45 开展接站服务。

表 5.45　会议嘉宾接站跟踪表

<table>
<tr><td rowspan="3">序号</td><td rowspan="3">姓名</td><td rowspan="3">手机</td><td colspan="7">接机安排</td><td colspan="8">送机安排</td><td rowspan="3">备注</td></tr>
<tr><td rowspan="2">到达日期</td><td rowspan="2">达到航班</td><td rowspan="2">接送车辆</td><td colspan="2">司机</td><td colspan="2">接班人</td><td rowspan="2">离开日期</td><td rowspan="2">离开航班</td><td rowspan="2">房间号码</td><td rowspan="2">送机车辆</td><td colspan="2">司机</td><td colspan="2">接机人</td></tr>
<tr><td>姓名</td><td>手机</td><td>姓名</td><td>手机</td><td>姓名</td><td>手机</td><td>姓名</td><td>手机</td></tr>
<tr><td>1</td><td></td><td></td><td></td><td></td><td></td><td></td><td></td><td></td><td></td><td></td><td></td><td></td><td></td><td></td><td></td><td></td><td></td><td></td></tr>
<tr><td>2</td><td></td><td></td><td></td><td></td><td></td><td></td><td></td><td></td><td></td><td></td><td></td><td></td><td></td><td></td><td></td><td></td><td></td><td></td></tr>
<tr><td></td><td></td><td></td><td></td><td></td><td></td><td></td><td></td><td></td><td></td><td></td><td></td><td></td><td></td><td></td><td></td><td></td><td></td><td></td></tr>
<tr><td colspan="7">车辆总调度：
姓名：
电话：</td><td colspan="7">机场接待处负责人：
姓名：
电话：</td><td colspan="5">嘉宾接待总负责：
姓名：
电话：</td></tr>
</table>

3. 会议餐饮安排

会议常见的餐饮除了任务一的茶歇服务和任务二的晚宴，另一种比较常见的是在举办会议所在地（如酒店餐厅、学校食堂等）安排餐饮，餐饮券一般安排在现场注册登记时派发。用餐券也可以作为会议主办单位与用餐接待结算费用的手段之一。

如果会议举办天数较多，用餐次数较多时，会议主办单位需要编制会议用餐安排表（表 5.46），避免与会代表因为用餐而产生不满情绪。

表5.46 会议用餐安排表

日 期	时 间	主要安排	用餐地点	备 注
10月19日	7:00—7:45	早餐	宾馆多功能厅	自助餐
	12:00—13:30	午餐	宾馆多功能厅	凭餐券
	18:00—20:30	欢迎晚宴	宾馆宴会厅	圆桌

4. 会议拍照安排

大型会议一般在会议最后一天安排拍摄大合照，不仅作为与会人员的纪念物，而且同时也能延长会议的影响力和对外宣传。普通的拍摄安排对于站位没有特殊要求，但会议有政府官员、重要嘉宾，则需要对站位进行安排，常见的会议拍摄站位安排可参考图5.34。

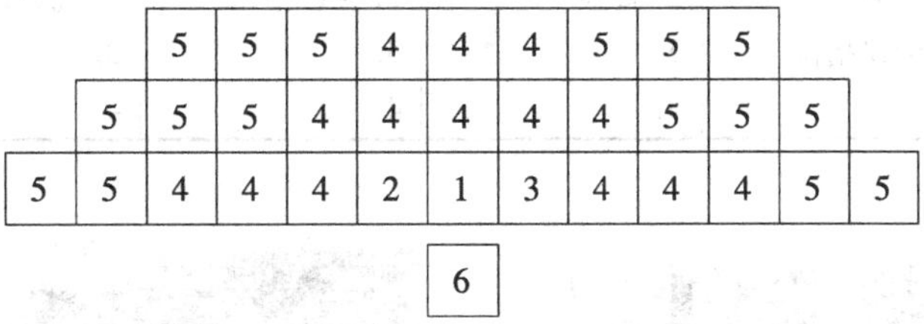
5 5 5 4 4 4 5 5 5
5 5 5 4 4 4 4 4 5 5 5
5 5 4 4 4 2 1 3 4 4 4 5 5
6

备注：1——主人，2——主宾，3——第二主宾，
4——客方客人（或主客插排），5——主方人员，6——摄影师

图5.34 会议常见拍照安排

三、会议现场报到工作

会议的现场报到工作是会议现场接待工作的重要部分，由于目前大部分会议的会议代表都需要缴纳注册费，因此根据会议代表是否已缴纳会议注册费将现场报到工作分成两部分，如图5.35所示。

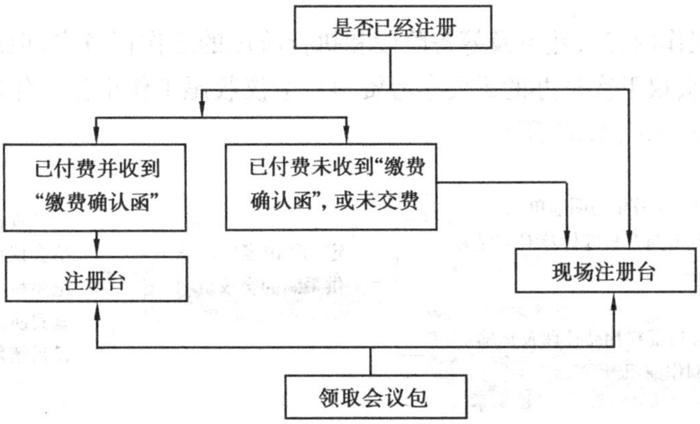
是否已经注册
已付费并收到“缴费确认函”
已付费未收到“缴费确认函”，或未交费
注册台
现场注册台
领取会议包

图5.35 会议现场报道流程

1. 会议前的注册

会议通知一般包含会议注册的相关信息，便于在会议筹备阶段统计与会代表人数、

减少会议现场注册人数和工作的目的。会议前的注册工作内容比较简单，会议主办单位一般要告知注册时间、注册费用、费用包含内容、缴费方式、注册登记表、发票发放方式等内容。

2. 会议包（会议资料信封）

会议包（会议资料信封）是与会者完成报到后所领取的资料，一般包括会议手册、会议代表证、餐券、会议资料，部分还有论文集、会议举办地地图、纪念品等，但部分会议由于与会人员身份类型较多，准备会议包时还需进行区别。参考表 5.47 内容，思考并补充完整会议组委会对于不同类型与会者应准备的会议资料。

表 5.47　不同类型与会嘉宾的会议包内容

代表类型	正式代表	演讲嘉宾	临时出席代表	家　属
会议资料明细	1. 胸卡 2. 餐券 3. 会议指南 4.	1. 胸卡 2. 餐券 3. 4.	1. 餐券 2. 会议指南 3. 4.	1. 餐券 2. 晚宴邀请函 3. 4.

报到处
午餐券
晚餐券
工作证

(a)　　(b)

图 5.36　会议资料

四、会后收尾工作

会议收尾工作内容虽然不及筹备阶段和执行阶段的工作任务多，但成功的会后收尾工作，能够作为会议下次举办的重要参考资料。会议收尾工作根据工作内容可以分为两大类和两个阶段，如图 5.37 所示。

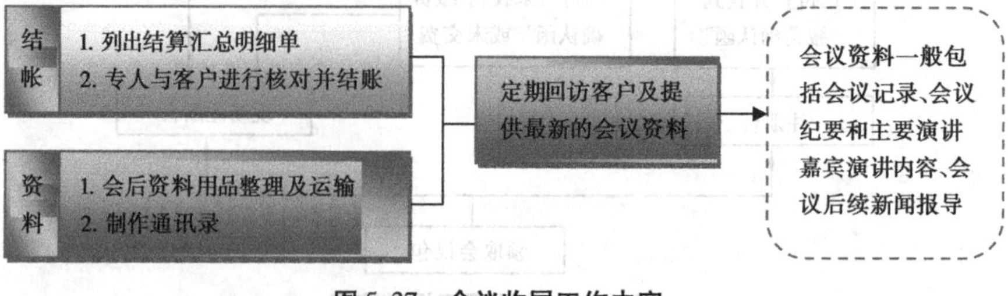
结帐
1. 列出结算汇总明细单
2. 专人与客户进行核对并结账
资料
1. 会后资料用品整理及运输
2. 制作通讯录
定期回访客户及提供最新的会议资料
会议资料一般包括会议记录、会议纪要和主要演讲嘉宾演讲内容、会议后续新闻报导

图 5.37　会议收尾工作内容

1. 会议费用

会议费用的预算、监督、总结工作贯穿整个会议运营阶段，本任务将会议经费放在会

议收尾阶段学习，主要是让学生在编制会议经费预算表的基础上，结合已完成的工作任务对经费进行总结及回顾，从经济的角度考虑执行的任务是否达标。表5.48列出会议组织活动中常见的费用项目，请指导老师参考给出的内容并引导实训学生将空白的二级目录和三级目录补充完整(可以另外制作表格)。

表5.48　会议经费表

会议支出					
一级目录	二级目录	三级目录	预算金额	实际金额	备　注
交通费用	1. 出发地至会议举办地的交通费用	会议嘉宾从所在地到会议举办地交通			另附表列出接待时间、接待嘉宾等
	2. 会议期间交通费用	酒店—会场；会场—考察地			
	3. 返程交通	欢送会议代表交通			
会议室布置费用	1. 会议场地租金				
	2. 会议设施租赁费				
	3.				
	4.				
住宿费用	1. 住宿费	由主办单位支付			
	2. 其他费用	洗衣费用、电话费用等			
餐饮费用	1. 会议期间餐饮	茶歇			
	2.				
	3.				
设备费用	1. 音频设备租赁费	灯光、电脑……			
	2. 现场拍摄	录像及后期制作			
	3.				

续表

会议支出					
一级目录	二级目录	三级目录	预算金额	实际金额	备　注
礼仪接待	1. 礼仪公司费用	现场接待礼仪小姐			
	2. 节目表演费用				
	3.				
会议用品	……(请完善)				
会议收入					
一级目录	二级目录	三级目录	预算金额	实际金额	备　注
会议注册费	1.				
	2.				
赞助费	1. 政府支持	相关项目基金			
	2. 企业赞助				
	……(请完善)				

表 5.49　会议费用明细表(餐饮费用部分)

序　号	费用名称	单　价	数　量	小　计	备　注
1	自助餐	____元/人	____人	元	确认是否包含在住宿费中
2	围桌(午餐)	____元/桌	____桌	元	
3	欢迎晚宴	____元/桌	____桌	元	
4	晚宴酒水(酒自带、汽水由酒店提供)	____元/桌	____桌	元	
5	茶歇	____元/人	____人	元	具体与供应商协商

2. 总结阶段会议资料

大部分会议组织者都希望能够在会议结束后获取与会者对会议的总体评价,根据反馈的信息编写会议总结报告并作为下届会议工作改进的主要参考信息。会议组织者一般编写会议满意度调查问卷,通过电子邮件、信函等方式在会议结束后一周发放,满意度调查问卷的内容必须与会议实际内容匹配,可以参考表 5.50。

表 5.50　会议满意度调查问卷

评价指标	评价具体内容		非常满意	满意	一般	不满意	极不满意
会议议程及内容	1)会议主题、议题的制订						
	2)会议议程安排	会议议程安排与会议主题的紧密程度					
		议程衔接度					
		会议议程先后顺序					
		会议时间安排					
	3)会议演讲	演讲人的演讲内容与会议主题匹配度					
		演讲人演讲水平和吸引力					
	4)分组讨论的充分性						
会议各项活动	1)欢迎晚宴						
	2)会议参观活动安排	活动质量及效果					
		司机、导游等服务质量					
会议场所设备	1)会议场所音响设备						
	2)会议室环境(温度、湿度、照明度等)						
	3)会议同声翻译设备						
	4)会议场所指引系统						
会议住宿	1)住宿酒店	与会场距离是否适合					
		酒店设施设备及服务					
	2)酒店餐饮	餐饮的质量					
		餐饮的环境和服务					
会议宣传及接待	1)会议宣传工作	会议宣传方式					
		会议宣传力度和效率					
	2)会议接待工作	会议注册过程					
		会议接待人员的效率及服务态度					

操作程序、标准及实训效果评估

实训步骤

在实训练习前,指导教师需要从以下因素中指定本次实训的会议基本背景:

会议持续时间	□半天	□一天	□两天	□多天
会议规模	□小型 (100 人以内)	□中型 (100～1 000 人)	□大型 (1 000～10 000 人)	□特大型 (10 000 人以上)

会议性质　　☐商业型　☐政府型　☐专业型　☐大众型

会议支付方式　☐付费　☐免费　☐其他自拟会议背景______

实训小组可以借助以下宴会厅平面图及设备数据,或由实训指导教师指定宴会厅进行布置。

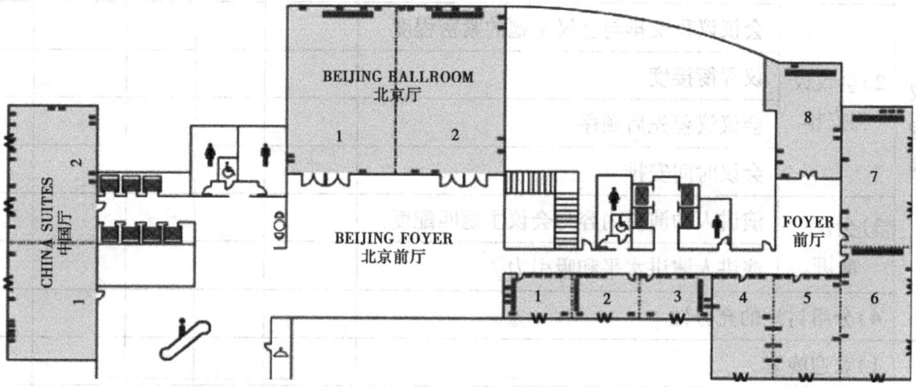
BEIJING BALLROOM
北京厅
1
2
CHINA SUITES
中国厅
2
1
BEIJING FOYER
北京前厅
FOYER
前厅
8
7
1
2
3
4
5
6

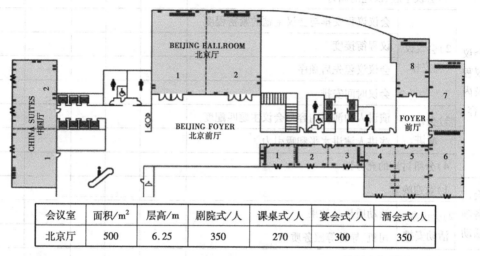

会议室	面积/m²	层高/m	剧院式/人	课桌式/人	宴会式/人	酒会式/人
北京厅	500	6.25	350	270	300	350

宴会前厅面积:500 m²,宴会厅大门高度2.5 m,宽度2 m,宴会厅能分隔为2个独立宴会厅。

图5.38　会议室楼层平面图及基本数据

根据以上平面图及设备数据,实训小组需要完成表5.51清单内容的工作任务。

表5.51　清单内容

序　号	工作任务	工作具体内容
1	宴会厅坐席安排	绘制宴会厅布置图,以及音频设备、舞台、植物等的布置
2	宴会桌摆台	设计宴会桌摆台所需的基本用品
3	周边区域布置	(1)圈出宴会厅周边区域的指示标志位置,以及设计指引路线; (2)设计指示标识内容(如电子屏幕、横幅、吊牌等)
4	宴会签到	根据上图平面图(或教师指定),设计宴会签到区(含签到桌、签到背景板等)
5	接待人员安排	在宴会坐席和签到区安排的前提下,设计现在接待人员人数和圈出工作区域

步骤1　会议室布置和现场注册区设计

实训小组需要根据培训讲座的性质进行会议室布置以及设计现场注册区,实训小组可以借助以下会议室平面图及设备数据,或者由实训指导教师指定会议室进行布置。

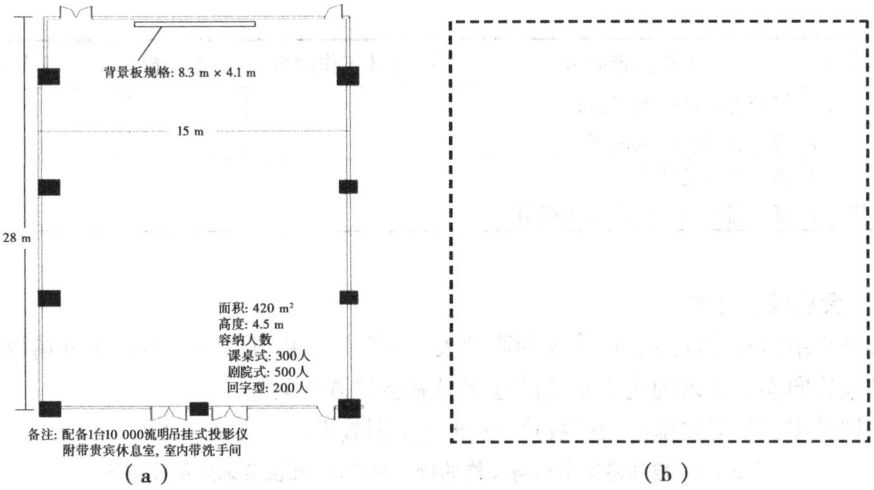
背景板规格: 8.3 m × 4.1 m
15 m
28 m
面积: 420 m²
高度: 4.5 m
容纳人数
课桌式: 300人
剧院式: 500人
回字型: 200人
备注: 配备1台10 000流明吊挂式投影仪
附带贵宾休息室, 室内带洗手间
(a)
(b)

图 5.39　会议室布置和现场注册区设计

根据图 5.39,实训小组需要完成表 5.52 的工作任务。

表 5.52　清单内容

序　号	工作任务	工作具体内容
1	会议室布置	绘制会议室布置图(包括音频设备、植物等)
2	现场注册区域布置	根据平面图圈出现场注册区域,并标出注册区划分区域、注册人员流动方向
3	现场注册流程	根据会议特点编制现场注册流程图(参考业务知识 4)

步骤 2　会议住宿、接站和餐饮安排

实训小组根据设计的培训讲座举办地,选择所在城市的相应酒店,由指导教师扮演通过主办单位预订酒店的 VIP 客户,实训学生完成以下实训内容:

①与 VIP 客户确认入住和到店信息(填写表 5.53)。(情景对话)

②(需至少一人扮演嘉宾、一人扮演接机者、一人扮演司机)安排人员在机场、高铁站交通枢纽负责接站工作。(情景对话)

③设计入住登记流程图。

④匹配所入住的酒店大堂平面图,设计酒店入住登记台并进行入住登记。(情景对话)

表 5.53　会议住宿、接站和餐饮安排

工作阶段	工作内容提示	具体工作内容	负责人数	负责人
接机前	1. 与嘉宾联系的时间; 2. 怎样与嘉宾联系,接送人员数量; 3. 怎样与接机司机联系; 4. 需要准备什么接机用品; 5. 着装安排; 6. 车辆行走路线如何安排			

续表

工作阶段	工作内容提示	具体工作内容	负责人数	负责人
接机中	1. 怎样确认接送的嘉宾； 2. 与嘉宾谈些什么内容			
送抵会场/酒店	1. 后续工作是什么； 2. 嘉宾需要提供什么服务指引			

步骤 3　会后综合评估

实训小组编写会议经费预算表和明细表(参考表 5.48 至表 5.49)。另外请设计出在会议结束后向参加会议的代表发送的通讯录和会议调查问卷。

培训讲座组织与实施的操作程序、标准及实训效果评估见表 5.54。

表 5.54　培训讲座组织与实施的操作程序、标准及实训效果评估表

业务操作步骤		标准与要求	实训效果评估		
			满分	得分	评语
讲座前期	1. 撰写讲座实施策划书	1)确定讲座主题内容 2)确定主讲备选人 3)确定潜在观众 4)策划书完整、美观	15		
	2. 讲座筹备	1)确定讲座筹备日程计划 2)分工合理，明确责任人及执行人 3)确定讲座所需场地 4)确定讲座费用 5)确定讲座宣传方式及准备材料 6)与主讲人沟通 7)确定讲座当日工作安排	35		
讲座执行	1. 物料	物料完全、有负责人员、调试正常	5		
	2. 人员	人员分工合理，负责事项清晰	5		
	3. 执行	1)流程合理 2)时间控制妥当 3)互动环节设计 4)嘉宾接待	20		
论坛后	1. 论坛后续服务	1)送嘉宾 2)清理现场 3)数据统计整理(观众人数、图片) 4)总结	20		
说明	以上业务操作满分共 100 分，得分在 90 分以上为优秀；80～89 分为良好；70～79 分为中等；60～69 分为合格；60 分以下为不合格		100 分		
反馈	总分： 评语		考评员签名		

实战项目训练

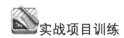

请节展办公室组建一个培训讲座组织与实施小组。小组成员需识记前面相关业务基础知识，对照《培训讲座组织与实施的操作程序、标准及实训效果评估表》及相关业务流程，完成策划并制作执行方案及相关流程设计，并作口头汇报或模拟实施。

实训项目十一　组织大型活动

教学目标

✪熟练掌握组织大型活动的主要步骤及基本业务知识。

✪熟练掌握组织各类大型活动的立项、策划、营销及评估等基本环节。

✪熟练掌握组织大型活动的项目管理技能。

内容导读

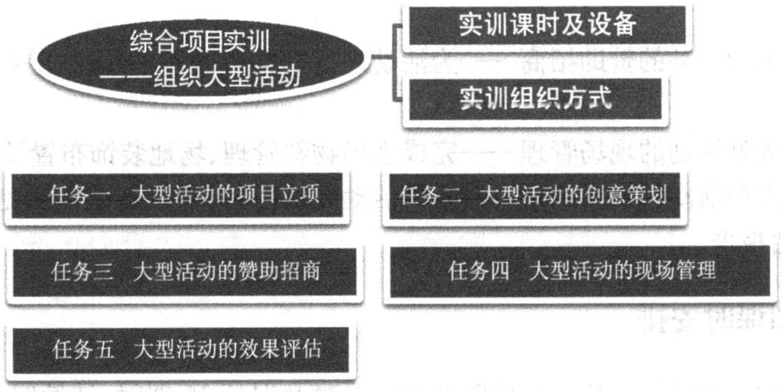
综合项目实训
——组织大型活动
实训课时及设备
实训组织方式
任务一　大型活动的项目立项
任务二　大型活动的创意策划
任务三　大型活动的赞助招商
任务四　大型活动的现场管理
任务五　大型活动的效果评估

图 5.40　内容导读

组织大型活动（综合项目实训）

一、实训内容

随着全球政治经济一体化时代的到来，各种各样地区性、国际性的大型活动越来越成为人们沟通、交流和宣传的重要手段和渠道。大型活动项目的策划、组织、管理和实施理所当然地成为政府、企业及行业都必须面对的一项重要工作。

大型活动是一项有目的、有计划、有步骤地组织众多人员参与的社会协调活动。按内容来分，大型活动可分为体育赛事、文娱艺术演出、商业营销活动、会议和展览以及节庆活动等。为进行更具针对性的训练，本实训中的“大型活动”不包括会议和展览。

1.
确定活动基本信息
2.
立项可行性分析
3.
活动创意策划
4.
活动营销宣传策划
5.
活动实施方案策划
6.
实施方案执行
7.
活动现场组织
8.
活动效果评估

图 5.41 组织大型活动的实训流程图

组织大型活动（综合项目实训）本着“以能力为本位，以职业实践为主线”的设计理念，重在培养活动组织的基本操作技能，紧紧围绕组织大型活动各职业岗位的工作任务，以完成总体运作的工作过程为依据，设计实训内容。本实训包括多个呈并列或连续性关系的教学模块，由整合或序化的若干项工作任务组成。因此，组织大型活动综合项目实训共包括五大工作任务，分别是：

任务一：大型活动的项目立项——包括确定活动题材、收集信息、进行项目立项、明确活动的参与主体等活动。

任务二：大型活动的创意策划——该任务需根据主办方需求、活动目标、时间地点及相关资源完成大型活动项目各环节的创意方案策划、执行方案策划，并提案论证、进行修改定案等。

任务三：大型活动的赞助招商——为活动进行赞助招商评估，寻找潜在赞助商、策划赞助方案等。

任务四：大型活动的现场管理——完成现场物料管理、场地装饰布置及流程执行。

任务五：大型活动的效果评估——收集活动现场图片、视频及观众意见，制作活动回顾及效果评估报告。

二、实训课时安排

本实训总共 156 课时，其中包括课内 120 课时及课外 36 课时，持续时间 4 周。为确保时间、人力、物力等资源利用最大化及项目的高效运作，部分工作任务需要交叉或同时进行。例如，活动营销宣传及现场组织实施的前期筹备可同时进行。各工作任务所需学时要根据具体的项目实况来估算，最后得出能适应实际的实训总学时。供参考的实训项目所需学时如表 5.55 所示。

表 5.55 实训项目学时

序 号	工作任务名称	总课时	课 内	课 外
一	大型活动的项目立项	12	12	/
二	大型活动的创意策划	42	30	12
三	大型活动的赞助招商	60	48	12

续表

序　号	工作任务名称	总课时	课　内	课　外
四	大型活动的现场管理	24	12	12
五	大型活动的效果评估	18	18	/
	合　计	156	120	36

学生在本实训中要求重点掌握任务二、任务三及任务四，因此全体学生都必须以不同形式深度参与到这三大任务中进行实践。

三、实训组织方式

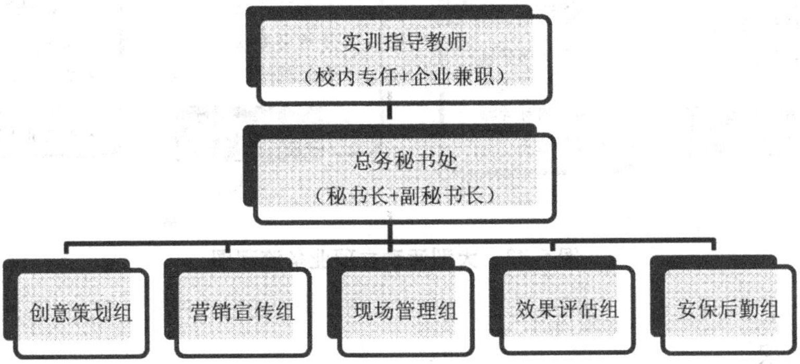
实训指导教师
（校内专任+企业兼职）
总务秘书处
（秘书长+副秘书长）
创意策划组
营销宣传组
现场管理组
效果评估组
安保后勤组

图 5.42　组织大型活动（综合项目实训）组织分工图

为营造真实企业项目氛围，确保本次实训的组织严格按照业内常规的项目运营模式进行，需对实训班级全体作职能化项目组分工。教师将全班分成总务秘书处、创意策划组、营销宣传组、现场管理组、效果评估组及安保后勤组。

总务秘书处对指导教师负责，由 1 名秘书长和 2 ~ 3 名副秘书长构成。正副秘书长的人选，由全班提名，经各组协商投票，指导教师根据多数代表的意见确定正式名单。秘书处全程统领各实训小组工作；负责联络协调各组中的具体事宜，明确各组的职责、筹备阶段任务及完成的时限要求；旁听及监督各组参与实训任务，检查各项工作的落实情况；负责活动的经费预算和支出安排；定期综合各组任务，向指导教师汇报。

其他组别对总务秘书处负责，均由 1 名组长和 4 ~ 6 名组员构成，各组由组长负责管理本组工作任务的完成。各组在对口的实训任务运行中，实施主要组织、执行、汇报及总结职能。

任务一　大型活动的项目立项

业务情景

假设全班共同组建了一间活动策划公司，主要提供活动策划服务，专门承办各种商业路演、新产品推广会、新闻发布会、文艺演出、大型会场布置设计制作和承建等。指导教师分别在不同阶段扮演不同角色，如招标阶段扮演该公司客户，审批阶段扮演政府管理部门等。

✪教师组织各个学生小组扮演活动立项小组，对所选项目题材进行初步立项策划，并组织成果演示及投标。

业务流程

大型活动立项的业务流程如图5.43所示。

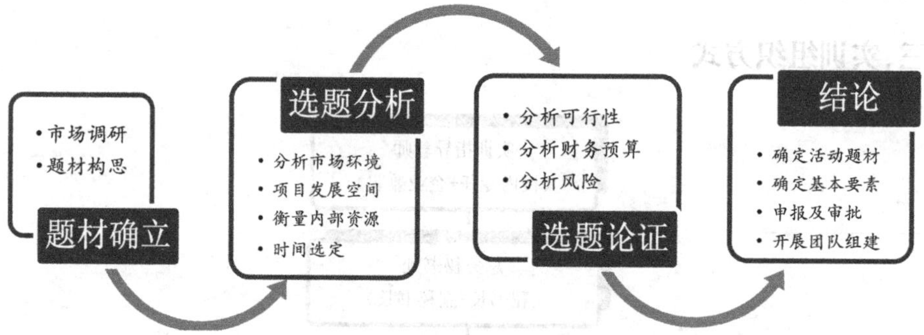

·市场调研
·题材构思
题材确立
选题分析
·分析市场环境
·项目发展空间
·衡量内部资源
·时间选定
·分析可行性
·分析财务预算
·分析风险
选题论证
结论
·确定活动题材
·确定基本要素
·申报及审批
·开展团队组建

图5.43 大型活动立项业务流程图

业务知识

大型活动项目的组织，在确定了题材、基本搜集到各种信息并进行初步分析之后，就可以进行项目立项策划。项目立项策划是根据掌握的各种信息，对即将举办活动的有关事宜进行初步规划，设计出大型活动的基本框架。项目立项策划应该侧重于从定性的角度来规划即将举办的活动，而不是详细地进行定量分析。

一、活动的分类

(一)营销主导型活动策划

营销主导型活动策划指其活动以营利销售为主、品牌宣传为辅而展开的主题策划。

如中国南方汽车展、国庆房产大联展以及首届广东企业家VS中国明星足球赛。这些活动策划毋庸置疑也在提高品牌知名度，但主办方的初衷往往是以活动为引爆点，吸纳企业客户的广告投放和目标消费者的门票购买行为。中国南方汽车展单门票一项就为主办方带来了数十万元的收入，此外还有大量前期与后续的报纸广告收入，营销业绩令同行叹服。此类型活动的主要特点是活动本身就是一块“磁场”，具有足够吸引客户热情和消费者眼球的魅力。

(二)传播主导型活动策划

传播主导型活动策划指以品牌宣传为主、营利销售为辅的策划。如诺贝尔经济学奖得主广东行、小区电影巡回展、概念时装秀暨客户联谊会、华语电影传媒大奖等。这类活动注重品牌形象的传播，Logo 和报纸版面图片以背景板、单册、海报、白皮书、礼品等形式出现。另外，相关领导参与活动开幕、颁奖、抽奖或闭幕仪式，往往带来令人震撼的一刻。

(三)娱乐政治色彩主导型活动策划

娱乐政治色彩主导型活动策划指受人的文件指示或人为安排而进行的策划。如团组织生活晚会、联谊舞会等。本类活动相对来说不是很大型，盈利性和宣传性不强。相对来说目的性比较强。一般是响应国家、省(市)、学校的各类文件号召，或是增强人们之间的感情联络。形式也比较丰富，比如唱歌、跳舞、诗歌朗诵、现场做诗画、问题抢答、做游戏等都可。

(四)混合型活动策划

混合型活动策划兼备了两个类型以上的特点，既做营销又搞传播，属于“鱼和熊掌兼得”型，如广东通信节、中国酒业财富论坛、世界华文广告论坛、创意冷餐会等。这些活动往往以客户下单、消费者掏钱购买产品服务等为前提条件获得参与活动的资格，而活动本身也将伴随着声势浩大的品牌推广行为。在当前市场竞争日益白热化的形势下，活动主办方将越来越倚重营销主导型和混合型活动策划，这个领域也将成为国内未来的战场。

二、活动立项策划的具体内容

(　)活动名称

活动的名称一般包括三方面内容，即基本部分、限定部分和行业标志。活动的名称确定了活动的基本内容和基本取向。

【例】　2014 上海外滩跨年灯光秀

√“秀”(英文里的 Show，即展示、演出)是基本部分，表明大型活动的性质和特征；

√“2014”和“上海外滩”是限定部分，说明大型活动举办的时间、地点。大型活动名称里体现大型活动性质的词主要有“国际”“世界”“全国”“地区”等。

√“灯光”是行业标志，用来表明活动或展览题材和展品范围。

(二)举办地点

策划要确定活动在哪个国家、哪个地方、哪个展馆举办，以及是在不同的地方轮流办，还是在相同地方举办。

(三)举办机构

举办机构是指负责活动的组织、策划、服务和营销等事宜的有关单位。可以是企业、行业协会、政府部门和新闻媒体等。一般有主办单位、承办单位、协办单位、支持单位等。

主办单位是指拥有活动的主办权并对活动承担主要法律责任的组织单位，但现实中某些会展活动主办单位既不参与活动的实际策划、组织、操作与管理，也不对活动承担法律责任；承办单位就是直接负责活动的策划、组织、操作与管理，并对活动承担主要财务责任的办展单位；协办单位一般不承担财务责任，也不承担活动的主要服务和营销工作，只对主办或承办单位的工作起协助作用；支持单位有时候也承担一些活动的招商和宣传推广工作，但基本不参与活动的承办工作，也不对活动承担任何财务责任。

（四）举办时间

举办时间包括举办活动的具体日期和活动的筹备时间两个部分。

> **【例】**某个活动筹备时间：2013 年 5 月 1 日至 9 月 30 日；
> 举办日期：10 月 1 日至 2 日上午 9:00 至 16:30。

（五）活动范围

先进行市场细分，之后选择和确定活动题材的方法，也同样适用于选择和确定活动范围。根据活动定位，范围一般包括政府、社会组织等，内容涉及一个或几个行业，或是一个行业中的一类或几类企业。

（六）活动频率

活动频率是指活动一年举办几次还是几年举办一次，或者是不定期举行。活动频率的确定受题材所在产业的特征制约，包括产业的生命周期及其影响等。

（七）活动规模

活动规模的确定包括三个方面，一是活动的场馆面积，二是参加单位的数量，三是参加的观众数量。在策划活动时，对这三方面都要作出适合的预测和规划。

（八）活动定位

活动定位，即清晰地说明这个活动是什么和有什么。具体说来，活动定位就是举办机构根据自身的资源条件和市场竞争状况，通过建立和发展活动的差异化竞争，使自己举办的活动在企业和观众的心目中形成一个鲜明而独特印象的过程。活动定位要明确活动的目标观众、目标、主题等。

（九）活动价格和活动初步预算

价格往往包括门票价格和广告价格等。

（十）人员分工、活动的宣传推广计划

人员分工计划和宣传推广计划是活动的具体实施计划。人员分工计划是对活动工作人员的工作进行统筹安排。宣传推广计划则是为建立活动品牌、树立活动形象，并同时为活动的筹备和招揽工作服务的。在具体实施时，这两个计划会相互影响。

(十一)活动进度和相关活动计划

活动进度计划是在时间上对活动的招徕、招商、宣传推广和位置划分等工作进行统筹安排。明确活动在筹办过程中,什么阶段应该完成哪些工作,直到活动成功举办。活动进度计划安排得好,筹办的各项准备工作就能有条不紊地进行。

✪相关业务知识可以参考本教材的“实训项目五　会展营销”和“实训项目十一　组织展览”的立项部分,融会贯通。

操作程序、标准及实训效果评估

一、实训步骤

步骤1　成立活动策划公司

指导教师组织全班共同组建了一间活动策划公司,主要提供活动策划服务,专门承办各种商业路演、新产品推广会、新闻发布会、大型会场布置设计制作和承建、各类文艺演出等。

通过分组头脑风暴,讨论并给出针对公司名称、规模等基本信息的建议方案,填写表5.56。

表5.56　建议方案

你的公司名称是?	
公司规模多大? 包括哪些部门?	
简介你的公司	

各小组发言,全班共同选出最佳方案。

步骤2　划分职能项目小组

公司成立后,教师按组织大型活动(综合项目实训)组织分工图对全班进行合理分组,确定各组负责人,解释本实训项目管理制度(参考三、实训组织方式)。

策划工作是一项复杂的系统工程。计划制订好之后,需要对策划工作人员进行组织分工。根据活动策划的内容不同,分成各个工作小组,各组学生负责相关策划与执行工作内容,以保障策划活动的顺利进行。对于项目分组的具体人员选择,要根据具体情况作相应分析,具体工作人员应该具有相应职能的活动执行相关经验,并能将经验性和创新性相结合。

步骤3　业务知识培训

指导教师以集中授课形式讲授关于大型活动的重点业务知识,包括大型活动的类型、内容和组织方法等;大型活动立项的步骤、方法和原则等。

步骤4　立项招标

指导教师从下面大型活动项目列表中指定一项作为本次实训的项目题材：

□组织一次校园公益活动

□组织一次校园××文化节

□组织一次校园体育比赛

□组织一次企业路演

□组织一次企业周年庆典

□组织一次企业迎春年会

□组织一次大型娱乐演出

□组织一次开幕仪式

□其他自拟题材______

指导教师扮演客户，公布对所选定项目题材的策划案招标方案，向各组说明项目背景、投标方案要求、征集过程等，全面征集立项策划案。

步骤5　活动立项策划

各小组按指导教师所讲授的内容，针对项目题材、方案要求等自主展开分组讨论，进行立项调查及基本策划，并完成表5.57。

表5.57　大型活动立项要素提纲

项目题材	____________(教师指定)	
要素	策划内容	市场信息/策划依据
活动名称		
活动目标		
活动主题		
注：活动策划，首先要明确的是活动主题。而步骤4中指导教师指定的项目题材（活动名称）则已经对主题进行限制，如××迎春年会等。主题策划要调查活动目标和参与主体的兴趣需要，进行精心设计。		
举办机构		
活动地点		
活动时间		
活动形式与内容		
注：活动内容和形式的策划，要围绕活动目标和主题来安排。如周年庆若重在表彰员工，增强组织内部凝聚力，便适宜召开员工庆功表彰大会，并安插团队参与的游戏穿梭其中等。		
初步预算		
宣传推广计划		
项目进度计划		

步骤 6　立项竞标大会

教师组织立项策划案竞投大会，秘书处负责竞投大会的流程组织，各小组互相竞投方案，进行 PK。

各小组根据表 5.57 中完成的内容，结合文字、图形、多媒体手段等制作 PPT 进行汇报，每组汇报时间为 10 分钟。由教师评分结合小组投票，选出最佳方案作为本实训的最终实施项目。

步骤 7　大型活动可行性分析

针对竞标大会所选出的最佳方案作简要的可行性分析，并用 SWOT 分析法剖析本项目的外部环境和内部条件。各小组讨论后完成图 5.44，派代表发言，教师作点评总结。

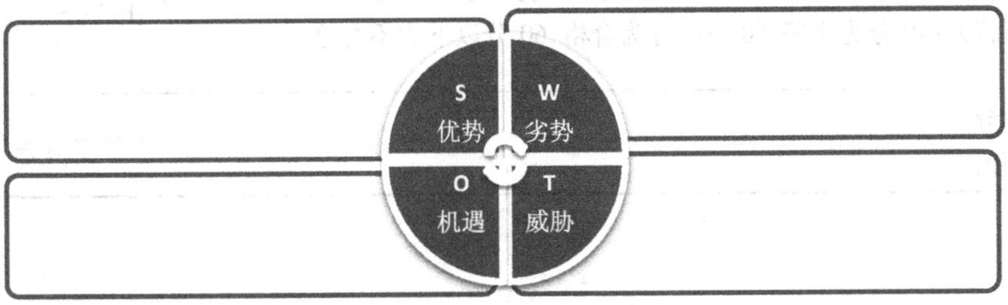
S
优势
W
劣势
O
机遇
T
威胁

图 5.44　大型活动项目 SWOT 分析表

步骤 8　立项总结

学生在完成本模块任务后，进行自我总结，由教师与企业共同完成评价。校内指导教师总结本任务情况，指导全班部署下一阶段任务的实施。

二、大型活动立项的操作程序、标准及实训效果评估

表 5.58　大型活动立项的操作程序、标准及实训效果评估表

业务操作步骤		标准与要求	实训效果评估		
			满分	得分	评语
题材确立	市场调研	调查活动目标和参与主体的兴趣需要	20		
	题材构思	仔细研究招标方案，琢磨客户需求			
选题分析	分析市场环境	用 SWOT 分析法剖析本项目的外部环境和内部条件	20		
	分析项目发展空间				
	衡量内部资源				
	时间地点选定	合情合理	5		
选题论证	分析可行性	严谨全面	20		
	分析财务预算				
	分析风险				

续表

业务操作步骤		标准与要求	实训效果评估		
			满分	得分	评语
立项结论	确定立项题材要素	调查活动目标和参与主体的兴趣需要 围绕活动目标和主题进行精心设计	20		
	申报及审批	创意汇报及竞标	10		
	开展团队组建	对全班进行合理分组，确定各级负责人	5		
说明	以上业务操作满分共100分，得分在90分以上为优秀，80～89分为良好，70～79分为中等，60～69分为合格，60分以下为不合格		100分		
反馈	总分： 评语		考评员签名		

实战项目训练

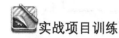

请认真学习本任务相关的业务知识，按实训步骤进行分组实践。

任务二　大型活动的创意策划

业务情景

活动立项后，开始进入创意策划阶段。请指导教师组织各小组根据立项题目进行创意策划，撰写创意策划案并进行分组汇报。

业务流程

大型活动创意策划的业务流程如图5.45所示。

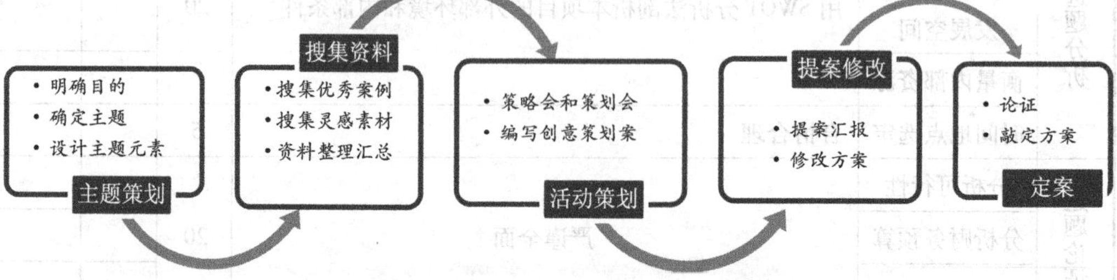

• 明确目的
• 确定主题
• 设计主题元素
主题策划
搜集资料
• 搜集优秀案例
• 搜集灵感素材
• 资料整理汇总
• 策略会和策划会
• 编写创意策划案
活动策划
提案修改
• 提案汇报
• 修改方案
• 论证
• 敲定方案
定案

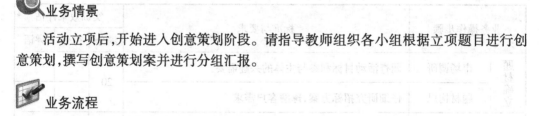

图5.45　大型活动的创意策划业务流程图

业务知识

创意策划是一场大型活动从前期筹备到收尾结束始终贯穿其中的核心环节。活动的创意表达则是整场活动在艺术创作与技术融合的基础上完美演绎的灵魂。在大型活动中,创意策划的设计是否恰当、构思是否独特、筹备是否周全等将直接影响整个大型活动的成功与否。

活动项目前期的创意策划阶段由以下四个核心模块组成:

一、了解背景资料

对客户(项目)背景信息的充分了解是决胜的前提。不同的服务对象和项目情况所需要了解的背景资料也不同。例如,表 5.59 是为企业客户策划活动前所需要掌握的信息资料。

表 5.59　信息资料

我们要了解的信息	我们要取得的资料
□客户的企业背景:企业类型、理念等 □客户的企业或品牌特性:核心优势?推广策略? □活动核心目的:产品推广?提升销量?品牌合作?文化交流? □客户评估项目成败的核心标准 □项目基本信息:活动类别、费用预算等	□VI 系统电子版(至少有 Logo、标准色、禁用搭配) □产品广告图片及广告影像 □客户以往各类活动的资料照片 □客户公司的完整名称 □客户接口人及其上级领导的姓名、职级、联系方式等基础信息

二、策略会和策划会

组建团队进行共同"头脑风暴",分享灵感及制定创意策略,实现创意点的爆破。

(一)策略会

策略会主要是介绍前端信息(客户或项目名称及资料、近年客户动向、项目功能、目标及重要时间点)及形成必要决议(项目定位、项目策略、职能分工、项目推进流程)。

(二)策划会

简介客户对项目的预想;说明项目的必备环节、费用预算及操作周期;策划贯穿活动的主线思路及表现元素、创意亮点(亮点环节及可实施性评估)、流程及现场装饰的配合。最后要完成的决议:活动方案风格、活动方案模块构成及模块撰写责任人、方案内容及流程、方案完成时间、报价形式及分块预算等。

三、设计活动策划案

活动策划方案是公司、组织或企业在短期内提高销售额或扩大曝光率,提高市场占有率的有效行为。如果是一份创意突出，而且具有良好的可执行性和可操作性的活动策划案，无论对于企业的知名度，还是对于品牌的美誉度，都将起到积极作用。

活动策划案形式多样，一般而言，包括路演、产品说明会（发布会）、节日促销、新闻事件行销、晚会表演、赛事等。而对于上述的任何一种方案，针对不同的企业情况和市场分析，都可以衍变出无数的形式。活动策划往往对新产品上市、产品终端铺货和产品转型具有直接的效果，所以它也是营销推广中的一个重要组成部分。

活动策划案通常通过 PPT，Word 等文件格式进行创意表达。其内容包括：

（一）策划书名称①

尽可能具体地写出策划全称，如"×年×月××品牌××活动策划书"，置于页面中央，当然可以写出正标题后将此作为副标题写在下面。

大河奔流
河南省第十一届运动会暨河洛文化旅游节开幕式晚会

图 5.46 河洛文化旅游节开幕式晚会策划案封面

（二）活动背景

这部分内容应根据策划书的特点在以下项目中选取内容重点阐述：基本情况简介、主要执行对象、状况、组织部门、活动开展原因、社会影响以及相关目的动机。

其次，应说明问题的环境特征，主要考虑环境的内在优势、弱点、机会及威胁等因素，对其作好全面的分析（SWOT 分析），将内容重点放在环境分析的各项因素上，对过去现在的情况进行详细的描述，并通过对情况的预测制订计划。如环境不明，则应该通过调查研究等方式进行分析加以补充。

（三）活动目的、意义和目标

活动的目的、意义应用简洁明了的语言将目的要点表述清楚。在陈述目的要点时，该活动的核心构成或策划的独到之处及由此产生的意义（经济效益、社会利益、媒体效应等）都应该明确写出。活动目标要具体化，并需要满足重要性、可行性、时效性。

（四）资源需要

列出所需人力资源、物力资源，包括使用的场地设施等都详细列出。可以列为已有资源和需要资源两部分。

---

① 完整版本见教材 CD《范例 1：2010 大河奔流-河洛文化旅游节开幕式晚会方案》

（五）活动开展

作为策划的正文部分，表现方式要简洁明了，使人容易理解，但表述方面要力求详尽，写出每一点能设想到的东西，没有遗漏。在此部分中，不仅仅局限于用文字表述，也可适当加入统计图表等；对策划的各工作项目，应按照时间的先后顺序排列，绘制实施时间表有助于方案核查。人员的组织配置、活动对象、相应权责及时间地点也应在这部分加以说明，执行的应变程序也应该在这部分加以考虑。

这里可以提供一些参考：会场布置、接待室、嘉宾座次、赞助方式、合同协议、媒体支持、校园宣传、广告制作、主持、领导讲话、司仪、会场服务、电子背景、灯光、音响、摄像、信息联络、技术支持、秩序维持、衣着、指挥中心、现场气氛调节、接送车辆、活动后清理人员、合影、餐饮招待、后续联络等。请根据实情自行调节。

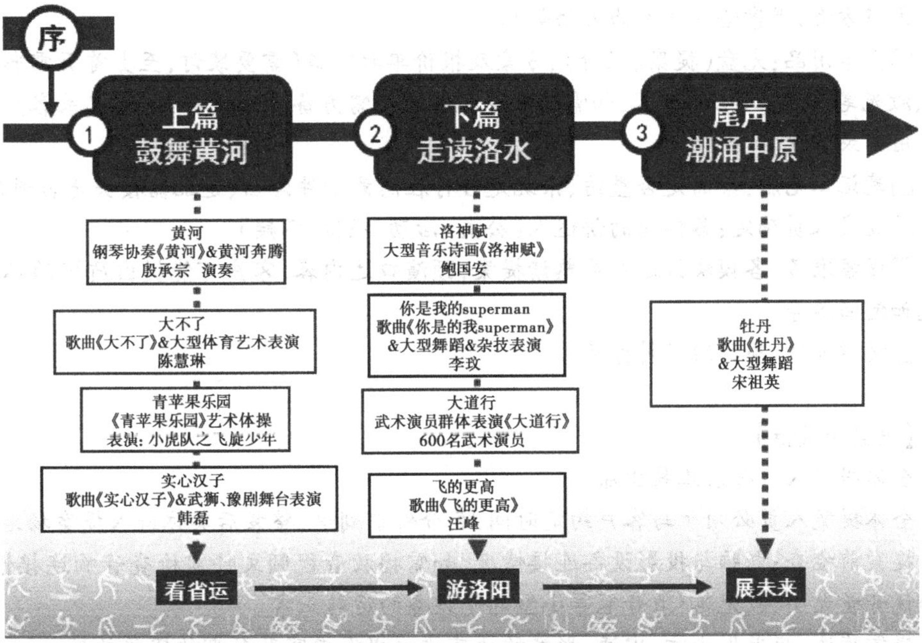
序
1 上篇 鼓舞黄河
2 下篇 走读洛水
3 尾声 潮涌中原
黄河 钢琴协奏《黄河》&黄河奔腾 殷承宗　演奏
大不了 歌曲《大不了》&大型体育艺术表演 陈慧琳
青苹果乐园 《青苹果乐园》艺术体操 表演：小虎队之飞旋少年
实心汉子 歌曲《实心汉子》&武狮、豫剧舞台表演 韩磊
洛神赋 大型音乐诗画《洛神赋》 鲍国安
你是我的superman 歌曲《你是的我superman》 &大型舞蹈&杂技表演 李玟
大道行 武术演员群体表演《大道行》 600名武术演员
飞的更高 歌曲《飞的更高》 汪峰
牡丹 歌曲《牡丹》 &大型舞蹈 宋祖英
看省运
游洛阳
展未来

图 5.47　河洛文化旅游节开幕式晚会策划案之创意节目流程

（六）经费预算

活动的各项费用在根据实际情况进行具体、周密的计算后，用清晰明了的形式列出。

（七）应注意的问题及细节

内外环境的变化，不可避免地会给方案的执行带来一些不确定性因素，因此，当环境变化时是否有应变措施，损失的概率是多少，造成的损失多大，应急措施等也应在策划中加以说明。

（八）活动负责人及主要参与者

注明组织者、参与者姓名、嘉宾、单位（如果是团队策划应注明团队名称、负责人）。

四、提案

提案即由活动创意方向客户作有关活动企划、创意构想、调查结果等的报告。也就是把创意策划准确生动地向客户提交与说明，以求赢得客户的赞赏与支持。

提案要求主题明确、条理清晰，PPT设计要图文并茂、包装精美。

【提案前准备】

□与客户确认提案时间及地点。

□与客户确认我方提案人数和客户方参会人数及级别（如客户有高层出席，我方便必须有高层陪同）。

□确定会场是否提供投影设备。

□确定客户方是否有特殊要求（例方案是否需打印版，打印份数及颜色要求，是否需要外文版方案，提案语言是否为外语等）。

□提案用品：光盘（提案、报价）、方案及报价单打印版（需要装订，至少首页需彩色打印）、激光笔及电池、记录纸笔，如需播放音视频文件需另备音响设备，如需记录客户想法所应用的录音笔。

□笔记本电脑：桌面是否整洁、系统是否存在恶意插件弹出、适配器接头是否通用。

□提案人员确定：各模块的讲述人（公关、活动、报价、答疑）。

□提案准备：各模块讲述人应熟读提案，预演口述内容，客户可能提出质疑的环节应知晓如何回答等。

□提案演练，项目组成员旁听。

【提案中要点】

全体提案人员必须正装出席。

全体提案人员必须于与客户约定时间15分钟前到达，整装后集体进入提案场地。

提案前检查：电脑与投影设备连接情况、如需播放音视频文件需检查音响连接情况，开调试音量大小、激光笔/录音笔等小型电子设备的运转正常。

提案陈述：应采用简洁、中速、形象的语言讲述提案内容及预期的实施效果。

客户访问：向客户说明我方希望取得的信息或资料（尽量争取客户方向我方提供更多的信息及资料）、说明我方需客户方配合哪些工作/解决哪些问题。

提案反馈：仔细记录客户的每一点反馈意见（客户每一个顾虑及疑问点，方案修改方向及客户的创意性想法），再次明确客户的思路及方向。

会后决议：下次提案的时间、地点及提案内容，会后的工作安排（包括客户方应配合的工作）、确定哪些是急需解决的核心问题、哪些工作需同步展开、我方与客户方的沟通机制（如何配合）。

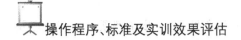

操作程序、标准及实训效果评估

一、实训步骤

步骤 1　业务知识培训

指导教师以集中授课形式讲授关于大型活动策划的重点业务知识。

步骤 2　确立活动主题

结合大型活动策划的业务知识，根据活动本身的实际问题（包括活动的目的、时间地点、客户预期投入的费用等）和市场分析（包括竞争对手当前的广告行为分析、目标消费群体分析、消费者心理分析、产品特点分析等）作出准确的判断，对照任务一中已完成的大型活动项目 SWOT 分析表的结果，扬长避短地提取当前最重要的、最值得推广的唯一主题，并设计对应的主题元素及活动基调等。

表 5.60　确立活动主题

________________活动主题方案	
活动主题	
主题元素	
活动基调	

教师扮演客户重申要求。所有小组分头进行主题创意，准备汇报材料；由创意策划组主持会议、组织全班展示本组成果、讨论及总结，最后确定本次活动项目的最终主题。

提示：尽量避免面面俱到，坚持只把一个最重要的信息传达给目标观众群，这样才能引起受众群关注，并且比较容易地记住你所要表达的信息。

步骤 3　搜索参考素材

根据活动主题和活动目的，各小组长安排成员分头行动，有针对性地收集和筛选相关参考资料，如优秀的活动策划案、电视节目创意环节、网络视频素材等，进行组内共享，用作提供活动灵感及创意展示的参照物。

表 5.61　参考素材

资料名称	资料来源	资料类型（策划案、广告、节目等）	值得参考的创意

步骤 4　活动创意策划

根据客户（教师）意见和要求，确立策划案大体框架，设计活动形式和内容，规划项目基本成本，并以 PPT 形式设计初步策划执行案框架（含创意策划、活动形式、执行流程、大体预算)。

期间,各组可自行向客户(教师)获取具体要求和意见,进一步了解项目的着重点及难点,掌握客户的喜好和倾向,并融合到创意中。

表 5.62　客户意见反馈表

客户(教师)意见反馈表			
	反馈日期	反馈问题	解决方案
1			
2			
3			

步骤 5　提案与修改

由创意策划组组织提案会议,各组汇报方案,客户(教师)听取简报并对各方案进行评价。创意策划组按客户喜好和意见反馈,筛选各组方案的优秀创意并汇总成一个方案。全公司(全班)与客户进行几轮讨论及反复修改。

步骤 6　定案

双方通过协商,拟订合作协议,最终确定:

□策划执行方案定稿(包括活动内容、执行流程、人员分工、宣传计划、预算)

□现场效果图(包括 3D 会场布置、舞台设计、活动 VI、平面布局等)

□物料方案(成本/报价)

创意策划组重新整理以上各种方案,精心包装、打印并装订成册。

步骤 7　任务总结

教师总结本任务情况,指导全班部署下一阶段任务的实施。

二、大型活动创意策划的操作程序、标准及实训效果评估

表 5.63　大型活动创意策划的操作程序、标准及实训效果评估表

业务操作步骤		标准与要求	实训效果评估		
			满分	得分	评语
主题策划	明确目的 确定主题	主题要单一,继承总的活动目的和营销思想 对活动客户的诉求判断准确	10		
	设计主题元素	紧扣主题,直接地说明利益点			
搜集资料	搜集案例灵感	案例丰富、创意值得借鉴、反映时代前沿	20		
	资料整理汇总				
活动策划	召开策略会 和策划会	活动要围绕主题进行并尽量精简 能结合活动本身突出最引人注目的卖点	50		
	编写策划 创意案	具有良好的可执行性 写作风格创新,符合格式规范			

续表

业务操作步骤		标准与要求	实训效果评估		
			满分	得分	评语
提案修改	提案汇报	准备充分，汇报条理，能突出方案亮点，演讲礼仪良好	20		
	修改方案	及时搜集反馈意见，对初稿进行合理修改			
定案	敲定方案	明显优于初稿，符合客户要求			
说明	以上业务操作满分共 100 分，得分在 90 分以上为优秀；80 ~ 89 分为良好；70 ~ 79 分为中等；60 ~ 69 分为合格；60 分以下为不合格		100 分		
反馈	总分： 评语		考评员签名		

实战项目训练

请认真学习本任务相关的业务知识，按实训步骤进行分组实践。

任务三　大型活动的赞助招商

业务情景

为了实现本实训活动的目标，获得宣传效果或品牌增值，活动组委会需要邀请相关企业提供资金、物质资料或人力资源等多种形式支持，以促进活动的有效实施。

业务流程

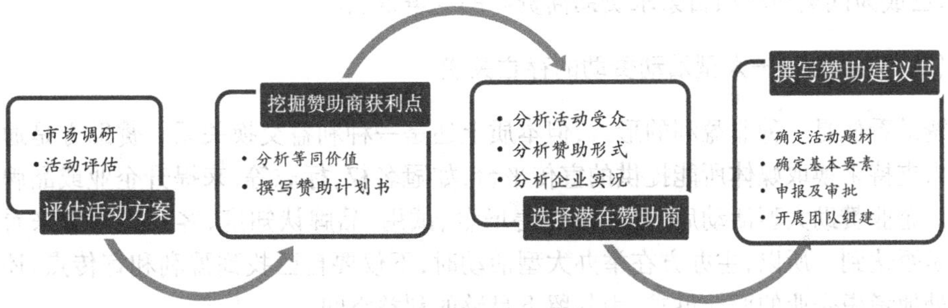

•市场调研
•活动评估
评估活动方案
挖掘赞助商获利点
• 分析等同价值
• 撰写赞助计划书
• 分析活动受众
• 分析赞助形式
• 分析企业实况
选择潜在赞助商
撰写赞助建议书
• 确定活动题材
• 确定基本要素
• 申报及审批
• 开展团队组建

图 5.48　大型活动赞助招商的实训流程图

业务知识

对于大型活动的组织者来说,赞助是一种新兴的营销沟通工具。赞助可以获得巨额资金,是大型活动得以顺利进行的重要保障之一。

赞助活动是指企业向某一活动提供一定的有形资源(如金钱、物质等)或无形资源(如地位、技术、服务等),与该资产合伙参与开发,以达成各自组织目标为目的的一种特殊的商业行为。赞助活动能为组织赢得政府、社区及相关公众的支持,创造组织生存和发展的良好环境。

大型活动往往需要企业赞助才能有效地实施,与赞助商及合作伙伴共舞,才能优势互补,实现双赢。在中外众多的营销案例中,通过赞助大型活动成功树立品牌的企业案例不胜枚举。近年来,从赞助活动的范围上看,不但世界杯、奥运会等全球性活动受到广告主的关注,而且各种媒体举办的大型活动也格外受到广告主的青睐。在大型活动中,企业或采用冠名,或者采用赞助,或采用种种植入式广告的方式,与活动融合在一起,随活动一起被观众接受或认知。

大型活动需要赞助,也需要资源。在引入赞助的同时,要考虑赞助方的产业链中有哪些环节可以对大型活动的运作提供支持。活动组织方与赞助商如何共赢?

一、活动赞助招商的策划要点

(一)创新性——大型活动的创意起点

创新是活动制胜基础。活动组织方想要寻找赞助商,达到合作双赢,活动创新是关键,创新包括主题、规则、形式等多方面内容。近几年,不少大型活动初尝营销带来的效用,就全面开花,全国每天都有上百个活动方案在诞生并实行,但大多数是低水平的重复、复制,使得大多数活动内容大同小异,缺乏新意。很多活动除时间、地点不同以外,内容和形式基本都差不多。这样的活动使受众感到乏味,也很难吸引企业的关注。

一个具有独特创意的大型活动,就意味着一个具有巨大市场潜质的独特资源。因此,如何依托现有资源,通过独家的视角、独家的策划和独家的制作来创造大型活动的新局面,已成为同类活动项目索求赞助商资源的竞争重点。

(二)效益性——大型活动赞助的存亡关键

赞助看似是一种非盈利的形式,但本质上还是一种利益交换关系。赞助方是通过资金实力支持来换取媒体所能提供的宣传平台,如冠名权,标志等,来提升企业或品牌的知名度。企业赞助大型活动后,会通过销售增量、试用、品牌认知度、客户忠诚度来看赞助效果是否达到。所以,主办方在举办大型活动时,不仅要自己找到盈利和宣传点,还应该设身处地考虑企业的商业诉求,为其留下足够的利益空间。

赞助商的赞助动机

√ 品牌认知——使品牌曝光最大化,改变消费者观念;
√ 提高销售——增加和提高销售量;

√ 掌握消费者情况——了解特定或新的消费者；

√ 获得赞助商本人或客人作为贵宾参加体育赛事的机会

——鼓励和回报销售人员和消费者。

提高活动赞助的效益，让赞助商满意而归，感到物有所值甚至物超所值，这已成为关系到大型活动赞助生死存亡的关键。在主办各种活动时，应建立积极有效的反馈机制，与赞助商建立积极有效的沟通，及时将活动中的观众人数，媒体报道的广度、频度发送给赞助商。这一点对于保证赞助商顺利履约、建立长期良好的合作关系至关重要的。

(三)关联性——大型活动赞助的成功关键

组织方在招商时提出活动赞助方案，必须将潜在赞助商的企业品牌个性和活动的精神相结合，只有品牌与活动有足够的关联度才能将消费者把对事件的热情转移给产品；如果关联度不够，甚至会让彼此的品牌价值产生冲突和抵消。因此，找到品牌与活动的联结点成为赞助活动能否取得成功的关键，使大型活动不脱离品牌的核心理念，并在心理和情感层面上与消费者产生共振，形成品牌累积效果，实现双方的资源、权益、受众共享。

【案例1】在青岛啤酒·CCTV——倾国倾城"最值得向世界介绍的中国名城"大型电视活动中，青啤与央视合作，合作效果可圈可点。当时，北京奥运给中国的城市旅游带来巨大的契机，而啤酒作为一种休闲饮品与旅游不谋而合，其中的"杭州城市日"举办了激情欢动，充满动感的现场舞秀及免费品尝的啤酒让人们体验到青岛啤酒带来的欢动与激情。据悉，在业绩方面，2006 年青啤公司实现销售收入为 116.77 亿元人民币，同比上升 16.5%。

(四)持续性——依靠人型活动的深耕细作

赞助不是简单的投资冠名后就万事大吉。一个品牌并不会自动地将自己与其赞助的活动联系起来。尽管赞助营销具有强大的传播能力，但是它并非一劳永逸的传播投资，它还需要其他工具及大量资金来加强品牌与活动的"关联"。在中国市场同质化的今天，活动赞助往往成为企业及品牌跃升的有效翘板。当然这块翘板的成功运营还是依靠赞助者的深耕细作。

(五)长期性——扩展大型活动的影响力战略

赞助大型活动是营销的长期战略。大型活动赞助招商贵在坚持，只有具有长远眼光的企业才能在活动营销的竞技舞台上取得成功。无论是赞助目标，还是赞助对象都要保持相对稳定，使之形成传统和气候。赞助商应坚持长期战略规划，着眼于长远目标，通过一个循序渐进的、系统整合的过程让其品牌渐渐深入人心。

【案例2】1996 年亚特兰大奥运会中国代表团的赞助商共有 37 家，到 2000 年悉尼奥运会时，除了健力宝因为和可口可乐撞车而被迫退出外，继续赞助的只有李宁一家，其余的 35 家都放弃了赞助，续约率只有 2.9%。新的 25 家赞助商中，有 24 家是新面孔。2004 年雅典奥运会时情况略有改观，在总计 33 家赞助商中，"老客户"升到 10 家，续约率达到 30.3%，但是和国际奥委会 2001—2004 年第 5 期 TOP82% 的续约率相比，差距显而易见。

此外,我国一些体育俱乐部的赞助商最近几年也是走马灯似地频频更换。反观美国,1999 年赞助金额在 1 000 万美元以上的企业共有 67 家,其中除新加入的 7 家外,其余 60 家都是“老主顾”,没有任何一家退出。

对于赞助商而言,如果公司与所赞助的活动建立了成功的联系,那么放弃该活动的赞助权是一种浪费。如果因为没有任何约定(无论是法律上的或是道德上的)来维系活动与赞助商之间的关系而丧失赞助权的话,那么所做的投资就浪费了。有些活动会继续寻找新的赞助商,而新的赞助权很可能会落入老客户的竞争者之手。因此,主办单位能允许老客户在随后的几年里重新拥有赞助权,对双方都很有好处。

品牌共荣是赞助活动的终极财富。成功的赞助活动是企业赞助商与主办单位精诚合作的结果,有远见的赞助商在实施大型活动赞助之前,都会将这种营销方式与其他宣传方式的效果相比较,衡量成本和收益,事后也会对赞助进行评估,检验赞助效果;另一方面,活动主办单位应本着互惠互利的原则,尽可能为赞助单位提供宣传机会和做好服务工作,以保证赞助商的利益。

二、大型活动赞助招商的程序

(一)评估活动方案

许多大型活动的招商人员在拉赞助时,因为没有充分地进行市场调查,对赞助商市场没有进行充分了解,导致营销活动失败。在开始寻找赞助商以前,需要花一定的时间来评估活动方案。

【案例 3】体育运动会上接受葡萄酒厂捐赠成千上万的葡萄酒,这些酒除了在许多宴会上有用处,毫无利用价值。如此赞助并没有降低组织者的开销,而且也没有达到赞助商所要得到的正面效果,可以说是不成功的赞助活动。

另外,拉赞助成功的关键是有能力对潜在的目标市场进行调查和研究,将赞助因素与赞助公司的经营哲学与经营目标紧密结合,那么赞助建议将会变得非常有效。必须对公司原有的赞助经历进行调查。如果该公司的口碑很好,那么获得赞助的可能性就很大。

(二)挖掘和确定赞助商的获利点

在决定活动有赞助价值之后,就需要开始撰写好赞助计划书,在计划书中列明所有赞助商的获利点。如果可以,应尽量写明可评估的等同价值,如媒体报道的广告等同价值等。

对赞助商有价值的要点一般为:在活动期间,赞助商是否有机会促销产品或服务?对潜在赞助商最有价值之处的展露度如何?活动将会得到媒体报道吗?媒体是什么级别的?活动的地点和经费?其他宣传方式如 T 恤衫、门票、横幅、张贴、海报、气球等悬挂物及其他带有公司标记的印刷材料等有哪些?其他增值和扩大活动的影响的方式有哪些?有无赞助商的员工参与活动的机会?

（三）定义潜在的赞助商

寻找潜在赞助商是一项费时而需要耐心的工作。任何与活动有关的或者是有业务往来的公司都可能成为赞助商，但需要记住：一般不能同时要求相互之间有竞争关系的公司成为赞助商。必须考虑活动的类型和规模：目标受众是谁？是否了解他们？活动在一年中的哪个时间段进行？估计参与的人数将有多少？赞助商宣传、展露和参与的机会点？促销的机会点，如参与人员的资料信息等。必须考虑赞助的形式，比如是现金、实物还是人力？

不要忽视实物赞助和提供的服务，这些能抵消成本的赞助形式与现金具有同等价值。结合企业的目标市场和经营目标，根据以上的考虑列出适合本次活动的赞助商名单。在拟定赞助商时一般要避免相同类别行业中的赞助商之间的冲突。

（四）研究潜在的赞助商

在接触一个潜在的赞助商以前，需要对赞助商的业务进行一些研究。比如该公司的经营哲学是什么？该公司有没有赞助经费和赞助计划？该公司做预算的时间一般在什么时段？该公司过去所赞助的活动类型是什么？最近相关的媒体报道有哪些？潜在赞助商所在行业的发展趋势怎样？购买和使用其产品、服务的顾客群体是哪些？广告策略如何？该公司在企业形象、宣传推广、顾客关系和经济发展方面的目标是什么？赞助的决策者是谁？对此我们可以从该公司的年报、报纸杂志、合作伙伴等了解潜在赞助商的以上信息。

（五）撰写赞助建议书

赞助商的类型一般可以分为独家赞助商、联合赞助商、实物赞助商、媒体赞助商。另外，也可根据赞助的现金数额、提供的实物及服务和对应的回报条件为赞助商分级。

【范例】中国会展经济国际合作论坛商业赞助方案①

论坛赞助分为现金赞助和实物赞助两大类，其中现金赞助包括特级赞助机构（钻石级，限1家，35万元，另外承担论坛首日晚宴费用）、一级赞助机构（白金级，限2家，每家20万元，另外承担一次午宴费用）、二级赞助机构（黄金级，限5家，每家20万元）、三级赞助机构（白银级，限8家，每家10万元）；实物赞助包括指定航空公司（独家、20万元实物）、指定酒店（独家、10万元实物）、指定旅游服务商（独家、10万元实物）、其他指定服务商（独家、低于10万元实物）等。

所有的赞助商都希望受赞助单位不但能提出一个赞助的好理由，还要有一个好的期望。这些期望主要是对赞助回报条件的要求，赞助商通过要求受赞助单位提供各种有关的回报条件来达到赞助目的和效果。活动的组织者必须根据赞助商的期望做好赞助回报条件方案。活动环节的开发部门在制订赞助回报条件时，要根据活动的基本情况，量力而行，合理制订赞助回报条件。

---

① 见教材CD范例：中国会展经济国际合作论坛商业赞助方案

大型活动赞助商的回报形式①

(1)冠名权:赞助商名字出现的方式——由某某赞助的某活动;

(2)印刷广告:包含赞助商名字的活动秩序册、文具用品、海报、T恤、门票和媒体发布等;

(3)电视和广播宣传以及将来使用活动录像的权利;

(4)活动举办现场标识:旗帜、售货亭广告或其他标志。包括标识的数量、大小、摆放地点(特别重要的是能提供新闻照片机会和电视影像)和摆放责任、相关花费等细节;

(5)前期促销:场馆开放日、名人签名活动及新闻发布会;

(6)活动中的促销:售货亭摆放、品尝产品、公众周知,在志愿者的服装上标注赞助商的名字;

(7)娱乐机会:包厢、预订座位、空中观赏、贵宾停车位、接待帐篷、餐饮招待处、交通和住宿;

(8)建立赞助商、观众和慈善组织(慈善相关的营销)之间的联系;

(9)赞助商在广告和促销活动中使用活动标志;

(10)商品的活动场地销售权;

(11)邮寄名单;

(12)经活动主办机构同意的市场研讨会;

(13)媒体宣传和内部研究结果的总结报告书(如赞助商和活动公众形象回顾);

(14)续约优先权、保留赞助的优先权;

(15)通过活动营销计划帮助赞助商扩大赞助商品或服务的销售。

2013年首届中国国际宠物休闲文化博览会总冠名

300万元

本届博览会总冠名
赞助商公司的名字、Logo冠名在央视7集纪录片《我要去涪陵》节目上
赞助商公司的名字、Logo及将出现在比赛巨幅主背景板及赛场围板上
致感谢词,赞助商为部分获奖选手颁奖
获得36平方米主席台前特优区光地展位一个
获得展会现场广告牌一块
获得会刊彩色广告一页
获得展会官网软文介绍一篇
赞助费:人民币3 000 000元

根据每个赞助商的需要,撰写一份正式的赞助建议书。赞助建议书的内容必须简洁,不要超过5~6页。建议书的目的有两个:避免对方说“不”和确保下一步的会谈。

赞助建议书的基本格式

√ 综述:简单扼要地介绍活动方案,赞助商的宣传点或获益点,赞助商的投资,决策期限。

√ 活动简介:如果赞助商不了解活动的主办单位,必须对主办单位进行简介,对活动的背景资料,包括构思和主要参与者(明星)也进行一定的介绍。

---

① 见教材CD范例:2013中国国际宠物文化博览会(广告赞助)招商书

√ 活动方案：详细介绍活动方案，时间、期限、地点、活动项目、参与人数和目标受众；表明活动的目标；包括过去类似活动的资料，如新闻剪报等。

√ 赞助投资方案：这部分应包括一个详细的赞助内容，现金、产品、奖金、奖品、广告、促销、服务、专业咨询等。每项内容转换成定量的价格。必须清楚所有成本和利润的数量；同时，赞助的投入应与所提供的回报相关联，不要过低估计成本，也不要高估活动的商业价值。

√ 赞助商的获益点或者叫回报方案：明确列出赞助商所有的展露点、宣传机会和获益点；包括无形的利益如提高组织形象、增加公众认知度等。如果可能，将所有回报进行量化。

√ 决策的期限：明确表明公司最后答复的日期和联系资料。每隔10天内打电话跟踪，也可以要求会见面对面讨论细节。

√ 附录：包括其他相关材料，如赞助计划书和大概的预算、推荐函或支持函、新闻剪报、照片、以前活动的方案，以及一切可能增强说服力的材料。

建议书必须明确表明赞助的类型：独家赞助还是其他。为了方便决策，应说明其他公司参与的类型。所有赞助商需要一定的时间来讨论和审定该赞助建议书。根据不同活动的实际情况，应该提前1~12个月的时间提交赞助商考虑。最终签署的协议书可能与最初的建议书完全不同。因此，清楚地让赞助商知道，赞助方案可以灵活变通，以满足赞助商特殊的营销需求。

建议书的内容和外表装帧都是极其重要的，但不要过度。一个装帧精美的建议书可以吸引赞助商的注意。现在的编辑技术可以用很少的成本制作一个看起来非常专业的文档资料。

（六）签订赞助协议书

在所有条款达成一致后，双方需要就此确认。对于小型的赞助活动，双方可能简单地签署一个意向书。超过一定数额的赞助方案，建议双方签订一个正式的书面协议确认所有条款。

（七）维持与赞助商的关系

找到一个赞助商只是工作的开始。赞助商和主办机构是在同一个社区工作和生活，双方可以在许多方面互惠互利。要尽最大可能地兑现对赞助商的承诺，这也是主办机构的职责。维持与赞助商的关系与寻找工作同样重要。在每次活动之后应该立即进行一个完整的评估，包括赞助商投资回报的量化总结以及媒体报道的剪报、活动光盘、摄影资料等。一些纪念品，如T恤衫、照片或活动的录像等花费不多，却深受赞助商的喜爱。

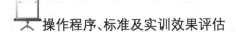

操作程序、标准及实训效果评估

一、实训步骤

步骤1　业务知识培训

指导教师以集中授课形式讲授关于大型活动赞助招商的重点业务知识。

步骤2　评估活动方案、挖掘赞助商获利点

以4~6人为一组，从赞助招商的需求和资源优势出发，评估中国国际动漫游戏博览会（教师可因地制宜另外选定当地会展项目，方便学生取材）的活动方案。以下为活动方案评估表，请参照完成本任务。

基于赞助招商的活动方案评估表

□ 活动的档次如何？

□ 活动计划是否周详？

□ 是否新颖、有创意、有趣？

□ 有无名人/明星参与？

□ 谁将要参加和出席该活动？

□ 能否吸引媒体报道改活动？

□ 是否值得赞助、是否能够吸引赞助商？

□ 赞助商如何支持活动？

□ 活动所需要的支持是什么：资金、设施、服务、志愿者等？

□ 是一个赞助商还是多个赞助商？

步骤3　挖掘赞助商获利点①

根据现有资源及活动平台，列明所有赞助商的获利点。如果可以，尽量写明可评估的等同价值。

步骤4　寻找潜在赞助商

根据“定义潜在的赞助商”和“研究潜在的赞助商”的业务知识，为活动设计一个潜在赞助商列表，并逐个进行赞助可行性分析。

步骤5　撰写活动赞助方案

根据活动和各级赞助商的需要，撰写一份合理专业、符合格式要求的活动赞助方案。

步骤6　任务总结

教师总结本任务情况，指导全班部署下一阶段任务的实施。

二、大型活动的赞助招商的操作程序、标准及实训效果评估

表5.64　大型活动赞助招商的操作程序、标准及实训效果评估表

业务操作步骤		标准与要求	实训效果评估		
			满分	得分	评语
评估活动方案	1.市场调研	1）对潜在的赞助商进行调查和研究 2）对公司的原有赞助经历进行调查	5		
	2.活动评估	1）评估活动方案 2）将赞助因素与赞助公司的经营哲学与经营目标紧密结合	5		

① 详细参考范例：中国北京国际科技产业博览会赞助方案。

续表

业务操作步骤		标准与要求	实训效果评估		
			满分	得分	评语
挖掘赞助商获利点	1. 分析可等同价值	1)列明所有赞助商的获利点 2)尽量写明可评估的等同价值	5		
	2. 撰写赞助计划书	撰写赞助计划书	15		
定义潜在赞助商	定义潜在赞助商	1)分析活动受众 2)拟订潜在赞助商列表 3)分析赞助形式 4)避免相同类别行业中的赞助商之间的冲突	10		
研究潜在的赞助商	研究潜在的赞助商	1)研究潜在赞助商的年报、报纸杂志、合作伙伴等 2. 分析潜在赞助商业务	10		
撰写赞助建议书	1. 赞助商分类	按合理标准将赞助商分类、分级	5		
	2. 确定回报形式	1)根据赞助商的期望做好赞助回报条件方案 2)根据活动的基本情况,量力而行	10		
	3. 设计赞助建议书	1)内容必须简洁,不要超过5~6页 2)符合赞助建议书基本格式 3)注重建议书的内容合理性,外表装帧专业	20		
签订赞助协议书	确认并签署条款	根据赞助情况与赞助商签署意向书或正式的书面协议	5		
维持与赞助商的关系	赞助商的关系维护	1)尽最大可能地兑现对赞助商的承诺 2)活动后进行完整的评估总结	10		
说明	以上业务操作满分共100分,得分在90分以上为优秀,80~89分为良好,70~79分为中等,60~69分为合格,60分以下为不合格		100分		
反馈	总分: 评语:		考评员签名		

实战项目训练

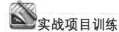

1. 完成本次活动的整体赞助方案，明确赞助商层次、种类、各行业企业赞助标准、赞助商权益等。

2. 为本次活动进行赞助招商，寻找合适的合作伙伴为活动给予资金或各种资源的支持。

邀请1个潜在赞助企业了解你的活动，并根据其具体需求设计一份活动赞助建议书，并上门进行拜访面谈，争取建立赞助合作关系。拟订一份针对这家潜在赞助企业兴趣及权益的赞助协议书。

3. 学习拓展资料：2012中国赞助市场年报（教材CD），了解近年中国赞助市场概况。其他年份可登录中国赞助网获取。

任务四　大型活动的现场执行

业务情景

经过前期大型活动的立项、创意等步骤，本实训的活动项目现已进入筹备及现场阶段，根据活动策划方案进行资源的调度和内容的准备。活动的现场执行就是活动的现场效果呈现。前期的工作成效决定“活动进行阶段”的效果。

业务流程

大型活动现场执行的业务流程如图5.49所示。

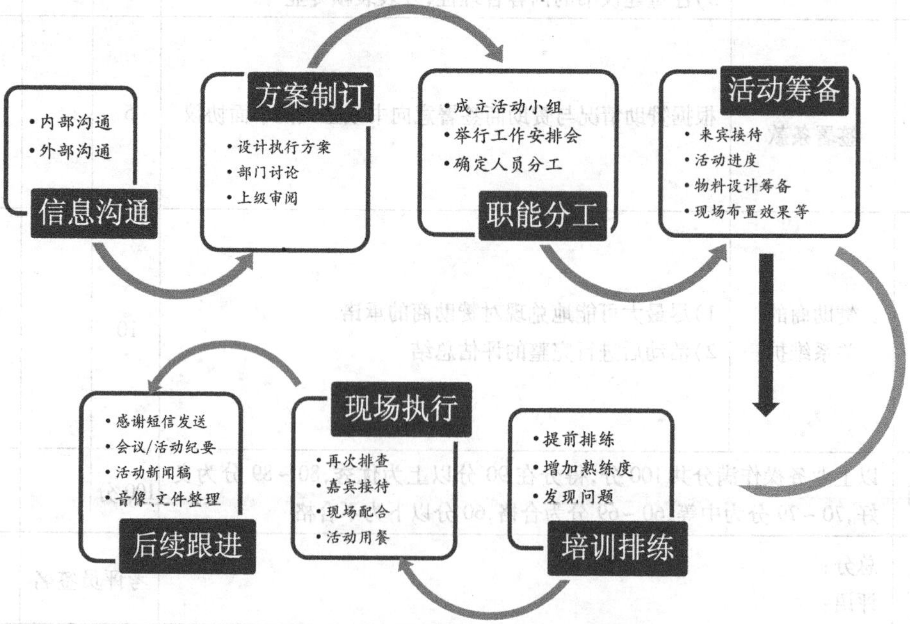

•内部沟通
•外部沟通
信息沟通
方案制订
•设计执行方案
•部门讨论
•上级审阅
•成立活动小组
•举行工作安排会
•确定人员分工
职能分工
活动筹备
•来宾接待
•活动进度
•物料设计筹备
•现场布置效果等
•感谢短信发送
•会议/活动纪要
•活动新闻稿
•音像、文件整理
后续跟进
现场执行
•再次排查
•嘉宾接待
•现场配合
•活动用餐
•提前排练
•增加熟练度
•发现问题
培训排练

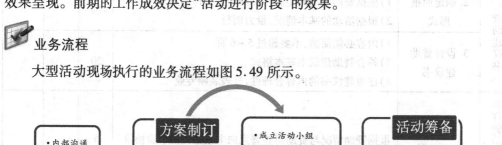

图5.49　大型活动现场执行的业务流程图

业务知识

由于大型公开性活动工作较为复杂，涉及赞助招商、媒体宣传以及更多繁杂的现场服务等事宜，因此，大型公开性活动需要在具体执行中制订严谨周密的活动执行方案。

本教材将活动执行分为7个环节：信息沟通、方案制订、开会分工、活动筹备、全体排练、现场执行和会后跟进，以供执行负责人把握整个执行过程，避免因缺乏程序和规划而造成执行疏漏或偏差，实现清晰的活动把握、周到而创新的方案设计、明确的人员分工安排、妥善的现场执行和持续到位的后续跟进，最终完成一个完整的活动执行过程。

活动环节一：信息沟通

信息沟通是活动执行中的第一环节，充分的信息沟通以及对活动成熟地思考是活动举办成功的基础，能尽可能避免由于活动理解偏差和信息失真造成的返工、遗漏和时间浪费等问题。因此，活动执行负责人须在活动正式筹备之前，与领导和其他人士进行充分沟通，在可允许的范围内争取了解尽可能多的信息，完成活动信息沟通表(表5.65)，再筹划下一步工作。

表5.65　活动信息沟通表

活动信息沟通表			
活动名称			
活动时间		活动地点	
举办单位		协办/联办单位	
执行负责人		活动规模	
执行单位		执行单位负责人	
活动目的			
活动意义			
主要领导嘉宾 邀请媒体邀请			
主要流程			
接待标准			
其他要求			

活动环节二：方案制订

活动方案是活动执行的指导性文件。在活动信息沟通完成之后，执行负责人填写活动信息沟通表，自己或执行方根据在创意策划阶段所完成的活动方案，设计活动执行方案(初稿)，组织各职能部门讨论，根据修改建议形成活动执行方案(第二版)，提交给上级审阅，最后根据领导反馈意见制订活动执行方案(最终版)。其整体流程如图5.50所示。

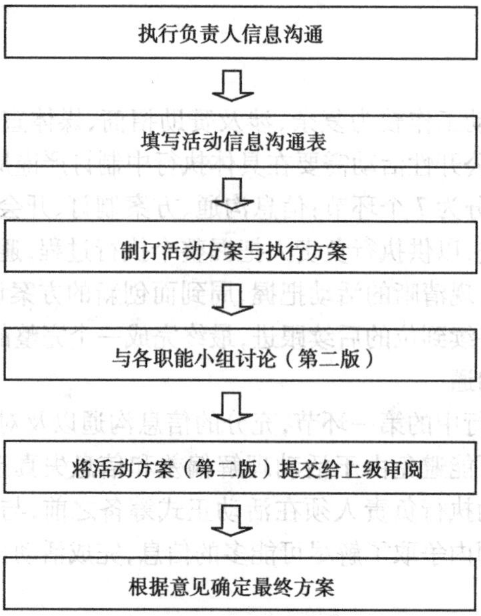
执行负责人信息沟通
填写活动信息沟通表
制订活动方案与执行方案
与各职能小组讨论（第二版）
将活动方案（第二版）提交给上级审阅
根据意见确定最终方案

图 5.50 方案制订流程

表 5.66

活动执行方案的基本要素	
活动基本信息	活动时间、地点、名称、规模、与会领导、举办/联办单位等
执行团队分工	A. 执行总负责人；B. 执行小组负责人；C. 具体组员名单
前期筹备事宜	A. 筹备事宜列项；B. 人员分工安排；C. 筹备日程安排
现场执行事宜	A. 现场布置说明；B. 现场活动流程； C. 现场任务列项；D. 人员分工安排
活动后期工作	A. 后期事项明细；B. 人员分工安排；C. 完成时限要求
活动财务预算	
活动合同签订	
活动应急方案	
其他事项	大型公开活动同时需附上招商赞助方案

活动环节三：开会分工

活动前期，成立活动小组，由小组负责人定期召开活动信息沟通会议，进行初步的工作分工。活动方案确定后，执行负责人召集全体工作人员，举行活动工作安排会，详细介绍活动信息及其具体人员安排，同时了解全体人员时间和工作任务情况，听取反馈建议，及时进行工作调整与方案完善，最终确定全体人员分工（根据活动的规模及性质，召开各部分协调会，得到更多的部分协助）。

①工作安排会目的：讲述活动各项情况；明确人员分工安排；听取反馈意见。

②工作安排会环节:执行负责人主持会议,介绍活动基本情况;执行负责人介绍人员分工安排;工作人员重述自身职责与安排;听取反馈意见并及时协调;总结发言。

③分工管理方法:由于活动现场的参与人员数量大、事物繁杂。为了提高活动实施阶段的管理效率,实施操作程序的管理。由项目负责人制订整体工作分工方案,然后由各项工作的具体负责人再去制订针对自身工作的详细分工计划,再交于项目负责人进行计划汇总,以此控制整个活动进程。

④项目负责人制:项目负责人统一安排,团结协作互相配合,所安排的人员,从活动筹备前期到活动现场执行,再到活动后期,一直负责到底,从而进一步保证活动的进程速度和效率。

表 5.67　某政府活动的项目负责人职能分工一览表

部　门	职　能		负责人	执行方	备　注
总指挥	活动的总体策划、监督、协调、控制				
副指挥 1	项目的监督、协调、控制				
副指挥 2	会务协调	1. 各处室协调 2. 各部门协调 3. 召开协调会	组长: 组员:		
	领导接待	1. 领导邀请(名单) 2. 领导餐宿、签到 3. 领导用车、礼品 4. 领导演讲稿 5. 领导参会路线检查	组长: 组员:		对接:后勤
	嘉宾接待	1. 嘉宾邀请(名单) 2. 嘉宾餐宿 3. 嘉宾用车、礼品	组长: 组员:		
	媒体接待	1. 媒体邀请(名单) 2. 媒体餐宿 3. 媒体签到、礼品	组长: 组员:		
	舞美设计	1. 舞美督促、检查 2. 证件管理 3. 各区域视觉管理	组长: 组员:		
	文字资料	1. 新闻通稿 2. 领导演讲稿 3. 主持人串词 4. 会务文字资料 5. 通讯录	组长: 组员:		
	后勤保障	1. 生活用水 2. 餐宿、用车、礼品 3. 其他	组长: 组员:		

续表

部　门	职　能		负责人	执行方	备　注
副指挥2	安保消防	1. 证件检查 2. 现场引导 3. 现场管理	组长： 组员：		
	摄影摄像	1. 筹备前的影像 2. 现场影像 3. 活动资料搜集			
	信息管理其他	1. 志愿者 2. 礼仪 3. 信息共享、通知			

活动环节四:活动筹备

在明确活动方案和人员分工,正式进入活动筹备环节,活动筹备是活动的真正执行环节,是细化深入的过程,主要包括以下内容:现场勘查、来宾邀请接待、活动进度、物料准备、现场布置、应急预案、公安消防、后勤保障、财务预算与文件管理。

1. 来宾邀请接待及接待方案

包括对领导、嘉宾及媒体等的邀请和接待安排。如制作邀请媒体名单、通讯录内容、媒体签到、住宿登记表、媒介分工(活动现场位置)、接待物料、专访安排(名单、Q&A)。

2. 活动进度

制订严格的筹备活动进度表,如表5.68。

表5.68　某大型演出晚会的活动执行进度表

内容＼时间		3	4	5	6	7	8	9	10	11	主要负责人	参加人员
		一	二	三	四	五	六	日	一	二		
活动方案	活动要求告知											
	执行公司征集											
	提交活动提案											
	活动提案定案											
	签订服务合同											
活动场地	确定活动场地											
	确定交通路线											
舞美设计	活动场地勘察											
	提交初步设计方案											
	确定场地设计方案											
	制作开始及监督											
	制作物运输及进场											

续表

内容 \ 时间		3 一	4 二	5 三	6 四	7 五	8 六	9 日	10 一	11 二	主要负责人	参加人员
媒体邀请	邀请媒体建议				■							
	确定媒体名单							■	■			
	媒体邀请 RSVP											
	确认媒体出席名单											
领导邀请	提交邀请函设计			■								
	确认邀请函设计				■	■						
	邀请函印刷制作						■	■	■	■		
	发放邀请函											
	出席人数确认											
新闻资料	活动日程指南											
	活动新闻通稿											
	嘉宾演讲辞											
其他准备	现场活动用水								■	■		
	礼品管理											
	安保消防预案								■	■		
	应急预案											
	交通车安排											

3. 物料设计与筹备

活动的物料设计是活动设计组的一项非常重要的任务，一个活动的形象是否整体、丰富、美观，决定了活动的宣传意义与品牌的影响力。可参考范例：南方航空 2013 迎春游园会活动执行方案（完整版见教材 CD）。

活动注意事项
团结奋进 和谐发展
抽奖副券

图 5.51 抽奖券

团结奋进 和谐发展
工作证

图 5.52 工作人员证件

开 心 打 地 鼠

图 5.53　帐篷楣头(30 cm×300 cm)

“团结奋进 和谐发展”南航货运部2013年迎春游园会
时间：2013年2月2日 10:00-11:30　地点：新机场南航货运部广州货站A岛侧

图 5.54　正门横额(100 cm×800 cm)

团结奋进　和谐发展
南航货运部 2013 年迎春游园会

图 5.55　A 型板(91 cm×300 cm)

4. 现场布置及制作效果图

活动选址完成后，需组织相关人员现场勘测。如属常规场所(酒店、标准广场)，则联系场地管理方索取准确的场地信息(尺寸、面积、空高、施工控制、电源、朝向、平面图、多角照片等)。

绘制详细的场地布置平面图及制作各活动分区的效果图。

开心打地鼠
开心打地鼠

图 5.56　游戏帐篷(300 cm×300 cm)

团结奋进　和谐发展
南航货运部 2013 年迎春游园会
2012晚会精彩回顾
2012年大事回顾

图 5.57　入口处 2012 年大事回顾面板(240 cm×600 cm)

团结奋进　和谐发展

图 5.58　舞台效果图(800 cm×1 600 cm)

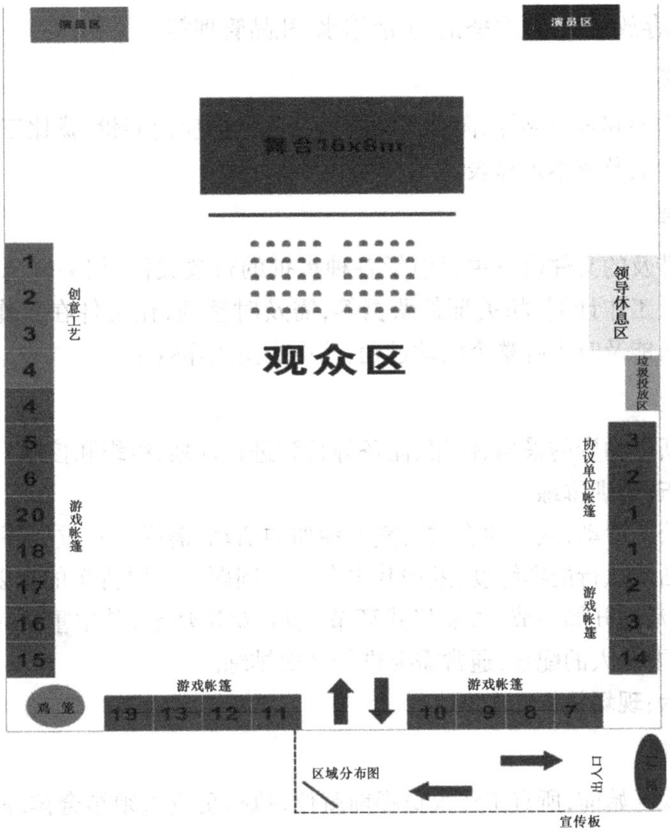
演员区
演员区
舞台16x8m
观众区
创意工艺
1
2
3
4
4
5
6
20
18
17
16
15
游戏帐篷
领导休息区
垃圾投放区
协议单位帐篷
3
2
1
1
2
3
14
游戏帐篷
鸡笼
游戏帐篷
19
13
12
11
游戏帐篷
10
9
8
7
区域分布图
出入口
宣传板

图 5.59　南方航空 2013 迎春游园会活动现场平面图

5. 应急预案

①现场所有 AV 设备(包括笔记本电脑)均需在活动进场前、进场后进行多次检查,以确保所有设备的良好运转。活动进行中对所有文件同时在两台笔记本上备份,以防现场一部出现问题马上可切换另一部。

②天气变化。

③安保事件监控:

a. 在活动区域周围及主要通道处安排工作人员及保安,防止中途发生突发事件,如发生意外变化及时疏导来宾。

b. 如场内发生混乱时由场内的工作人员及礼仪迅速引领领导到安全区域,确保在场领导的安全。

同时负责人利用场内广播对场内的人员进行引导和疏散。

6. 公安消防

公安消防包括熟悉活动的时间、地点、人数、规模、内容及组织方式；安全工作人员情况、数量和任务分配、识别标志；场地建筑和设施的消防、安全情况；入场票证的管理、查验措施；场地人员的核定容量；迅速疏散人员的预备措施。

7. 后勤保障

如安排专门工作人员负责用餐预订及送达；指定工作人员用车和司机；文件打印、资料装袋、运输和存放；物品领取登记；生活用水、礼品管理等。

8. 财务预算

根据活动需要和客户喜好，向合适的物料及服务供应商问价，货比三家，并制作规范完整的活动报价表及成本预算表。

9. 文件管理

活动中所涉及的文件档案主要包括各种审批的行政文件、相关合同协议、新闻宣传稿件、策划方案、工作计划、相关证件票据等，需及时整理，让文件在工作人员中及时传递。让工作人员能及时了解整个活动过程，从而提高工作效率。

10. 物资管理

对本活动所需物资的采购、使用、储备等行为进行计划、组织和控制。

活动环节五：培训排练

针对重大公开活动，或其他有重要嘉宾参加的活动，需提前对重要环节进行排练，以增加工作人员活动执行的熟练度，发现其中存在的问题。需要排练的重要环节通常包括嘉宾接待环节、活动开场环节、重要仪式环节、领导欢送环节，其中重要仪式环节由于其中工作较多，需要多人的配合，通常需要进行多次排练。

活动环节六：现场执行

1. 再次排查

于活动正式开始前，所有工作人员提前就位，执行负责人须结合排练情况，对现场工作进行全面排查，尤其排查涉及领导安排的重要环节。

①人员分工：工作人员重述自己的工作职责，确保所有人员全部到位。

②物品摆放：现场桌椅、桌牌、茶水、资料、鲜花、信纸和笔是否摆放整齐。

③房屋摆设：房屋内部摆设是否美观、干净、整洁。

④电子设备：电子设备是否运行正常，所有音频、PPT 等电子资料是否已完全到位。

⑤领导礼品：检查礼品是否到位并摆放整齐，工作人员是否清楚不同领导的礼品类别。

2. 嘉宾接待

设立活动接待组，分设多个接待小组，每个小组由两人组成，由接待组组长负责小组间的协调，及时调配。当领导到场时，小组其中一名接待人员负责引导休息室，另一名于接待处迎接其他嘉宾。重要嘉宾由公关人员陪同部门领导到门口进行迎接。

接待工作的一般流程

□ 联系领导或其部门领导，确认活动地址、交通路线图等信息，预先告诉迎接事宜。

□ 领导即到时，接待小组须注意来往车辆，到迎接处准备好，车辆一到即主动上前迎接。

□ 对于须由部门领导亲自迎接的贵宾，接待小组负责人提前电话告知部门领导。

□ 活动礼仪引导领导入休息室，并马上安排茶水。

□ 活动开始接待人员负责引导至活动现场。

3. 现场配合

活动执行负责人根据活动执行方案，列明现场需要执行的工作，并进行工作人员细致安排，以配合现场活动流程中的所有工作。

4. 活动用餐

注意事项

提前根据宾客身份安排好用餐座次，于餐桌上预先整齐摆放桌牌。

及时引导嘉宾至用餐地点，直至每位嘉宾就座完成。

在至用餐地点路上，需注意协助嘉宾提包、拿衣服和活动材料，并确认是否有嘉宾物品遗落。

用餐现场至少有一名工作人员，及时调配服务员，服务现场。

欢送嘉宾及发送礼品。

对于未带司机的参与嘉宾，活动结束后由专门工作人员负责跟进。

活动环节七：后续跟进

后续跟进工作也是活动的重要环节。于活动结束之后，需及时对活动进行跟进整理，具体包括如下几个方面：

1. 感谢短信发送

于活动结束后，需及时对与会嘉宾的参会和支持表示感谢。

2. 会议/活动纪要

于活动结束后，工作人员及时整理活动录音、视频和会议记录，撰写会议/活动纪要，针对重要活动，需要形成活动记录，甚至形成会议/活动成果书籍。

3. 活动新闻稿

活动结束的当天晚上，工作人员整理活动新闻稿，保证及时进行新闻发布。

4. 音像资料整理

活动结束后及时对活动图片、视频等音像资料进行整理、修饰和剪辑，重要活动的视频和图片还须进行刻盘，连同其他活动成果资料、洗印照片等。

5. 活动文件归档

在会后跟进的基本工作完成之后，对活动文件进行归档整理，方便作后期活动效果评估及总结报告。

大型活动现场执行的操作程序、标准及实训效果评估

表 5.69　大型活动现场执行的操作程序、标准及实训效果评估表

业务操作步骤		标准与要求	实训效果评估		
			满分	得分	评语
信息沟通	内外部沟通	与领导和其他人士进行充分沟通 争取了解尽可能多的信息 完成活动信息沟通表	5		
方案制订	1. 设计活动执行方案	活动执行方案的基本要素 根据领导及部门反馈意见反复修改 敲定活动执行方案	10		
	2. 部门讨论、上级审阅	组织各职能部门进行高效讨论 提交给上级审阅，简要汇报			
开会分工	1. 成立活动小组	由小组负责人定期召开活动信息沟通会议，进行初步的工作分工	5		
	2. 举行活动工作安排会	召集全体工作人员，举行活动工作安排会，详细介绍活动信息及其具体人员安排 了解全体人员时间和工作任务情况，听取反馈建议及时进行工作调整与方案完善	5		
	3. 确定全体人员分工	分工管理方法 项目负责人制 制订项目负责人职能分工表	5		
活动筹备	1. 来宾邀请接待及接待方案	对领导、嘉宾及媒体等的邀请和接待进行细致安排	2		
	2. 活动进度	制订并遵守严格的活动筹备各项内容的进度表	3		
	3. 物料设计与筹备	广告、现场布置、胸卡等设计物料	20		
	4. 现场布置及制作效果图	现场勘测 绘制详细的场地布置平面图及制作各活动分区的效果图			
	5. 应急预案、公安消防	提供强有力的保障	10		
	6. 后勤保障				
	7. 财务预算	制作规范完整的活动报价表及成本预算表			
	8. 文件管理	及时整理、及时传递			
	9. 物资管理	对本活动所需物资的采购、使用、储备等进行高效控制			

续表

业务操作步骤		标准与要求	实训效果评估		
			满分	得分	评语
培训排练	提前培训排练	提前对重要环节进行排练 增加工作人员活动执行的熟练度 发现其中存在的问题	5		
现场执行	1. 再次排查	所有工作人员提前就位 结合排练情况,对现场工作进行全面排查	25		
	2. 嘉宾接待	设立活动接待组,及时调配			
	3. 现场配合	严格按活动执行方案实施 进行工作人员细致安排			
	4. 活动用餐	参考注意事项			
后续跟进	活动后续跟进	活动结束后及时对活动进行跟进整理 (感谢短信发送、会议/活动纪要、活动新闻稿、音像资料整理、活动文件归档)	5		
说明	以上业务操作满分共100分,得分在90分以上为优秀;80~89分为良好;70~79分为中等;60~69分为合格;60分以下为不合格		100分		
反馈	总分: 评语		考评员签名		

实战项目训练

1. 参考范例:南方航空2013迎春游园会活动执行方案(完整版见教材CD)为本实训活动设计一份活动执行方案。

2. 按照大型活动的现场执行业务步骤实施本活动。

任务五 大型活动的评估与总结

业务情景

活动收尾阶段需要通过对整个活动开展评估总结,找出开展过程中的不足和问题,从而为今后类似活动的举办积累系统的经验。

业务流程

大型活动评估与总结的业务流程如图5.60所示。

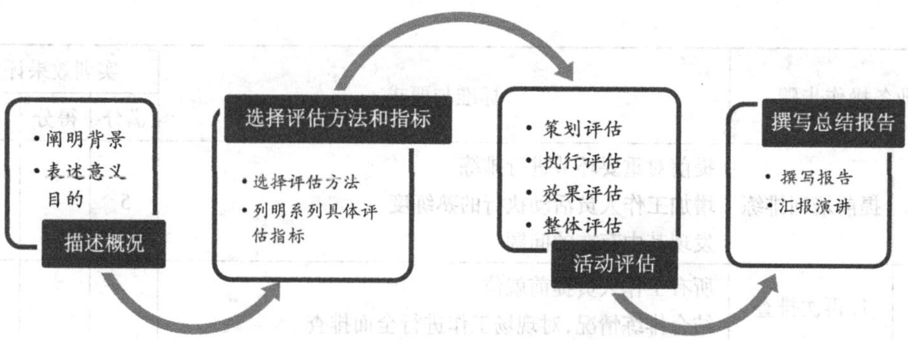
•阐明背景
•表述意义目的
描述概况
选择评估方法和指标
•选择评估方法
•列明系列具体评估指标
•策划评估
•执行评估
•效果评估
•整体评估
活动评估
撰写总结报告
•撰写报告
•汇报演讲

图 5.60　大型活动评估与总结业务流程图

业务知识

在活动的筹备前期、执行中期及收尾后期，必须做一个贯穿始终的系统的效果评估与总结。项目总结与评估是指对已经完成的项目的目的、执行进程、效益、作用和影响所进行的系统的、客观的分析。通过活动项目实践的检查总结，确定项目预期目标是否达到，项目是否合理有效，项目的主要效益指标是否实现，从而总结经验教训，并通过及时有效的信息反馈，为未来新项目的决策和提高投资管理水平提出建议，从而达到提高投资效益的目的。

活动评估及总结报告内容提纲

√ 活动概况
√ 活动评估方法和指标
√ 活动策划评估
√ 活动执行评估
√ 活动效果评估
√ 整体评估与总结

一、活动概况

阐明举办此次活动的背景信息，表述活动举办的意义以及目的等。

二、评估方法和指标

活动效果评估的标准，主要围绕活动预期的目标来制订。在制订计划时应该考虑到如何衡量这次活动的成功的程度，在活动策划初期应列明一系列具体评估指标来衡量活动计划中目标的实现情况。

【范例】　2010 年全国科普日(北京主场)活动宣传效果评估报告①

在本次宣传效果评估中采用了问卷调查法和访谈法。本次调查针对 2010 北京科普日主场活动的三种宣传方式，设计了三套调查问卷，其主体部分大致相同，只是一些问题

① 完整版见配套 CD 范例:2010 年全国科普日(北京主场)活动宣传效果评估报告。

的提法根据宣传方式的不同略有变动。

对于公交车厢广告媒体,本次调查在投放了科普日北京主场活动广告的5条公交线路中10辆公交车上进行了随机采访,对420名公交车乘客针对“2010年科普日北京主场活动”公交车厢广告媒体广告的效果进行问卷调查和访谈,获取有效问卷400份。

对于社区电梯媒体(海报),本次调查采用社区电梯门口随机拦截抽样,在5个社区当中总计随机采访了319个居民并填写了问卷,获取有效问卷300份。

对于社区系列宣传活动,调查取样抽取了两个社区。每个社区宣传活动现场发放100份问卷,总计200份问卷,获取有效问卷200份。问卷在社区宣传活动结束后回收,以使被调查者对该活动有一个总的了解。

在上述问卷调查和访谈中,样本抽取充分考虑到性别、年龄等方面的不同情况,具有较高代表性。具体评估指标见表5.70。

表5.70 宣传效果评估指标体系

一级指标	二级指标	指标说明
知晓渠道	通过3种宣传方式	通过何种渠道知道2010年全国科普日北京主场活动信息
	3种宣传方式之外	
接受程度	活动主题	对2010年全国科普日北京主场活动相关信息的了解程度
	活动时间	
	活动地点	
认可程度	吸引力	受访者是否认可宣传效果,以及是否准备参加2010年全国科普日北京主场活动
	宣传是否有效	
	参加主场活动意愿	

三、活动策划评估

通常活动评估及总结报告的内容评核涉及“事前、事中、事后”三个环节,即选择更为具体的“活动策划”“活动执行”“活动效果”三方面作为主要评核对象。

活动策划评估是综合活动执行后活动观众和一线工作人员的反馈信息而对当初活动的策划作出评判。包括:对活动目的、活动对象、活动主题、活动形式、活动创意等进行预期效果和实际效果的对比;活动策划评估小结,如各活动达到的效果分析,活动观众认同感分析、活动整体效果分析等;注明评估基础信息的收集途径;附上必要的创意设计效果素材,如广告海报等,如表5.71所示。

表 5.71 VK MOBILE 5.1 促销活动效果评估报告

	买手机送礼品		抽奖观看电影香港首映	
	策略及表现	消费者 销售一线 反馈	策略及表现	消费者 销售一线 反馈
目的	1. 强化 VK“时尚”的品牌定位 2. 刺激消费者购买欲	从 VK 选择的礼品来说，都很能体现“时尚”的特点，而且感觉礼品的价值很大，更有很多消费者直言是冲着贵重的礼品而买手机	1. 扩大 VK 的影响力 2. 刺激消费者购买欲	部分消费者反映，在购机时并没有想到会抽中去看首映，但同时，很多消费者正是因为记住了全智贤和电影首映的信息而记住了 VK 品牌和这次促销活动
对象	时尚白领	女性为主(男女购机比例大致为3:7)，年龄在25 岁左右，职业特征不甚明显	时尚白领	女性为主(男女购机比例大约为3:7)，年龄在 25 岁左右，职业特征不甚明显
主题	买 VK，“0”距离约会野蛮的她!	对比起其他品牌的同时期促销，VK 的主题和内容更凸显和更具吸引力，但送礼品的信息稍弱	买 VK，“0”距离约会野蛮的她!	对比起其他品牌的同时期促销，VK 的主题和内容更凸显和更具吸引力，竞品同期促销分析报告详见附件一《五一手机促销活动分析》
活动形式	购赠	促销的基本形式，同时期的国际品牌的竞品大多数采用此种形式，而消费者反映，购赠和降价是能直接打动购买的促销形式	抽奖	促销的基本形式，同时期的部分国际品牌的竞品也采用此种形式(最突出的要数 MOTO 的抽宝马)。而消费者反映，相对于购赠和降价，抽奖的打动力稍有欠缺，因为会顾虑到可信性和可实现性(部分消费者反映，抽奖更多是一种炒作，即使是真有其事，抽中几率也很小，不如实物礼品来得实在)
创意表现	创意表现见海报范例	通过海报中的主角全智贤想起了在电视上看过的广告，记住了品牌和活动。而礼品的吸引力也很好地被放大了	创意表现见范例	通过《野蛮师姐》首映吸引了消费者的注意，并让消费者记住了活动以及 VK 品牌。而创意上，人物造型、色彩、气氛渲染、标题设定等方面都得到消费者和一线人员的认可
小结	由于每一种促销形式会承载着各自的功能和起到不同的作用，因此我们需要奖赠品促销和抽奖促销分开来分析。这次赠品加抽奖的促销主要要达到品牌和销售双提升的效果，其中看首映的抽奖是制造话题，让消费者记住品牌以及对品牌印象有大致认识，赠品促销主要在消费者产生购买兴趣后增强其购买欲望。至于活动整体设置的效果，由活动实施后消费者和 VK 销售一线人员的反馈信息去评判，从目的、目标消费群、主题、活动形式的设定到创意表现上来说，此次 VK 手机的 5.1 促销推广与预想是比较吻合的，也是成功的			

注：以上信息通过对一般消费者街访、售点人员对话以及部分片区经理电话访问获得。

VK Mobile
VK 约你参加
《野蛮师姐》香港首映礼

图 5.61 VK MOBILE 5.1 促销活动之“抽奖观看电影香港首映”海报

四、活动执行评估

此部分内容是回顾活动进入实操阶段的各个环节而对活动的执行状况作出效果评价,包括列明各子活动的基本流程、具体内容及对关键环节进行实际效果评价。评价内容涉及物料设计及制作、现场气氛布置、活动宣传等。最后,需根据执行状况的不足给出修正建议。

表 5.72 《台铃官方新浪微活动效果评估表》(完整版见教材配套 CD)

<table>
<tr><td rowspan="5">执行评核</td><td colspan="2" rowspan="2">物料设计
(示例:□☑)</td><td>物料设计</td><td>效果评价</td></tr>
<tr><td>□海报 □易拉宝 □展架
□展板
□报广 □背景板
☑其他______
活动奖品展示配图</td><td>文案主题☑优秀□良好□一般□欠佳
□极差
画面效果☑优秀□良好□一般□欠佳
□极差
气氛促进□优秀☑良好□一般□欠佳
□极差</td></tr>
<tr><td colspan="2">物料设计
改善建议</td><td colspan="2">奖品内容展示充分,画面绚丽醒目,文字部分清晰</td></tr>
<tr><td rowspan="2">活动
宣传</td><td>途径</td><td colspan="2">☑网络 □短信 □电话 □海报 □易拉宝(展架)□广播 □报广
□其他______</td></tr>
<tr><td>效果</td><td colspan="2">一般</td></tr>
</table>

五、活动效果评估

根据具体数据——如观众数量、观众满意度、产品销量、广告媒体效果等,对活动的实效性作出对比性评估。

如表5.73是VK MOBILE在5.1促销活动后根据具体的销售数据对活动的实效性作出评判，并作出有针对性的分析，为日后的同类产品促销活动提供决策参考。

表5.73 销售数据

型 号	4月销量/台	5月销量/台	销量增量/台	增长率/%
VK520	11 768	13 902	+2 134	+18.13
VK500	—	348	—	—
VK300	5 437	6 211	+774	+14.24
VK310	6 396	7 032	+636	+9.94
VK320	10 307	17 662	+7 355	+71.36
VK330	—	4 625	—	—
D6	4 495	1 120	-3 375	-75.08

注：以上数据来自中桥市场部。

由表5.73可看出，参与促销的产品（VK520，VK300，VK310，VK320）的销量均为增量，证明此次促销的确达到促进销售的目的。

没有参与促销的手机（D6）的销量则大幅下降，说明两个问题：第一，赠品促销在促进了特定产品的销量的同时，会抑制同品牌没有赠品的产品销量。在新推或主推某产品的同时避免做其他产品的促销。第二，D6属于中低端产品，选购这类产品的消费者多为价格导向型，对实际利益比较关注，在没有更多促销手段支持的前提下，产品本身对消费者的触动力有所欠缺，这是一般中低端产品的普遍共性。对中低端产品可选择赠品促销，这类产品促销的战略意义在于与竞品争夺中低端市场，从而提高整体市场占有率。礼品选择可偏向物质性强的、较大众化的方向。

六、活动整体评估

从总体上对前边的内容进行总结性评估：项目财务总决算，并说明成本偏差的原因；评估项目管理的得失，重要成就的总结；对未来项目的建议；团队表现，对杰出成员的表彰和奖励；对项目剩余资产的管理与处置；项目结束的后期工作安排（媒体、客服等）；档案的整理、存档工作。

大型活动的评估与总结操作程序、标准及实训效果评估

表 5.74　大型活动评估与总结的操作程序、标准及实训效果评估表

<table>
<tr><th colspan="2" rowspan="2">业务操作步骤</th><th rowspan="2">标准与要求</th><th colspan="3">实训效果评估</th></tr>
<tr><th>满分</th><th>得分</th><th>评语</th></tr>
<tr><td>描述概况</td><td>描述活动概况</td><td>清晰阐明活动背景、表述活动意义目的</td><td>5</td><td></td><td></td></tr>
<tr><td>选择方法指标</td><td>选择评估方法和指标</td><td>选择合理的评估方法
列明系列具体的、系统评估指标</td><td>10</td><td></td><td></td></tr>
<tr><td rowspan="4">活动评估</td><td>策划评估</td><td>综合广泛的观众反馈信息，全面地对策划作出评判
进行活动策划评估小结
注明评估基础信息的搜集途径
附上必要的创意设计效果素材</td><td>15</td><td></td><td></td></tr>
<tr><td>执行评估</td><td>回顾活动环节而对活动的执行状况作出效果评价
根据执行状况的不足给出合理的修正建议</td><td>15</td><td></td><td></td></tr>
<tr><td>效果评估</td><td>根据具体数据对活动的实效性作出对比性评估
有针对性地分析，为日后提供决策参考</td><td>15</td><td></td><td></td></tr>
<tr><td>整体评估</td><td>从总体上对前边的内容进行总结性评估</td><td>15</td><td></td><td></td></tr>
<tr><td>撰写总结报告</td><td>总结、报告</td><td>撰写报告；编排印刷；口头汇报</td><td>25</td><td></td><td></td></tr>
<tr><td>说明</td><td colspan="2">以上业务操作满分共 100 分，得分在 90 分以上为优秀，80 ~ 89 分为良好，70 ~ 79 分为中等，60 ~ 69 分为合格，60 分以下为不合格</td><td>100 分</td><td></td><td></td></tr>
<tr><td>反馈</td><td colspan="2">总分：
评语：</td><td colspan="2">考评员签名</td><td></td></tr>
</table>

实战项目训练

请认真学习本任务相关的业务知识，参考教材 CD 范例，对本次活动进行一次深入评估（包括策划、执行、效果及整体评估），撰写活动评估报告，并进行小组汇报。

附　录

《会展实训综合教程》CD 资料目录

实训项目二　参观展览

- 2012 年桂林旅博会参展商满意度调查问卷
- CIBS2013 Post Show Report CN-最终版
- 参展商及顾客满意度问卷调查表

实训项目三　参观会展企业

- 华展励德国际展览有限公司组织架构图
- 拓展知识:厦门国际会展集团组织架构图
- 拓展知识:上海科技会展有限公司业务范围

实训项目四　会展策划

任务 1　会展项目调研

- 2014 年第一届上海户外用品展览会立项策划书
- 红色旅游展览会应急预案
- 宁波申办世界海洋博览会可行性研究报告

任务 2　会展立项策划

- 红色旅游展览会财务预算编制
- 深圳礼品展 Hall2 的展位平面图

任务 3　撰写会展立项策划案

- 20××年上海国际图书展览会策划书
- 第三届××国际电力、电气、电工、基础能源及可再生能源技术与设备专业展览会立项策划书

任务 4　会展可行性分析

- 2007 年青岛汽车产品博览会项目立项可行性研究报告
- 上海国际航空航天博览会项目可行性研究报告

实训项目五　会展营销

任务 1　会展市场调研

- 第二届中国厦门国际门窗木业展览会——客商问卷调查表
- 中国机电类出国(境)展览服务市场调查报告

任务2 招展策划

- 2006山东(国际)文化产业博览会招展手册
- 2013建筑展参展商手册
- 第十六届中国(广州)国际建筑装饰博览会招展函
- 第五届中国(深圳)国际园博会造园招展策划
- 绿博会招展方案
- 上海2011广告展招展书

任务3 会展招商策划

- 2012年315放心消费企业风采展汽车展招商方案
- 第八届海峡两岸茶博会市场开发计划书
- 第十二届中国成都建材博览会VIP观众邀请函
- 2012年全国教育后勤设施装备及服务展览会招商手册

任务4 销售技能训练

- 会展销售客户资料库训练

实训项目六 会展现场管理

任务1 制订现场管理计划

- 罗湖体育馆大型活动紧急疏散预案(完整)
- 第十一届绿博会筹备工作方案
- 项目训练资料

任务2 布展管理

- 中国进出口商品交易会展馆办展指南

任务3 开幕式管理

- 2011中国·株洲(芦淞)炎帝服饰商务节开幕式执行方案
- 第十二届西博会开幕当日上午重大活动执行流程
- 西博会开幕式方案
- 第××届中国瑜伽节开幕式实施方案
- 20××中国(深圳)国际游艇博览会开幕式——活动执行流程表

任务4 展场服务与管理

- 上海安博会货运车辆进出馆路线图
- 广交会境外采购商报到注册流程图

实训项目七 会展文案写作

任务1 新闻稿

- 全球最大游戏展科隆揭幕 专设中国文化贸易展区
- 香港珠宝首饰展览会推出买家专属手机应用程序

任务2 邀请函

- 2013大连国际办公设备暨文化用品展览会邀请函
- 2012中国·威海国际食品博览会 专业观众邀请函
- 第23届中国华东进出口商品交易会邀请函
- 第十五届广州建博会—中文招展函

任务3 会展简报

- 第69期中国—东北亚博览会再获年度大奖
- 中国(深圳)国际礼品及家居用品展览会电子简报(邮件)

任务4 展会总结报告

- 第24届中国华东进出口商品交易会总结分析报告(对外发布)
- 20××年中国(上海)国际乐器展览会总结报告(内部检讨)

实训项目九　组织展览

- 实训相关表格

实训项目十　组织会议

任务1　研讨会

- 15thCFD会议通知第一轮
- 征集会议论文的通知

任务2　论坛

- 第十三届中国信息安全大会嘉宾邀请函
- 高峰论坛会议全案执行材料
- 会议旅游策划案
- 会议日程安排表
- 晚宴策划流程方案

任务3　培训讲座

- E6技术及其应用高峰论坛______会后报告
- 黄河文化产业开发有限公司会议接待方案
- 世纪电源网2010(深圳)电源技术研讨会——会后报告
- 紫薇星会议接待方案

实训项目十一　组织大型活动

任务1　大型活动的项目立项

- 相关实训表格

任务2　大型活动的创意策划

- 2010大河奔流——河洛文化旅游节开幕式晚会方案

任务3　大型活动的赞助招商

- 中国会展经济国际合作论坛商业赞助方案
- 2013中国国际宠物文化博览会(广告赞助)招商书
- 中国北京国际科技产业博览会赞助方案
- 拓展资料:中国赞助年报2012

任务4　大型活动的现场执行

- 南方航空2013迎春游园会活动执行方案
- "恒安20周年倾情列车校园行"活动执行手册
- 2012年度"初月初闹新春——海上海嘉年华"庆典活动执行手册
- 拓展资料:活动执行流程详细表

任务5　大型活动的评估总结

- 2010年全国科普日活动宣传效果评估报告
- VK MOBILE 5.1促销活动效果评估报告
- 2013年全国科普日活动工作总结
- 台铃电动车圣诞节微博活动效果评估
- 专题演讲活动效果评估报告

参考文献

[1] 刘松萍.会展营销[M].重庆:重庆大学出版社,2014.
[2] 刘松萍.会展营销与策划[M].北京:首都经济贸易大学出版社,2008.
[3] 马勇,肖轶楠.中国会展概论[M].北京:中国商务出版社,2010.
[4] 马勇,冯玮.会展管理[M].北京:机械工业出版社,2007.
[5] 苏英,陈颖.会展旅游[M].上海:上海交通大学出版社,2012.
[6] 陈颖,徐艺文,叶丝敏.商务英语[M].北京:北京师范大学出版社,2013.
[7] 中国就业培训技术指导中心.会展策划师(国家职业资格三级)[M].北京:中国劳动社会保障出版社,2011.
[8] 中国就业培训技术指导中心.会展策划师(基础知识)[M].北京:中国劳动社会保障出版社,2014.
[9] 张以琼.会展实验设计与指导[M].天津:南开大学出版社,2010.
[10] 张强.会展实务操作角色扮演训练法[M].长春:东北师范大学出版社,2007.
[11] 张捷雷,李水林.会展管理实训教程[M].南京:东南大学出版社,2010.
[12] 程淑丽,赵贵廷.会展公司规范化管理操作范本[M].北京:人民邮电出版社,2007.
[13] 邓英.餐饮服务实训 [M].北京:电子工业出版社,2009.
[14] 郑建瑜.大型活动策划与管理 [M].2 版.重庆:重庆大学出版社,2015.
[15] 林大飞.会展场馆经营与管理 [M].2 版.重庆:重庆大学出版社,2013.
[16] 韦晓军.会展文案 [M].2 版.重庆:重庆大学出版社,2014.
[17] 陈薇.会展营销[M].重庆:重庆大学出版社,2013.

[18] 许传宏. 会展项目策划与组织［M］. 2 版. 重庆:重庆大学出版社,2014.
[19] 会展策划与实务岗位资格考试系列教材编委会. 会展策划与实务岗位资格考试系列教材:会展礼仪[M]. 北京:旅游教育出版社,2007.
[20] 华谦生. 会展策划[M]. 杭州:浙江大学出版社,2011.